Giuseppe Fiori
Das Leben des Antonio Gramsci

Giuseppe Fiori (1923–2003), geboren in Silanus auf Sardinien, war u.a. Journalist der Tageszeitungen »L'Unione Sarde«, »Il Messaggero«, »L'Unità« und »Paese Sera« sowie stellvertretender Direktor des italienischen Fernsehsenders TG2. Von 1979 bis 1992 war er Senator für »Sinistra Indipendente (Unabhängige Linke).

Christoph Nix (Prof. Dr. Dr.), Strafverteidiger, Schriftsteller, Regisseur und Wissenschaftler (mehr unter christoph-nix.de), lebt in Konstanz und Alghero auf Sardinien.

Wolfgang Fritz Haug (Prof. Dr.), Philosoph und Autor, Leiter des von ihm mitgegründeten »Instituts für kritische Theorie« (InkriT), Mitherausgeber von Gramscis »Gefängnisheften« im Argument Verlag Hamburg.

Giuseppe Fiori

Das Leben des Antonio Gramsci

Herausgegeben von Christoph Nix

Mit einem Epilog von Wolfgang Fritz Haug

Aus dem Italienischen von
Renate Heimbucher und Susanne Schoop

VSA: Verlag Hamburg

www.vsa-verlag.de

Hinweise zu den Anmerkungen
Die Übersetzerinnen haben einen Teil der Anmerkungen aus der englischen Ausgabe (New Left Books 1970) vom englischen Übersetzer Tom Nairn übernommen (als T.N. am Schluss der Anmerkungen gekennzeichnet), eigene Anmerkungen sind mit (d.Ü.), die des Herausgebers mit (d.H.) markiert; alle Anmerlungen ohne Kennzeichungen stammen von Guiseppe Fiori.

Umschlagabbildungen:
Titelseite links: Portrait auf einem Plakat des »Casa Museo di Antonio Gramsci« in Ghilarza, Anfang der 2000er-Jahre
Titelseite mitte: Gramsci 1905 im Gymnasium in Santulussurgiu (unbekannter Fotograf)
Titelseite rechts: Wandzeichnung in der Via Gramsci in Orgosolo, Sardinien (Foto: Carlo Pelagalli, Wikimedia Commons, CC-Lizenz)
Rückseite: Collage des sardischen Künstlers Igino Panzino (geboren am 18. Juni 1950 in Sassari, Sardinien).

Titel der Originalausgabe: »Vita di Antonio Gramsci« © 1966 by Laterza, Rom
Druck und Buchbindearbeiten: CPI Books GmbH, Leck
ISBN 978-3-96488-218-9

Inhalt

Christoph Nix

Auf den Spuren des Antonio Gramsci

Prolog zur 3. Auflage

1.

In der Gießener Buchhandlung »Kleine Freiheit« lag das Buch und auf dem Cover sah man drei Gesichter von Antonio Gramsci: ein junger hübscher Mann, ein stilisiertes Konterfei und ein Kind, ein Junge, der offensichtlich einen zu kurzen Hals hatte, ein großer Kopf auf einem kleinen Körper. »Das Leben des Antonio Gramsci« von Giuseppe Fiori berührte mein Herz und bewegte meinen Verstand. Da war einer, der sich aus tiefer Armut befreit, eine linke Utopie formuliert, im Gefängnis gelitten und seinen Humor, eine Liebe zu Theater, Literatur und Film nie verloren hatte.

Mir war, als müsse ich wieder einmal vorn beginnen, um zu verstehen, was geschehen war in den 30er-Jahren des 20. Jahrhunderts: Der Stalinismus hatte zarte Anfänge eines so freundlichen Entwurfes kommunistischen Denkens für immer zerstört. Die Philosophie von Rosa Luxemburg, Antonio Gramsci, Emma Goldmann oder Karl Korsch schien vergessen.

Die unendliche Geschichte von ermordeten Denkerinnen und Denkern, die Restauratoren aus den eigenen Reihen, die das Leben eines Antonio, einer Rosa oder eines Karl in festen Stein hauen ließen und zugleich den Spontaneismus und das wilde Denken verdammten, all dies aktualisierte sich in meinem Kopf, als ich begann, mich für das Leben des Antonio Gramsci zu interessieren.

2.

Ich wollte wissen, wie Gramsci auf Sardinien gelebt hatte und wie es möglich war, weitab von den Zentren Europas zu einem Denker des humanistischen Kommunismus zu werden; solch einen unbändigen Wunsch zu entwickeln wie der kleine Nino, an der Bildung, an der Kultur ganz Europas teilzunehmen. Antonio Gramsci ist im Laufe seines kurzen Lebens einer der bedeutendsten Kulturtheoretiker geworden – weder hatten dies die Linke noch die kulturwissenschaftliche Literatur Europas erkannt. Seine Theaterkritiken strotzen von Fröhlichkeit, sein Leben ist der Stoff für eine große Oper, die Briefe an seine Kinder sind Liebeserklärungen von eingesperrten Vätern an die Kinder dieser Welt.

Gramsci zu entdecken, das bedeutet auch, das verborgene und ausgebeutete Sardinien zu entdecken, bäuerisch-feudale Strukturen, ein Banditentum, das sich stark von der Mafia abhob, autonome, linke Gruppen, das Dorf Orgosolo, die unwegsamen Berge und ein klares, freundliches Meer, die Nuraghen, Santa Cristina, architektonische Zeichen einer unbekannt gebliebenen, vorgeschichtlichen Hochkultur; hier ist Nino Gramsci aufgewachsen. Bis heute ist Sardinien eine besondere Insel im Mittelmeer geblieben, in weiter Ferne und doch so nah. Im Nordosten mag sich der internationale Jetset eingenistet haben, aber wenige Kilometer südlich davon finden wir karges Land, im Westen die größten Dünen, und immer wieder eine stille, aber auf Gegenwehr ausgerichtete Lebensweise. Ende der 1970er-Jahre fuhr ich mit drei Freunden und meiner 18 Monate alten Tochter Jana nach Porto Torres, auf den Spuren des jungen Antonio Gramsci.

3.

In Ghilarza, das Dorf, in dem er gelebt hat und aufgewachsen ist, gab es keinen Hinweis auf sein Geburtshaus. Es lag wie tot in der Mittagshitze. Wir fanden eine Bar: »Kennen Sie das Haus von Antonio Gramsci?« Die junge Frau hinter der Theke schaute uns ungläubig an, vier deutsche Männer und ein Baby; mitleidig wies sie uns den Weg. Aber das Haus war verschlossen, ein handgeschriebener Zettel enthielt ein Versprechen: Hier habe Gramsci gelebt, und am Abend sei man wieder da. Wir warteten. Ein alter Mann erschien, öffnete uns die Haustür: »Ecco, la *casa di Antonio Gramsci.*«

Sein Bett und seine Bücher, einige Fotografien, Antonio läuft über einen Feldweg. Dann hörte er auf zu wachsen, er wurde krumm. Der Junge mit dem wunderschönen Gesicht wird zu einem Krüppel. Bald nach der Inhaftierung seines Vaters wuchs er nicht mehr weiter, seine Wirbelsäule bog sich, seine Mutter verzweifelte, seine Schwestern klagten, Brüder banden ihn auf dem Dachboden an einen Balken und versuchten, ihn langzuziehen. Schmerzhafte und nutzlose, kindliche Therapieversuche gegen eine Krankheit, die sich nicht heilen ließ.

Im ersten Stock des Hauses liegt auch die Totenmaske von Antonio Gramsci. Wir sehen in das Gesicht eines alten Mannes, der gerade einmal 46 Jahre alt geworden war, gezeichnet vom Kerker, von Demütigungen und Enttäuschungen. Seine Söhne hat er nach seiner Verhaftung nie mehr wiedergesehen. Das Gesicht des jungen Antonio Gramsci, so wie wir es von Bildern und Plakaten kennen, ist das Gesicht eines wunderschönen Mannes, dichtes Haar, freundliche Augen hinter der randlosen Brille, ein zarter Zug um Mund und Nase, er erinnert an den jungen Leo Trotzki, an all die jungen Revolutionäre am Vorabend ihrer Revolutionen.

4.

Ich war mehr an seiner Biografie interessiert, als dass ich seine Klugheit schon verstanden hätte. Seine Schriften waren damals nicht oder nur fragmentarisch ins Deutsche übersetzt, in der DDR zudem nur mit spezifisch ausgewählten Texten oder gar zensiert, und in der Bundesrepublik hatte Gramsci wenig Platz in der linken Historiographie gefunden.

An der Universität Gießen hatte ein Privatdozent begonnen, Gramscis Schriften mit Studenten im Seminar zu lesen, es erschien 1987 in Leipzig eine Reclam-Ausgabe, in der ein Teil seiner Theaterkritiken enthalten war, und in dem darin befindlichen Artikel »Sozialismus und Kultur« ließ sich erahnen, dass Gramsci wahrlich ein autonomer Mensch gewesen sein musste. Kunst und Kultur waren für den Kommunisten Antonio Gramsci keine Mittel zu einem staatlichen Zweck, vielmehr Ausdruck von Freiheit, Sehnsucht und Menschwerdung.

»Kultur ist etwas ganz anderes. Sie ist Organisation, Disziplin des eigenen inneren Ichs, sie ist Besitzergreifen von der eigenen Persönlichkeit, sie ist Gewinn eines höheren Bewusstseins, durch das man den eigenen historischen Wert, die eigene Funktion im Leben, die eigenen Rechte und Pflichten zu begreifen vermag [...] Der Mensch ist vor allem Geist [...]«

Die Stimme, die wir hier hören, bescheiden, deutlich und klar, ist die Stimme des Gründers der Kommunistischen Partei Italiens. Ab dem Ende der 1920er-Jahre sollte sie immer leiser werden, übertönt vom Brüllen der Faschisten, vom Lärm der anrollenden Panzer und den Stimmen derer, die im Stalinismus eine historische Notwendigkeit sahen. Wenig später war die Idee einer kommunistischen Utopie gestorben.

5.

Über viele Jahre hinweg war ich überzeugt, man müsse eine Oper über Antonio Gramsci schreiben und komponieren. Man brauche die Musik, um Gramsci zu verstehen. Ich hörte seine Brüder singen, wenn sie versuchten, ihn in die Länge zu ziehen, ich hörte das Quäken von Mussolini und der Faschisten, das Weinen seiner Mutter und die zarten Liebeslieder Ninos an seine Frau und seine Kinder; ich hörte den Träumen des Antonio Gramsci zu.

Ich besuchte die Opernhäuser in Modena und Ravenna, das musikalische Konservatorium in Sassari und versuchte, italienische Künstler von einer Gramsci-Oper zu überzeugen; der deutsche Komponist Friedrich Schenker (1942–2013) hätte einen italienischen Mitkomponisten gebraucht. Mitten in den Vorbereitungen zu dieser Neuauflage erreichte mich die Nachricht von Hans-Klaus Jungheinrich, er habe unter Zugrundelegung von Fioris Biografie tatsächlich ein Libretto geschrieben, und der Komponist Cord Meijering sei mit der Komposition fast fertig. Sie nutzen mein Szenario, meine Idee, und ohne mein Wissen nahm ein früherer Assistent die Klavierauszüge mit und will sie aufführen am Ende der Welt: Ideenraub. Aber das zieht sich durch die Geschichte Gramscis.

6.

Will man Gramsci verstehen, so kann man seine »Gefängnishefte« im Argument-Verlag auf Deutsch lesen.[1] Ihre Herausgabe ist vor allem das Verdienst von Klaus Bochmann und Wolfgang Fritz Haug. So können wir wieder anfangen nachzudenken über die politische Linke und die Kultur, den *organischen Intellektuellen* und die Bedeutung kultureller Hegemonie[2] in den Veränderungsprozessen dieser Welt.

Will man Gramscis Leben verstehen, so muss man die Briefe an seine Kinder, an seine Mutter und den Vater lesen. »Der Mensch ist vor allem Geist«, sagt er, und sein kleines Lebensprogramm zeigt uns den Kommunismus, diesen alten Hund, mit menschlichem Antlitz, zeigt ihn uns an den Anfängen eines alten Denkens, als eine Möglichkeit, die so lange bestanden hatte, bis die anderen den Sieg davontrugen. Auf Sardinien besuchte ich das Dorf Santu Lussurgiu, gemeinsam mit dem deutschen Philosophen Ulrich Sonnemann (1912–1993), den die Nazis verfolgt und vertrieben hatten. Wir gingen durch die Gassen, im Schatten der Kastanien war es angenehm kühl. Hier hatte bis zu seinem Tod Gramscis Vater gelebt und auf seinen Sohn gewartet. In dem Dorf gab es noch ein paar Leute, die sich an die Schreie des Vaters erinnern konnten, als er vom Sterben seines Kindes erfuhr.

---

[1] Als die Übersetzung von Renate Heimbucher und Susanne Schoop des Buches von Giuseppe Fiori in der ersten Ausgabe 1979 erschien, gab es die deutschsprachige Ausgabe der »Gefängnishefte« noch nicht, auch die inzwischen erschienenen Bände der »Gefängnisbriefe« (herausgegeben von Ursula Apitzsch, Peter Kammerer und Aldo Natoli, ebenfalls im Argument-Verlag veröffentlicht) nicht. Die von Fiori zitierten Passagen aus den »Gefängnisheften« und aus Briefen wurden von den beiden Übersetzerinnen nach den italienischen Originalausgaben übertragen, wir haben sie so auch in diese Ausgabe übernommen.

[2] Micha Brumlik hatte bereits in seinem Beitrag »Das alte Denken der neuen Rechten« in der März Ausgabe 2016 der »Blätter für deutsche und internationale Politik« darauf hingewiesen, dass »Autoren und Autorinnen [... neurechter] Publikationsorgane [...] sich dem verpflichtet [sehen], was sie mit einem Ausdruck Martin Heideggers als ›Metapolitik‹ bezeichnen, also einer sich philosophisch gebenden Lehre von der Politik, die jedoch so kommuniziert werden soll, dass sie als ›Gramscianismus von rechts‹ kulturelle Kommunikationsmuster bereits im vorpolitischen Raum verändert, um so die Bereitschaft zur Hinnahme von nationaler Schließung, autoritärer Unterordnung und ethnischer Homogenität zu fördern«. Und er mahnt am Schluss unter der Zwischenüberschrift »Völkischer Aktivismus und Gramscismus von rechts« an, dass sich die gesellschaftliche Linke dessen bewusst werden muss: » Gerade weil die Theorien der identitären Bewegung erhebliche Schnittmengen mit linken Ansichten und Haltungen zu Kapitalismus, Globalisierung, Hegemonie der USA, Digitalisierung und Kulturindustrie aufweisen, dürfte es unumgänglich sein, demgegenüber – im Sinne der Aufklärung – das linke Projekt als ein menschheitliches, universalistisches zu rekonzipieren und sich darüber klar zu werden, dass heute, morgen und übermorgen eine linke Politik sich nicht nur um Europa, sondern um die Welt als Ganzes zu kümmern hat – der Internationalismus der Linken mithin seine Bewährung in Theorie und Praxis noch vor sich hat.«

7.

Nach all den Jahren erzählt uns Giuseppe Fiori das Leben des Antonio Gramsci neu, er trifft Augenzeugen, Geschwister, Freunde des kleinen Nino und solche des großen Antonio, und dieses Leben wird noch einmal wach, wie am ersten Tag, am Morgen der großen utopischen Ideen. Giuseppe Fiori starb im Jahr 2003 im Alter von 80 Jahren. Er war Jurist und Redakteur, lange Jahre Senator der unabhängigen Linken in Rom und immer auf der Suche nach Biografien vergessener Denker.

Dieses Buch war in Deutschland vergriffen. Im Jahr 2013 hat der Rotbuch Verlag mit finanzieller Unterstützung zahlreicher unabhängiger Spender eine 2. Auflage publiziert. Als diese vergriffen war, habe ich dem Verlag die Rechte abgekauft und nun im VSA: Verlag Hamburg eine neue Heimat für Gramscis Leben gefunden. Erneut konnten wir mit Dietrich, Klaus, Giesela, Christoph, Wolfgang, Joachim, Jürgen, Simon, Andreas, Frederic, Gianni, Anselm, Hans-Jürgen, Hartmut und Jutta, Hubert, Holger und nochmal Klaus Menschen gewinnen, die durch eine Spende die Neuausgabe ermöglichten.

Die Einleitung aus dem Jahr 2013 von Wolfgang Fritz Haug drucken wir mit einer von ihm vorgenommenen Ergänzung in dieser Ausgabe als Epilog ab. Er hat darüber hinaus die Bibliografie im Anhang um die zwischenzeitlich erschienene Literatur zu Gramsci ergänzt.

Im Herbst schließlich wird bei VSA mein politischer Reiseführer durch Sardinien erscheinen: »Gramscis Geist«.[3]

Wir freuen uns, »Das Leben des Antonio Gramsci« in einer dritten Auflage neu herausgeben zu können.

Mai 2024

---

[3] Christoph Nix: Gramscis Geist. Ein Sardisches Tagebuch. 144 Seiten, Hamburg 2024

Vorbemerkung

Gramsci schrieb einmal in einem Brief an seine Schwägerin Tanja: »Ich habe die Fotografien der Kinder erhalten, und Du kannst Dir vorstellen, wie sehr ich mich darüber gefreut habe. Zu meiner großen Genugtuung konnte ich mich jetzt mit eigenen Augen davon überzeugen, dass sie Körper und Beine haben. Seit drei Jahren habe ich immer nur ihre Köpfe gesehen, und allmählich fing ich schon an zu glauben, sie seien Engel geworden – nur ohne Flügel hinter den Ohren.«

Dieses Buch will auf ähnliche Weise das Bild Gramscis vollständig machen, also den »Kopf« – Gramsci als der große Intellektuelle und politische Führer, wie er den meisten bekannt ist – durch »Körper und Beine« ergänzen. Es will also jene Elemente hinzufügen, die dazu beitragen können, uns ein Gesamtbild des »Menschen« Gramsci zu zeigen – die Not, die er in seiner Jugend gelitten hat, die Geschichte seiner Liebe zu Giulia Schucht, seinen langsamen, qualvollen Tod. Das Buch ist so in erster Linie ein Porträt von »Nino« Gramsci.

Voll Zuneigung denke ich an Gennaro Gramsci, Antonios Bruder, der am 30. Oktober 1965 in Rom bei einem Autounfall ums Leben kam; zu einem Zeitpunkt, da dieses Buch gerade fertig war, zu dem er so viel beigetragen hat.

Ich danke Teresina Gramsci, die mir auch einige bisher unveröffentlichte Briefe zugänglich gemacht hat; ebenso Edmea und Carlo Gramsci; Alfonso Leonetti, Elsa Fubini und Renzo De Felice; schließlich Leonilde Perilli, die mir Informationen und Dokumente über die Familie Schucht zur Verfügung gestellt hat. Ich danke den Freunden Gramscis in Ghilarza, seinen Spiel- und Schulkameraden, seinen Mitschülern im Gymnasium, seinen Freunden aus der Turiner Zeit und allen, die ihm im politischen Kampf und in den Jahren der Gefangenschaft zur Seite standen und die sich bereit erklärt haben, über ihn zu erzählen.

Giuseppe Fiori

1

Das einstöckige Haus aus rötlichen Lavasteinen, in dem die Familie Gramsci auf Sardinien gelebt hat, liegt im Zentrum von Ghilarza, einem großen Dorf etwa auf halbem Weg zwischen Oristano und Macomèr, auf der Hochebene von Barigàdu. Jetzt hat dort der Stoff- und Kurzwarenhändler Antioco Porcu sein Geschäft. Er hat Signor Ciccillo und Peppina Marcias gekannt, die Eltern von Nino, wie Antonio Gramsci hier von allen genannt wird:

»Francesco Gramsci – aber für uns war er Signor Ciccillo – kam 1881 sehr jung nach Ghilarza. Er war 21, als er aus seiner Geburtsstadt Gaeta hierherkam, um seine erste Stelle, die Leitung des Registeramts, anzutreten. Vielleicht hat er damals wie viele andere vom Festland, die über das Tyrrhenische Meer hierherkommen, mit einem kurzen Aufenthalt gerechnet, eben mit den wenigen Jahren unbequemer Provinzarbeit, die man am Anfang einer Karriere in Kauf nehmen muss. Er blieb für den Rest seines Lebens. Hier hat er geheiratet, und abgesehen von einigen Arbeitsjahren in Ales und Sòrgono hat er immer in diesem Haus gewohnt, in dem wir uns jetzt unterhalten. Er starb 1937, 56 Jahre nach seiner Ankunft in Ghilarza. Zuletzt sprach er sogar unseren Dialekt, wenn auch auf seine Art. Einige nannten ihn schon ›*Tiu*[1] Gramsci‹.«

Es ist verbreitet worden, und viele haben es geglaubt, dass Antonio Gramsci aus sehr bescheidenen Verhältnissen stamme. Signor Antioco macht eine verneinende Kopfbewegung, bevor er entgegnet: »Das kann man eigentlich nicht sagen. Sein Vater, Signor Ciccillo, hatte Abitur gemacht und Jura studiert, bis sein Vater starb und er sich eine Stelle suchen musste. Der Vater von Signor Ciccillo war, soviel ich weiß, Oberst bei den Carabinieri. Auch mütterlicherseits gehörte Nino Gramsci einer angesehenen Familie an; die Marcias waren nicht besonders reich, aber sie lebten auch nicht in schlechten Verhältnissen.«

Dazu sagte mir Gennaro, Antonios ältester Bruder: »Ich weiß. Auch renommierte Biographen – und einmal sogar Togliatti – haben geschrieben, Nino sei bäuerlicher Abstammung, aber das ist nicht wahr.«

»Nino selbst«, erinnert sich Gennaro, »geht in einem Brief aus dem Gefängnis auf die Herkunft unserer Familie ein. Ich kann Ihnen diese Angaben vervollständigen: Ein griechisch-albanischer Gramsci – unser Urgroßvater – war während oder nach dem Volksaufstand von 1821 aus Epirus geflüchtet und hatte sich ziemlich schnell den italienischen Verhältnissen angepasst. In Italien wurde der Sohn Gennaro geboren, dessen Namen ich trage. Dieser Gennaro, unser Großvater, war Leutnant bei der bourbonischen Gendarmerie. Er heiratete eine gewisse Teresa Gonzales; sie war die Tochter eines neapolitanischen Advokaten

[1] *Tiu* – sardisches Dialektwort für Onkel (d.H.).

und stammte aus einer alten italienisch-spanischen Familie, die wie viele andere Familien nach dem Ende der spanischen Herrschaft in Süditalien geblieben war. Die beiden hatten fünf Kinder. Unser Vater war der Jüngste, er wurde im März 1860 in Gaeta geboren, wenige Monate vor der Belagerung durch die Truppen des Generals Cialdini.[2] Nach dem Ende der Bourbonenherrschaft wurde Großvater den Carabinieri zugewiesen, er behielt den Rang eines Leutnants. Er ist früh gestorben. Von den fünf Kindern hat das einzige Mädchen einen gewissen Riccio geheiratet, einen reichen Mann; ein Sohn wurde Beamter im Finanzministerium; ein anderer war zuerst Bahnhofsvorsteher in Rom und dann Eisenbahninspektor; und der dritte, Onkel Nicolino, war Offizier bei der Armee. Unser Vater war am schlechtesten dran; er studierte noch Rechtswissenschaften, als sein Vater starb. Er musste sich eine Arbeit suchen, da bot sich ihm die Stelle in Sardinien, beim Registeramt in Ghilarza, und er ging dorthin. Auch Onkel Nicolino wurde nach Sardinien versetzt; zuerst nach La Maddalena, dann nach Sassari, schließlich nach Ozieri, wo er als Hauptmann den Oberbefehl über das Artilleriedepot hatte. Dort ist er auch gestorben. Die Familie unseres Vaters war also die typische gutsituierte süditalienische Familie, die der staatlichen Verwaltung die mittleren Angestellten liefert.«

Und Peppina Marcias?

»Unsere Mutter«, erzählte mir Gennaro, »war die Tochter eines Marcias aus Terralba und einer Corrias aus Ghilarza. Unser Großvater war Steuereinnehmer von Beruf und besaß außerdem ein kleines Grundstück. Die Marcias hatten ihr Auskommen, es ging ihnen ganz gut, für unsere Verhältnisse, sagen wir: noch gut, ein Haus, ein Stück Land, genug, um recht und schlecht zu leben.«

Peppina Marcias war 1861 geboren, ein Jahr nach Ciccillo Gramsci. Sie war ein großes, gutaussehendes Mädchen, gesellschaftlich eine Stufe über den meisten anderen Mädchen in Ghilarza und sie fesselte einen sofort (»Sie kleidete sich europäisch«, sagte mir ein Schneider aus Ales, der sie als junges Mädchen kannte). Sie hatte drei Jahre lang die Grundschule besucht, las alles, was ihr in die Hände kam, sogar Boccaccio, und das in einer Zeit, in der Lesen und Schreiben die große Ausnahme war, vor allem bei einer Frau.[3]

---

[2] In den letzten Tagen des Regimes der Bourbonen (im Königreich beider Sizilien) konzentrierte sich dessen militärischer Widerstand gegen die Armee Garibaldis, die von Süden anrückte, und die piemontesische Armee König Viktor Emanuel II., die von Norden kam, auf die Gegend um Capua und Gaeta (zwischen Neapel und Rom). Gaeta wurde im Herbst 1860 von dem piemontesischen General Cialdini eingenommen (T.N.).

[3] »Die Leute, die des Lesens und Schreibens mächtig sind«, heißt es bei Vittorio Angius, einem zeitgenössischen Schriftsteller, »werden im ganzen Dorf auf 200 geschätzt.« Schon damals hatte Ghilarza 2.200 Einwohner.

Francesco hielt um ihre Hand an, aber seine Familie war dagegen. Vor allem der Mutter passte es nicht, dass er, der Sohn eines Leutnants und angehender Doktor der Jurisprudenz, ein unstandesgemäßes Mädchen aus irgendeiner dubiosen Unterklassenfamilie zur Frau nehmen wollte. Sie heirateten trotzdem. Sie war 22 und Ciccillo 23. Ein Jahr später, 1884, kam Gennaro zur Welt. Nicht lange danach kam die Versetzung in das Registeramt von Ales. In Ales wurden die nächsten Kinder geboren: 1887 Grazietta, 1889 Emma und schließlich, am 22. Januar 1891, Antonio. Sieben Tage später wurde er getauft.

Waren die Gramscis religiös? In Bonàrcado, einem kleinen Dorf nicht weit von Ghilarza, treffe ich Edmea, die Tochter von Gennaro, die so oft und ausführlich in Gramscis Briefen aus dem Gefängnis erwähnt wird. Sie ist inzwischen 45 Jahre alt, ihr Haar ist grau. Sie ist mit einem Arzt verheiratet und unterrichtet an der Grundschule. Mit ihr spreche ich über die religiöse Einstellung von Ciccillo und Peppina Gramsci.

»Mein Großvater«, erzählt sie, »ging nicht oft in die Kirche. Ich kann mich aber erinnern, dass er in den letzten Monaten vor seinem Tod, als ihn die Krankheit ans Haus fesselte, die Gesellschaft eines Fastenpredigers sehr schätzte, der ihn häufig besuchte. ›Wissen Sie, dass Sie Giosuè Carducci[4] sehr ähnlich sehen?‹, fragte der Priester manchmal, um ihn aufzuheitern. Sie waren Freunde geworden. Die beiden unterhielten sich über Gott und die Welt. Bevor Großvater starb, wollte er die Beichte ablegen. Meine Großmutter war eifriger. Sie ging jeden Sonntag in die Frühmesse. Dann wurde sie krank und ging kaum noch aus dem Haus. Aber auch dann, vor allem als Onkel Nino ins Gefängnis geworfen wurde, war sie in Gedanken immer bei Gott, und ich hörte sie immer wieder sagen: ›Gott, mein Gott. Ich verlange nichts von dir, nichts anderes will ich. Gib mir nur die Kraft, es durchzustehen [...]‹ Als sie auf dem Sterbebett lag, rief sie mich zu sich und schenkte mir einige geweihte Bildchen.«

Über eine andere nahe Verwandte, Grazia Delogu, der ledigen Stiefschwester Peppinas, die ständig bei den Gramscis lebte und fast eine zweite Mutter für Antonio war, lesen wir folgende Beschreibung in einem Brief aus dem Gefängnis:

»Tante Grazia glaubte an die Existenz einer *Donna Bisòdia*, einer sehr frommen Frau, so fromm, dass sie in jedem Vaterunser vorkam. Es war das ›dona nobis hodie‹, das Tante Grazia wie viele andere wie Donna *Bisòdia* aussprach, unter der sie sich eine vornehme Frau aus der guten alten Zeit vorstellte, als alle in die Kirche gingen und es auf dieser Welt noch ein bisschen Frömmigkeit gab. Man könnte eine Geschichte über

[4] Giosuè Carducci (1835–1907) war ein berühmter italienischer Dichter und die dominierende Figur der gesamten italienischen Kulturszene im Zeitraum zwischen 1880 und 1890 (T.N.).

diese imaginäre *Donna Bisòdia* schreiben, die als Vorbild hingestellt wurde. Wie oft hat Tante Grazia zu Grazietta oder Emma gesagt: ›Ach, du hast aber auch kein bisschen von *Donna Bisòdia*!‹«

Antonio wurde nicht vom Domherrn Marongiu, dem damaligen Pfarrer von Ales, getauft. Denn die Taufe war ein ganz besonders feierliches Ereignis. Wie wir in den Kirchenbüchern lesen, wurde das Kind von »Generalvikar Hochwürden Sebastiano Frau« getauft. Pate war ein Notar aus Masullas, der Cavaliere Francesco Puxeddu.

In Ales gibt es noch Leute, die sich an das Fest nach der Taufe erinnern.

Nicolino Tunis, Schneider von Beruf und jetzt im Ruhestand, erzählt:

»Unsere Familien waren befreundet. Signor Ciccillo und mein Vater, ein Gerichtsdiener, waren oft zusammen, und Signora Peppina gehörte sozusagen zur Familie. Sie war Taufpatin einer meiner Schwestern, die nach ihr Peppina genannt wurde. Als Nino Gramsci getauft wurde, war ich zehn Jahre alt. Und ob ich mich an die Taufe erinnere, es war ein fröhlicher Tag; aus Ghilarza wurde haufenweise Gebäck geholt, und viele Leute waren gekommen, um den Kleinen hochleben zu lassen. Ich war der Freund von Gennaro und spielte auch mit Grazietta und Emma, die aber viel jünger waren als ich. Nino habe ich wer weiß wie oft auf dem Arm getragen. Er war ein hübsches Kind, blond mit hellen Augen. Als sein Vater nach Sòrgono versetzt wurde, war Antonio immer noch sehr klein, und danach habe ich ihn nie wiedergesehen.«

Man findet in Ales nichts mehr, was an Antonio Gramsci erinnert. Im Erdgeschoss des Geburtshauses, das nach dem Auszug der Familie von dem Priester Melis bewohnt wurde und dann fast 20 Jahre lang Parteibüro der Faschisten war, befindet sich jetzt ein Café. *Bar dello Sport* verkündet das Schild. Eine 1947 über dem Eingang angebrachte Gedenktafel verschwindet fast inmitten der Reklameschilder für Magenbitter, Aperitifs und andere Getränke. Auf der Tafel steht: »Zehn Jahre nach seinem Leidensweg widmeten die Mitbürger und alle freien Menschen in Zuneigung und Anerkennung Antonio Gramsci in seinem Geburtshaus diesen Stein.« Bevor Gramsci auf Initiative eines Komitees aus Cagliari an seinem Geburtsort geehrt wurde, wussten nur wenige Einwohner von Ales, dass sie einen später so berühmten Mitbürger gehabt hatten. Antioco Porcu erzählt:

»Als die Familie nach Sòrgono ging, war er gerade ein Jahr alt. Und dort blieb er bis zum Alter von sieben Jahren, bis auf die Sommermonate (die verbrachten die Gramscis in Ghilarza). Die Familie war inzwischen größer geworden: 1893 wurde Mario geboren, 1895 Teresina und 1897 Carlo. 1898 gingen die Gramscis endgültig nach Ghilarza zurück.«

Die Rückkehr fand unter äußerst dramatischen Umständen statt. Schwerwiegende Ereignisse auf der trostlosen Ebene lokaler Stammtischpolitik hatten für Ciccillo Gramsci verheerende Folgen gehabt: Er hatte seine Stellung verloren, und es drohte ihm eine Gefängnisstrafe. Angefangen hatte alles mit den Parlamentswahlen von 1897.

Der Historiker Bellieni schreibt, dass gegen Ende des Jahrhunderts in Sardinien die theoretische Diskussion in der Politik keine Rolle spielte; die Parteien waren lediglich die persönliche Anhängerschaft einiger weniger mächtiger Männer. Das wird bestätigt durch den Augenzeugenbericht eines Abgeordneten aus Ozieri, Francesco Pais-Serra. Ministerpräsident Crispi hatte ihn im Dezember 1894 beauftragt, eine Untersuchung über die wirtschaftlichen Verhältnisse und die öffentliche Sicherheit auf Sardinien durchzuführen. Eineinhalb Jahre später, Mitte 1896, stellt Pais-Serra in seinem Bericht fest:

»Außer in wenigen Ortschaften und abgesehen von einer kleinen Minderheit sind ›konservativ‹, ›liberal‹, ›demokratisch‹ oder ›radikal‹ leere Wörter; ›Sozialismus‹, ›Anarchie‹ oder ›Klerikalismus‹ sind nicht einmal dem Namen nach bekannt. Und doch sind die Parteien lebendig, zäh, unnachgiebig und kämpferisch. Es sind aber keine politischen Parteien, die allgemeine oder lokale Interessen vertreten, es sind Parteien einzelner Persönlichkeiten, Cliquen im wahrsten Sinne des Wortes. Unter den breiten Fittichen dieser größeren ›Parteien‹ wimmelt es in den verschiedenen Gemeinden von winzigen ›Parteien‹, die umso hasserfüllter und gewalttätiger agieren, je unmittelbarer die Ursachen des Streits sind und je enger der tägliche Kontakt ist [...] Sie hängen sich an die größeren Parteien an und erhalten von diesen als Gegenleistung Protektion und wirkungsvolle Unterstützung bei ihren lokalen Rangeleien; vor allem aber persönliche Protektion, um Vorteile herauszuschlagen und den Folgen ihrer Gesetzesübertretungen, manchmal sogar ihren Verbrechen, zu entgehen. An die Stelle der alten Feudalunterdrückung ist ein hierarchisches Vasallentum mit noch schlimmeren, traurigeren Folgen getreten.«

Im Wahlkreis Isili, zu dem auch Sòrgono gehörte, wo der Vater von Antonio Gramsci das Registeramt leitete, standen sich bei den Wahlen von 1897 zwei solche Anführer, Francesco Cocco Ortu und Enrico Carboni Boy, in einem erbitterten Kampf gegenüber. Cocco Ortu, ein Mann von großem Ansehen, der auf eine lange Vergangenheit als Parlamentarier zurückblicken konnte, Abgeordneter seit 21 Jahren und stellvertretender Staatssekretär zuerst im Landwirtschafts-, dann im Justizministerium, war laut Camillo Bellieni »Hauptvertreter dieser Cliquenmentalität«. Der bevorstehende Wahlkampf sollte sich für das einflussreiche Regierungsmitglied jedoch als etwas schwierig erweisen. Denn hinter seinem jungen Gegenspieler Carboni Boy aus Nuragus, einem Dorf des Wahlbezirks, stand eine große Anhängerschaft nicht nur aus seinem Heimatort, sondern auch aus so einflussreichen Gemeinden wie Tonara und Sòrgono. Ciccillo Gramsci stand auf der Seite von Carboni Boy. Es war eine Schlacht mit ungewissem Ausgang, die bis zuletzt schonungslos ausgefochten wurde. Aber Cocco Ortu wurde schließlich wieder gewählt und konnte wenige Monate später seine Macht noch weiter stärken, als er im Kabinett di Rudinì Minister für Landwirtschaft, Industrie und Handel wurde. Wie sich die »Cocchisten«, also die kleinen Dorfparteien, die Cocco unterstützt hatten, nach dessen Sieg verhielten, können wir wieder dem Bericht des Abgeordneten Pais-Serra entnehmen: »Ob sich in Rom dieses oder jenes politische Programm durchsetzt, spielt kaum eine Rolle [...] Wichtig ist nur, dass der Parteiführer Einfluss bei der Zentralregierung hat, so dass er in Sardinien herrschen und wie ein Eroberer den Siegern Wohltaten erweisen und die Besiegten vernichten kann.« Ciccillo Gramsci zählte zu den Verlierern und war allen mit diesem Zustand verbundenen Gefahren ausgesetzt, darunter auch der Gefahr, Opfer einer »manipulierten Justiz«[5] zu werden.

Einige Monate nach den Wahlen vom März 1897 zwang ihn ein trauriges Ereignis zu einer Reise. Am 17. Dezember war sein kaum 42-jähriger Bruder Nicolino gestorben, der in Ozieri dem Artilleriedepot vorgestanden hatte. Er fuhr also zur Beerdigung und wollte sich gleichzeitig nach Möglichkeiten für den weiteren Schulbesuch von Gennaro umsehen, der bis dahin bei Onkel Nicolino gewohnt hatte. Er war kaum aus Sòrgono abgereist, als von dort ein Telegramm in die Hauptstadt Cagliari geschickt wurde. Absender war die Gegenpartei, die die Abwesenheit des Amtsleiters ausnutzen wollte und eine Inspektion im Registeramt anregte. Als Ciccillo aus Ozieri zurückkam, erfuhr er, dass gegen ihn ein Ermittlungsverfahren lief. Eine gewisse Nachlässigkeit hatte er sich wohl vorzuwerfen; seine Amtsführung war nicht ganz einwandfrei. Er wurde seines Amtes enthoben und kehrte ohne eine Lira Gehalt mit seiner Familie nach Ghilarza zurück. Dort lebte er einige Monate in der quälenden Sorge, dass er sogar ins Gefängnis kommen könnte. Niedergedrückt von finsteren Gedanken schloss er sich im Haus ein. Er war 38 Jahre alt, und über Nacht konnte es nach dem Verlust seiner Stelle noch schlimmer kommen. Am 9. August 1898 wurde er von den Carabinieri geholt. Die Beschuldigung lautete auf Unterschlagung im Amt, Erpressung und Urkundenfälschung.

Ciccillo Gramsci kam ins Gefängnis von Oristano und blieb dort, bis der Fall an ein Gericht verwiesen wurde. Am 28. Oktober 1899 ordnete die Anklagekammer des Appellationsgerichts Cagliari seine Überführung in die Hauptstadt an. Der Prozess fand im darauffolgenden Jahr statt. Für Unterschlagung im Amt war damals das Schwurgericht zuständig. Das Urteil wurde am 27. Oktober 1900 verkündet. Darin wird

[5] »Dieses Wort trifft den Kern der Sache«, sagte damals Alfredo Niceforo. »Zu groß, zu tief war der Abscheu, den wir in Sardinien angesichts des großen Einflusses verspürten, den einige Abgeordnete und Präfekten auf die Rechtsprechung hatten.«

zwar darauf hingewiesen, dass die unterschlagene Summe nur geringfügig war. Aber da das Gesetz damals solche Vergehen sehr ernst nahm, wurde er trotz Zuerkennung der Mindeststrafe zu 5 Jahren, 8 Monaten und 22 Tagen verurteilt.

Das war ein schwerer Schlag für Peppina Marcias, die für sieben Kinder zu sorgen hatte; der Jüngste, Carlo, war noch ein Säugling, Gennaro, der Älteste, war ungefähr 14 Jahre und Antonio 7 Jahre alt. Bis dahin hatten die Gramscis zwar nicht im Überfluss, aber wenigstens ohne materielle Sorgen gelebt – das anspruchslose und im Grunde ruhige Leben dessen, dem jeden Monat etwas Geld ins Haus kommt, was besonders angenehm in einer Umgebung ist, wo wenig davon im Umlauf ist, weil die ökonomischen Beziehungen vorwiegend im Tausch von Naturalien bestehen. Mit dem Verlust von Francescos Gehalt und seiner Inhaftierung änderte sich die Situation der Familie, es begann eine Zeit voller Entbehrungen und größter Armut. Ein Unglück kam so zum anderen: Schon seit einigen Jahren gab es bei Antonio Anzeichen für eine körperliche Missbildung.

2

Nennetta Cuba, die in einem Brief aus dem Gefängnis erwähnt wird, erzählt mir von Gramscis Kindheit. Sie ist Graziettas Freundin und 78 Jahre alt wie sie. In Ghilarza wohnte sie gegenüber den Gramscis und gehörte fast zur Familie.

»Nino«, so erinnert sie sich, »war nicht immer, sagen wir, verkrüppelt. Er war sogar ein hübsches Kind, zart – ja, aber schön wie ein kleiner Engel. Er war vier Jahre jünger als ich, und manchmal machte ich mich deshalb über ihn lustig. Ich erinnere mich noch genau, wie er aussah, bevor er krank wurde. Er war ein hübscher, normaler Junge mit blonden Locken und blauen Augen. Dann – ich weiß nicht warum – tauchte auf seinem Rücken eine Art Überbein auf, und er wuchs nicht weiter, sondern blieb klein und gedrungen. Die arme Tante Peppina, sie probierte alle möglichen Mittel gegen die Krankheit aus. Sie war verwirrt, und der verschreckte Ausdruck wich nicht mehr aus ihrem Gesicht. Nino musste sich immer hinlegen, und sie massierte ihn mit Jodtinktur, aber es half nichts. Der Buckel wurde von Tag zu Tag größer. Deshalb beschlossen sie, ihn in Oristano untersuchen zu lassen. *Tiu* Gramsci ging mit ihm auch nach Caserta zu einem Spezialisten. Auf seinen Rat hin bastelten sie ihm ein Korsett mit Ösen, das zog Nino an, und *Tiu* Gramsci oder Gennaro banden ihn an einen Deckenbalken und ließen ihn in der Luft baumeln. Sie glaubten, dass das die richtige Methode sei, um seinen Rücken wieder gerade zu machen. Aber der Buckel auf dem Rücken und dann auch auf der Brust wurde größer und größer und nichts half. Nino ist immer klein geblieben. Auch später als Erwachsener war er nie größer als 1,50 Meter.«

Seine Familie glaubte, dass ein Sturz daran schuld sei. Teresina Gramsci, Antonios jüngste Schwester, meint: »Mutter hat mir oft erzählt, was für ein kerngesundes Kind Nino in seinen ersten Lebensjahren war. Eines Tages entdeckte man eine Schwellung auf seinem Rücken, konnte sich aber nicht erklären, woher sie kam. Mutter war sehr erschrocken, und es ließ ihr keine Ruhe. Plötzlich fiel ihr etwas ein, sie rief das Hausmädchen und fragte: ›Hast du ihn fallen lassen? Sag mir die Wahrheit!‹ Die Frau bestritt das, gab es dann aber doch zu. Die vielen Behandlungen später halfen nichts.«

Auch sonst war Antonio oft krank. Später schreibt er darüber: »Als ich vier war, hatte ich einmal drei Tage lang Krämpfe und verlor so viel Blut, dass ich völlig entkräftet war. Die Ärzte gaben mir keine Chance mehr, und meine Mutter hat bis 1914 den Kindersarg und das Totenhemd aufgehoben, die sie schon für mein Begräbnis gekauft hatte.«

Zu den Sorgen um die Gesundheit des Kindes kamen noch die Niedergeschlagenheit wegen Ciccillos Inhaftierung und die Armut. Aber Peppina Marcias gab sich nicht geschlagen. Ihr Stolz verbot es ihr, sich an die Schwiegermutter und an Ciccillos Geschwister zu wenden, die sie bei ihrer Hochzeit nur widerstrebend in die Familie aufgenommen hatten. Ciccillos Brüdern ging es gut, und seine Schwester war mit einem reichen Landbesitzer verheiratet – sie alle hätten ihr leicht helfen können. Aber sie wollte es allein schaffen und nicht auf die Hilfe von Verwandten angewiesen sein, die sie kaum kannte.

Sie war eine starke Frau, kämpferisch und noch voller Energie (als ihr Mann verhaftet wurde, war sie 37) und handelte in dieser oft verzweifelten Situation mit großer Entschlossenheit. Sie hatte das kleine Stück Land aus dem elterlichen Erbe verkauft und so eine kleine Rücklage geschaffen, um die Anwälte zu bezahlen und die Familie über Wasser zu halten. Außerdem vermietete sie ein Zimmer an den Tierarzt Vittore Nessi. Das meiste aber kam durch ihre eigene Arbeit herein. »Mutter war eine gute Näherin«, erinnert sich Teresina, »sie machte Hemden und andere Kleidung, die dann verkauft wurden und etwas Geld einbrachten. Wir waren alle noch sehr klein, und deswegen musste sie sich auch noch um den Haushalt kümmern. Sie schlief kaum und arbeitete nachts.« In Erinnerung an diese schwierigen Jahre schreibt Antonio Gramsci später über seine Mutter:

»Ob wir wohl zu dem fähig waren, was unsere Mama vor 35 Jahren geleistet hat? Als arme Frau ganz allein gegen diese schrecklichen Umstände anzukämpfen und sieben Kinder vor dem Hungertod zu retten? Ihr Leben stand uns immer als Beispiel vor Augen. Es hat uns gezeigt, wie man mit Schwierigkeiten fertig werden kann, die sogar dem stärksten Mann unüberwindlich erscheinen – wenn man nur hartnäckig genug ist [...] Ihr Leben lang hat sie für uns gearbeitet und unvorstellbare Opfer gebracht; wäre sie nicht eine solche Frau gewesen, wer weiß, wie schlimm es uns schon als Kindern ergangen wäre; vielleicht wäre von uns keiner mehr am Leben.«

Damals besuchte Antonio in Ghilarza die Grundschule. Weil er kränklich war, hatte ihn die Mutter erst mit siebeneinhalb Jahren eingeschult und nahm sich sogar die Zeit, ihm zu helfen, damit ihn das Lernen nicht so anstrengte.[6]

---

[6] Später, aus dem Gefängnis, wird Gramsci an die Mutter schreiben: »Ich erinnere mich wieder ganz deutlich an die Zeit, als ich in der ersten oder zweiten Klasse war und Du meine Schulaufgaben durchgesehen hast: ich konnte mir nie merken, dass *uccello* (Vogel) mit zwei *c* geschrieben wird, und Du hast mir diesen Fehler mindestens zehnmal korrigiert [...] Früher hast Du uns viele Gedichte auswendig lernen lassen; ich erinnere mich noch an ›Rataplan‹ und an das andere, das so begann: ›Lungo i clivi della Loira / che qual nastro argentato / corre via per cento miglia / un bel suolo avventurato.‹ Ich weiß auch noch, wie ich Dich bewundert habe, als ich vier oder fünf war, weil Du beim Deklamieren von ›Rataplan‹ den Trommelwirbel so gut auf der Tischplatte nachmachen konntest.« (Die Ballade vom »Rataplan« ist »Il vecchio

In der ersten Klasse hatte er 48 Mitschüler, und Ignazio Corrias war sein Lehrer; in der zweiten bekam er einen neuen Lehrer, Celestino Baldussi, und in der dritten wieder einen anderen, Luigi Cossu. Er war immer der Klassenbeste – in diesen ersten Jahren schwankten seine Noten zwischen 9 und 10.[7] Aus einem Brief erfahren wir: »Das Schulsystem war veraltet, und fast alle meine Mitschüler sprachen ein sehr schlechtes und unbeholfenes Italienisch. Das gab mir einen Vorsprung, weil sich der Lehrer nach dem Durchschnitt der Klasse richten musste; wenn man fließend Italienisch sprach, hatte man es leichter.« Aber auch der Eifer, mit dem der Junge alles Gedruckte verschlang, brachte ihn voran. »Er ließ sich wochenlang nicht sehen«, erzählte sein Spielkamerad Fellé Toriggia, »und wenn ich ihn fragte warum, sagte er, er hätte all die Tage mit Lesen verbracht.«

Schon damals zeigte sich, dass Antonio nicht nur Sinn für das Lernen, sondern auch für das Praktische hatte. Von seiner Familie erfahre ich: »Er hatte sich eine Art Dusche aus einem großen Blecheimer gebaut. In den oberen Teil hatte Nino viele kleine Löcher gebohrt. Er füllte den Eimer mit heißem Wasser, zog ihn über einen Haken hoch, und dann brauchte man nur seitlich langsam an einem Strick zu ziehen: der Eimer neigte sich mehr und mehr, die Brause begann zu funktionieren.«

Er baute sich auch Spielzeug, Schiffe und Wagen. Er schreibt: »Mein größter Erfolg war, als mich ein Schmied aus dem Dorf um das Papiermodell meines wundervollen Schoners mit zwei Brücken bat, um ihn aus Blech nachzubauen.«

Und weiter lesen wir: »Ich erinnere mich sehr gut an den Hof, auf dem ich mit Guiliano (Guiso, der Sohn des Apothekers von Ghilarza) spielte, und an die Wanne, in der ich mit meinen großen Flotten aus Papier, Holz, Weidenruten und Kork herummanövrierte und sie dann mit dem Blasrohr zerstörte. Ich redete ständig von Brigantinen, Schebecken, Dreimastern und Schonern, von Flaggensignalen und Vorbramsegeln. Als Einziges missfiel mir, dass Lucianos einfacher und robuster Blechkahn meine viel raffinierteren Galeoten mit ihrem ganzen komplizierten Mastwerk im Handumdrehen versenken konnte. Aber auf jeden Fall war ich auf meine Fähigkeiten sehr stolz.«

Er hatte sich auch Turngeräte gebaut. Er war von Kind auf voller Willenskraft und fest entschlossen, alles Mögliche gegen seine körperlichen Mängel zu tun, so übte er sich jeden Tag im Gewichtheben. Im

---

sergente« – der alte Sergeant – von Pietro Paolo Parzanese. Die zitierten Verse sind der Anfang eines kleinen Gedichtes von Arnaldo Fusinato (d.Ü.).

[7] Im Italienischen wird nach dem Punktesystem 1 bis 10 benotet: 10 ist die beste Note, aber im Allgemeinen werden die schlechtesten Noten 1 bis 3 nicht vergeben (d.Ü.).

Hof des Hauses, in dem jetzt Teresina wohnt, sehe ich Steinkugeln liegen. Sie erzählt mir:

»Die dienten als Hanteln. Nino hat sie mit Hilfe seiner Brüder selbst aus großen Felsbrocken herausgehauen. Zusammen haben sie sie zurechtgemeißelt, und dann hat Nino sie stundenlang geschliffen, bis sie die Form von Kugeln hatten. Er hat sechs Steinkugeln für drei Hanteln von unterschiedlichem Gewicht gemacht. Je zwei Kugeln wurden auf ein Stück Besenstiel gesteckt. Eisen war damals teuer, und deshalb konnte Nino keine Metallstange nehmen. Aber auch mit einer Holzstange erfüllte die Hantel ihren Zweck. Nino machte die Übungen regelmäßig jeden Morgen. Er wollte stark werden und kräftige Muskeln an den Armen bekommen. Mit größter Anstrengung stemmte er die Gewichte so oft hoch, bis er nicht mehr konnte. Einmal schaffte er es 16 mal hintereinander.«

Teresina ist zu Tränen gerührt, als sie das erzählt. Sie war Antonios Lieblingsschwester und auch das einzige Mädchen in der Familie, das so aufgeweckt war wie er.[8] Sie ist jetzt 70, und ihr Mann, der Postdirektor Paolo Paulesu, ist schon lange tot. Ihr freundliches Gesicht ist blass, sie trägt ein schwarzes Kleid und eine Frisur, wie man sie auf alten Bildern sieht. Sie ist zurückhaltend und scheu, und ihr Blick verdunkelt sich in der Erinnerung an die schwere Zeit. Sie arbeitete wie ihr Mann im Postbüro von Ghilarza, seit 1960 ist sie pensioniert und geht fast nie aus dem Haus. Sie berichtet weiter: »Sicher, auch die Tatsache, dass er körperlich nicht vollkommen war, mag sich auf die Entwicklung von Antonios Charakter ausgewirkt haben. Er war ein verschlossener Einzelgänger [...], und auch wenn er nicht unbedingt herzlich war, zeigte er uns Geschwistern oft seine Zuneigung. Ich war vier Jahre jünger als er, und er verwöhnte mich, kaufte mir von seinem wenigen Geld Bilderheftchen [...]« Ähnliches erzählen mir auch Spielkameraden und Schulfreunde. Nennetta Cuba beschreibt ihn als »verschlossen, aber nicht mürrisch«. Fellé Toriggia erzählt:

»Er war ein melancholisches Kind. Brachte man ihm aber Freundschaft entgegen, taute er auf und wurde fröhlich. Einmal, es war wohl im Jahr 1900 und 1901, fuhren wir zusammen in die Ferien nach Bosa Marina. Damals reiste man noch mit Ochsenkarren. Ich kann nicht sagen, dass Nino Gramsci in dieser Zeit, in der wir fast immer zusammen waren – zuerst auf diesem Karren, später am Strand – ein verschlossenes Kind gewesen wäre. Er freute sich über Gesellschaft, manchmal war er sogar richtig ausgelassen.«

---

[8] Gramsci schrieb ihr später einmal: »Weißt Du noch, wie versessen wir auf Lesen und Schreiben waren, Teresina? Ich glaube, auch Du hast, als Du etwa zehn Jahre alt warst, die ganzen Gesetzbücher gelesen, als Du keine neuen Bücher mehr hattest.«

Aber wenn die anderen im Freien herumtollten und sich balgten, fühlte er sich ausgeschlossen. Chicchinu Mameli, ein Freund aus der Grundschule, erinnert sich: »Sie wissen ja, wie er gebaut war, und wegen der Missbildung konnte er bei bestimmten Spielen natürlich nicht mitmachen. Buben raufen immer und wollen sich austoben. Unsere Lieblingsspiele waren körperliche Mut- und Kraftproben, und Nino konnte dann höchstens dabeistehen und zuschauen. Deshalb kam er selten mit. Meistens blieb er zu Hause, las, malte, bastelte mit Holz und spielte im Hof. Er ging aber auch hinaus und streifte in der Umgebung herum. Ich habe ihn oft zusammen mit Mario gesehen. Von den anderen Brüdern war Gennaro, der sieben Jahre älter war, schon zu groß, um ihn zu begleiten, und der sechs Jahre jüngere Carlo war noch zu klein.«

In dieser Zeit stromerte er herum zwischen dem Tirso-Tal unterhalb von San Serafino, den Gärten und Bächen von Canzola und dem Haus seiner Tante Maria Domenica Corrias in Abbasanta. Schon als kleiner Junge hatte er den *Robinson Crusoe* gelesen. Dieses Buch hatte ihm die Frau des Steuereinnehmers, Signora Mazzacurati, geschenkt, als sie wegzog, und es hatte ihn stark beeindruckt. Später schreibt er: »Ich ging nie aus dem Haus, ohne Weizenkörner und Streichhölzer bei mir zu tragen, die ich in Wachstuch verpackt hatte – für den Fall, dass es mich auf eine einsame Insel verschlagen würde und ich nur auf mich selbst angewiesen wäre.« Er fing Eidechsen, ließ Steine auf dem Wasser hüpfen und freute sich, wenn sie durch die Luft pfiffen. Besonders gern beobachtete er Tiere.

»Eines Abends im Herbst, es war schon dunkel, aber der Mond schien hell, bin ich mit einem Freund auf ein mit Obstbäumen, vor allem mit Apfelbäumen bestandenes Feld gegangen. Dort versteckten wir uns im Gebüsch, gegen den Wind. Plötzlich kamen die Igel hervor, fünf an der Zahl, zwei größere und drei kleinere. Im Gänsemarsch krochen sie auf die Apfelbäume zu, spielten ein bisschen im Gras herum und machten sich dann an die Arbeit: Mit Hilfe ihrer Schnauzen und Beine rollten sie die Äpfel, die der Wind heruntergeweht hatte, zu einer kahlen Stelle der Wiese und legten sie dort fein säuberlich nebeneinander. Die herabgefallenen Äpfel genügten ihnen aber offensichtlich nicht. Der größte Igel reckte nämlich seine Schnauze hoch, blickte um sich, suchte einen sehr krummen Baum aus und kletterte hinauf, gefolgt von seiner Frau. Sie setzten sich auf einen Ast, an dem viele Äpfel hingen, und begannen rhythmisch hin und herzuschaukeln. Durch ihre Bewegungen schwankte der Ast immer stärker, und viele Äpfel fielen zu Boden. Als die Igel sie zu den anderen gebracht hatten, rollten sie sich mit gesträubten Stacheln zusammen, wälzten sich über das Obst und spießten es auf. Die kleinen Igel hatten nur wenige Äpfel aufgespießt, aber Vater und Mutter hatten jeder sieben oder acht Äpfel auf dem Rücken. Als die Igel in ihren Bau zurückkehren wollten, kamen wir aus unserem Versteck hervor, steckten sie in einen Sack und nahmen sie mit nach

Hause. Ich hatte den Vater und zwei Junge erwischt und hielt sie monatelang im Hof unseres Hauses, wo sie frei herumliefen.«

Er erinnert sich auch an ein anderes Erlebnis: »Eines Tages ging ich mit meinen Brüdern auf das Grundstück einer Tante, auf dem ein paar riesige Eichen und ein paar Obstbäume standen; wir sollten Eicheln als Futter für ein kleines Schwein sammeln. Das Feld lag nicht weit vom Dorf, aber trotzdem war weit und breit niemand zu sehen, und wir mussten in ein Tal hinabsteigen. Kaum waren wir bei dem Feld angelangt, sahen wir unter einem Baum ganz ruhig einen Fuchs sitzen, der seinen schönen Schweif wie eine Fahne hochreckte. Er erschrak nicht im Geringsten; zeigte uns die Zähne, schien aber nicht zu drohen, sondern sah aus, als ob er lachte. Wir Kinder ärgerten uns, weil der Fuchs überhaupt keine Angst vor uns hatte. Wir warfen mit Steinen nach ihm, aber er bewegte sich nur ein bisschen und sah uns dann wieder spöttisch und hinterlistig an. Wir legten Stöcke an, als wären es Gewehre und machten alle auf einmal bumm! wie ein Schuss, aber der Fuchs bleckte die Zähne, ohne sich sonderlich gestört zu fühlen. Plötzlich knallte ganz in der Nähe ein echter Schuss. Da erst sprang der Fuchs auf und ergriff die Flucht. Ich sehe heute noch, wie der gelbe Fuchs mit immer noch hochgerecktem Schwanz blitzschnell ein Mäuerchen entlanglief und im Wald verschwand.«

Und dann die sardischen Jahrmärkte, der wilde Lauf der Pferde um die Kirche von Sèdilo beim Fest des Santu Antìne, die Stände der Zuckerbäcker mit dem türkischen Honig im spärlichen Schein der Karbollampen, die Podeste, auf denen Laiendichter in ihren verschiedenen Mundarten wetteiferten. Aus dem Gefängnis schreibt er später seiner Mutter:

»Wenn Du zufällig auf ein paar sardische Volkslieder stößt, wie sie die Nachkommen von Pirisi Pirione di Bolotana auf den Straßen singen, dann schick sie mir, und wenn bei einem Fest Dichterwettbewerbe veranstaltet werden, schreib mir, welche Themen besungen werden. Gibt es noch die Feste des San Costantino in Sèdilo und des San Palmerio, und wie sind sie? Ist das Fest des San Isidoro immer noch so großartig? Wird die Fahne der vier Mauren noch feierlich herumgetragen, und verkleiden sich die Hauptmänner noch als antike Milizsoldaten? Du weißt, dass ich mich immer sehr für diese Dinge interessiert habe. Also schreib' mir darüber und denk nicht, dass das nichts als Dummheiten sind, die keinen interessieren.«

Aber diese Bilder von einem unbeschwerten Leben sind nur ein Teil der Wirklichkeit. Nicht nur seine körperliche Missbildung, sondern auch die Armut nach der Verhaftung des Vaters wirkten sich auf Antonios Psyche aus und machten ihm schwer zu schaffen. Zuerst hatte nur Gennaro, der schon etwas älter war, von der Sache gewusst.[9] Es wäre

[9] »Ich wohnte bei Zio Nicolino in Ozieri und ging dort in die vierte Klasse des Gymnasiums«, erzählte mir Gennaro. »Der Onkel starb um die Weihnachtszeit, aber

auch kaum möglich gewesen, einem Jungen in diesem Alter die Situation des Vaters zu verheimlichen. Die peinlichen Lügen, Ausreden und Geschichten, die man erfunden hatte, mochten für andere gut genug sein; Peppina Marcias verschwieg auch der Familie dieses Unglück bis zuletzt. Francesco Gramsci saß in Gaeta, wenige hundert Meter vom Haus seiner Mutter entfernt. Er schickte seiner Frau Briefe, die sie dann an die Schwiegermutter weiterleitete – mit einem Poststempel von Ghilarza. Den Kindern erzählte sie, der Vater sei bei Großmutter Teresa Gonzales in Gaeta zu Besuch. Aber in einem Dorf wie Ghilarza mussten diese erfundenen Begründungen für die Abwesenheit des Mannes früher oder später unglaubwürdig werden. Es war auch nicht zu vermeiden, dass die Kinder die wahren Gründe für die lange Abwesenheit ihres Vaters zu ahnen begannen – durch ein achtloses Wort, eine Anspielung, einen aufgeschnappten Satz, wie ihn Erwachsene sagen, wenn sie denken, dass keiner zuhört. 30 Jahre später schreibt Antonio in einer annähernd vergleichbaren Situation in einem Brief an seine Schwägerin Tanja aus dem Gefängnis:

»Ich kann nicht verstehen, warum Ihr Delio verheimlicht habt, dass ich im Gefängnis bin, ohne daran zu denken, dass er es auf Umwegen erfahren könnte, also in der Form, die für ein Kind am schlimmsten ist. Dann kommen Zweifel an seinen Erziehern in ihm auf, und es fängt an, sich seine eigenen Gedanken zu machen und sich abzusondern. Jedenfalls ist es mir als Kind so gegangen, ich erinnere mich noch ganz genau daran [...] Deshalb müsste (Giulia) überzeugt werden, dass es weder richtig noch natürlich ist, vor den Kindern zu verbergen, dass ich im Gefängnis bin. Möglicherweise ist ihnen die Nachricht zunächst unangenehm, aber man sollte sich gut überlegen, wie man sie ihnen beibringt. Ich glaube, dass es gut ist, wenn man Kinder als vernünftige Wesen behandelt, mit denen man auch über ernstere Dinge schon ohne Umschweife sprechen kann. Das macht einen sehr tiefen Eindruck auf sie und stärkt ihren Charakter, aber vor allem vermeidet man dadurch, dass die Entwicklung des Kindes zufälligen Umwelteindrücken und Begegnungen überlassen bleibt. Es ist wirklich merkwürdig, wie die Erwachsenen vergessen, dass sie auch einmal Kinder waren und dass sie ihre eigenen Erfahrungen nicht berücksichtigen. Ich jedenfalls erinnere mich, dass mich jede Ausflucht verletzt hat und nur zur Folge hatte, dass ich mich verschloss und absonderte, auch wenn man mir damit etwas verheimlichen wollte, das mir hätte wehtun können; mit ungefähr

---

Papa veranlasste, dass ich das Schuljahr in Ozieri zu Ende führen konnte. In den Ferien kehrte ich nach Ghilarza zurück. Als die Schule wieder anfangen sollte, erfuhr ich von Mama, dass ich jetzt nicht weiter zur Schule gehen könne, und sie sagte mir den Grund. Damals war ich der Einzige unter den sieben Geschwistern, der wusste, dass Papa im Gefängnis war.«

zehn Jahren war ich für meine Mutter eine wahre Qual. Ich war ein solcher Ehrlichkeits- und Wahrheitsfanatiker geworden, dass ich Szenen und Skandale provozierte.«

Als Kind hatte er die Wahrheit auf die schmerzlichste Art erfahren müssen; auf Umwegen, und das hatte ihn tief getroffen. Dieses Trauma sollte seine Beziehung zum Vater sein ganzes Leben lang prägen, Verständnislosigkeit, Verbitterung, Schweigen waren die Folge.

Als Erwachsener bekennt er: »Wenn sie (Mutter) wüsste, was ich weiß und welche Narben diese Ereignisse in mir hinterlassen haben, würde ihr das diese letzten Lebensjahre bitter machen [...]«

Die große Zärtlichkeit, die Gramsci als Erwachsener für seine Mutter empfand, kam auch vom Wissen um »die viel schwereren Schläge und die viel tiefere Bitterkeit«, die sie in dieser Zeit hatte hinnehmen müssen, wenn sie aus Scham nicht aus dem Haus ging und erst bei anbrechender Dunkelheit durch die kleine Hoftür hinaus schlüpfte. Sie hüllte sich in ein schwarzes Tuch, mied die Hauptstraße und schlich sich an den Häuserwänden entlang bis zur nahen Kirche, wo sie in einer stillen Ecke lange betete und dabei weinte.

3

Im Jahr 1900 fand der 16-jährige Gennaro als Erster der Gramscis eine Anstellung und konnte so die Not der Familie wenigstens etwas lindern.

»Wir lebten in großer Armut«, erzählt Teresina, »Mama war eine zähe Frau, noch voller Energie, und ging mit Entschlossenheit gegen das Unglück an. Aber so unermüdlich sie auch arbeitete, sieben Kinder sind keine Kleinigkeit, und als dann allmählich auch das Geld ausging, das durch den Verkauf des kleinen Grundstücks aus dem Erbe der Marcias hereingekommen war, wurde es immer schwieriger, sich durchzuschlagen. Wir waren unglaublich sparsam. Ich erinnere mich, wie Grazietta, Emma und ich, als wir noch klein waren, die Wachsreste der heruntergebrannten Stearinkerzen sammelten, um daraus neue kleine Kerzen zu machen, damit Nino auch abends lesen konnte.«

Damals um die Jahrhundertwende war Ghilarza ein relativ armes Dorf. Es gehörte zwar nicht zu den ärmsten Dörfern auf Sardinien, aber es konnte auch keineswegs zu den reichsten gezählt werden. Seine ökonomische Struktur war einfach, es gab fast nur Landwirtschaft.

»Die Einwohner von Ghilarza teilen die Arbeit auf in Getreideernte, Weinlese, Brennholzbeschaffung, Viehverwertung, Einzäunung und Erhaltung ihres Acker- und Weidelandes. Nach Möglichkeit möchten sie dabei ohne fremde Arbeitskräfte auskommen. Außerdem ist der Grund und Boden im Dorf so aufgeteilt, dass mehr oder weniger alle Einwohner Land besitzen. Deshalb fehlen Arbeitskräfte für einen ausgedehnten Anbau, und die Bauern, die keine Knechte haben, helfen sich gegenseitig bei der Bestellung der Felder und bei der Ernte. Diese Aushilfswirtschaft nennen sie *a cambios* oder *a manu torrada*.«[10]

In diesem Dorf mit den »niedrigen und dunklen Häuserreihen, den krummen hässlichen Straßen, den patriarchalischen Sitten« und der sehr primitiven Landwirtschaft lebten Bauern, die daran gewöhnt waren, »sich von Sonnenaufgang bis Sonnenuntergang abzurackern«. 1899 sollte das Land vermessen und neue Katasterkarten angelegt werden. Bis dahin waren sie nur nach Augenmaß gezeichnet worden. Diese Arbeiten wirkten sich auf das Dorfleben in vielerlei Hinsicht positiv aus, wie ich später erläutern werde. Gennaro konnte also im Katasteramt arbeiten und dort sein erstes Geld verdienen.

Der Sommer nach Antonios zweitem Grundschuljahr war gekommen. Die Zeugnisnoten (dreimal eine 10, einmal eine 9, zweimal eine 8 und einmal eine 7) sprachen nicht unbedingt für außerordentliche Fähigkeiten. Obwohl er also nicht das frühreife Genie war, als das er von vielen überschwänglichen Biographen dargestellt wird, war er doch den

---

[10] Aus: Michele Licheri, *Ghilarza. Note di storia civile ed ecclesiastica*, eine Anfang des 20. Jahrhunderts erschienene Monographie.

anderen Schülern weit voraus. Er war deshalb auf den Gedanken gekommen, ein Jahr zu überspringen:

»Ich hatte die zweite Grundschulklasse abgeschlossen und wollte im November die Prüfungen ablegen, die mir den direkten Übergang in die vierte Klasse ermöglichen sollten. Ich war überzeugt, es zu schaffen, aber als ich zum Studiendirektor ging, um den Antrag zu stellen, fragte er mich aus heiterem Himmel: ›Kannst du denn die 84 Artikel der Verfassung?‹ Daran hatte ich gar nicht gedacht, ich hatte nur die ›Rechte und Pflichten des Bürgers‹ gelernt, die im Lehrbuch standen. Das war eine fürchterliche Mahnung für mich, die mich umso mehr erschreckte, als ich am 20. September zum ersten Mal mit einem Lampion am Gedenkumzug teilgenommen hatte.[11] In der Gewissheit, die Prüfung zu bestehen und dadurch später das Wahlrecht zu bekommen, hatte ich mit den anderen gerufen: ›Es lebe der Löwe von Caprera! (Garibaldi) Es lebe der Märtyrer von Staglieno! (Mazzini)‹ (Ich weiß nicht mehr, ob man ›der Märtyrer‹ oder ›der Prophet‹ von Staglieno rief, vielleicht auch beides). Und da kannte ich nicht einmal die 84 Artikel der Verfassung!«

Im Schuljahr 1900/01 besuchte er also die dritte Klasse. In der vierten Klasse wurde er von *Cavalier* Pietro Sotgiu unterrichtet, dem Direktor, der ihn nach den 84 Artikeln gefragt hatte. Im Abschlusszeugnis bekam er elfmal eine Zehn, einmal eine 9 und zweimal eine 8. Er war jetzt elf Jahre alt, und in den Sommerferien 1902 arbeitete er wie Gennaro im Katasteramt.

Er war eigentlich noch nicht kräftig genug, um in diesem Alter schon zu arbeiten. Aber zu Hause wurde es immer schlimmer, und alle, auch die Kleinsten, mussten etwas Geld herbeischaffen. »Ich war schon sehr früh selbstständig. Im Alter von elf Jahren fing ich an zu arbeiten und verdiente ganze 9 Lire im Monat (das bedeutete immerhin zwei Pfund Brot pro Tag). Dafür schleppte ich täglich zehn Stunden und noch am Sonntagmorgen Registerbücher, die schwerer waren als ich selbst, und oft weinte ich nachts heimlich, weil mir alles weh tat.« Die physische Anstrengung musste für ein körperlich schon behindertes Kind psychologische Auswirkungen haben. Die Umstände, die körperliche Anstrengung, die Mutlosigkeit über die Inhaftierung seines Vaters, die Niedergeschlagenheit in der Familie und die unvermeidlichen Entbehrungen machten ihn immer melancholischer (obwohl man zu Hause alles Mögliche für ihn tat; er bekam das schönste Zimmer und das beste Essen). Später sagte er von sich: »Seit vielen Jahren glaube ich, dass es für mich absolut, in gleichsam schicksalhafter Weise unmöglich ist, geliebt zu werden. Als zehnjähriges Kind fing ich an, von meinen Eltern

[11] Der 20. September war der Gedenktag an den Einzug der italienischen Truppen in Rom, der 1870 die Einigung Italiens vollendete (T.N.).

so zu denken. Ich musste zu viele Opfer bringen, und meine Gesundheit war so schlecht, dass ich die Überzeugung gewonnen hatte, ich sei in meiner eigenen Familie nur ein geduldeter Eindringling. Diese Dinge vergisst man nicht so leicht, sie hinterlassen tiefere Spuren, als man sich vorstellen kann.«

Nennetta Cuba erzählt: »Manchmal lachte er auch und spielte [...] Aber er hatte kein kindliches Lachen. Nie habe ich ihn glücklich lachen sehen.«

In der Schule hatte er 1902/03 den ersten großen Erfolg. Das waren seine Noten am Ende des fünften Schuljahrs: Aufsatz 10, Diktat 10, Arithmetik 10 – schriftlich wie mündlich –, Interpretation der durchgenommenen Lektüre und Grammatik 10, Geschichte und Geographie 10.

Wie sollte es nach der Grundschule weitergehen? Ghilarza war weit von den sardischen Städten entfernt, die ein Gymnasium hatten, und Peppina Marcias konnte kein Geld für ein Leben außerhalb aufbringen. Die Familie war im Gegenteil auf Antonios provisorische und schlecht bezahlte Arbeit im Katasteramt angewiesen, und so konnte er nicht das Gymnasium besuchen, trotz des guten Grundschulabschlusses. So ging es nicht nur ihm, sondern armen Kindern überall in Sardinien. Zu den Gramscis auf dem Festland bestanden keine Beziehungen: Peppina Marcias hätte sie nie darum gebeten, den Jungen aufzunehmen, und Antonio, der der Mutter ihren Stolz nachfühlte, hätte es nicht gewollt, wenn sie sich dafür hätte demütigen müssen. So entfiel auch diese Möglichkeit – Gennaro hatte ja bei Onkel Nicolino in Ozieri gewohnt, um die ersten Gymnasialklassen zu besuchen. Antonio musste sich damit abfinden, nicht mehr zur Schule gehen zu können, zumindest solange sein Vater im Gefängnis saß. Aber er nahm es nicht so einfach hin. Die Unmöglichkeit, sich weiterzubilden, verbitterte ihn. Innerlich lehnte er sich auf[12] und kapselte sich mehr und mehr ab; äußerlich war er abweisend, spöttisch, oft ironisch. 20 Jahre später schreibt er seiner Frau Giulia: »Seit meiner Kindheit führe ich ein isoliertes Leben und habe mich daran gewöhnt, meine Gefühle hinter einer Maske der Härte oder einem ironischen Lächeln zu verbergen [...] Das hat mir lange Zeit weh getan; lange waren meine Beziehungen zu anderen Menschen ungeheuer kompliziert.«

Nur Mario, der zwei Jahre jüngere Bruder, konnte damals Zugang zu ihm finden. Er wird mir als aufgeweckter und lustiger Typ beschrieben.

---

[12] Jahre später erinnert er sich: »Was mich davor bewahrt hat, völlig zu verhärten, war mein Rebellionstrieb. Er richtete sich von Anfang an gegen die Reichen, weil ich keine höhere Schule besuchen konnte, obwohl ich in der Grundschule in allen Fächern die beste Note bekommen hatte, während die Söhne des Metzgers, des Apothekers und des Stoffhändlers aufs Gymnasium gingen [...]«

»Mario war immer der Fröhlichste in der Familie – erzählt Teresina. Er war das genaue Gegenteil von Nino. Nino war gesetzt, er aber war immer auf Trab, war laut und machte gern Blödsinn. Nino sprach wenig. Mario dagegen musste man den Mund zukleben, um ihn zum Schweigen zu bringen. Bei vielen Leuten war plötzlich die Katze verschwunden, und dann kam heraus, dass Mario sie sich bei einem Bäcker hatte braten lassen. Ich erinnere mich, dass Mama ihn einmal im Haus einsperrte. Um sicherzugehen, dass er nicht ausreißen würde, hatte sie seine Schuhe versteckt. Mario war entschlossen, sich trotzdem aus dem Staub zu machen, und schmierte sich die Füße mit schwarzer Schuhcreme ein. Später zog ihm Mama manchmal Kleider von uns Mädchen an, um ihn zu zwingen, im Haus zu bleiben. Nur so konnte man Mario am Ausreißen hindern.«

Auch Antonio lachte über die Streiche seines lustigen und ausgelassenen Bruders. Sie kamen gut miteinander aus. Oft hatten sie großen Spaß daran, im Improvisieren von Gedichten zu wetteifern, wie es zu den Festen der Schutzheiligen üblich war, sie machten sich dann über die seltsamsten Typen von Ghilarza lustig. Antonio, der mit dem Dorfmilieu sehr vertraut war und zur Ironie neigte, machte viele Leute zur Zielscheibe seines Spotts. Sehr viel später, während seiner ersten Monate im Gefängnis, widmete er den Menschen aus seiner Kindheit ein Spottlied, das er nach der Vorlage der *Scomuniga de predi Antiogu a su populu de Masuddas* – Bruder Antiogu exkommuniziert die Leute von Masuddas – geschrieben hat, einer Satire, die gegen Ende des 19. Jahrhunderts sehr verbreitet war. In einem Brief an die Mutter lesen wir:

»Weißt Du, was Du mir schicken könntest? Die Predigt des Fra Antiogu an die Leute in Masuddas. In Oristano kann man sie bestimmt kaufen, denn Patrizio Carta hat sie vor Kurzem in seiner berühmten Druckerei neu aufgelegt.[13] Da ich so viel Zeit habe, möchte ich in dem gleichen Stil ein Gedicht verfassen, in dem alle berühmten Leute meiner Kindheit vorkommen: *Tiu* Remundu Gana mit Ganosu und Ganolla, *Maistru* Andriolu und *Tiu* Millanu, *Tiu* Micheli Bobboi, *Tiu* Iscorza alluttu, Pippotto, Corroncu, Santu Jancu zilighertari usw. usw. Das macht mir bestimmt großen Spaß, und in ein paar Jahren sage ich das Gedicht den Kindern auf.«

In der Zeit, die ihm die Arbeit beim Katasteramt ließ, brachte sich Antonio ein wenig Latein bei. Noch hatte er die Hoffnung nicht aufgegeben, wieder zur Schule zu gehen, wenn die Zeiten sich bessern sollten. Und um nicht zu sehr zurückzubleiben, arbeitete er in den zwei Jahren,

[13] »Berühmt« ist in diesem Zusammenhang ironisch gemeint: Patrizio Carta war ein entfernter wohlhabender Verwandter der Familie Gramsci. Er hatte eine Buchdruckerei erworben und bald zum Konkurs gebracht (vgl. die Anmerkung zum Brief von 27. Juni 1927 in den »Lettere dal carcere«, Turin 1972 – d.Ü.).

die er in Ghilarza verbrachte, ohne zur Schule zu gehen, allein. Ab und zu nahm er Unterricht bei Ezio Camedda, der aufs Gymnasium gegangen war und an der gleichen Missbildung litt wie Antonio. Das wenige, was er an Latein konnte, brachte er dem kleinen Gramsci bei. Man kann nicht behaupten, dass er für Antonio der ideale Lehrer gewesen wäre, aber es war wenigstens etwas, und das Lernen lenkte Antonio ab.

Dann endlich ein Lichtblick. Am 31. Januar 1904 hatte Francesco Gramsci seine Strafe abgesessen, die sich durch eine Begnadigung um drei Monate verkürzt hatte. Nach fünfeinhalb Jahren kam er gegen Ostern nach Hause zurück. Fellé Toriggia erinnert sich an seine Heimkehr nach Ghilarza:

»Wir Schüler trafen uns oft auf einer Brücke am Eingang des Dorfes, dort saßen wir auf dem Geländer und unterhielten uns. Eines Abends – es fing gerade an, dunkel zu werden – sahen wir Signor Ciccillo und Nannaro[14], die zu Fuß von Abbasanta kamen, wo der Bahnhof ist. Vater und Sohn gingen schweigend Seite an Seite. Als sie näherkamen, hörten wir auf zu reden. Signor Ciccillo war sehr alt geworden, und sein Gesicht war ernst. Wir grüßten ihn, und er schaute uns mit scheuem Blick an. Nannaro legte ihm den Arm um die Schulter, und ohne ein Wort zu sagen, setzten sie ihren Weg ins Dorf fort.«

Mit ihm kehrte zumindest ein Teil der verlorenen Fröhlichkeit in die Familie zurück.

---

[14] Koseform von Gennaro (d.H.).

4

Antonio Gramsci war nun 13 Jahre alt; er war immer noch »Bürodiener« im Katasteramt, als im September 1904 in Bugerru, einer großen Bergbaustadt an der Südwestküste von Sardinien, das Militär auf streikende Arbeiter feuerte und drei von ihnen erschoss. Es war der erste Höhepunkt einer Krise, die schon ungefähr 15 Jahre vorher begonnen und sich seitdem kontinuierlich verschärft hatte.

Es wäre gewiss übertrieben, zu behaupten, dass die sardische Wirtschaft vor 1887 eine Blütezeit gehabt hätte. Doch hatte, wenn auch vor dem Hintergrund allgemeiner Rückständigkeit, die Belieferung des französischen Marktes mit einer Reihe landwirtschaftlicher Produkte, z. B. Wein, Öl, Vieh (besonders Rinder), bis dahin den völligen Zusammenbruch noch verhindert. Dann kamen die großen Bankkrisen: die Cassa di risparmio in Cagliari schloss 1886 ihre Schalter; 1887 geriet der Credito agricolo sardo an den Rand des Bankrotts; wenig später wurde die Banca agricola sarda liquidiert. Die Folge davon war, dass der Wucher um sich griff und viele kleine Landwirte ruinierte, und zwar sehr viele, weil der Landbesitz in viele winzige Parzellen aufgeteilt war.

Was aber die sardische Landwirtschaft vernichtend traf, war 1889 die Auflösung der Handelsverträge mit Frankreich als Folge der Zollerhöhungen, die die italienische Regierung beschlossen hatte, um die großindustriellen Interessen Norditaliens zu schützen. Abgeschnitten von ihrem traditionellen Markt und gleichzeitig von unglücklichen Ereignissen wie einer Reblausplage heimgesucht, erreichte die Krise der sardischen Landwirtschaft nun ihren absoluten Tiefpunkt. Andererseits fehlte in Sardinien die Industrie, die die Folgen des landwirtschaftlichen Zusammenbruchs hätte mildern und die überschüssige Arbeitskraft vom Land hätte aufnehmen können. Diese Lage hatte vier Folgen: den Ansturm auf die Bergwerksgebiete des Sulcis-Iglesiente, wo es aber nicht für alle Arbeit gab; die Verstärkung des Auswandererstroms; die erschreckend hohe Unterbeschäftigung und Arbeitslosigkeit; und das Wiederaufleben des Banditentums.

Eine fünfte Auswirkung der Exportsperre war der rapide Sturz der Milchpreise. Die Käsehersteller aus Rom, Neapel und der Toskana ergriffen schnell diese Gelegenheit und etablierten sich auf der Insel mit neuen Käsereien. Der zumindest am Anfang harte Konkurrenzkampf unter ihnen ließ den Milchpreis wieder steigen. Die Sarden glaubten nun, das Halten von Milchvieh sei einträglicher als die Bewirtschaftung des Bodens: Weinberge und Weizenfelder wurden zu Weiden. Deswegen sank das Angebot an Gemüse, Öl, Nudeln und anderen Lebensmitteln, und die Preise für diese Güter stiegen. Aber nicht zugunsten der kleinen Landwirte, die meist nur das Lebensnotwendige für den Eigenbedarf und kaum etwas für den Markt erwirtschaften konnten. Auf der anderen Seite aber hatte das Proletariat in den Städten und Bergbauzentren sehr unter den Preissteigerungen zu leiden. Sodann bekamen auch die Viehzüchter die Wirtschaftskrise zu spüren. Nach und nach organisierten sich die Käsebarone in Interessenverbänden, um die neuen Märkte zu beherrschen; die Milchproduzenten hatten keine Möglichkeit mehr, sich dagegen zu behaupten. Die Besitzer der Käsereien waren nun in der Lage, den Preis zu diktieren und in Sardinien den Käse ebenso teuer zu verkaufen wie auf dem internationalen Markt. Damals war unter den armen Leuten die vielsagende Redensart verbreitet: »Chie mandicat casu ha dentes de oro« – Wer Käse isst, hat goldene Zähne.

Neben den Käseherstellern beherrschten die Bergwerksbesitzer, die vorwiegend aus dem Ausland stammten, und die Großgrundbesitzer, die sich auch durch Wucher bereichert hatten, die Wirtschaft der Insel. Über diese Situation schreibt Camillo Bellieni:

»Als es den *cavaglieris*, den Rebellen gegen das Feudalsystem [...] erst einmal gelungen war, die Feudalherrschaft niederzuwerfen und sich des Grund und Bodens zu bemächtigen, der früher Baronen mit wohlklingenden spanischen Namen gehört hatte, verschärften sie das Abgabensystem, und durch ihre direkte strenge Aufsicht wurde die Sklaverei der kleinen Leute noch schlimmer – früher war sie durch die ständige Abwesenheit der Grundherren gemildert worden. Sie waren grausamer als die früheren Verwalter, und die Unterdrückung war so schlimm geworden, dass die einzig mögliche Reaktion darauf das Banditentum war.«

Die Verbrechen wurden wieder zu einer der schlimmsten Plagen Sardiniens. Togliatti berichtet, dass Gramsci während seiner ersten Jahre in Turin die Genossen zum Nachdenken aufforderte »über die Struktur der Handelsbeziehungen zwischen Sardinien und dem italienischen Festland oder Frankreich und anderen Ländern und über den Zusammenhang zwischen Veränderungen in diesen Beziehungen und Tatsachen, die scheinbar nichts damit zu tun hatten, wie zum Beispiel das Ansteigen der Kriminalität, die häufigen Raubdelikte, die Ausbreitung der Armut usw.«

Der Zusammenhang bestand effektiv. Francesco Pais-Serra hatte das 1896 bewiesen, als er die ständig sinkende Kurve der Delikte zwischen 1880 und 1887, den Jahren des offenen Handels mit Frankreich, den wachsenden Zahlen nach der Schließung des Marktes von Marseille gegenüberstellte. Im Januar 1919 schreibt Antonio Gramsci über die Situation der Bauern im Allgemeinen, aber seine Worte spiegeln die ganze sardische Wirklichkeit jener Jahre wider. »Der Klassenkampf verschmolz mit dem Brigantentum, mit Erpressung, Brandstiftung in den Wäldern, Wilderei, mit dem Raub von Frauen und Kindern, mit dem Sturm auf Rathäuser – es war eine elementare Form des Terrorismus, ohne stabile und wirksame Folgen.«

Nur wenige begriffen damals, wie kurzsichtig und ziellos die anarchistische Auflehnung, der individuelle Protest des Banditen war. Im

Gegenteil, die Figur des Gesetzesbrechers hatte etwas Legendäres. Der Mythos vom Volkshelden, vom unerschrockenen »Rächer«, verbreitete sich, und zur praktischen Solidarität der Hirten und Bauern, die immer bereit waren, die Flüchtenden zu verstecken und zu verpflegen, kam die intellektuelle Solidarität der Dichter und Schriftsteller. 1894 veröffentlichte die Zeitung *L'Isola* in Sassari ein Interview Sebastiano Sattas[15] mit den Banditen Derosas, Delogu und Angius, die er im Maquis aufgestöbert hatte. Hier sein Porträt von Derosas: »Er ist stolz und heftig, zärtlich zu allen, die er zu seiner *Familie* zählt, bereit, sich für seine Freunde aufzuopfern. Er war sehr stolz darauf, kein bezahlter Killer zu sein, und seine Vorstellung – fast Besessenheit –, mit seinen schrecklichen Taten für die Gerechtigkeit zu kämpfen, hebt ihn auf ein viel höheres Niveau als das eines gemeinen Mörders.« Satta war nicht der Einzige, der diese »schönen, wilden, stolzen« Banditen idealisierte. 1897 veröffentlichte der Essayist und Romanschriftsteller Enrico Costa das Buch *Giovanni Tolu. Storia di un bandito sardo raccontata da lui medesimo* (Giovanno Tolu, Geschichte eines sardischen Banditen, von ihm selbst erzählt). In den ersten Novellen der Maria Grazia Deledda[16] tauchten schon Figuren auf, die in gewisser Weise den Simone Sole aus *Marianna Sirca* vorwegnehmen. Es war ein ständiger Kreislauf von Stimmungen, die einige intellektuelle Kreise aus den unteren Schichten aufnahmen und mit ihrer Phantasie ausschmückten. Mit noch größerer Suggestivkraft übertrugen sie sich dann wieder auf das Volk. So verblasste langsam der Ruhm der alten sardischen Nationalhelden (national bezieht sich hier auf die Region Sardinien) Eleonora d'Arborea, Leonardo Alagon und Giovanni Maria Angioy, und an ihre Stelle trat in der Vorstellung des Volkes der neue Mythos des Banditen. In der Schule von Ghilarza ließ Gramscis Lehrer Pietro Sotgiu seine Schüler zwar noch Lieder singen wie »Fulminar la superba Aragona / T'han veduto le attonite genti / Rennovare gli obliati portenti / Del romano e del greco valor«, aber die Kinder konnten sich für solche Taten kaum noch begeistern.[17] »Ich erinnere mich«, schreibt Antonio Gramsci, »dass wir uns diese Völker, die angesichts der heroischen Taten des Marchese di Zuri ›sprachlos‹ waren, nicht vorstellen konnten; uns gefiel eher Giovanni Tolu und auch Derosas. In unseren Augen waren sie sogar *sardischer* als die große Eleonora.«

Da zu der Zeit in Sardinien jegliche politische Organisation fehlte, die imstande gewesen wäre, die Revolte zu disziplinieren und ihr klare Ziele

---

[15] Sebastiano Satta (1867–1914): Rechtsanwalt, Volkskundler, sardischer Nationalist und der berühmteste Dichter der Insel (T.N.).

[16] Grazia Deledda (1867–1936): Berühmte sardische Romanschriftstellerin, Autorin zahlreicher romantischer Romane, die in Sardinien spielen, Nobelpreisträgerin für Literatur 1927 (T.N.).

[17] »Als das stolze Aragon zerstört war / sah das staunende Volk / die vergessenen Wunder wiedererstehen / der Tugenden von Griechen und Römern.«

zu setzen, war das spontane Handeln des Banditen, so sinnlos, grausam und fruchtlos es auch sein mochte, in der historischen Situation das einzig Mögliche. Die Parteien waren lediglich die ideologisch undefinierbare Gefolgschaft der Mächtigen und Privilegierten. Die Freimauerei erhitzte zwar die Gemüter, maskierte aber in Wirklichkeit nur auf andere Weise das Spiel der Bourgeoisie. Die Massen ließen sich vom Radikalismus begeistern, und als Felice Cavallotti zuerst im Januar/Februar 1891 und dann im November 1896 nach Sardinien kam und angesichts der Geldverschwendung Crispis in den Afrikafeldzügen den desolaten Zustand der Insel anprangerte, erntete er auf den öffentlichen Plätzen tosenden Applaus.[18] Aber nach seiner Abreise blieb alles beim Alten. Die sozialistische Bewegung steckte noch in den Kinderschuhen (auf der ganzen Insel gab es 1896 nur 128 Parteimitglieder), und ihre Idee wurde auch zunächst noch, außer in den Bergbaugebieten des Sulcis-Iglesiente, durch lokale Besonderheiten verwässert. In Tempio, schreibt Camillo Bellieni, »bedeutete Sozialismus vor allem Kampf für den Sieg der Gedankenfreiheit und das absolute Verbot für seine Anhänger, ihre Kinder taufen zu lassen«. Auch anderswo, sogar in Cagliari, bedeutete Sozialismus nur, dass die Stimmung bei den Umzügen zum Jahrestag der Verbrennung Giordano Brunos durch die Kirche am 17. Februar 1600 etwas stärker angeheizt wurde als sonst. Die »rote Sonne« ging gerade erst auf. Die neuen Gedanken wurden in Sardinien meist von Männern verbreitet, die zufällig vom Festland dorthin gekommen waren.

So war es auch in Ghilarza. Wie viele sardische Dörfer vor 1870 war Ghilarza lange Zeit von der modernen Welt abgeschnitten. Das lag an den großen Entfernungen; an den wenigen, schlechten, oft kaum befahrbaren Straßen; an den unzureichenden Verkehrsverbindungen und an der Struktur der Familienwirtschaft, die den Handel zwischen Dorf und Stadt auf ein Minimum reduzierte. Ghilarza hatte nur Verbindung zu den Dörfern der unmittelbaren Umgebung. Es geschah nur sehr selten, dass Fremde sich hier niederließen. »Auf dem Friedhof«, lesen wir in einem *dizionario*, den Angius Mitte des Jahrhunderts verfasste, »sind nur wenige Fremde begraben, die in den Gefängnissen gestorben sind.« Erst der spätere Bau der Eisenbahnlinie nach Abbasanta (das heute zu Ghilarza gehört) machte der Isolation des Dorfes ein Ende. Aber erst 1899 tritt es wirklich in die Geschichte der damaligen Zeit ein, denn in diesem Jahr kamen die neuen Katasterbeamten nach Ghilarza, eine zahlreiche Mannschaft von meist jungen Technikern und Angestellten aus Nord-

[18] Felice Cavallotti (1842–98): Führer der »linksextremen« Radikalen Republikaner im italienischen Parlament nach 1886. Francesco Crispi (1819–1901): Italienischer Ministerpräsident 1887–91 und erneut 1893–96. Er unterdrückte die anarchistische und sozialistische Bewegung mit äußerst gewaltsamen Methoden und begann einen erfolglosen Kolonialfeldzug in Ostafrika, der mit der italienischen Niederlage bei Adowa (1896) und seinem eigenen Sturz endete (T.N.).

italien, die von der Regierung in die sardischen Dörfer geschickt worden waren, um neue Katasterkarten anzulegen. Mit ihnen kam eine Flut von neuen Ideen und Anschauungen nach Ghilarza. Andere Gewohnheiten, neue Vorstellungen brachten Bewegung in das stille Dorfleben. Die jungen Leute aus Ghilarza, die im Katasteramt arbeiteten, lasen Bücher und Zeitungen, die es dort vorher nicht gegeben hatte. Der älteste der Gramsci-Brüder, Gennaro, entdeckte den *Avanti!*, und dieser Journalismus, der den Finger auf die Wunde legte, gefiel ihm. Er hörte sich auch die Reden an, die an das Gemetzel von 1898 in Mailand erinnerten, als Hunderte wehrloser Arbeiter ermordet worden waren. Auf diese Weise erfuhr er auch, dass König Umberto sofort danach dem Anführer des Massakers, General Bava Beccaris,[19] den Großen Militärischen Verdienstorden von Savoyen verliehen hatte. Er hörte mit fast kindlicher Neugier zu, er war 16, und das war seine erste Berührung mit den neuen Ideen.

Der eigentliche Nährboden für den Sozialismus aber war die Region des Sulcis-Iglesiente. Giuseppe Cavallera, ein Norditaliener einfacher Herkunft, war im Alter von 20 Jahren nach Cagliari gekommen, um der politischen Verfolgung im Piemont zu entgehen, und hatte dort ein Jahr später, 1896, sein Medizinstudium abgeschlossen. Er verbreitete im Sulcis-Iglesiente die sozialistischen Theorien unter den Bergarbeitern.

Wer waren diese Bergarbeiter, und wie lebten sie? Die große Krise der Landwirtschaft hatte Tausende von Bauern und Hirten dazu getrieben, Arbeit im einzigen Industriezweig zu suchen, der damals in Sardinien noch einen Teil der arbeitslosen Hilfsarbeiter aus der Landwirtschaft aufzunehmen imstande war: die Bergbauindustrie. Die Arbeitsbedingungen unterschieden sich nicht wesentlich von denen der Bergwerkssklaven im alten Rom. Nur der »padrone« hatte sich geändert: Herr war jetzt das ausländische Kapital, hauptsächlich französisches oder belgisches; die Ausbeutung der Arbeiter blieb die gleiche. Die vom Bergbau eingestellten Bauern und Hirten erfuhren am eigenen Leib – wie schon die *gens taillables et corvéables à merci* vor der Französischen Revolution –, welche Wunden diese Art des Profitstrebens schlagen kann. »Bei den vielen Obduktionen, die ich durchgeführt habe, sah ich vom Kohlenstaub völlig geschwärzte Lungen und von den Öllampen verrußte Atemwege.« Das sind die Worte eines Arztes, der vor dem parlamentarischen Untersuchungsausschuss aussagte, der Anfang des Jahrhunderts nach Sardinien gekommen war. Ein anderer Arzt erklärte: »Die Spucke der Arbeiter ist schwarz.« Und noch ein Auszug aus den Pro-

---

[19] Zwei Monate nach Cavallottis Tod im Jahre 1898 erlebte Italien eine Welle von Aufständen, die ihren Höhepunkt in den militanten Mailänder Demonstrationen und einem Generalstreik erreichte. Die Niederwerfung dieses Aufstandes durch General Bava Beccaris endete mit 80 Toten, 450 Verletzten, Tausenden von Verhaftungen und der Unterdrückung von über hundert Zeitungen, aller Gewerkschaften, Kooperativen und Arbeiterkammern (T.N.).

tokollen des Untersuchungsausschusses: »In der Erzwäsche der Bergbaugesellschaft Seddas Moddizzis wird elf Stunden lang gearbeitet, von sechs Uhr morgens bis fünf Uhr nachmittags, und die Leute essen ihren Kanten Schwarzbrot bei der Arbeit; außer Zinkstaub gibt es nichts dazu.« Die Werksärzte arbeiteten im Interesse der Bergbaugesellschaften, von denen sie bezahlt wurden, und erkannten die meisten Krankheiten nicht an, die sich Arbeiter bei der Arbeit zuzogen. Der parlamentarische Untersuchungsausschuss musste Zeugenaussagen wie diese zu Protokoll nehmen:

»Als ich krank wurde, erklärte der Arzt, ich sei betrunken, und gab mir aufgelöstes Chinin. Er hoffte, ich würde es zurückweisen, damit er einen Grund hätte, mich von der Arbeit zu suspendieren, aber ich wusste, wie schlecht es mir ging, und trank es. Die Krankheit wechselte nur, ich bekam schreckliche Kopfschmerzen.«

Um die Jahrhundertwende lebten circa 15 000 Bauern und Hirten, die im Bergbau arbeiteten, unter unmenschlichen Bedingungen: entsetzlich lange und zermürbende Arbeitsschichten, kein einziger Ruhetag in der Woche, kein Recht auf Urlaub oder Krankengeld, völlig willkürliche Lohnzahlungen (in der Regel alle zwei oder vier Monate) und daher völlig abhängig von der Kreditbewilligung des Lebensmittelhandels, der entweder direkt in der Hand der Bergbaugesellschaft war oder von Vertrauensleuten beherrscht wurde; Baracken oder stallartige Hütten als Unterkunft, und die ewige Anstrengung, die Tuberkulose zu verheimlichen, um nicht entlassen zu werden. Diese Leute wollte Cavallera politisch organisieren.

Seine Arbeit war schwierig, weil er an zwei Fronten kämpfen musste. Erstens war die alte sozialistische Maxime, dass »der Staat das Vollzugsorgan der bürgerlichen Klasse« sei, damals alles andere als eine sektiererische Metapher. Zweitens bestand die Arbeiterschaft in den Bergwerken des Sulcis-Iglesiente aus ländlichem Subproletariat, das sich erst seit kurzer Zeit in den Industriegebieten angesiedelt hatte und noch alle Eigenschaften der damaligen Landbevölkerung besaß: ausgeprägter Individualismus, wenig Bereitschaft, sich mit anderen zusammenzuschließen, selbst zur gemeinsamen Verteidigung; andererseits resignierte Passivität gegenüber den schlechten Zuständen, aus Furcht, es könne noch schlimmer kommen, z. B. zum Verlust des Arbeitsplatzes. Die einzige Möglichkeit aus dieser Resignation herauszukommen, war die gewalttätige Rebellion, nicht der geduldige und disziplinierte Kampf.[20]

Die Härte an der Staatsfront bekam Cavallera sofort zu spüren. Nach dem Gemetzel von 1898 in Mailand war er einem öffentlichen Spenden-

[20] Velio Spano erinnert sich später an Gramscis Ärger über die »abstrahierende Leichtfertigkeit, mit der man einen Bergarbeiter von Montevecchio mit einem FIAT-Arbeiter vergleicht«.

aufruf des *Avanti!* gefolgt und hatte für die Familien der Ermordeten eine kleine Summe überwiesen, die er in Carloforte gesammelt hatte. Er wurde wegen »unerlaubter Geldsammlung« angeklagt und zu sechs Tagen Haft verurteilt (in der Berufung sprach ihn das Gericht in Cagliari frei). Im September 1877 hatte er eine Interessenvereinigung *(lega)* der Schiffer mitgegründet, die das in Bugerru abgebaute Erz abtransportierten. Diese Assoziation wurde nach dem Mailänder Massaker im Juni 1898 durch die Behörden aufgelöst, konstituierte sich später aber wieder. Im August 1900 wurde er zusammen mit 18 Genossen verhaftet, und ein Hagel von Anklagen ging auf sie nieder: der Zusammenschluss der Schiffer wurde als Gründung einer kriminellen Vereinigung hingestellt, die Beitragszahlungen der Mitglieder wurden als Vorwand genommen, um den Vorwurf des Betrugs und der ungesetzlichen Aneignung zu erheben; der Aufruf zur Mitgliedschaft und zur Zahlung von Beiträgen wurde als Erpressung bezeichnet. Und vor allem durfte natürlich die Anklage der Anstiftung zum Klassenhass nicht fehlen. Der Prozess dauerte vom 17. Juli bis zum 3. August 1901. Obwohl kaum etwas von den Anklagepunkten aufrechtzuerhalten war, wurde Cavallera immerhin zu sieben Monaten verurteilt, von denen ihm sechs erlassen wurden (obwohl er schon elf Monate in Untersuchungshaft gesessen hatte). Aber er gab nicht auf.

Man musste davon ausgehen, dass Präfekten, Polizei und Militär nichts weiter waren als Instrumente der herrschenden Klasse; und es war auch nur logisch, dass die Justiz der Ideologie der besitzenden Klasse folgte, aus deren Reihen fast alle ihre Beamten kamen. Also ließ Cavallera sich nicht entmutigen. Als er aus dem Gefängnis kam, war er 27 Jahre alt und hatte den Kampfgeist, der auf einer festen Überzeugung beruht. Giovanni Giolitti (der damalige Ministerpräsident), der wie er aus Dromero stammt, wird ihn später als »Hitzkopf« beschreiben. Er war genau das Gegenteil: ein sanfter junger Mann, der immer realistisch einzuschätzen wusste, was erstrebenswert und was machbar war, welchen Preis man für eine zumindest wahrscheinliche Errungenschaft zahlen musste und welche Opfer man den Arbeitern nicht abverlangen konnte, weil sie sinnlos waren. 1903 gehörte er zu den Gründern der ersten Assoziation von Bergarbeitern in Bugerru (Alcibiade Battelli war später ihr Vorsitzender). Auf seine Initiative hin entstanden noch weitere Assoziationen. Er gründete außerdem die Zeitschrift *La Lega*, die zunächst von Efisio Orano und dann von Jago Siotto, einem jungen Jurastudenten, herausgegeben wurde. Seit 1904 war er der Vorsitzende der regionalen Vereinigung der Bergbauarbeiter, die ihren Sitz in Iglesias hatte. Am 4. September des gleichen Jahres kam es zu dem Blutbad in Bugerru.

Seit fünf Tagen streikten die Arbeiter gegen neue Arbeitszeiten, die für sie nicht mehr tragbar waren; zunächst deutete nichts auf eine Verschärfung des Konflikts hin. Seit dem frühen Nachmittag verhandelten Cavallera und Battelli mit Achille Giorgiades, einem Griechen türkischer Abstammung, Direktor der französischen Bergwerksgesellschaft Malfidano und seinem Assistenten Steiner, einem Schweizer, über die Möglichkeiten einer Einigung. Während die Verhandlungen noch im Gang waren, rückte das Militär in Bugerru an: In dieser Hinsicht hatte sich in Italien seit den Zeiten vor di Rudinì und Pelloux[21] wenig geändert. Nachdem die Soldaten die Direktionsbüros umstellt hatten, wurden einige Arbeiter damit beauftragt, ein Lagerhaus als Unterkunft für die Truppe herzurichten. Sie gehorchten, wurden aber von anderen als Streikbrecher betrachtet. Es flogen Steine, die Soldaten schossen, drei Bergarbeiter wurden getötet, elf verletzt.

Zum ersten Mal hatte der Klassenkampf auf Sardinien blutige Opfer gefordert. In ganz Italien wurde der Generalstreik ausgerufen, es war der bis dahin größte Streik in der Geschichte der italienischen Arbeiterbewegung. In Sardinien selbst fand die Protestbewegung wenig Resonanz, nicht etwa weil das städtische und ländliche Proletariat und das Halbproletariat im Bergbau keinen inneren Anteil an der Tragödie von Bugerru genommen hätten, sondern weil sich die politischen Organisationen alle noch im Anfangsstadium befanden und zu schwach waren, um zu reagieren. Trotzdem war ein Wendepunkt erreicht. Der Tod von drei Bergarbeitern, schreibt Angelo Corsi, hatte die sardische Bevölkerung »ergriffen und aufmerksam gemacht, wenn nicht sogar aufgeweckt«. Damit traten gezieltere Methoden des kollektiven Kampfes an die Stelle der spontanen Revolte des Banditen. Das vergossene Blut wurde im Nachhinein zum Zeichen für diese Wende. Ein neues Kapitel der Geschichte hatte begonnen.

[21] Marquis Antonio Starrabba di Rudinì (1893–1908): Premierminister 1891–92 und erneut 1896–98. Anlässlich des Mailänder Aufstandes von 1898 zum Rücktritt gezwungen und durch Pelloux abgelöst. Obwohl auch ein harter Konservativer, war er weniger reaktionär als sein Nachfolger. Luigi Girolamo Pelloux (1839–1924): Kriegsminister in mehreren Kabinetten unter di Rudinì und Giolitti. Als extremer Konservativer wurde er 1898 Ministerpräsident mit der Aufgabe, die Volkskräfte zu unterdrücken. Pelloux zog den Hass des Volkes auf sich und die Krone und musste 1900 zurücktreten (T.N.).

5

Nach seiner Entlassung aus dem Gefängnis hatte es Francesco Gramsci in Ghilarza zunächst nicht leicht. Er ging sehr wenig aus dem Haus und mied die Leute: Er schämte sich für das, was geschehen war, und war ohne Arbeit. Die Tatsache, dass er nicht im Staatsdienst arbeiten konnte, war ein großes Hindernis für seine Rückkehr ins normale gesellschaftliche Leben, denn Arbeit gab es nur bei den staatlichen Ämtern. Er führte also weiter das Leben eines Ausgestoßenen. Aber die Leute in Ghilarza empfanden Sympathie für ihn. Obwohl sie unerbittlich waren gegen jeden, der in ihren Augen Verachtung verdiente, merkten sie doch, dass man gegen Francesco Gramsci aus politischen Gründen so hart vorgegangen war, und zeigten sich solidarisch mit ihm als einem Opfer von Ungerechtigkeit. So wurde er zur Literarischen Gesellschaft zugelassen, einer geschlossenen Vereinigung, die sich ihre Mitglieder sorgfältig aussuchte. Nach der Gründung einer Gesellschaft zur Versicherung des Viehs wurde ihm die Leitung des Büros übertragen. Später wurde er rehabilitiert und konnte dank seiner Studien der Rechtswissenschaft als Rechtsbeistand in Schlichtungssachen arbeiten. Die Leute aus Ghilarza gaben ihm gern Arbeit, denn er war ein guter Kerl. Mit seiner Geselligkeit, seinem südländischen Temperament, seiner Intelligenz und menschlichen Wärme war er beim abendlichen Kartenspiel gern gesehen. Später wurde er beim Katasteramt als Kopist angestellt und lebte seitdem von dem mageren Einkommen dieses Amtes. Natürlich hatte sich die Stimmung in der Familie nach seiner Rückkehr verbessert. Die materiellen Probleme waren aber immer noch erdrückend: am Anfang, weil Signor Ciccillo keine Arbeit fand, und später wegen der Spärlichkeit seines Gehalts. Gennaro war nach Turin zum Militärdienst eingezogen worden und konnte nichts mehr beisteuern. Auch Mario war nicht mehr zu Hause, er war 1904 nach Abschluss der Grundschule in das Priesterseminar von Oristano gegangen. Von den Jungen brachte also nur Antonio Geld nach Hause.

Carlo war noch ein Kind und ging in die Grundschule. Peppina Marcias nähte für andere, und Grazietta und Emma strickten Strümpfe, Wollhemden und Schals, die sie verkauften. Erst gegen Ende des Jahres 1905 rechneten sich Francesco und Peppina aus, dass es möglich sein müsste, Antonio nach Santulussurgiu aufs Gymnasium zu schicken, wenn auch unter noch größeren Entbehrungen. In den zwei Jahren erzwungener Abwesenheit von der Schule hatte Antonio allein weitergelernt und einige Privatstunden genommen. Er war nun fast 15 Jahre alt und wollte direkt ins dritte Gymnasialjahr gehen. Die Schule in Santulussurgiu war eine kommunale, keine staatliche Einrichtung, und man machte ihm keine Schwierigkeiten. So fing Antonio wieder mit dem regelmäßigen Unterricht an. Aber wie wir sehen werden, waren die Bedingungen an diesem Gymnasium so schlecht, dass der Unterschied nicht besonders groß war.

Santulussurgiu ist 18 Kilometer von Ghilarza entfernt. Die Berge bilden einen Kranz, und auf dem Grat über dem Talkessel liegt das Dorf, wie auf den Rand eines Kraters gebaut. Gegen Mitte des Jahrhunderts hatten zwei reiche Großgrundbesitzer, Pietro Paolo Carta Ledda und Giovanni Andrea Meloni, dem Piaristenorden ihr Vermögen mit der Auflage vermacht, davon im Dorf ein humanistisches Gymnasium zu gründen. Für den Fall, dass der Orden aufgelöst würde, waren die Verwaltung des Nachlasses und die Weiterführung dieser Aufgabe dem Stadtrat übertragen worden. Tatsächlich musste 1886 der Orden aufgelöst werden. Zwischen der Gemeinde Santulussurgiu und der staatlichen Kommission, die mit der Auflösung beauftragt war, gab es eine lange Auseinandersetzung, bis die Sache 1901 durch einen königlichen Erlass endgültig geregelt wurde. Unmittelbar darauf wurde das städtische Gymnasium eröffnet.

In Antonio Gramscis Erinnerung war es »eigentlich eine sehr heruntergekommene Schule«, »ein kleines Gymnasium, in dem drei sogenannte Lehrer alle fünf Klassen unterrichteten«. Wenn man in den Protokollen des Schulvorstandes nachliest, merkt man, dass diese Einschätzung durchaus nicht übertrieben ist, im Gegenteil, die Zustände waren zum Teil noch schlimmer. Zum Beispiel musste der Schuldirektor und Theologe Francesco Porcu auf einer Sitzung im März 1905 feststellen (einige Monate bevor Gramsci in die Schule kam): »Zwei der Lehrer an dieser Schule sind nicht dazu qualifiziert, zu unterrichten. Zwei Jahre lang übten sie ihr Amt aus, und man ließ ihnen die Stelle in der Hoffnung, dass sie die Prüfungen nachholen würden. Da dies nicht geschehen ist, muss nun ein Wettbewerb für das anstehende Schuljahr 1905/06 ausgeschrieben werden.« Das geschah zwar auch, aber es meldeten sich nicht so viele gute Lehrkräfte wie erwartet, und die meisten der ausgewählten Bewerber stellten sich dann nicht vor. Massimo Stara Serra, der spätere Vorsitzende der »Camera del lavoro«[22] in Sassari, der Gramscis Klasse unterrichten sollte, kündigte schon nach ein paar Wochen. Sein Nachfolger, der Mailänder Alfonso Franchini, bat um einen Vorschuss für die Reise nach Santulussurgiu – und kam nicht. Erst am 7. Februar, nachdem das Schuljahr schon lange begonnen hatte, bekam Antonio von zwei Lehrern, die zur Vertretung arbeiteten, den ersten Unterricht in Literaturgeschichte. Ein Ingenieur unterrichtete naturwissenschaftliche Fächer und Französisch. Diese Lehrer sollte Antonio während seiner ganzen drei Gymnasialjahre behalten. Mit welchem Erfolg, erfahren wir aus einem Brief, den er aus dem Gefängnis schreibt: »Als Junge hat-

[22] »Camera del lavoro« (Arbeiterkammer war die örtliche Föderation der Einzelgewerkschaften – T.N.)

te ich eine ausgeprägte Neigung zu Naturwissenschaften und Mathematik. Das änderte sich auf dem Gymnasium, denn meine Lehrer taugten nichts.« Sogar ein Mitglied des Schulvorstandes erklärte während einer Sitzung am 21. September 1906 (Gramsci hatte das dritte Gymnasialjahr schon abgeschlossen): »Dieses Gymnasium hat bis jetzt leider immer nur kümmerliche Ergebnisse erzielt.« Er ging so weit, folgenden Antrag zur Abstimmung zu stellen: »Der Vorstand beschließt, [...] die Schule drei bis vier Jahre zu schließen, da sie nie funktionsfähig gewesen ist.« Der Antrag wurde abgelehnt, und Antonio Gramsci konnte so, mehr schlecht als recht, fünf Jahre Gymnasium hinter sich bringen. Im letzten Jahr hatte der Unterricht Ende Dezember immer noch nicht begonnen. Die Lehrer wollten nicht nach Santulussurgiu kommen und baten ständig um Aufschub. Der Direktor war völlig hilflos und wusste nicht mehr ein noch aus. In den Protokollen gelangt er zu dem Schluss:

»Die Lehrer müssen veranlasst werden, zu kommen, selbst mit Verspätung [...] Für die Schüler wird es auf jeden Fall von Nutzen sein, denn sie würden jetzt in keiner anderen Schule mehr aufgenommen. *Im Übrigen ist es schon vorgekommen, dass dieses Gymnasium erst im Januar oder Februar geöffnet wurde*, und es ist nichts Besonderes, wenn jetzt die Lehrer ein paar Wochen zu spät kommen.«

Die Nachlässigkeit und die mangelnde Kompetenz der Lehrer boten natürlich nicht die idealen Voraussetzungen dafür, dass Antonio Gramsci die beiden verlorenen Jahre aufholen konnte. Zudem wurde in ungesunden Räumen unterrichtet, und das war vor allem für kränkliche Schüler wie Antonio eine starke Belastung. Vom Schulrat *Dottor* Giomaria Manca erfahren wir, dass das städtische Carta-Meloni-Gymnasium von den »ungesunden Räumlichkeiten des Klosters der ehemaligen Minoriten« in ein Mietshaus verlegt wurde. Auch hier waren die Zustände »nicht besser, zudem waren die Räume eng, in einer kläglichen Verfassung und für den Schulbetrieb völlig unzureichend.«

Wenn Antonio aus der Schule kam, war es nicht viel besser. Er wohnte im Stadtviertel Sa Murighessa bei Giulia Obinu, einer Bäuerin mittleren Alters, die Haushälterin beim Dorfarzt gewesen war: »Ich bezahlte monatlich 5 Lire für Logis, Bettwäsche und die sehr kargen Mahlzeiten.« Diese Giulia Obinu »hatte eine alte Mutter, die ein bisschen krank im Kopf, aber nicht verrückt war. Sie kochte und putzte für mich, und jeden Morgen, wenn sie mich sah, fragte sie mich von neuem, wer ich sei, warum ich in ihrem Haus geschlafen hätte und so weiter.« Abgesehen von der Verwirrung der alten Frau war die Stimmung in diesem Haus wohl auch sonst nicht sehr heiter. Die ehemalige Haushälterin wollte sich ihre Mutter unbedingt vom Hals schaffen: »Sie wollte sie auf Kosten der Stadt ins staatliche Irrenhaus einweisen lassen. Deswegen ging sie hart und grausam mit ihr um und wollte sie so zu einer Verzweiflungstat provozieren, um behaupten zu können, die Mutter sei gemeingefährlich.

Oft sagte die Mutter zu ihrer Tochter, die sie mit dem üblichen *Lei* (Sie) anredete: ›Sag *Tu* (Du) zu mir, aber behandle mich anständig!‹«

Es kam oft vor, dass Antonio, von diesen Szenen verschreckt, zum Lernen zu Freunden ging. Er war allen sympathisch. Marco Massidda, sein Banknachbar in der Schule, erinnert sich: »Er war ein ruhiger, warmherziger Junge, immer bereit, den Freunden zu helfen. In allen Fächern war er der Klassenbeste, und seine Aufsätze waren wundervoll.« Jeden Montagmorgen fuhr Antonio auf einem Wagen mit vier Pferden nach Santulussurgiu – zwei Pferde zwischen den Deichseln und zwei hinten am Wagen, da auf halbem Wege das Gespann gewechselt wurde. Am Samstag kehrte er nach Ghilarza zurück, manchmal auch zu Fuß, und das konnte sehr gefährlich sein, da Banditen in der Umgebung damals wie heute aktiv waren. Die Hirten aus der Barbagia überwintern dort mit ihren Herden, und zwischen Santulussurgiu und Ghilarza verkaufen die Viehdiebe ihre Beute von den Weiden, die sich von der Campidano-Ebene bei Oristano bis Bòrore hinziehen. Aber Gramcsi hatte nie Schwierigkeiten. Nur einmal hatte er ein Abenteuer, das er später in einem Brief an Tanja beschreibt:

»Ich möchte Dir eine fast weihnachtliche Geschichte aus meiner Kindheit erzählen, die Dir bestimmt gefallen wird und die typisch für das Leben in meiner Gegend ist [...] Um einen Tag länger bei meiner Familie sein zu können, machte ich mich zusammen mit einem anderen Jungen am Nachmittag des 23. Dezember zu Fuß auf den Weg, anstatt die Postkutsche abzuwarten, die erst am nächsten Morgen fahren sollte. Wir hatten etwa die Hälfte des Wegs zurückgelegt und befanden uns in einer völlig verlassenen und einsamen Gegend; links von uns lag etwa hundert Meter abseits der Straße ein Pappelwäldchen mit Pistakigesträuch. Plötzlich knallte ein Schuss über unsere Köpfe hinweg; die Kugel pfiff in etwa zehn Meter Höhe vorbei. Wir hielten es für einen zufälligen Schuss und gingen weiter, ohne uns zu beunruhigen. Zwei weitere, tiefer liegende Schüsse machten uns plötzlich klar, dass wir aufs Korn genommen waren, und wir warfen uns flach in den Straßengraben, wo wir uns eine ganze Weile versteckt hielten. Als wir herauskriechen wollten, kam der nächste Schuss, und so ging es ungefähr zwei Stunden lang weiter. Wir machten uns auf allen Vieren davon, und jedes Mal, wenn wir versuchten, wieder auf die Straße zu gelangen, verfolgte uns ein Schuss, insgesamt etwa ein Dutzend. Sicher waren es ein paar Witzbolde, die sich einen Spaß daraus machten, uns zu erschrecken, ein schöner Scherz, nicht wahr? Wir kamen mitten in der Nacht ziemlich erschöpft und schmutzig nach Hause, und um die Familie nicht zu erschrecken, erzählten wir niemandem etwas von diesem Ereignis. Unser Schreck kann aber nicht so groß gewesen sein, denn in den nächsten Ferien, zum Karneval, machten wir die Reise wieder zu Fuß und diesmal passierte nichts.«

Wenn Antonio samstags nach Ghilarza zurückkehrte, wurde er ein bisschen gefeiert, musste sich aber auch die Ermahnungen der Mutter und die Gardinenpredigten des Vaters anhören.

Seine Mutter schimpfte mit ihm, weil die Familie immer wieder erfuhr, dass Nino in Santulussurgiu einen Teil seines Wochenvorrats (Nudeln, Öl, Käse und anderes) an Leute aus dem Dorf verkaufte, um sich Zeitungen und Bücher leisten zu können. Das konnte ihm die Mutter nicht verzeihen. Sie hielt ihm ständig vor, wie sehr es ihm schaden würde, wenn er nicht richtig äße, wo er doch so kränklich sei.

Von seinem Vater bekam er den Kopf gewaschen, weil der zu seinem Entsetzen aufrührerische Schriften bei ihm entdeckte. Die Zeitungen und Blätter kamen aus Turin. Gennaro, der schon begonnen hatte, sich für die neuen Ideen zu begeistern, als er am Katasteramt von Ghilarza mit jungen Technikern zusammengearbeitet hatte, die aus den weiterentwickelten Regionen Italiens kamen, leistete jetzt in der roten Hochburg Italiens seinen Militärdienst ab. Ständig versuchte er, neue Anhänger für die sozialistische Bewegung zu gewinnen, in seiner ersten Begeisterung natürlich auch in der eigenen Familie. Antonio war mit der Zeit zu einem wahren Bücherwurm geworden, und wenn er am Samstagabend nach Hause kam, fragte er zuerst nach den Zeitungen und Schriften, die Gennaro geschickt hatte. Mit dem Vater gab es deswegen immer Streit. Antonio versuchte, die Sache ins Scherzhafte zu ziehen. »Du bist eben ein echter Nachkomme der Bourbonen«, sagte er. Fancesco trug tatsächlich nicht zufällig den Namen des letzten Königs beider Sizilien, Francesco II. Er war im März 1860 in Gaeta geboren, kurz bevor das italienische Heer die Stadt belagerte, und sein Vater, Gennaro Gramsci, Oberst der bourbonischen Gendarmerie, hatte die letzte Stellung der Bourbonen erbittert gegen die Truppen General Cialdinis verteidigt.[23] In der Familie erzählte man sich, dass Großmutter Teresa Gonzales während der Belagerung mit dem wenige Monate alten Francesco auf dem Arm zu Fuß durch die Linien General Cialdinis nach Formia geflohen war. Abgesehen von der Familiengeschichte gab es auch noch andere Gründe für Francesco Gramscis konservative Einstellung. Sein Bruder Nicolino war in Caserta Reitlehrer von Viktor Emanuel III. gewesen, und er hatte diesen eines Tages selbst kennengelernt. Nie hatte er den aufregenden Augenblick vergessen, als der Thronfolger höchstpersönlich ihn beim Namen genannt und ihm die Hand geschüttelt hatte. Zu Hause hatte er die Fotografie eines Pferdes hängen: Es war das Vollblut, das der zukünftige König Italiens Nicolino geschenkt hatte. Diese Fotografie weckte in ihm Stolz und Respekt für die Königsfamilie.

---

[23] »Mein Großvater war Oberst der bourbonischen Gendarmerie«, schrieb Gramsci später, »und wahrscheinlich war er mit dabei, als Spaventa verhaftet wurde, der gegen die Bourbonen und für Carlo Alberto war.«

Man kann sich leicht vorstellen, wie entsetzt er darüber war, dass seine Kinder durch subversive Schriften verdorben wurden. Man muss dazu sagen, dass Engagement für die sozialistische Sache zumindest damals eine Karteikarte bei der Polizei bedeutete. Und »Signor Ciccillo« stand immer noch unter dem Eindruck der Jahre im Gefängnis – aufgrund von Dingen, um die sich wahrscheinlich niemand gekümmert hätte, wenn die Politik nicht mit im Spiel gewesen wäre. Er sehnte sich nicht gerade danach, wegen seiner subversiven Söhne noch einmal die Polizisten mit ihren Schnurrbartgesichtern und Petroleumlampen in sein Haus eindringen zu sehen. Aber seine väterliche Autorität war nach der Haft ins Wanken geraten. Antonio bat den Postboten, ihm den *Avanti!* und die anderen Schriften, die Gennaro schickte, persönlich zu übergeben und dem Vater nichts davon zu sagen. Zu Hause wurde immer weniger über Politik geredet.

Die Diskussionen begannen von neuem, aber heimlich, nachdem Gennaro vom Militär zurückgekommen war und seine Arbeit am Katasteramt wieder aufgenommen hatte. Nun war die Familie wieder vollständig. Mario hatte die Priesterschule abgebrochen, obwohl er sich der Tatsache bewusst war, dass seine Mutter sehr darunter litt. »Ich will heiraten«, sagte er. »Priester ist kein Beruf für mich – sinnlos, weiterzumachen. Schickt doch Nino ins Seminar, wenn ihr wollt. Er hat mit Mädchen überhaupt nichts im Sinn und kann Priester werden.«

Im Sommer 1908 ging Nino nach Oristano, um sein Abitur zu machen. Er war siebzehneinhalb. Nach den zwei Jahren privater Studien zu Hause in Ghilarza und den abenteuerlichen Gymnasialjahren in Santulussurgiu konnte er nichts Besonderes erwarten. Im Juli legte er die Prüfungen in Mathematik und Naturwissenschaften gar nicht erst ab. Die Prüfung im dritten Fach – Französisch, worin ihn in Santulussurgiu der Ingenieur unterrichtet hatte – war eine Katastrophe: Er bekam eine Drei. In allen anderen Fächern machte er einen guten Schnitt (auch in den restlichen drei Fächern hat er dann im September die Prüfungen mit befriedigendem Ergebnis wiederholt). Im Juli bekam er eine 7 im schriftlichen Italienisch und eine 7 im mündlichen, eine 6 in schriftlichem und mündlichem Latein, eine 7 in Geographie und natürlich eine 8 in Geschichte. Seit geraumer Zeit schon las er in seiner Freizeit vorwiegend Geschichtsbücher. Diese Leidenschaft seiner Jugendzeit erwähnt er später in einem Brief an seinen Sohn Delio:

»Ich glaube, dass die Geschichte Dir gefällt, wie sie auch mir gefiel, als ich so alt war wie Du – weil sie von lebendigen Menschen handelt. Und alles was die Menschen betrifft, alle Menschen der Welt, die sich zu einer Gesellschaft zusammenschließen, arbeiten, für ein besseres Leben kämpfen, muss Dir doch mehr gefallen als alles andere.«

6

In den Monaten Mai und Juni des Jahres 1906, gegen Ende des dritten Schuljahres von Antonio Gramsci auf dem Gymnasium (er war inzwischen 15 Jahre alt), wurde Sardinien von gesellschaftlichen Auseinandersetzungen erschüttert. Die unterschiedlichsten Ereignisse kamen damals zusammen und brachten die Inselgesellschaft in ihren Grundfesten ins Wanken: die neuen disziplinierten Kämpfe der Arbeiterassoziationen; die anarchistischen Einzelaktionen des ländlichen Proletariats, das noch nicht organisiert war und sich daher darauf beschränkte, Käsereien und Steuereinnahmestellen in Brand zu stecken; die Rebellion bestimmter Berufsgruppen gegen die zunehmende Einführung von Maschinen; die Machtkämpfe und Intrigen der alten Interessengruppen; aber auch die Unterwanderung der Protestbewegungen, die dazu führte, dass die Schaufenster unbeteiligter Kaufleute eingeworfen und ihre Geschäfte geplündert wurden.

Das beste Beispiel waren die Fuhrleute von Quartu, Selargius und Monserrato in der Umgebung von Cagliari. Da die Tarife der Straßenbahngesellschaft für den Transport von Waren niedriger waren, sahen sie sich gezwungen, ihre Preise zu senken. Als der Tumult begann, steckten sie die Straßenbahnhöfe in Brand und stürzten die Wagen um. Angesichts der Verzweiflung der hungernden Massen musste jeder Funke einen Brand verursachen, auch wenn er (wie in Cagliari) nur den Auseinandersetzungen zwischen einzelnen politischen Cliquen entsprang. Der Aufruhr begann in Cagliari und griff sofort auf die Bergwerke und die Landwirtschaft über.

Auch im Sulcis-Iglesiente herrschte nach wie vor rücksichtslose Ausbeutung. Die Produktion stieg, während die Löhne sanken. 1905 waren Erze im Wert von 22.885.000 Lire, im folgenden Jahr im Wert von 25.609.000 Lire gefördert worden. Im selben Zeitraum sank der Tageslohn der Bergarbeiter von 2,5 auf 2,30 Lire, der Lohn der Maurer von 3,12 auf 3 und der Lohn der Maschinenführer von 3,39 auf 3 Lire. Die Forderungen der Bergleute waren schon durch die Tatsache gerechtfertigt, dass ein Bergarbeiter in der Toskana fast eine Lira pro Tag mehr verdiente. Aber die Bergwerksgesellschaften wiesen solche Argumente mit einem deutlichen rassistischen Unterton zurück. Die Einstellung des Geschäftsführers der Monteponi, des Ingenieurs Erminio Ferraris, ist in den Protokollen des parlamentarischen Untersuchungsausschusses nachzulesen, der Anfang des Jahrhunderts in das Bergbaugebiet kam, um eine Untersuchung über die Arbeitsbedingungen in den Bergwerken durchzuführen. »Die manuelle Arbeit« erklärte Ferraris, »ist in Sardinien weitaus weniger ergiebig als auf dem Kontinent. Dazu tragen der Hang zur Muße, das Klima und der Mangel an Energie und Initiative bei. Es gibt zwar Ausnahmen, aber die Durchschnittsleistung ist niedrig und beträgt nur etwa 60 Prozent von der, die auf dem Festland erbracht wird.« Diese typische Argumentation eines »weißen Mannes«, eines Kolonialisten, war nichts anderes als ein Alibi für Löhne, die niedriger waren als die Unterhaltskosten für einen Sklaven gewesen wären, und sie wurde später von dem sardischen Wissenschaftler Giovanni Loriga widerlegt. Er wertete die statistischen Angaben aus den Jahren 1904–07 aus und kam zu dem Ergebnis, dass die individuelle Produktion in den sardischen Bergwerken 1665,08 Lire pro Arbeiter betrug (außer bei Eisen und festen Brennstoffen). Sie lag damit um 281,80 Lire über der Durchschnittsproduktion pro Arbeiter in vergleichbaren italienischen Bergwerken. Daraus ist klar ersichtlich, dass die Argumentation der Unternehmer völlig unhaltbar war. Das Schlimmste war, dass sich diese Mentalität des »weißen Mannes« nicht nur in der Lohnfrage zeigte, sondern auch, wenn die Arbeiter humanere Arbeitsbedingungen forderten. Eine Gruppe von Arbeitern der Bergwerksgesellschaft Seddas Moddizzis wurde entlassen, weil sie regelmäßigere Lohnzahlungen (nicht alle zwei oder vier Monate), zwei bezahlte Ruhetage im Monat, Herabsetzung der Arbeitszeit auf zehn Stunden pro Tag und eine Stunde Mittagspause verlangt hatten. Alle diese Forderungen wurden abgelehnt, und auch wenn die Arbeiter um Gespräche über minimale Forderungen baten, blieben die »padroni« hart. Typisch ist die Begründung, die Ingenieur Ferraris für die Ablehnung eines bezahlten Ruhetags gab:

»Dort, wo schon vor vielen Jahren der arbeitsfreie Sonntag eingeführt wurde, gelingt es nur sehr wenigen Arbeitern, etwas beiseitezulegen; in den abgelegenen Bergwerken, wo die Arbeit nicht unterbrochen wird, und es auch keine Gelegenheit zum Geldausgeben gibt, findet man öfters Arbeiter, die etwas sparen konnten. In solchen Bergwerken wäre *ein freier Tag nach sechs Arbeitstagen wirklich zu viel.* Da die nächste Ortschaft weit entfernt liegt, würden sich viele dem unmäßigen Trinken hingeben, da sie nicht wüssten, wie sie den Tag sonst verbringen sollen. Darunter würde auch die Arbeit am nächsten Tag leiden.«

Mit den unregelmäßigen Lohnzahlungen verfolgten die Bergwerksgesellschaften eine ganz bestimmte Politik: durch den Lebensmittelhandel holten sie sich einen Großteil der Löhne wieder zurück. Wenn die Arbeiter nämlich kein Bargeld mehr hatten, blieb ihnen nichts anderes übrig, als sich die Grundnahrungsmittel gegen Marken in den Läden der Bergwerksgesellschaft zu beschaffen. Das System, mit dem die Arbeiter betrogen wurden, war von Bergwerk zu Bergwerk verschieden. Entweder wurden die Löhne ganz oder teilweise in Naturalien ausgezahlt, für die ein Gegenwert berechnet wurde, der höher lag als der entsprechende Preis in den unabhängigen Geschäften der Umgebung. Oder die Läden wurden von der Gesellschaft selbst geführt und die Arbeiter wurden in bar entlohnt und *mussten* dann dort einkaufen. Manchmal wurde der Laden auch von Vertrauensleuten der Gesellschaft geleitet, die einen Teil des Gewinns einstrichen. Das brutalste System bestand darin, dass Angestellte oder Meister aus dem Bergwerk mit Lebensmitteln handelten und Arbeiter, die nicht bei ihnen einkauften, entlassen konnten. Eines hatten alle diese Systeme gemeinsam: Zu überhöhten Preisen wurde Ware verkauft, die wegen ihrer schlechten Qualität im Großhandel zu niedrigsten Preisen eingekauft worden war. Sogar für eine Briefmarke, die überall 15 Lire kostete, musste man in den Läden der Bergwerksgesellschaft 17 Lire bezahlen, ein Liter Wein kostete 40 Lire statt 30–35, Öl 1,60 statt 1 Lira, Käse 2 und nicht 1,25, Nudeln 60 Centesimi statt 50 usw.

So war der Kreis der Ausbeutung geschlossen. Sardinien blieben nicht einmal die Brosamen. Der Erzförderung war keine weiterverarbeitende Industrie angeschlossen, und ebenso wenig hatte man den Aufbau von Zulieferbetrieben gefördert. Die mageren Löhne wurden durch den Lebensmittelhandel aufgesaugt, das kolonialistische System der Gesellschaften war perfekt. Was Sardinien blieb, war die Tuberkulose[24]. Und wer kein Blut spuckte, alterte vorzeitig, wenn er nicht durch einen Arbeitsunfall starb oder verstümmelt wurde. Allein im Jahr 1905 gab es 2219 Arbeitsunfälle.

Auch den Landarbeitern ging es nicht viel besser. Die kleinen Landbesitzer waren der Willkür von Wetter und Fiskus vollkommen ausgeliefert. Die Steuern waren unmäßig hoch, und nicht selten wurden erbarmungslos ganze Höfe beschlagnahmt. (Wie Alberto Boscolo berichtet, hatte die Provinz Cagliari im Steuerjahr 1904/05 die größte Anzahl von Steuerpflichtigen, die wegen Steuerschulden enteignet wurden.) Die Viehbauern standen unter dem Joch der Käsereibesitzer (von ihnen wurden sie im Voraus für die Milch bezahlt, und weil sie Bargeld brauchten, um die Weidepacht zu bezahlen, mussten sie die ausbeuterischen Bedingungen der Käseindustrie akzeptieren) und arbeiteten praktisch nur für deren Profit. Für die Tagelöhner in der Landwirtschaft hatte diese Situation noch schlimmere Folgen: Es gab wenig Arbeit (bei günstigen Verhältnissen zweihundert Arbeitstage pro Landwirtschaftsjahr), die Löhne waren sehr niedrig und die Grundnahrungsmittel teuer. In den Jahren 1905 und 1906 verdiente ein Bauer zwischen 75 Centesimi und 1,25 Lire pro Tag (nur in der Hochsaison stiegen die Löhne). Vom höchsten Tageslohn – 1,25 Lire – konnte man nur zwei Pfund Brot, zwei Pfund Kartoffeln, zwei Pfund Nudeln und drei Deziliter Öl kaufen. Abhängig von klimatischen Wechselfällen, unterernährt, von Krankheiten entkräftet (damals grassierten auf Sardinien neben Tuberkulose auch Malaria und Trachom) und des Lesens und Schreibens im Allge-

[24] Ein unabhängiger Arzt sagte damals vor dem Untersuchungsausschuss aus: »Im Zeitraum von 1884 bis 1905 habe ich bei 35 Prozent der Arbeiter Tuberkulose als Todesursache festgestellt.«

meinen unkundig, war der Bauer der *vanupieds*, der Ärmste der Armen im Italien Giolittis.

Auch das städtische Proletariat hatte unter den steigenden Preisen zu leiden. Zwischen Februar und Mai 1906 hatte es in Cagliari erste Anzeichen einer Revolte gegeben. Viele Berufsgruppen hatten sich in Assoziationen organisiert, die klare Ziele verfolgten und einen systematischen Kampf führten. Die erste war die Assoziation der Hafenarbeiter mit dreihundert Mitgliedern. Sie forderte die Verkürzung der Arbeitszeit von 15 auf 9 Stunden und eine Lohnerhöhung von 3,50 auf 5 Lire pro Tag. Die Gesellschaften gingen darauf nicht ein, und am 24. Februar 1906 wurde der Streik ausgerufen. Dann waren die Verkäufer an der Reihe, die einen freien Tag pro Woche forderten. Am 6. Mai 1906 schlossen die Geschäfte und waren danach an Feiertagen nie wieder geöffnet. Am folgenden Tag streikten die Arbeiter der Erzschmelzen. Ihre Forderung nach einem Zwölfstundentag (vorher hatten sie täglich 15 Stunden gearbeitet) wurde sofort erfüllt, andere Forderungen jedoch nicht. Da ein Teil der Arbeiter trotzdem die Arbeit wieder aufnehmen wollte, stürmten die anderen die Schmelzanlagen. Obwohl die meisten Bürger gegen unnötige Gewalt waren, solidarisierten sie sich mit den Demonstranten, und die Versammlungen waren immer gut besucht. Das lag nicht zuletzt an der hartnäckigen und raffinierten Kampagne der Tageszeitung *Il Paese*, die ein Interesse daran hatte, die Unzufriedenheit zu schüren. Hinter *Il Paese* stand Umberto Cao, ein junger Rechtsanwalt und Anführer der Oppositionsgruppe gegen den damaligen Bürgermeister Ottone Bacaredda.

Wie üblich sind diese beiden Parteien politisch nur sehr vage zu definieren. Umberto Cao war ein begabter junger Mann und hitziger Polemiker, der eine gute Nase für die Stimmungen des Volkes hatte. Viele hielten ihn für einen Opportunisten, einen Anarcho-Monarchisten, Sozialkonservativen, Autonomisten und sogar Separatisten, der später, als sich der Wind gedreht hatte, auch für nationalistischen Fanatismus empfänglich war. Gramsci schätzte ihn nicht besonders. Velio Spano erzählt später diese Episode:

»Einmal erwähnte in Rom ein Genosse, der genauso jung war wie ich, in Gramscis Beisein die mutige Erwiderung des Abgeordneten Cao auf die erste Rede Mussolinis nach dem Marsch auf Rom – jene berühmte Rede über die düstere graue Kammer und das Quartier für die Legionäre.[25] Es war Nacht, und wir gingen die Straße des XX. September ent-

[25] Nach dem faschistischen »Marsch auf Rom« und der Bildung der ersten Mussolini-Regierung erklärte dieser in der Eröffnungssitzung des Parlaments am 16. November 1922: »Die Revolution nimmt sich ihre eigenen Rechte [...] Mit 300.000 jungen schwerbewaffneten Männern hätte ich alle bestrafen können, die den Faschismus diffamiert und mit Dreck beworfen haben. Ich hätte diesen düsteren grauen Sitzungssaal meinen Legionären als Quartier geben können.« (T.N.)

lang. Gramsci war ernst und wechselte das Thema, um uns anhand von zwei Episoden das Leben des Abgeordneten Cao zu erzählen. Zuerst sprach er von der Revolution 1906 in Cagliari und erklärte uns, wie die Verbindung zwischen Landarbeitern, Arbeitern aus der Stadt und Intellektuellen zustande gekommen war. Seine Worte ließen in uns das Bild des Anwalts und Philosophen Cao entstehen, der inmitten der brandstiftenden und zerstörerischen Menge nichts von der »Würde« und steifen Kaltblütigkeit des Akademikers verlor. Ohne Überleitung begann Gramsci dann, Caos Buch *Autonomia della Sardegna* zu analysieren, in dem viele, vor allem eine bestimmte Intellektuellenschicht, zu der auch ich gehörte, den Anfang des *sardismo* (des sardischen Nationalismus) sahen. Durch das Erzählen der geschichtlichen Ereignisse und durch seine ideologische Kritik hatte er uns – ohne ein direktes Urteil auszudrücken – die Gestalt des sardischen Abgeordneten umrissen: ein Intellektueller, der überzeugt ist, der Nabel der Welt zu sein und versucht, in die Geschichte einzugreifen, um Gewinn zu ziehen und dabei unweigerlich außerhalb der Geschichte und des Lebens bleibt.«

Spano erinnert sich, dass Gramcsi mit den Worten schloss: »Dieser Mann hat nie an etwas anderes als sich selbst geglaubt.« Ein Jahr nach diesem Gespräch lief Cao zum Faschismus über. Immerhin stützte sich Umberto Caos journalistische Kampagne von 1906 auf reale Gegebenheiten. Nur schob er die Schuld an den für die Arbeiterklasse untragbaren Preiserhöhungen dem Bürgermeister Bacaredda in die Schuhe und beutete auf diese Weise den Unmut des Volkes für seine Zwecke aus. Der Kampf spielte sich auf zwei Ebenen ab: einerseits der Druck der Massen von unten, und andererseits oben auf dieser Woge der Kampf einer Clique gegen die andere.

Am 12. Mai 1906 verlangte eine Delegation von Tabakarbeiterinnen, vom Bürgermeister empfangen zu werden. Den fünf Frauen, die den Unmut der Arbeiter über die hohen Preise zum Ausdruck bringen wollten, antwortete der Bürgermeister:

»Wenn der Barsch 2 Lire pro Kilo kostet, sage ich Dankeschön und kaufe Stockfisch.«[26] Als dieser Ausspruch am nächsten Morgen auf einer Versammlung zitiert wurde, erhitzten sich die Gemüter. Die Menge zog zum Rathaus, aber an diesem Tag tat sich nichts mehr. Da versprochen worden war, die Lebensmittelpreise einzufrieren, löste sich der Demonstrationszug auf. Aber am nächsten Tag blieb der Markt geschlossen, da es zu einem Handgemenge zwischen den Verkäufern und dem Steuereintreiber gekommen war. Daraufhin lief die Menge zur Tabakmanufaktur. Die Arbeiter kamen heraus, und zusammen zog man zu den

[26] Ottone Bacaredda war über 25 Jahre lang Bürgermeister von Cagliari, nachdem er zuvor als schlechter Schriftsteller zu Ehren gekommen war. Seine Clique feierte ihn als »Il Padre della Patria« (Vater des Vaterlandes).

anderen Industriebetrieben, zur Eisenbahn und zum städtischen Gaswerk. Der Zug wurde immer länger. An seiner Spitze ging eine Tabakarbeiterin mit einer roten Fahne, auf deren Stange ein Brot aufgespießt war. Wie ein Lavastrom ergoss sich die Menschenmenge in das Zentrum von Cagliari. Im Stadtviertel La Scafa wurden die Verwaltungsgebäude gestürmt und in Brand gesteckt. Dann ging es zum Bahnhofsgelände. Dort waren Soldaten postiert. Die Menge pfiff, es gab Zusammenstöße, Steine flogen, und die Soldaten eröffneten das Feuer. 22 Demonstranten wurden verletzt und zwei starben. Alle außer einem Verkäufer waren Arbeiter und Fischer. Aber damit waren Brandstiftung und Zerstörung noch nicht beendet. In Cagliari schien die Revolution ausgebrochen zu sein. Dann wurden zwischen dem 16. und 18. Mai 5 000 Infanteristen, Matrosen und Carabinieri per Schiff nach Cagliari gebracht und besetzten die Stadt.

Aber der Funke war übergesprungen, und die Revolte griff sehr schnell auf die Bergwerke und das Land über. Überall steckten die Leute voller Zerstörungswut Käsereien in Brand und plünderten Lebensmittelgeschäfte. Das Militär schoss auf die Demonstranten. Am 24. Mai schrieb der *Avanti*: »Warum spricht die Regierung in ihren offiziellen Kommuniques ständig von Angriffen auf die Polizei, während doch die Toten immer auf der anderen Seite, der Seite der Demonstranten sind?« In Gonnesa gab es zwei Tote, je einen Toten in Bonorva und Nebida, in Villasalto zwei Tote und zwölf Verletzte. Das vergossene Blut schüchterte die Menge nicht ein, sondern erregte sie nur noch mehr. Die Käsereien in Ittiri und Terranova (heute Olbia) wurden zerstört, die Macomér und das Finanzamt der Stadt wurden von der Menge gestürmt. Ebenso das Finanzamt in Abbasanta. Die aufgebrachten Massen wurden immer gewalttätiger. Der Korrespondent der Mailänder Zeitung *Il Secolo*, Luigi Lucatelli, telegraphierte für die Ausgabe des 1. Juni: »Die bestialischen Exzesse der Massen sind genau die Kehrseite der Unterdrückung, die man auf sie ausübt.« Anfang Juli war der Sturm abgeflaut, und die Repression setzte ein.

Hunderte von Bauern, Arbeitern und Intellektuellen (darunter in Cagliari der Rechtsanwalt und Sozialistenführer Efisio Orano) wurden verhaftet. In den Bergwerken hagelte es Entlassungen. Die öffentliche Meinung stand jedoch ganz auf der Seite dieser Opfer der Willkür. Mit jedem Fährboot kamen Dutzende von Richtern und Justizbeamten für die anstehenden Prozesse nach Sardinien. Allein in Cagliari wurden 170 Rebellen vor Gericht gestellt, und man musste die entweihte Kirche Santa Restituta öffnen, um Platz für Richter, Zeugen und Angeklagte zu haben. Die Verhandlung dauerte vom 6. Mai bis zum 12. Juni 1907, die Presse schenkte den Argumenten der Verteidigung große Beachtung, Gramsci war damals sechzehneinhalb und besuchte in Santulussurgiu das Gymnasium im vierten Jahr.

Die einsetzende Repression gab dem sardischen Nationalismus neue Nahrung. In jenen Jahren hatte sich auch die Spaltung zwischen Nord- und Süditalien vertieft. Während die Schutzzölle für Industrieprodukte die Wirtschaft des Mezzogiorno und der Inseln auslaugten, begünstigten sie im Norden die Expansion und Gründung von Fabriken. Parallel zu diesem Boom in den ersten Jahren dieses Jahrhunderts, der auch für den Fiskus sehr einträglich war, schien sich eine Art umgekehrter Separatismus zu manifestieren, praktiziert vom italienischen Staat gegenüber Sardinien. Luigi Lucatelli, Journalist bei *Il Secolo*, der anlässlich der Aufstände nach Sardinien entsandt worden war, schrieb am 29. Mai 1906:

»Was die verhassten Seiten der Gesetze, vor allem bezüglich der Steuern betrifft, ist Sardinien zweifelsohne gut versorgt [...] Mit den Rechten sieht es dagegen ganz anders aus. Die Eisenbahntarife sind in Sardinien genauso hoch wie in Italien, aber man reist unerträglich langsam und unbequem. Die Sarden zahlen die gleichen Steuern wie die Einwohner von Rom, Mailand und Turin, aber wenn ein Beamter sich als dumm oder betrügerisch erwiesen hat, wird Sardinien mit ihm beglückt. Dort macht sich außer der festgestellten Unzulänglichkeit oder Schuld in seiner Amtsführung noch der Groll über die Strafversetzung bemerkbar.«

So war der Staat in den Augen der Allgemeinheit ein monströser feindlicher Apparat, der nur imstande war, Regimenter zur Unterdrückung von Streiks, Steuerbeamte, Präfekten und Polizeibeamte zu gebären, die gute Tischgenossen der Bergwerksbesitzer waren. Es war die Blütezeit des *sardismo*. Auch Antonio Gramsci war davon begeistert. »Damals dachte ich«, schreibt er später, »dass man für die nationale Unabhängigkeit Sardiniens kämpfen müsse. *Ins Meer mit denen vom Festland!* – wie oft habe ich diese Worte wiederholt.«

7

Mit knapp 18 Jahren kam Antonio Gramsci vom Dorf in die Stadt, um in Cagliari das Liceo Dettòri zu besuchen.[27] Das war Ende 1908. Seine Eltern hatten beschlossen, dass Gennaro eine Versetzung ins Katasteramt von Cagliari beantragen solle und Antonio dann mit ihm zusammen wohnen könne. Aber Gennaro blieb nicht lange bei diesem Amt. Man hatte ihm eine Stelle als Buchhalter in der Eisfabrik der Brüder Marzullo angeboten, und da ihm diese Arbeit mehr zusagte, wechselte er schon nach einem Monat seinen Arbeitsplatz.

Cagliari war damals eine kleine, aber lebendige Stadt, in der drei Tageszeitungen erschienen: *L'Unione sarda*, auf der Linie des Ministers Cocco Ortu, *Il Paese*, der zum Radikalismus tendierte, und der klerikale *Corriere dell'Isola*. Außerdem gab es einige gute Zeitschriften, u. a. die sozialistische Wochenzeitschrift *La Voce del popolo*. Auf den Spielplänen der beiden guten Theater, des Civico (Stadttheater) und des Politeama Margherita waren die besten Namen der Prosa und Lyrik zu finden. Im Valdès und im Filmtheater Eden traten die ersten Can-Can-Tänzerinnen auf. Clubs, die nach Bedarf in Konzertsäle oder Konferenzräume umfunktioniert werden konnten, schossen wie Pilze aus dem Boden. Man ging ins Iris oder ins Eden, um sich *Rocambole, Le cantiche dantesche* oder *Les Misérables* anzusehen, unglaublich lange Filme, die in Fortsetzungen gezeigt wurden. Auch an Lokalen und Musikrestaurants fehlte es nicht. Antonio Gramsci, der bis zum Alter von 18 Jahren in Dörfern wie Ghilarza und Santalussurgiu gelebt hatte, fühlte sich in der Stadt anfangs etwas verloren.

Er und Gennaro hatten im Haus Nr. 24 der Via Principe Amedeo, die vom Burgfelsen zum Quartiere della Marina hinunterführt, ein Zimmer gemietet. Zu zweit mussten sie mit Gennaros geringem Gehalt von 100 Lire auskommen. Renato Figàri, ein Schulkamerad von Antonio, berichtet:

»Ich kann mich nicht erinnern, Nino Gramsci jemals im Mantel gesehen zu haben. Er trug immer dieselben Kleider, enge, zu kurze Ho-

[27] Zu Gramscis Jugendzeit waren die 13 Schuljahre bis zur Hochschulreife wie folgt unterteilt: fünf Jahre Grundschule *(classi elementari)*, fünf Jahre Gymnasium *(ginnasio)*, drei Oberstufenoder Lyzeumsjahre *(liceo)*. Nach Abschluss jeder Stufe wurde eine gesonderte Prüfung abgelegt, die auch für sich als Teilabschluss galt. Damals umfasste die Schulpflicht fünf Jahre. Andere Schultypen, wie etwa die Realschule, gab und gibt es in Italien nicht. Heute ist das System das gleiche, nur die Unterteilung hat sich geändert: fünf Grundschuljahre *(elementari)*, drei Mittelstufenjahre *(medie)* und fünf Gymnasialklassen *(ginnasio)*. Die Schulpflicht umfasst jetzt acht Jahre (*licenza media* heißt dann die Prüfung, die z. B. den Besuch berufsbildender Schulen ermöglicht). Die *maturità* nach dem 13. Schuljahr entspricht dem deutschen Abitur (d.Ü.).

sen und eine Jacke, die ihm zu klein war. Im Winter kam er mit einem Wollschal unter der Jacke zur Schule. Er besaß keine Schulbücher, jedenfalls nicht alle. Aber im Unterricht war er aufmerksam, und außer seiner großen Intelligenz half ihm ein ausgezeichnetes Gedächtnis. Ich saß eine Bank hinter ihm und konnte sehen, wie er in seiner winzigen Handschrift Notizen machte. Manchmal liehen wir oder der Lehrer ihm die Bücher.«

Der Anfang in der Oberstufe des Gymnasiums fiel ihm nicht ganz leicht. Im Januar 1909 schrieb er seinem Vater:

»Endlich habe ich die Durchschnittsnoten des Trimesters erfahren. Sie könnten sicher besser sein, aber das ist nicht meine Schuld. Denn wie Nannaro Dir vielleicht geschrieben hat, war ich gerade während der drei Prüfungstage von der Schule ausgeschlossen, weil ich das Diplom (des Gymnasiums) nicht vorgelegt hatte. Deshalb habe ich in Naturkunde überhaupt keine Note und in Geschichte eine Fünf. Der Lehrer hat mir eine Rüge erteilt, aber ich konnte nichts dafür [...] Sonst bin ich ganz gut weggekommen, denn in Naturkunde reichen die zwei Noten des zweiten und dritten Trimesters aus, und in Geschichte werde ich es schon schaffen. Das sind meine Noten: Italienisch 6 und 7, Philosophie 6, Mathematik 6, Chemie 8. Wie Du siehst, habe ich ziemlich gute Noten bekommen, und Du musst berücksichtigen, dass es das erste Trimester ist und dass ich aus Santalussurgiu nicht gerade mit der besten Vorbereitung hierherkam – vor allem in Latein, Griechisch und Mathematik.«

Schon dieser Brief, in dem noch der Dialekt zu spüren ist und der stilistisch viel unsicherer ist als die Briefe aus der unmittelbar darauffolgenden Zeit, scheint die anfänglichen Schwierigkeiten zu belegen, mit denen Antonio nach den wirklich abenteuerlichen Jahren im Carta-Meloni-Gymnasium in Santalussurgiu zu kämpfen hatte. Aber er holte erstaunlich schnell auf. Im zweiten Trimester verbesserte er sich in Geschichte von 5 auf 7, und in Naturkunde kam er auf eine 6. Im Juni wurde er versetzt, mit der Note 6 in allen Fächern, außer zweimal einer 7 in Latein und einer 8 im mündlichen Italienisch. Das war ein Zeichen dafür, dass er im ersten Jahr die Lücken der vorangegangenen Gymnasialjahre etwas schließen konnte. Nachdem er die Ferien zu Hause verbracht hatte, zog er um, zum Corso Vittorio 149, gegenüber der Via Maddalena. Das Zimmer war klein, und »der Putz war vor Feuchtigkeit abgebröckelt. Das einzige Fenster ging auf eine Art Schacht hinaus, der eher einer Latrine als einem Hof glich.« (12. September 1927) Dennoch lohnte sich der Umzug. In einem Brief vom 26. November 1909, kurz vor Beginn des zweiten Oberstufenjahres, lesen wir: »Mit der Zimmerwirtin haben wir es ziemlich gut getroffen. Sie ist eine ehrliche Frau, die uns nicht betrügt. Mir geht es jedenfalls viel besser als letztes Jahr.« Von zu Hause bekam er Lebensmittel geschickt, und er aß in seinem Zimmer oder zusammen mit Gennaro in einer Trattoria an der Piazza del

Carmine. Der Anwalt Dino Frau, sein damaliger Zimmernachbar, erinnert sich, dass Antonio ein Einzelgänger, aber kein Menschenfeind war:

»Von den anderen zog er sich zurück. Im Haus der Signora Doloretta Porcu waren wir sechs oder sieben Untermieter. Wir waren im obersten Stockwerk untergebracht. Es führte nur eine einzige Treppe dort hinauf, mit sehr hohen, steilen Stufen. Antonio Gramsci stieg immer sehr langsam hinauf und kam dabei ins Schnaufen. Dann schloss er sich in sein Zimmer ein, ohne näheren Kontakt mit uns aufzunehmen. Ich habe sein Zimmer nur wenige Male betreten. Es war ein schmuckloser Raum. Überall lagen Bücher und Papiere herum, und es roch nach Käse. Eines Abends hatte er uns alle zu sich eingeladen. Aus dem Zimmer tönten Lieder und Musik. Es waren eine Menge fremder Leute da, die meisten waren vom Land. Sie sangen Lieder, einige tanzten auch. Und mittendrin saß Gramsci und spielte auf einer Ziehharmonika sardische Volkstänze.«

Er hatte jetzt seine Unsicherheit im Lernen verloren. Schon ein paar Monate nach Beginn des Schuljahres konnte er seinem Vater schreiben: »In der Schule geht es prächtig, soweit ich weiß, habe ich 7 und 8 in Latein, in Italienisch bekomme ich keine Note, weil kein Lehrer da ist, und die anderen Fächer sind auch gut. Ich bin entschlossen, die Abiturprüfung gut zu bestehen.« Später, am 31. Januar, schreibt er als Kommentar zum Trimesterzeugnis (Latein 7 und 8, Griechisch 7 und 8, griechische Kulturgeschichte 7 und 8, Geschichte und historische Geographie 8, Philosophie 6, Naturkunde 6, Chemie und Physik 6): »Wie Du siehst, habe ich gute Noten bekommen. Ich hoffe, es in diesem Trimester noch besser zu machen, da ich mit den beiden Sechsen Pech gehabt habe.« Lernen war seine einzige Beschäftigung, und er gönnte sich kaum Zerstreuungen. Claudio Cugusi, heute ein Arzt, erzählt:

»Wenn wir ihn zufällig trafen, kam er gern mit uns. ›Antoniocheddu, los komm doch mit‹, sagte ich zu ihm und hakte mich bei ihm unter. Er freute sich über die Aufforderung und gesellte sich zu uns. Aber nur für einen kleinen Spaziergang auf dem Corso, von der Konditorei Clavot bis zum Café Tramer, wo damals die Cagliaritaner *sa passillada*, den Abendspaziergang machten. Wenn wir dann alle bei Su Cau, einem Billardsaal auf dem Corso, ankamen, blieb er draußen, grüßte und ging nach Hause.«

Von den Treffpunkten anderer hielt er sich fern. Renato Figàri erzählt:

»Bis zum Abitur habe ich ihn nie rauchen oder trinken sehen. Wenn einer von uns ihn einmal zu etwas einladen wollte, lehnte er freundlich ab; ich habe nie verstanden, ob er das aus Stolz tat oder weil er keinen Geschmack an Dingen finden wollte, die er sich nicht leisten konnte. Er kam auch selten zur ›Antiklerikalen Vereinigung der Avantgarde‹, einem von jungen Leuten gegründeten Verein, der sich in ein paar Räumen in der Via Barcellona, nicht weit vom Dettòri befand. Dort trafen sich ein paar junge Berufstätige, Studenten und wir Schüler. Damals waren wir fast alle revolutionär und sozialistisch gesinnt, und natürlich verehrten wir Giovanni Bovio und Giordano Bruno.[28] Wir veranstalteten auch Laientheateraufführungen. Ich deklamierte manchmal Verse von Sebastiano Satta, Ugo Foscolo und Stecchetti. Gramsci kam nur selten zu diesen Veranstaltungen. Ich kann mir nicht vorstellen, was der wahre Grund dafür war. Vielleicht sein Aussehen – aber das glaube ich nicht. Denn trotz seines Buckels war er nicht hässlich. Er hatte eine hohe Stirn, dichtes lockiges Haar, und den Blick seiner leuchtend blauen Augen hinter den Brillengläsern vergaß man nicht so leicht. Sicherlich trennte uns vieles voneinander. Wir waren ein bisschen verschwenderisch, elegant – zumindest versuchten wir es zu sein – und etwas oberflächlich, wie es in diesem Alter normal ist. Wahrscheinlich war seine große Armut der Grund, warum er sich absonderte.«

Das ist möglich. Er schämte sich vor seinen Schulkameraden. Vorher hatte er nie auf seine Kleidung geachtet, aber jetzt fühlte er sich gedemütigt, so herumlaufen zu müssen. Am 10. Februar schrieb er seinem Vater:

»Am 26. Februar machen die Schüler der beiden letzten Jahrgänge einen Ausflug nach Gùspini, um die Bergwerke zu besichtigen. Also muss ich auch mitkommen, und in dieser Jacke, die ich schon zwei Jahre lang trage und die abgewetzt und speckig ist, kann ich mich wirklich nicht sehen lassen. Deshalb schreibe bitte irgendeinem Schneider, damit ich mir auf Deine Kosten einen Anzug machen lassen kann [...] Heute konnte ich nicht zur Schule gehen, weil ich meine Schuhe besohlen lassen musste. In der ganzen Karnevalszeit bin ich überhaupt nicht ausgegangen. Ich hockte immer nur in einer Ecke und war in so düsterer Stimmung, dass Nannaro glaubte, ich sei krank.«

Und einige Tage später, am 16. Februar: »Lieber Vater, anscheinend glaubst Du, ich könne von Luft leben. Nannaro tut schon zu viel für mich, da ich von dem, was Du mir jeden Monat schickst, in Cagliari nicht leben kann – höchstens, wenn ich nur Brot esse, und auch davon nur wenig, denn es kostet 50 Centesimi das Kilo.« Vielleicht bekam er dann etwas Geld, aber keinesfalls genug für einen Anzug. Er schrieb erneut:

»Jetzt muss ich ein trauriges Thema anschneiden: Du hast nichts mehr von dem Anzug geschrieben, und als ich Ostern nach Ghilarza kam, hast Du selbst gesagt, dass ich unmöglich aussehe [...] zehn Tage lang habe ich das Haus nicht verlassen, damit Ihr Euch meiner nicht zu schämen braucht. Jetzt sind wieder anderthalb Monate vergangen, die Löcher sind noch größer geworden, und ich sehe nicht mehr nur un-

[28] Giovanni Bovio (1841–1903): Schriftsteller, Jurist und radikaler Politiker, der zusammen mit Giordano Bruno Opfer kirchlicher Verfolgung wurde: 1864 wurde er aufgrund der Publikation seines »Systems der universellen Philosophie« (einer Art Materialistischer Weltanschauung) exkommuniziert (T.N.).

möglich, sondern schmutzig und zerlumpt aus. Wenn der Direktor den Pedell zu mir nach Hause schickt, sage ich ihm klipp und klar, dass ich nicht zur Schule gehen kann, weil ich nichts Sauberes anzuziehen habe.«

Gegen Anfang des zweiten Trimesters im zweiten Oberstufenjahr bekam Antonio endlich einen Italienischlehrer, Raffa Garzia. Er war ein kleiner drahtiger Mann von 33 Jahren, ernst und verschlossen. Er war jähzornig, unnachsichtig mit den Dummen und Angebern und nicht bereit, bei seinen Schülern unzulängliche Leistungen oder schlechtes Betragen zu tolerieren. So wurde aus der lebhaften Klasse bald ein verängstigtes Häufchen. Raffa Garzia hatte sich in der Literatur schon einen Namen gemacht. Ungefähr zehn Jahre früher hatte er den Essay *Il canto di una rivoluzione* herausgegeben, eine vergleichende Studie über Francesco Ignazio Mannus Hymne gegen die sardischen Feudalherren und »Il giorno« von Parini. Er leitete auch *L'Unione sarda*, die trotz ihrer dilettantischen Aufmachung schon damals die meistgelesene Tageszeitung Sardiniens war. Der Vollständigkeit halber sollte erwähnt werden, dass Garzia ein radikaler und unnachgiebiger Antiklerikaler war und sich zwar von den Sozialisten abgrenzte, über ihre Initiativen aber dennoch in seiner Zeitung berichtete (in jeder Hinsicht war es *seine* Zeitung, denn sie gehörte ihm auch) und sie teilweise auch unterstützte. Seine politische Einstellung teilte er mit zwei weiteren Lehrern Gramscis, die sogar noch progressiver waren: Costante Oddone, ein Mann von einfacher Herkunft, der Griechisch und Latein lehrte, und der Physiklehrer Francesco Maccarone, ein Freund von Gennaro Gramsci und ein militanter Sozialist.[29] Gramsci wurde sofort sein Lieblingsschüler.

Seine Aufsätze wurden der Klasse als Beispiel für guten Stil und Klarheit vorgelesen. Garzia lieh ihm Bücher, nicht nur für die Schule. Während er mit Schülern, Druckern und Journalisten ziemlich barsch umsprang, wurde er umgänglich und sanft, wenn er mit Gramsci zusammen war. Er lud ihn sogar ein, in sein Büro an der Viale Regina Margherita zu kommen, wo sich die Mitarbeiter von *L'Unione sarda* trafen. Man kann sagen, dass die beiden Freunde geworden waren.

Gramsci verbrachte weiterhin seine ganze Zeit mit Lesen. Gennaro erzählte mir:

»Er las alles. Als ich vom Militärdienst aus Turin zurückkam, war ich überzeugter Sozialist. Anfang 1911 wurde ich Kassierer der ›Camera del lavoro‹ und Vorsitzender der sozialistischen Sektion von Cagliari. Deshalb war ich oft mit Cavallera, Battelli, Pesci und den jungen sozialistischen Führern in Sardinien zusammen, und manchmal war auch

[29] Im Januar 1911 gehörte Professor Maccarone zusammen mit dem Vorsitzenden Carmine Orano und dem Bibliothekar Renato Figàri zu den führenden Vertretern der »Antiklerikalen Vereinigung der Avantgarde«. Im März kandidierte er dann auf der Liste der Vereinigten Volkspartei für den Gemeinderat von Cagliari.

Nino dabei. Wir hatten Unmengen von Propagandamaterial, Bücher, Zeitschriften und Broschüren im Haus. Nino, der meistens die Abende daheim verbrachte, ohne einen Fuß vor die Tür zu setzen, hatte bald alle diese Zeitungen und Bücher gelesen.«

Er hatte sich schon mit Marx beschäftigt – »aus intellektueller Neugier«, wie er 1924 in einem Brief schreiben wird. Er las auch Carolina Invernizio, die *Domenica del Corriere* und die sozialistische Zeitschrift *Il viandante*, die von Tomaso Monicelli[30] geleitet wurde. In einem Brief an seinen Vater schreibt er: »Sag Teresina, dass sie mir alle Artikel der *Tribuna* aufheben soll, vor allem soll sie mir einen von Pascoli schicken, der vor knapp einem Monat erschienen ist. Ich hebe die Hefte der *Domenica del Corriere* für sie auf und werde sie ihr bei der nächsten Gelegenheit schicken.« (In einem Postskriptum bittet er um die Rückgabe von *L'olmo e l'edera* von Anton Giulio Barrili und einer Ausgabe von *Secolo XX*.[31]). Er las auch Grazia Deledda, aber sie gefiel ihm nicht besonders. Renato Figàri erzählt:

»Einmal war er zu einem Gedichtabend in unseren Verein gekommen. Bei dieser Veranstaltung hatte ich gesagt, dass wir jungen Leute die Aufgabe hätten, den sardischen Schriftstellern Geltung zu verschaffen. Am nächsten Tag griff Gramsci von sich aus dieses Thema wieder auf. Ich erinnere mich, dass er den sardischen Autoren zum Vorwurf machte, sie würden die aktuellen Probleme nicht aufgreifen. Sardinien, so sagte er, bestehe nicht nur aus Wasserfällen, Schafweiden, Blutrache und Müttern, die ihre ermordeten Söhne beweinen. Und er sprach über die Verhältnisse auf der Insel und über die Bergleute, die Hunderte von Metern unter der Erde für das belgische und französische Kapital arbeiten und deren Lohn dafür nicht Krankenhäuser, Schulen und Decken sind, sondern der Aufmarsch von Truppen, sobald sie die kleinste Forderung stellen.«

Auch der *Marzocco* und *La Voce*, in denen seine Lieblingsautoren schrieben, gehörten zu seiner Lektüre. Seine Schwester Teresina erzählt:

»Manchmal wurden die Zeitschriften noch, nachdem Nino die Änderung seiner Adresse mitgeteilt hatte, hierher nach Ghilarza geschickt. Dann beauftragte er mich, die Artikel der Autoren auszuschneiden und in eine Mappe zu legen, die ihn am meisten interessierten – vor allem Salvemini und Croce. Auch Emilio Cecchi und Papini gehörten dazu. Für Cecchi hegte Nino große Bewunderung. Aber wenn er mich bat,

---

[30] Carolina Invernizio (1858–1916) war Autorin zahlreicher populärer Romane. Die *Domenica del Corriere* war eine verbreitete Mailänder Wochenzeitung, die wegen ihrer reißerischen Titelbilder berühmt war. Tommaso Monicelli war Autor von Kindergeschichten (T.N.).

[31] Giovanni Pascoli (1855–1912) war ein nationalistischer Dichter mit romantischen Sympathien für den Sozialismus. Anton Giulio Barrili (1836–1908) war Freund und Nachfolger Garibaldis und Autor vieler Fortsetzungsromane (T.N.).

Artikel auszuschneiden und sie in der Mappe geordnet für ihn aufzuheben, standen an erster Stelle seiner Empfehlungen immer Croce und Salvemini.«[32]

Es war die Zeit der Studien über die süditalienische Frage, und es war die Zeit des sardischen Nationalismus. Die Bewegung hatte keine eindeutige politische Richtung, es gehörten ihr Sozialisten, Radikale und liberale Anhänger Giolittis gleichermaßen an. Seit dem März 1910 hatte Raffa Garzias Zeitung (deren Chefredakteur Jago Siotto war, dem Herausgeber von *La Lega*, der Zeitschrift der ersten organisierten sozialistischen Gruppen) nur eine Zielscheibe: das Ministerium Luzzatti.[33] Das lag hauptsächlich an dem Einfluss, den Francesco Cocco Ortu, der seinen Ministersessel verloren hatte, auf die Zeitung ausübte, die sich wegen ihrer finanziellen Lage dem politischen Kalkül ihres Geldgebers beugen musste. Die Parole des Augenblicks hieß, von welcher Position auch immer den »grande Gigione« anzugreifen (so verspottete *L'Unione sarda* Luzzatti, indem sie seinen Vornamen Luigi – verkürzt Gigi – in Gigione umwandelte, was soviel wie Schmierenkomödiant oder auch Fettkloß bedeutet). So kamen die Angriffe sowohl von rechts (Attacken gegen das Wahlreformprojekt und gegen das Zusammengehen Luzzattis mit den Bissolati-Reformisten) als auch von links. Hinter der unerschöpflichen Polemik des Herausgebers und Direktors Garzia und des Chefredakteurs Siotto standen vor allem die Ideen des sardischen Eigenbewusstseins. Die Zeitung war zum Resonanzboden des Volksprotests geworden. Gründe zum Protest gab es ja genug in einem Gebiet, das in jeder Hinsicht rückständig war und anderen Regionen nur Analphabetentum, Malaria, Trachom, Tuberkulose und Hungersnot voraus hatte.

Am 23. Mai 1910 trafen Viktor Emanuel III. und die Königin mit der königlichen Jacht in Cagliari ein. Sie blieben bis zum Abend des 25. Mai in der Stadt. Der König legte den Grundstein für ein öffentliches Nachtasyl an der Viale degli Ospizi, und die Königin ließ für die Kindergärten Kuchen im Wert von 2800 Lire backen. Am nächsten Tag veröffentlichte *L'Unione sarda*, die dem Besuch des Königspaares große

[32] Giovanni Papini (1881–1956) hatte damals eine fruchtbare Schaffensperiode als futuristischer Schriftsteller, später vollzog er eine aufsehenerregende Wendung zum Katholizismus. Emilio Cecchi (1884–1966) war Kunstkritiker und eine Autorität für englische Literatur. Benedetto Croce (1866–1954) war der berühmteste und einflussreichste Philosoph der Literaturkritiker Italiens in diesem Jahrhundert. Gaetano Salvemini (1873–1957) war der führende Kopf der »meridionalistia« (der Protagonisten der süditalienischen Bewegung). In jungen Jahren Sozialist, gewann er später die Überzeugung, dass der Sozialismus Süditalien keine Befreiung bringen würde. Als erbitterter Gegner von Giolitti und seinen Methoden wurde er später ein führender Kämpfer gegen den Faschismus (T.N.).

[33] Luigi Luzzatti (1841–1927) war ein italienischer Politiker, dessen Koalitionskabinett 1910–11 insbesondere durch seine Versuche bekannt wurde, das Wahlrecht zu reformieren (T.N.).

Bedeutung beigemessen und sogar ein Foto veröffentlicht hatte – dieses Privileg war in dem Jahr nur dem berühmten Opernsänger Pietro Schiavazzi aus Cagliari zuteil geworden –, einen Kommentar, der zwar dem Königspaar Respekt erwies, aber mit der Regierung sehr hart ins Gericht ging. Der Artikel war von Raffa Garzia:

»Das Fest ist vorbei, die Dekorationen verschwunden. Die Flaggen warten in der Rumpelkammer auf das nächste Mal, Zylinder und Frack liegen wieder in der Mottenkiste, die Polizisten, die dem Hauptmann Bousquet die Genugtuung verschafft hatten, einige Tage lang eine Kompanie zu befehligen, sitzen wieder in ihren Ämtern, die öffentlichen Verkehrsmittel gehören wieder den Bürgern. Überstanden sind Angst und Hysterie der Behörden, die sonst dösend über die Hafengewässer wachen [...] Ruhe ist wieder eingekehrt in unserer Stadt.«

Warum, fragte sich *L'Unione sarda*, hatte der Minister den Besuch des Königspaars gewünscht? Ein solcher Besuch ist nur sinnvoll, wenn damit ein außergewöhnliches Ereignis, ein neuer Zustand besiegelt werden soll. »Und was gibt es hier für uns schon Neues«, schrieb Garzia, »außer ein bisschen Sand, den man den Dummen in die Augen gestreut hat.« Letztlich hatte der Besuch von Viktor Emanuel und der Königin nur die Wirkung gehabt, ein Gefühl der Einmütigkeit herzustellen, aber gewiss nicht der Einmütigkeit, die in das Konzept der Regierung passte. *La Voce del popolo*, »Organ der sardischen Arbeiterklasse«, die in Cagliari gedruckt wurde, widmete dem Ereignis nur wenige Zeilen: »Was für ein Prunk! Wie viele Zylinder, Fracks, schöne Frauen, wie viel Lächeln voll Wohlgefallen und moralischer Genugtuung, wie viel Reichtum, wie viele tolle Autos, wie viele Fahnen und wie viel Heer, wie viele Polizisten in Uniform und in Zivil. Der König kommt!« Sogar die Konkurrenz von *L'Unione sarda*, die Tageszeitung *Il Paese*, die sich immer verpflichtet fühlte, Garzla und seinen Mitarbeitern zu widersprechen, schrieb am 29. Mai: »Trotz des Besuchs von Viktor Emanuel III. wird in Sardinien alles beim Alten bleiben, und unsere Probleme werden nicht geringer werden.« Die Zeitung ging sogar so weit, die Geldverschwendung für den Staatsbesuch scharf zu verurteilen: »Ob die Kosten für dieses lächerliche Schauspiel, dieses sinnlose, servile Fahnenschwenken, diese hohlen Festlichkeiten, die die Gefühle des Volkes nicht erheben, sondern korrumpieren, hoch oder niedrig waren – es ist ganz einfach hinausgeworfenes Geld.« Zum 25. Mai hatte der Präfekt Germonio alle Bürgermeister der Provinz eingeladen. Im Rundschreiben stand, dass der König sie zu sehen wünsche. *Il Paese* veröffentlichte das Antworttelegramm des Bürgermeisters von Terralba, Rechtsanwalt Felice Porcella: »Ihre Einladung ehrt mich. Es tut mir leid, ihr nicht Folge leisten zu können, bevor die Regierung Ihrer Majestät nicht endlich auf die berechtigten Forderungen dieser Bürgermeister eingeht und gesetzliche Maßnahmen gegen die Not und Armut dieser Region ergreift.« Das sardische Nationalgefühl hatte neuen Auftrieb erhalten.

Ein paar Wochen später, nach Abschluss des zweiten Oberstufenjahres, machte Gramsci, bevor er zu seiner Familie nach Ghilarza fuhr, einen Besuch bei Garzia. Er war jetzt 19 Jahre alt und hätte gern angefangen, kleine Beiträge für die Zeitung zu schreiben, z. B. Berichte aus seinem Dorf, wo er die Ferien verbrachte. Raffa Garzia hatte nichts dagegen einzuwenden, aber in Ghilarza gab es schon einen Korrespondenten. Gramsci sollte daher aus Aidomaggiore, einem Dorf in der Nähe von Ghilarza berichten. Garzia versprach, ihm bald einen Presseausweis zu schicken, und Gramsci reiste ab. Garzias Brief (vom 21. Juli 1910), mit dem der Ausweis kam, hatte nichts von dem bürokratischen Ton, der sonst in solchen Situationen üblich ist. »Hier ist der Presseausweis«, schrieb der strenge Kritiker und Italienischlehrer. »Ihre Mitarbeit ist willkommen – schicken Sie uns alle Nachrichten von öffentlichem Interesse, und wir und die Leser werden Ihnen dafür dankbar sein. Ich grüße Sie mit aufrichtiger Zuneigung.« Der erste Korrespondentenbericht von Antonio Gramsci, sicherlich sein erster gedruckter Text, erschien am 26. Juli in *L'Unione sarda*. Er war nur 25 Zeilen lang, eine einfache Nachricht, aber prägnant und humorvoll geschrieben und frei von der Emphase und der krampfhaften Originalität eines Anfängers aus der Provinz. (Der Artikel ist mit »gi« gezeichnet):

»In den umliegenden Dörfern war das Gerücht umgegangen, anlässlich der Wahlen in Aidomaggiore stünden große und schreckliche Ereignisse bevor. Die Bevölkerung wolle ganz plötzlich das allgemeine Wahlrecht einführen, also Bürgermeister und Gemeinderat durch Plebiszit wählen. Sie schien zu jeder Ausschreitung bereit. Der Oberleutnant der Carabinieri von Ghilarza, *Cavalier* Gay, war durch diese Symptome sehr beunruhigt und ließ ein ganzes Heereskorps, 40 Carabinieri und 40 Infanteristen anrücken, zum Glück ohne Kanonen. Außerdem schickte er einen Vertreter der Öffentlichen Sicherheit (der allein schon ausgereicht hätte). Als die Wahllokale geöffnet wurden, war das Dorf wie ausgestorben. Aus Angst vor der Verhaftung hatten sich alle, ob Wähler oder nicht, verkrochen und die Behörden mussten von Haus zu Haus gehen, um die widerspenstigen Wähler aufzustöbern.«

Der Bericht schloss mit einer für Gramsci typischen Bemerkung: »Die Mandelbäumchen von Aidomaggiore können einem leid tun […] Nach den Blattläusen jetzt auch noch die Infanteristen!«

8

Am 17. November 1910 – Antonio Gramsci war seit wenigen Wochen wieder in Cagliari, da das dritte Schuljahr in der Oberstufe begonnen hatte – erschienen auf einer Seite der *L'Unione sarda* zwei sehr verschiedene Nachrichten; die eine über den Tod Leo Tolstois, die andere über den bevorstehenden Besuch von Guido Podrecca, des sozialistischen Abgeordneten und Chefredakteurs der antiklerikalen Zeitschrift *L'Asino*. Die zweite Nachricht erregte in Cagliari das weitaus größere Aufsehen.[34]

Die Atmosphäre war gespannt, und die Pressekampagne der *L'Unione sarda* ging mit unverminderter Schärfe weiter. Obwohl die Kampagne ursprünglich nur ein Racheakt von Cocco Ortu nach seinem Ausschluss aus der Regierung gewesen war, hatte sie durch die objektiven Verhältnisse ein ganz anderes Gewicht und eine ganz neue Bedeutung erhalten. Sardiniens Probleme waren ungelöst geblieben, und sie verschärften sich sogar noch durch Giolittis Politik der Klassenbündnisse im Norden auf Kosten des Südens.[35] Das Ziel dieser Politik war, der Industrie hohe Profite zu ermöglichen und die Arbeiterbewegung durch eine Reihe von Zugeständnissen einzulullen. Die Kosten dieser Politik hatten vor allem die Bauern des Mezzogiorno zu tragen, aber das kümmerte die Machthaber wenig. Das herrschende Analphabetentum versperrte den südlichen Massen jede Möglichkeit des politischen Einflusses. Die Regierung konnte es sich leisten, die Volksstimmung zu ignorieren – ein paar Gewehre und das Heer genügten ja, um jeden Aufstand niederzuschlagen. Die sardische Landwirtschaft – die Hauptertragsquelle der Insel – befand sich in einem Teufelskreis: die niedrigen Löhne und die unmäßigen Steuern (allgemein als staatliche Steuerräuberei bezeichnet) machten Sparen und Kapitalakkumulation unmöglich und verhinderten so jede Initiative zur Veränderung der ländlichen Besitzverhältnisse. Die Abwanderung aus den Dörfern ging weiter, und es gab immer mehr Arbeitslose. Die Preise für Lebensmittel und Mieten, vor allem aber für die mit ungeheuren Zöllen belasteten Importwaren

---

[34] Podrecca wurde 1912 aus der italienischen Sozialistischen Partei ausgeschlossen und wirkte danach mit an der Gründung der später gescheiterten Reformistischen Sozialistischen Partei (T.N.).

[35] Giovanni Giolitti (1842–1928): Ministerpräsident 1892/93, 1903–05, 1906–09, 1911–14 und zuletzt 1920/21. Sein liberales Programm von 1911–14 brachte die Wahlberechtigung für alle männlichen Nicht-Analphabeten über 21 (und auch für Analphabeten, wenn sie Militärdienst geleistet oder das Alter von 30 erreicht hatten). Als gewandter und konsequenter bürgerlicher Politiker praktizierte er eine »Öffnung nach links«, um die Entwicklung einer sozialistischen Bewegung aufzufangen. Auch begann er den zweiten größeren Kolonialkrieg Italiens gegen Libyen (1911/12), um dem wachsenden Nationalismus das Wasser abzugraben (T.N.).

stiegen erneut. Gesetze zur Verbesserung der Situation Sardiniens waren zwar verabschiedet worden, aber die wenigsten davon wurden in die Tat umgesetzt, und auch die nur verspätet und unvollkommen. Sogar so nebensächliche Forderungen wie die nach Aufhebung der unterschiedlichen Tarife für den Bahntransport von Personen und Waren blieben unerfüllt. Die Isolation der Insel wurde noch verstärkt durch die Unregelmäßigkeit der Seeverbindungen aufgrund des schlechten Zustands der Schiffe. Wenn die Telegraphenleitungen ausfielen – was sehr oft vorkam –, war Sardinien völlig von der Welt abgeschnitten. In allen Gesellschaftsschichten machte sich Unmut breit. Schon Anfang des Sommers 1910 standen in Cagliari die Zeichen wieder auf Sturm. In den ersten Julitagen waren der Bürgermeister Marcello und das gesamte Stadtparlament aus Protest gegen die Unfähigkeit der Regierung zurückgetreten.

Diesem Massenrücktritt folgten weitere, und *L'Unione sarda* begleitete die Ereignisse mit Schlagzeilen, die quer über die ganze Seite gingen.[36] Es ist verständlich, dass in diesem Klima der schwelenden Revolte der angekündigte Besuch des Abgeordneten Podrecca die Mehrheit der Bürger mit Begeisterung, die Regierungsbehörden und Kirchenkreise aber mit größter Sorge erfüllte.

Der Abgeordnete war von der PSI-Sektion und der »Camera del lavoro« nach Cagliari eingeladen worden. Vor allem die »Camera del lavoro« war damals ein Treffpunkt für Arbeiter, Intellektuelle, Angestellte und kleine Kaufleute. Ihr Vorsitzender war ein toskanischer Gewerkschafter, Gino Pesci, einer aus der Gruppe der politischen Einwanderer, die Cavallera nach Sardinien gefolgt waren.[37]

In der »Camera del lavoro« verbrachte der 26-jährige Gennaro Gramsci einen Großteil seiner Freizeit, und manchmal kam auch Antonio mit. Aufgrund der dort herrschenden konspirativen Stimmung kam der Aufenthalt den jungen Leuten damals fast wie ein Abenteuer in einer verbotenen Welt vor. Die Räume in der Via Barcelona wurden von der Polizei beobachtet, und wer dort regelmäßig hinging, riskierte eine Verhaftung. In dieser noch romantisch geprägten Zeit zog gerade auch diese Geheimbundatmosphäre neue Mitglieder an.

Nachdem Podreccas Besuch angekündigt worden war, zeichnete sich zunächst die Gefahr einer Straßenschlacht mit den Klerikalen ab. Der sozialistische Parlamentarier hatte eine Reihe von Vorträgen angekün-

[36] Einige dieser Überschriften lauteten: »Unmut und Kampfesstimmung«, »Der stolze Protest Cagliaris und der Provinz«, »Gemeinderat tritt zurück«, »Massenrücktritt der gewählten Gremien«, »Der große Protest zur Verteidigung unserer Rechte«, »Gegen alle leeren Versprechungen«, »Der Aufstand der öffentlichen Meinung«.

[37] Filippo Figàri, ein junger Maler, der später ziemlich berühmt wurde, hatte die Mitgliedskarte entworfen. Neben den Schriftzügen *Proletarier aller Länder vereinigt euch!* waren ein Hafenarbeiter und ein Bergmann dargestellt, die sich die Hand geben, umringt von Kindern, die sich gegenseitig Kornähren reichen.

digt. Für den 22. November im Valdès-Theater über das »Revolutionäre Denken Richard Wagners« und für den 24. über »Glauben und Moral«. Am Sonntag, den 27. November, sollte auf der Piazza del Carmine eine große Schlussveranstaltung zum Thema »Die Organisation der Arbeiter« stattfinden. Vier Tage vor der Ankunft Podreccas in Cagliari veröffentlichte *L'Unione sarda* einen scharfen, antiklerikalen Artikel. »Es heißt«, stand darin, »dass die Klerikalen bei der Ankunft des Abgeordneten Podrecca am Bahnhof warten und ihm einen schlechten Empfang bereiten wollen. Das gleiche planen sie für seine Vorträge.« Aufgebracht kommentierte das Blatt: »Das wäre wirklich eine große Unverschämtheit.« Und weiter: »Man kann uns gewiss nicht nachsagen, dass wir gewissen Methoden des italienischen Sozialismus allzu viel Sympathie entgegenbrächten. Das hält uns allerdings nicht davon ab, in Podrecca einen überzeugten, kämpferischen Mann und einen brillanten und mutigen Kollegen zu begrüßen.« Die befürchteten Kundgebungen der Klerikalen blieben aus. Dem sozialistischen Abgeordneten wurde ein triumphaler Empfang bereitet, und *L'Unione sarda* schrieb, »selbst die Klerikalen unterlagen so sehr der Faszination des Redners, dass sie applaudierten.« Von solchen Übertreibungen abgesehen, gab die Propagandareise des sozialistischen Abgeordneten und Journalisten den Organisationen der Linken Auftrieb und neue Kraft.

Eine Meningitis-Epidemie, die in diesen Tagen ausbrach, steigerte noch das Unbehagen der Bürger und gab ihren Protesten gegen die Passivität der Behörden neue Nahrung. »Die Krankenträger sind ständig im Einsatz«, schrieb *L'Unione sarda* am 8. Dezember. Neben anderen ständigen Rubriken wie »Dies und das« und »Sarden im Blickpunkt« erschien nun auch eine unter dem Titel »Die cerebrospinale Meningitis«. »Eine schwere Gefahr lauert auf uns«, warnte der Verfasser und prangerte die Untätigkeit und die Schwäche des Präfekten an. Auch über den königlichen Kommissar, der nach dem Rücktritt des Bürgermeisters Marcello und des ganzen Gemeinderats ernannt worden war, beklagte sich die Zeitung und schrieb:

»Das Rathaus ist zu einer Zweigstelle der Präfektur (und leider auch der Kurie) geworden. Und die Regierung? Sie schweigt. Wehrt sich jemand im Abgeordnetenhaus? Keiner. Und hier sterben die Leute.« Der dramatische Bericht stieß überall auf Zustimmung.

Am Sonntag, den 11. Dezember 1910, mitten in dieser Zeitungskampagne um die Epidemie, versammelten sich in der »Camera del lavoro« Delegierte aller Verbände der Stadt. In einem Rundschreiben, das vier Tage vorher an die berufsständischen und kulturellen Organisationen gegangen war, hatte Gino Pesci vom »Unbehagen« der Bürger über die steigenden Mieten und Lebensmittelpreise gesprochen und seiner Überzeugung Ausdruck verliehen, dass »es nötig sei, sich dem Protest anderer italienischer Städte anzuschließen, um den Niedergang des Landes zu bremsen.« An diesem Sonntag gründete man ein »Aktionskomitee gegen die Teuerung der Lebensmittel und Mieten«. *L'Unione sarda* begrüßte diesen Schritt und fügte hinzu:

»Der Präfekt, *Commendatore* Germonio, der keinen Finger rührt, wenn es darum geht, energische und wirksame Maßnahmen gegen die Meningitisepidemie zu ergreifen, entwickelte gestern den größten Eifer und sandte einen Beamten des Sicherheitsdienstes zur Versammlung in der ›Camera del lavoro‹, bei der es um rein wirtschaftliche Probleme ging. *Commendatore* Germonio, der für das Wohl der Bürger nichts tun kann oder will, mag keine Überraschungen und richtete deshalb einen ausgezeichneten Spitzeldienst ein, um den Namen der ›Kanaille‹ herauszufinden, die in der ›Camera del lavoro‹ gesprochen hat.«

In dieser gespannten Atmosphäre wurde am nächsten Tag bekannt, dass der Polizeipräsident der süditalienischen Stadt Bari nach einer Untersuchung seines Amtes enthoben und nach Sardinien versetzt worden war. Das fehlte jetzt gerade noch, dass die Regierung Sardinien wieder einmal als Verbannungsort benutzte. *L'Unione sarda* reagierte so: »Der große Luzzatti, ein wahrer Freund Sardiniens, betrachtet Cagliari und die ganze Insel als Straflager. Wenn ein Beamter wegen seiner Unfähigkeit oder Nachlässigkeit auf dem Festland nicht mehr tragbar ist, hat man schnell eine Lösung zur Hand: Sardinien wird zum Zwangswohnsitz für solche Leute.«

Unmittelbar danach wurden für den 6., 7. und 8. Januar 1911 Neuwahlen zum Exekutivkomitee der »Camera del lavoro« ausgeschrieben. Kandidaten waren der Eisenbahner Salvatore Baire, der Steinmetz Salvatore Crovato, der Metallarbeiter Luigi Favero, der Angestellte Gennaro Gramsci, der Marmorarbeiter Luigi Onali, der Schneider Angelo Pischedda und der Kesselschmied Alfredo Romani. Unter denen, die gewählt wurden, war auch Gennaro Gramsci, er übernahm das Amt des Kassierers. Das musste Folgen haben, da die Polizei die Gewerkschaftsführer streng überwachte. Wenig später erfuhren Francesco Gramsci und Peppina Marcias, dass man Erkundigungen über Gennaro eingeholt hatte. Beunruhigt und verärgert erwog Signor Ciccillo, nach Cagliari zu fahren und nach dem Rechten zu sehen. Da schrieb Antonio an die Mutter:

»Ich antworte Dir umgehend, damit Papa nicht tatsächlich so verrückt ist, hierherzukommen. Ihr erschreckt, weil die Polizei über einen von uns Informationen verlangt. Das ist noch lange kein Grund zur Aufregung. Wer weiß, was Ihr Euch jetzt vorstellt; vielleicht, dass Nannaro in Polizeigewahrsam ist oder von vier Carabinieri überwacht wird. Ich kann Euch versichern, dass nichts dergleichen geschehen wird. Nannaro hat in der ›Camera del lavoro‹ ein paar Ämter angenommen; deshalb ist sein Name, der vorher unbekannt war, der Polizei aufgefallen, und sie wollte wissen, wer dieser Revolutionär, dieser Polizistenfresser sei, der da aufgetaucht ist. Deshalb hat sie Informationen verlangt. Bist Du jetzt zufrieden? Du siehst, es ist nichts Schlimmes und alles ist in Ordnung. Es gab einen Streik, und da Nannaro Kassierer der ›Camera del lavoro‹ ist, wollte die Polizei seine Adresse wissen, um die Kasse zu beschlagnahmen und den Streik zu beenden. Der Streik aber wurde von selbst eingestellt, und die Kasse blieb, wo sie war [...] Wenn noch einmal so etwas vorkommt, bleibt ruhig und lacht dem Leutnant ins Gesicht. Ich mache es schon lange so. Die Ärmsten, im Grunde genommen sind sie zu bedauern. Sie beschäftigen sich zurzeit so viel mit Sozialisten und Anarchisten, dass ihnen keine Zeit für Diebe und Gauner bleibt und sie Angst haben müssen, dass ihnen die Mützen vom Kopf geklaut werden [...]«

Antonio Gramsci war jetzt 20. Er hatte sich in der Stadt eingelebt. Wenn man seine unveröffentlichten Briefe aus dieser Zeit liest, bekommt man ein ganz neues Bild von ihm: das eines draufgängerischen Schülers und nahezu radaulustigen Theaterbesuchers.

»Wegen meiner herrlichen Mähne haben mich alle für ein Mädchen gehalten und sich gewundert, dass eine Frau in einem Theater so viel Lärm macht – sie sahen ja nur meinen Kopf und die Hand, mit der ich eine unanständige Bewegung machte. Ich habe mich aber nicht geärgert, sondern mich für die Aufmerksamkeit bedankt. Neulich nachts wurde ich gerügt, weil ich mit lauter Stimme den herrlichen Schnurrbart eines Polizisten bewunderte. Ich habe ihm gesagt, er solle ihn sich abrasieren, wenn es ihn störe, dass man darüber spricht.«

Aber hinter dieser scheinbaren Ausgelassenheit war Antonios Alltag ziemlich trist. Wenn Gennaros Gehalt nicht von zu Hause aufgebessert wurde, reichte es nicht mehr für beide. Die Lebenshaltungskosten waren gestiegen, und zwei Personen konnten nicht einen Monat von 100 Lire leben. Antonio schrieb an den Vater:

»Nannaro hat schon genug Opfer gebracht, hat sich Geld vorschießen lassen, aber jetzt weiß er nicht mehr, was er tun soll; von Tag zu Tag wird er ernster, und heute wollte er mich schon nach Ghilarza zurückschicken [...] Nur durch eindringliche Bitten konnte ich ihn davon überzeugen, dass sich alles zum Besten wenden wird, wenn ich Dir heute Nacht schriebe.« Er ging weiter in Cagliari zur Schule, aber unter äußerst schwierigen Bedingungen. Jahre später erinnerte er sich: »Zuerst trank ich morgens nicht einmal mehr das bisschen Kaffee, dann schob ich das Mittagessen hinaus und sparte so das Abendessen. Acht Monate lang aß ich nur einmal am Tag, und am Ende des dritten Oberstufenjahrs befand ich mich in einem Zustand schwerer Unterernährung.«

Bei der Wehrtauglichkeitsuntersuchung seines Jahrgangs – 1891 –, zu der in Sardinien 11 632 Wehrpflichtige antraten, wurden 7 968 für untauglich erklärt. In 2 486 Fällen wurde Unterernährung als Ursache für die Untauglichkeit angegeben. Bei den hungernden Proletariern Sardiniens und den ihnen nahestehenden Intellektuellen konnte der engstirnige Sozialismus der Reformgewerkschaften Norditaliens keinen großen Erfolg haben, denn er lag im Wesentlichen auf der Linie des Protektionismus und berücksichtigte in keiner Weise die Probleme des landwirtschaftlichen Subproletariats im Süden. Im Gegensatz zu diesem Sozialismus entstand nun der von Salvemini geprägte »bäuerliche« Sozialismus. Von Antonios Schwester Teresina erfahren wir, dass er Salveminis Artikel mit großem Interesse las. In *La Voce* vom 13. Oktober 1910 erschien der Vorabdruck eines Auszugs aus der Rede, die der konsequente »meridionalista« vor dem Kongress der Sozialisten in Mailand hielt. In diesem Vortrag erläuterte er die neue sozialistische Linie, deren Anhänger »Revoluzzertum ablehnen, aber auch verhindern wollen, dass Reformismus mit Ministerialismus, Giolittismus und chronischem Freimaurertum gleichgesetzt wird.« Denn so würde aus der Sozialistischen Partei »eine neue oligarchische Organisation, die auf Kosten des größten Teils der nicht wahlberechtigten Arbeiterschaft nur den mächtigsten Arbeiterverbänden dient«. Salveminis Richtung entsprach auf Sardinien in etwa eine Mischung aus radikalem sardischen Nationalismus, der zuweilen bis zum extremen Separatismus ging, und einem zum Teil revolutionären Sozialismus. Das Ergebnis war eine Art sozialer Nationalismus, der weder mit der marxistischen Theorie noch mit der föderalistischen Konzeption Cattaneos[38] zu vereinbaren war. Das erklärte Ziel war der Klassenkampf, aber die Vorstellungen von der zu bekämpfenden Klasse waren ziemlich konfus und bedenklich allgemein. Den Klassenfeind sah man in den Reichen vom Festland, betrachtete aber auch die Industriearbeiter als reich oder doch zumindest privilegiert. Erst später, im Jahr 1919, organisierte sich dieser regionale Sozialismus mit klaren Zielen und einem Programm in der »Partito sardo d'azione« (Sardische Aktionspartei).

Im März 1911 wurde in Turin der 50. Jahrestag der italienischen Einigung gefeiert. Die großartigen Festlichkeiten wären eine gute Gelegenheit gewesen, die kämpferischen Regionalisten zu beschwichtigen, aber so weit ging die Begeisterung dann doch nicht. Die Ressentiments Sardiniens gegen das italienische Festland waren zäh und bekamen dadurch neue Nahrung, dass den sardischen Bürgermeistern, die zu den Feierlichkeiten in Turin am 17. März eingeladen worden waren, die beantragten Reisezuschüsse nicht gewährt wurden. Der Bürgermeister von Cossoine, Agostino Senes, lehnte die Einladung mit folgendem Telegramm ab: »Ich werde nicht erscheinen, da die großen Ermäßigungen für die Eisenbahnfahrt nicht für das alte Sardinien gelten, das man wieder einmal vergessen hat.« Der Bürgermeister von Fluminimaggio-

[38] Carlo Cattaneo (1801–69): Italienisch-schweizerischer Vertreter der politischen Theorie des Föderalismus. Begründer der Mailänder Monatsschrift *Il Politechnico* und Autor einer berühmten Geschichte des Mailänder Aufstandes von 1848 (T.N.).

re schloss sich ihm an und schickte diese Antwort: »Angesichts großer Entfernung, fehlender Fahrkostenermäßigung und geringer finanzieller Möglichkeiten der Gemeinde ist es mir nicht möglich, zur Zusammenkunft der Bürgermeister zu kommen, die ich dennoch als Italiener unterstütze.« Beide waren, wenn auch auf unterschiedliche Weise, repräsentativ für die in Sardinien herrschende Stimmung. Der Minister Sacchi wurde von *L'Unione sarda* als »mieser Geizkragen« tituliert.

Wie weit war zu dieser Zeit Antonio Gramscis geistige Entwicklung fortgeschritten? Aus einem Brief von 1929 erfahren wir, dass er von der »Notwendigkeit des Kampfes für die nationale Unabhängigkeit Sardiniens« überzeugt war. Auch ein Italienisch-Aufsatz aus dem Abiturjahr ist bezeichnend für diese Einstellung. Raffa Garzia, sein früherer Klassenlehrer, war krank und hatte sich beurlauben lassen. Sein Nachfolger war Vittorio Amedeo Arullani, ein Kenner der klassischen Literatur und politisch aufgeschlossen für die geistige Auseinandersetzung, wenn auch kein Linker. Bei ihm schrieb Gramsci einen Aufsatz über den Kolonialismus und die unterdrückten Völker.

»Wenn eines Tages das Gerücht verbreitet wird, dass ein Student den englischen Gouverneur in Indien ermordet hat, oder dass die Italiener in Dogali geschlagen wurden, oder dass die Boxer die europäischen Missionare ausgerottet haben, wird das alte Europa voller Abscheu Flüche gegen die Barbaren, gegen die unzivilisierten Wilden ausstoßen, und ein neuer Kreuzzug wird gegen diese unglücklichen Völker ausgerufen [...] Kriege werden um des Handels, nicht um der Zivilisation willen geführt: Die Engländer haben wer weiß wie viele chinesische Städte bombardiert, weil die Chinesen von ihrem Opium nichts wissen wollten. Was heißt hier Zivilisation! Und die Russen und Japaner haben sich wegen des Handels mit Korea und der Mandschurei gegenseitig totgeschlagen.«

Der Schluss des Aufsatzes zeigt bereits deutlich, dass Gramsci schon als Schüler des Liceo Dèttori Anhänger des Marxismus war:

»Durch die Französische Revolution wurden zwar viele Privilegien abgeschafft und viele Unterdrückte befreit; aber die herrschende Klasse wurde nur durch eine andere abgelöst. Diese Revolution hat uns jedoch die große Lehre erteilt, dass Privilegien und soziale Unterschiede von der Gesellschaft, nicht von der Natur, bedingt sind und daher beseitigt werden können. Ein neues Blutbad ist nötig, um die Menschheit von vielen dieser Ungerechtigkeiten zu befreien. Dann werden die Herrschenden bereuen, die Massen in dem Zustand der Unwissenheit und Rohheit gelassen zu haben, in dem sie sich jetzt befinden!« Das schrieb Gramsci im Jahr 1911, sechs Jahre vor dem Sturz des Zarismus.

In der Abiturprüfung bekam Antonio von Professor Arulani im schriftlichen Italienisch die Note 9. Die anderen Noten waren ebenfalls zufriedenstellend, auch in den naturwissenschaftlichen Fächern. Gramsci erzählt:

»Nach dem ersten Jahr in der Oberstufe des Gymnasiums habe ich keine Mathematik mehr gemacht, sondern Griechisch (man konnte zwischen den beiden Fächern wählen). In der dritten Klasse habe ich dann plötzlich bewiesen, dass mir erstaunliche ›Fähigkeiten‹ verblieben waren. Denn im Abiturjahr brauchten wir für Physik mathematische Grundlagen, welche die Schüler, die Griechisch gewählt hatten, eigentlich nicht zu kennen brauchten. Der Physiklehrer, der sehr beliebt war (Francesco Maccarone, Sozialist und Freund von Gennaro Gramsci), machte sich einen großen Spaß daraus, uns in Verwirrung zu stürzen. Als er im dritten Trimester zum letzten Mal abfragte, stellte er mir eine physikalische Aufgabe, die mit Mathematik zusammenhing. Er sagte mir, meine Jahresbeurteilung hinge davon ab, wie ich das Problem löste. Damit würde sich auch entscheiden, ob ich die Abiturprüfung in Physik zu machen hätte. Er amüsierte sich sehr, als er mich an der Tafel stehen sah, und ließ mir so viel Zeit, wie ich wollte. Nun, ich brauchte eine halbe Stunde, beschmierte mich von Kopf bis Fuß mit Kreide, probierte immer wieder von neuem, schrieb und löschte das Geschriebene wieder aus – aber zuletzt ›erfand‹ ich einen Beweis, den der Lehrer sehr gut fand, obwohl er in keinem Lehrbuch steht. Dieser Lehrer machte sich noch während meiner ganzen Schulzeit über mich lustig und nannte mich den ›griechischen Physiker‹.«

Abgesehen von der 9 in der schriftlichen Italienisch-Prüfung bestand Gramsci sein Abitur im ersten Prüfungsdurchgang in allen Fächern mit der Note 8.

9

Arme Schüler aus den alten Provinzen des ehemaligen Königreichs Sardinien hatten nach dem Abitur die Möglichkeit, mit einem Stipendium der Carlo-Alberto-Stiftung an der norditalienischen Universität Turin zu studieren. Sie bekamen 70 Lire pro Monat. Im Herbst 1911 hatte die Stiftung 39 Stipendien ausgeschrieben, und Antonio wollte diese Möglichkeit nutzen, denn er wusste, dass der Vater von seinem kärglichen Gehalt als einfacher Kopist kein Studium finanzieren konnte, zumal noch weitere fünf Kinder zu ernähren waren. Mario war 18 und wollte zur Marine oder zum Heer. Er war einige Jahre aufs Gymnasium gegangen und hätte als Unteroffizier oder sogar als Offizier Karriere machen können. Da er noch nicht alt genug war, um eingezogen zu werden, lebte er weiterhin in Ghilarza, hatte keine Arbeit und lag dem Vater auf der Tasche.

Carlo war 14 und besuchte in Oristano das Gymnasium. Die Mädchen halfen im Haus, so viel sie konnten. Antonio konnte also nur dann studieren, wenn er eines der ausgeschriebenen Stipendien bekam. Ein bisschen Geld hätte ihm dann auch Gennaro schicken können, der in der Eisfabrik in Cagliari genug verdiente. Zuerst aber musste er in die engere Auswahl kommen, die auf der Grundlage der Abiturnoten getroffen wurde, und dann stand ihm in Turin eine lange Reihe schriftlicher und mündlicher Prüfungen bevor.

In diesem Sommer ging es Antonio nicht gut. Durch das ständige Hungern während des letzten Schuljahrs war er sehr geschwächt und mutlos. Später erinnert er sich: »Ich erfuhr erst am Ende des Schuljahrs von den Stipendien der Carlo-Alberto-Stiftung, im Wettbewerb musste man Prüfungen in allen Fächern der letzten drei Jahre ablegen, und die Vorbereitung während der drei Ferienmonate kostete mich ungeheure Kraft.« In Oristano hatte er einen Onkel, den Apotheker Serafino Delogu, dessen Sohn Delio, den Antonio sehr gern hatte, Nachhilfestunden brauchte. »Nur Onkel Serafino bemerkte meinen beklagenswerten Gesundheitszustand und lud mich als Nachhilfelehrer für Delio nach Oristano ein. Ich blieb anderthalb Monate lang und wurde fast verrückt. Ich kam nicht dazu, für den Wettbewerb zu lernen, denn Delio beanspruchte meine Aufmerksamkeit voll und ganz. Die Sorgen und meine körperliche Schwäche brachten mich fast um. Heimlich lief ich weg. Mir blieb nur noch ein Monat zum Lernen.«

Anfang September erfuhr er, dass er zur Prüfung zugelassen war. Außer dieser Nachricht schrieb ihm die Carlo-Alberto-Stiftung: »Aus Cagliari kommt außer Ihnen nur noch ein weiterer Kandidat.« Und: »Auch während der Prüfungen, vom 16. Oktober – spätestens an diesem Tag müssen Sie in Turin sein – bis zum Tag nach der letzten Prüfung, wird Ihnen der vorgesehene Tagessatz von 3 Lire bezahlt; außerdem die Reisekosten zweiter Klasse von Cagliari nach Turin (abzüglich des Betrags für 300 Kilometer).[39]

Mitte Oktober verließ Antonio Gramsci Ghilarza, um »das große Wasser zu überqueren«, wie man damals sagte. Später erinnert er sich: »Ich reiste wie im Zustand eines Schlafwandlers nach Turin ab. Ich hatte noch 55 Lire in der Tasche; für die Reise dritter Klasse hatte ich 45 von den 100 Lire ausgegeben, die ich von zu Hause mitbekommen hatte.«

Antonio unterbrach die lange Reise in Pisa. Sein Onkel Zaccaria Delogu, der Hauptmann beim Heer war, wollte sich dort nach Tripolis einschiffen, und seine Brüder Serafino und Achille waren gekommen, um sich von ihm zu verabschieden. Mit ihnen verbrachte Antonio den Abend. Schließlich kam er in Turin an. Die große Industriestadt war für einen »doppelt und dreifachen Provinzler, als den man einen jungen Sarden Anfang des Jahrhunderts sicherlich bezeichnen konnte«, sehr verwirrend. In seinem ersten Brief aus Turin an seine Familie schreibt er: »Ich gehe hier sehr ungern spazieren, nachdem ich schon mehrmals beinahe von Autos oder Straßenbahnen überfahren worden wäre.«

Am Bahnhof Porta Nuova war Antonio von Francesco Oppo abgeholt worden, der auch aus Ghilarza stammte und Angestellter bei Pirelli war. Als dieser ihm das Zimmer zeigte, das er für ihn gefunden hatte, setzte es die erste böse Überraschung. Wegen der Ausstellung zum 50. Jahrestag der italienischen Einigung waren die Preise gestiegen, und die Miete betrug nun 3 Lire pro Tag – so viel wie er von der Stiftung für Unterkunft *und* Verpflegung bekam. Seinem Vater schrieb er:

»Leider musste ich täglich 3 Lire für die Miete und genauso viel oder mehr für das Essen auf den Tisch legen. Heute bin ich aber zur Stiftung gegangen, um das Geld abzuholen, und der Sekretär, dem ich meine Geschichte erzählt habe, war sehr freundlich und hat mir ein Zimmer für 1,50 Lire pro Tag vermittelt.«

Am 18. Oktober begannen die Prüfungen. Das Thema für den Italienisch-Aufsatz lautete: »Der Beitrag unserer Schriftsteller aus der Zeit vor dem Risorgimento, Alfieri, Foscolo usw., zur Einigung Italiens.«

Nachdem Antonio die Nachricht erhalten hatte, dass er zur mündlichen Prüfung zugelassen war, schrieb er sofort nach Hause: »Ich komme gerade von der Universität, wo ich die Noten für den Italienisch-Aufsatz erfahren habe. Ich bin, Gott sei Dank, durchgekommen, aber das beruhigt mich keineswegs, denn von ungefähr 70 Kandidaten sind nur 5 abgelehnt worden. Das bedeutet, dass alle sehr gut vorbereitet waren und dass die Prüfung sehr viel schwieriger sein wird als erwartet.« Auch in den anderen schriftlichen Prüfungen bekam er ausreichende Noten:

---

[39] Damit erging es ihm wie den sardischen Bürgermeistern, die zur 50-Jahrfeier der italienischen Einigung eine Einladung nach Turin erhalten hatten: für die Überfahrt zum Festland erhielt er keine Fahrtkostenermäßigung. (vgl. Kap. 8.)

21 (von 30 möglichen Punkten) in Geschichte, 23 im lateinischen Aufsatz, 24 in der Übersetzung aus dem Griechischen, und 25 im Philosophie-Aufsatz. Am 27. Oktober bestand er die mündlichen Prüfungen. Später meinte er: »Ich weiß nicht, wie ich das Mündliche geschafft habe, denn ich bin zwei oder dreimal ohnmächtig geworden.« Als die endgültige Liste ausgehängt wurde, stand sein Name an neunter Stelle. Auf dem zweiten Platz stand der Name eines anderen armen Studenten aus Sardinien: Palmiro Togliatti.

Togliatti und Gramsci hatten sich vorher nicht gekannt. Erst bei der Aufnahmeprüfung der Stiftung »lernten sich zwei damals sehr misstrauische und verschlossene junge Männer flüchtig kennen«, erinnert sich Togliatti. Er war Sohn eines Internatsverwalters, der im Januar desselben Jahres gestorben war, und hatte im Gymnasium Domenico Alberto Azuni in Sassari sein Abitur gemacht. Später schrieb Togliatti: »Auch die Tatsache, dass wir beide sehr arm waren – das sah man schon an unserer Kleidung – brachte uns einander näher.« Aber erst später wurde die Freundschaft zwischen den beiden Studenten tiefer.

Gramscis erster Winter in Turin gehörte zu den schlimmsten Monaten seines Lebens. In der Barriera di Milano, am Corso Firenze Nr. 57, in der Nähe des Dora-Ufers, hatte er sich ein kleines Zimmer gemietet. Ohne Freunde und weit weg von zu Hause wurde ihm seine Einsamkeit jetzt besonders bewusst. Er war von den anstrengenden Prüfungen und den materiellen Entbehrungen völlig erschöpft. »1911 war ich vor Kälte und Unterernährung schwer krank«, schreibt er später, »und phantasierte von einer riesigen Spinne, die nachts auf der Lauer läge, um herabzustoßen und mir das Gehirn auszusaugen, während ich schlafe.« In den ersten Wochen nach der Prüfung hatte Antonio kein Geld. Er hatte nämlich geglaubt, er sei von den Einschreibungsgebühren befreit. Um wenigstens eine Ermäßigung um die Hälfte zu bekommen, musste er Unterlagen vorlegen, die noch nicht eingetroffen waren. Die Immatrikulationsbescheinigung war aber wiederum Voraussetzung für die Auszahlung des Stipendiums. Also musste Antonio zunächst den gesamten Betrag einzahlen. Am 4. November bat er seinen Vater in einem Brief, dies für ihn zu tun und fügte hinzu: »Die Stiftung gibt mir kein Geld, wenn ich nicht vorschriftsmäßig immatrikuliert bin; ich bin jetzt fast abgebrannt und muss der Hauswirtin, bei der ich vorübergehend wohne, etwas anzahlen. Deswegen musst Du mir noch mindestens 30 Lire schicken, wenn möglich telegraphisch.«

Am 10. November zahlte Francesco Gramsci die Gebühr von 75 Lire ein, und am 16. wurde Antonio an der Fakultät für neuere Philologie immatrikuliert. Daraufhin bekam er sein erstes Geld von der Stiftung. Seine Familie in Ghilarza sah nicht ein, weshalb er in Turin mehr als die 70 Lire des Stipendiums zum Leben brauchte. Antonio schrieb: »Ich will Euch beweisen, dass die 70 Lire absolut nicht ausreichen: Soviel ich auch herumgelaufen bin, ein Zimmer für weniger als 25 Lire – soviel kostet mein jetziges – war nicht zu finden. Ziehe ich von 70 Lire 25 ab, bleiben 45. Davon soll ich essen, meine Wäsche waschen lassen (das kostet mit Bügeln etc. nicht unter 5 Lire), Schuhcreme kaufen, das Licht für mein Zimmer, Papier, Federn und Tinte bezahlen. Das erscheint nicht viel, und doch macht es zusammen 40 Lire. Was das Essen betrifft, kostet ein Glas Milch 10 Centesimi, ein Brötchen von 25 Gramm 5 Centesimi [...] für eine Mahlzeit in der allerbilligsten Trattoria muss man mindestens 2 Lire ausgeben. Dort bekam ich einen kleinen Teller Makkaroni für 60 Centesimi und zum gleichen Preis ein Schnitzel, das so hauchdünn war, dass ich fünf oder sechs Brötchen dazu essen musste und trotzdem hungrig blieb.«

Seine Mutter schickte ihm ein Wolltuch. »Lege es Dir über die Schultern, wenn Du zu Hause bist«, schrieb ihm am 14. Dezember Grazietta. »Mutter musste lachen, als sie las, wie Du Dich zum Lernen vermummst, aber sie hatte auch Mitleid mit Dir.« Fünf Tage vor dem ersten Weihnachtsfest, das er nicht zu Hause verbrachte, rang sich Antonio dazu durch, dem Vater noch deutlicher zu schreiben, unter welchen Bedingungen er in Turin leben musste. Das ist eines der wenigen Male, dass Gramsci, der später so wenig von sich erzählt und auch das nur im nüchternen Ton eines distanzierten Berichterstatters, seine Gefühle und Sorgen offenlegt:

»Ich muss Dich bitten, mir ganz bestimmt noch vor Ende des Monats die versprochenen 20 Lire zu schicken. Diesen Monat habe ich von der Stiftung nur 62 Lire bekommen; davon muss ich 40 meiner Zimmerwirtin als Vorschuss geben, und 40 muss ich noch nachzahlen. Ich werde sowieso schon ein sehr mageres Weihnachtsfest verbringen und möchte nicht, dass es durch die Aussicht, herumirren und einen Unterschlupf suchen zu müssen, noch trauriger wird. Ich habe geglaubt, dass ich mir diesen Monat einen Mantel machen lassen könne, denn Nannaro hat mir 10 Lire geschickt, aber darauf werde ich noch wer weiß wie lange warten müssen. Du kannst mir glauben, dass es ein schönes Vergnügen ist, frierend das Haus zu verlassen und durch die Stadt zu laufen und dann in ein kaltes Zimmer zurückzukommen, wo man, statt sich aufzuwärmen, noch ein paar Stunden lang zitternd dasitzen muss. Wenn ich gewusst hätte, wie eisig kalt es in Turin ist, wäre ich um keinen Preis hierhergekommen. Und das Schlimmste dabei ist, dass ich vor lauter Kälte nicht lernen kann. Denn entweder wandere ich im Zimmer auf und ab, um warme Füße zu bekommen, oder ich muss mich dick vermummen, weil ich die Kälte nicht ertragen kann.«

Wie wir aus einem Brief vom 3. Januar an den Vater erfahren, kam das Geld am Silvestertag an:

»Vorgestern habe ich Deine Überweisung von 15 Lire bekommen. Du kannst mir glauben, dass ich ganz schön in der Tinte saß, und da am 26. eine Postkarte von Euch kam, hatte ich die Hoffnung auf das Geld schon aufgegeben. Ich hoffe, dass Du mich weiterhin unterstützen kannst, denn ohne Deine 20 Lire komme ich einfach nicht aus, und wenn ich mich noch so sehr einschränke.«

Unter diesen Bedingungen studierte Gramsci weiter: schlecht ernährt, verbittert in seiner Einsamkeit und mit den Nerven völlig am Ende. Später erinnert er sich: »Ich musste ohne Mantel durch den Winter kommen und besaß nur einen leichten Anzug, der höchstens für Cagliari warm genug gewesen wäre. Gegen März 1912 ging es mir so schlecht, dass ich einige Monate lang nicht mehr richtig reden konnte und mich ständig versprach. Zu allem Übel wohnte ich auch noch am Ufer der Dora, und der eisige Nebel brachte mich um.«

Von Anfang an hatte Antonio die Zuneigung von Matteo Bartoli gewonnen, eines dalmatischen Professors und Dozenten für Sprachwissenschaft, dessen Essay *Un po' di sardo* (Ein wenig Sardisch) acht Jahre vorher erschienen war. Bartoli war der Meinung, dass das Sardische für das Studium der reichverzweigten Entwicklung des Vulgärlatein von großer Bedeutung sei. »Deshalb richtete er sein besonderes Augenmerk auf die sardischen Sprachformen«, schreibt Zucàro. Gramsci sprach perfekt Sardisch und war einer der wenigen Sarden an der philologischen Fakultät. Gewiss war es dieser Umstand, der den Linguisten auf ihn aufmerksam werden ließ, seine Sympathie weckte und im Lauf ihrer Zusammenarbeit zu einer tiefen Freundschaft führte. Aus dieser ersten Zeit stammt ein Brief, in dem Antonio den Vater bittet, jemanden ausfindig zu machen, der ihm eine Liste sardischer Wörter aufstellen könne, »aber im Dialekt von Fonni [...] und mit genauer Anmerkung, ob das *S* weich ausgesprochen wird, wie im italienischen Wort *rosa* oder scharf wie im italienischen *sordo*«.

An der Universität besuchte Antonio auch Vorlesungen von Umberto Cosmo, der im Liceo Dèttori Italienisch unterrichtet hatte und jetzt den Lehrstuhl für Italienisch innehatte. Mit ihm machte er lange Spaziergänge. »Als ich Schüler von Cosmo war, war ich natürlich in vielen Dingen nicht mit ihm einer Meinung, auch wenn meine Einstellung damals noch nicht ganz klar war und wenn ich von der Zuneigung absehe, die mich mit ihm verband. Aber mir schien, dass ich, Cosmo und viele andere Intellektuelle damals (etwa in den ersten 15 Jahren des Jahrhunderts) eines gemeinsam hatten: Wir gingen ganz oder teilweise auf in der Bewegung jener moralischen und intellektuellen Erneuerung, die in Italien von Benedetto Croce ausgegangen war und auf der Überzeugung beruhte, dass der moderne Mensch ohne Religion leben kann und muss, und das bedeutet: ohne offenbarte oder positivistische oder mythologische Religion oder wie man sie sonst nennen will.«

Zwischen dem Professor und dem Studenten, der sich in der großen Stadt sehr fremd fühlte, entstand eine enge Freundschaft. Als es später zwischen ihnen harte politische Auseinandersetzungen gab, war in Gramsci der Widerspruchsgeist manchmal so stark, dass er übermäßig heftig wurde. Aber abgesehen von solchen polemischen Momenten vertiefte sich die Freundschaft noch. Cosmo selbst bezeugt das in einem Brief, den er während Gramscis Haft an Piero Sraffa schrieb:

»Zu meinen schönsten Erinnerungen gehören die Jahre, als ich an der Universität unterrichtete und G. (Gramsci) und G. (Pietro Paolo Gerosa, Katholik und Altersgenosse Gramscis aus dem Kanton Tessin) zu meinen Lieblingsschülern zählten. Zwei ganz entgegengesetzte Geister, die sich aber dennoch darin einig waren, dass in der Literatur dem religiösen, politischen und gesellschaftlichen Aspekt größere Bedeutung beizumessen sei als dem künstlerischen. Der eine gab Cantù recht, der andere Settembrini, und ich musste die Mängel von beiden aufzeigen und den Ansichten De Sanctis[40] Geltung verschaffen.«

Bartoli und Cosmo waren die Professoren, zu denen Gramsci das größte Vertrauen hatte. Vor allem aber beeinflusste ihn die Universität insgesamt, die mit ihrer Fülle verschiedener Strömungen die Vielfalt des zeitgenössischen italienischen Kulturlebens widerspiegelte und in der sich nach der »Enge der erdrückenden positivistischen Ära« der Wille zur Erneuerung und die Suche nach neuen Wegen Bahn brach. Außer Bartoli und Cosmo lehrten dort Männer ganz unterschiedlicher Prägung und Einstellung wie Luigi Einaudi, Gioele Solari, Francesco Ruffini, Giovanni Chironi, Vincenzo Manzini, Pietro Toesca, Arturo Farinelli, Giovanni Pacchioni, Rodolfo Renier, Ettore Stampini, Achille Loria und Annibale Pastore. Loria war noch Positivist, Pacchioni neigte zum nationalistischen Gedanken, Farinelli stand der revolutionären Jugend nahe, Ruffini und Einaudi waren Liberale. Diese Meinungsvielfalt prägte Gramsci aber eher methodisch denn ideologisch. Togliatti schreibt:

»Ich erinnere mich an einen Hörsaal zu ebener Erde – wenn man die Universität betritt links neben dem Hof. Dort fanden sich immer Studenten verschiedener Fakultäten ein, denen die ruhelose Suche nach einem eigenen Weg gemeinsam war. Dort las und kommentierte Arturo Farinelli, ein großer Geist, die Klassiker der deutschen Romantik [...] Er lehrte uns eine ganz neue Ethik, deren höchste Grundsätze äußerste Aufrichtigkeit gegenüber dem eigenen Ich, Ablehnung aller Konventionen und Aufopferung für die Sache waren, der man sein Leben gewidmet hat.«

---

[40] Cesare Cantù (1804–95): Romantischer Schriftsteller und Historiker, ein Freund und Bewunderer von Mazzini. Luigi Settembrini (1813–76): Einer der ersten aktiven Kämpfer gegen das Bourbonen-Regime in Süditalien, Autor der berühmten Schrift *Protest des Volkes beider Sizilien* von 1847. Franceso de Sanctis (1817–83): Der bedeutendste italienische Literaturkritiker und -historiker des 19. Jahrhunderts, der des Öfteren als Erziehungsminister fungierte (T.N.).

Eine charakteristische Eigenschaft Gramscis wird jetzt schon sichtbar. Das Studium an der Universität verstärkte vor allem seinen Forschungsdrang und seine Genauigkeit, vermittelte ihm den ›Habitus der strengen philologischen Disziplin‹ und die ›methodischen Skrupel‹, wie er später in einem Brief aus dem Gefängnis schrieb. 1916 meinte er über sich in der Ausgabe des *Avanti!* (29. November):

»Von seiner Universitätszeit sind dem Schreiber dieser Zeilen am stärksten die Kurse in Erinnerung geblieben, in denen der Lehrer uns ein Gefühl von der Forschungsarbeit vermittelte, die durch die Jahrhunderte hindurch um die Perfektionierung ihrer Methode bemüht war. So zum Beispiel in den Naturwissenschaften von den Bemühungen, die nötig waren, bis sich der menschliche Geist von religiösen und philosophischen Vorurteilen und unbefragten Annahmen befreien konnte und zu dem Schluss kam, dass die Wasserquellen ihren Ursprung nicht im Meer, sondern in den Niederschlägen haben. Oder wie man in der Philologie durch die Versuche und Irrtümer der traditionellen Empirie zur historischen Methode kam und wie zum Beispiel die Kriterien und Überzeugungen, von denen De Sanctis geleitet wurde, als er seine ›Geschichte der italienischen Literatur‹ schrieb, nichts anderes waren als Wahrheiten, zu denen er durch mühevolle Erfahrungen und Forschungen gelangt ist. Dieser schöpferische Geist, mit dem wir uns Wissen aneigneten und der in uns die Begeisterung für ein ganz neues intellektuelles Leben weckte – das war der lebendigste Teil unseres Studiums.«

Alle Interessen des jungen Sarden konzentrierten sich damals auf die Universität. Privat traf er sich nur mit einer Gruppe von Landsleuten in einer Trattoria, wo »Messer und Gabeln, Geschirr und Gläser vom Wirt am Tisch festgebunden (offenbar war er nicht gegen Diebstahl versichert) und wo sogar die Gäste vorsichtshalber am Tischbein angekettet wurden«, wie Piero Ciuffo[41] scherzhaft erzählt. Unter den Studenten hatte Gramsci nur wenige Freunde: Cesare Berger, der zusammen mit ihm den Wettbewerb der Stiftung gemacht hatte, und zwei weitere Kommilitonen, Camillo Berra und Angelo Tasca, den Sohn eines sozialistischen Arbeiters. Tasca, ein Jahr jünger als Gramsci, war als Einziger schon politisch aktiv.

Im Mai 1909 hatte er als 17-jähriger Schüler zusammen mit Giuseppe Romita und Gino Castagno den ersten »Fascio« gegründet, der der sozialistischen Jugendorganisation in Rom angeschlossen war.[42] »Fast jeden Sonntag«, schreibt er später, »fuhren wir los, eine Gruppe von ›roten

---

[41] Es handelt sich um den Karikaturisten Cip des *Ordine nuovo*, der ebenfalls Sarde war.

[42] Der Begriff »Fascio« hat eine lange Geschichte als Begriff der Linken, bevor er von der faschistischen Bewegung »entwendet« wurde. Ursprünglich bedeutete er einfach eine organisierte Gruppe, bzw. das Symbol einer solchen Gruppe, z.B. die »Fasci« (Reisigbündel) der sizilianischen Arbeiter von 1891 (T.N.).

Radfahrern‹, und wollten den Sozialismus unter die Bauern bringen, die aber meistens nichts davon wissen wollten.« Sie waren noch stark vom Positivismus geprägt. Aber nach und nach lösten sie sich von ihm. Sie wandten sich gegen leere Phrasen und propagierten wahre Kultur statt seichter Emotionen. Im September 1912 nannte sie Amadeo Bordiga, ein neapolitanischer Ingenieurstudent, auf einem nationalen Kongress junger Sozialisten die »culturisti«.

Nach Gramsci war der Turiner »Fascio« ein Sammelpunkt junger, unreifer »revolutionärer Romantiker«, die eifrig Prezzolinis *La Voce* lasen und sich weitgehend von den Sozialisten der alten Generation unterschieden. »Wir misstrauten fast alle [...] dem Antiklerikalismus, wie ihn Podrecca vertrat und auf den sich besonders der lokale Sozialismus oft beschränkte. Unsere Gruppe erreichte schließlich, dass auf einem nationalen Kongress mit großer Mehrheit ein Antrag auf Boykott des *L'Asino* angenommen wurde.«

Zunächst allerdings entwickelte sich Gramscis Beziehung zu Angelo Tasca außerhalb dieses Kreises der jungen Sozialisten. Den Kontakt zu Togliatti, der Jura studierte und für die aktive Politik im Gegensatz zu Tasca kein Interesse hatte, erneuerte er im Frühjahr des ersten Studienjahres nach einer Seminarveranstaltung von Giovanni Pacchioni über römisches Recht. Marcella und Maurizio Ferrara berichten, dass dieser Professor manchmal anstelle der Vorlesung mit den Studenten über vorher gestellte Themen diskutierte.

Togliatti hatte sich mit der Frage der Echtheit des römischen Zwölftafelgesetzes beschäftigt und vertrat die These, es sei echt. Damit kritisierte er die Position von Pais und Lambert. Es war Togliattis erster polemischer Auftritt in der Öffentlichkeit, und Gramsci war unter seinen Zuhörern. Nach der Veranstaltung trafen sie sich am Ausgang und diskutierten weiter. Später schreibt Togliatti: »Das war der Beginn des Dialogs mit Gramsci über das ewige Thema der menschlichen Geschichte als Wurzelgrund alles menschlichen Wissens in Vergangenheit, Gegenwart und Zukunft, den wir später in anderer Form, bei anderen Gelegenheiten und mit ganz anderer Erfahrung so oft wieder aufgenommen haben.«

In dieser Zeit schwelgte Italien im libyschen Feldzug, und die pompösen Feierlichkeiten zum 50. Jahrestag der Einigung standen in krassem Gegensatz zu den Zuständen im Süden – Analphabetentum, Tuberkulose, Korruption, geduldete Willkür und Hungerstod. Menschenleben und Reichtümer wurden der libyschen Wüste geopfert. Damals wurde man einfach ausgelacht, wenn man sich von den gefährlichen Theorien Corradinis und D'Annunzios nicht beeindrucken ließ, sondern es für das Ansehen Italiens als nützlich erachtete, die Arbeitslosenzahlen zu senken, mehr Schulen zu bauen und die Lebensbedingungen im eigenen Land zu verbessern, statt den Anspruch zu erheben, die Zivilisation nach Afrika zu exportieren.[43] Eine solche Einstellung galt als defätistisch und als Ausdruck einer Haltung, die von den Kolonialisten abschätzig als »Stubenhockermentalität« bezeichnet wurde. In dieser Zeit begannen Gramsci und Togliatti, sich regelmäßig zu treffen. »Ich muss sagen«, berichtete Togliatti, dass er in diesen ersten Jahren nicht nur die Einstellung eines stolzen Sarden hatte, sondern sogar ein sardischer Nationalist war. Wie alle Sarden war er zutiefst verbittert von all dem Unrecht, das man dieser Insel angetan hatte. So richtete sich auch sein Zorn gegen das Festland und seine Menschen.«

Der junge Gramsci drückte das mit einem Gleichnis aus:

»Ihr müsst Euch Sardinien als fruchtbares und üppiges Feld vorstellen, das von einer unterirdischen Quelle bewässert wird, die auf einem weit entfernt liegenden Berg ihren Ursprung hat. Plötzlich stellt Ihr fest, dass das Feld unfruchtbar geworden ist. Wo vorher üppige Kornfelder waren, wächst nur noch sonnenversengtes Gras. Ihr sucht nach der Ursache des Übels, aber Ihr werdet sie niemals finden, wenn Ihr nicht Euer kleines Feld verlasst und auf dem Berg sucht, wo das Wasser herkam – wenn ihr nicht zu der Erkenntnis gelangt, dass irgendein Lump oder Egoist die Quelle verschüttet, die Euren Acker fruchtbar gemacht hatte.«

Wer hat die Quelle verschüttet? Wer hat damit Sardinien zu Rückständigkeit und Armut verdammt? Um dieses Bild ganz zu verstehen, sollte man den Appell lesen, der 1925 vom »Krestintern« (der Internationale der Bauern) an den Kongress der »sardisti« in Macomèr gerichtet wurde. Sein Verfasser ist Ruggiero Grieco, die Anregung dazu aber stammt von Gramsci. Darin wird behauptet:

»Sardinien [...] ist eine der relativ reichen Regionen Italiens [...] es besitzt Erzminen, silberhaltige Bleiminen, Kupfer-, Antimon- und Lithosteinvorkommen. Seine Bodenschätze gehören zu den reichsten und vielfältigsten in ganz Italien. Etwa ein Viertel des italienischen Weidelands befindet sich in Sardinien. Die sardische Fischindustrie könnte der Bevölkerung zu Wohlstand verhelfen, ebenso die Kork- und Salzindustrie [...] Die Sarden haben also in ihrer Heimat die ökonomischen Grundlagen für einen gewissen Reichtum.«

Etwas übertrieben ist diese Darstellung schon. Sie entspricht der damaligen Überzeugung Gramscis, der sich angesichts der Armut des ländlichen Proletariats und des Mittelstands seiner Insel natürlich die Frage stellte: Wer hat die Quelle verschüttet? In der ersten Zeit in Turin

[43] Enrico Corradini (1865–1931): Extremer italienischer Nationalist, der in seiner Zeitschrift *Il Regno* die Theorie von Italien als einer »proletarischen Nation« verbreitete. Gabriele d'Annunzio (1863–1931): Vielseitiger Schriftsteller und Kunstfreund, der zugleich ein exaltierter Vertreter des italienischen Imperialismus war (T.N.).

konnte er darauf nur die Antwort geben, die seiner Erfahrung auf der Insel entsprach. »Damals dachte er«, schrieb Togliatti, »dass Sardinien nur durch den Kampf gegen das Festland und seine Bewohner Freiheit, Wohlstand und Fortschritt erringen könne.« Aber schon damals war bei ihm neben dieser nationalistischen Einstellung eine klare Tendenz zum Sozialismus vorhanden. Togliatti erinnert sich: »Antonio Gramsci war schon Sozialist, als er aus Sardinien kam. Vielleicht lag das eher an dem rebellischen Instinkt des Sarden und an der humanitären Einstellung eines jungen Intellektuellen aus der Provinz, als an einer völlig ausgeprägten Weltanschauung.« Sicher ist, dass der Sozialismus des jungen Gramsci mit dem damals gängigen, stark positivistisch beeinflussten Sozialismus wenig gemein hatte. So schrieb er damals:

»Welche Ideologie die Propagandisten der Bourgeoisie den norditalienischen Massen eingetrichtert haben, ist bekannt: Der Mezzogiorno sei die Bleikugel, die den Fortschritt Italiens hemmt; die Süditaliener seien minderwertige Wesen, von Natur aus Halb- oder Vollbarbaren; an der Rückständigkeit des Mezzogiorno sei nicht das kapitalistische System oder irgendein anderer historischer Faktor schuld, sondern die Natur, die die Süditaliener als ›Faulpelze‹, Versager, Kriminelle und Barbaren erschaffen hat – mit Ausnahme ganz vereinzelter großer Genies, die wie einsame Palmen in einer dürren und unfruchtbaren Wüste dieses fürchterliche Schicksal etwas mildern. Träger dieser bürgerlichen Ideologie im norditalienischen Proletariat war zu einem großen Teil die Sozialistische Partei.«

Und weiter:

»Weil der Mezzogiorno auch nach der Befreiung von den Fesseln der Bourbonenherrschaft keine Fortschritte machte, glaubte der Durchschnittsitaliener aus dem Norden, die Ursachen der Armut lägen nicht in den objektiven ökonomisch-politischen Bedingungen, sondern in der Natur der Süditaliener [...] in ihrer Unfähigkeit, Rohheit und biologischen Minderwertigkeit. Diese schon lange verbreiteten Überzeugungen wurden von den positivistischen Soziologen (Niceforo, Sergi, Ferri, Orano etc.) gefestigt und zu einer Theorie erhoben, die die Gültigkeit einer wissenschaftlichen Wahrheit angenommen hat.«

Einige Jahre vorher war ein Buch von Alfonso Niceforo mit einem Vorwort von Enrico Ferri erschienen, in dem aus Messungen des Schädelumfangs einiger Hirten aus der Barbagia in Sardinien die Erkenntnis abgeleitet wurde, dass es zwischen Orgosolo, Orune und Bitti ein »kriminelles Gebiet« gäbe, das von Menschen bevölkert sei, die den Bazillus der Kriminalität sozusagen mit der Muttermilch eingesogen hätten.

Diese Thesen, die sogar von sozialistischen Autoren vertreten wurden, verletzten den Regionalpatriotismus des Sarden Gramsci. »Da bin ich mir ganz sicher, weil gerade dies das Thema unseres ersten Gesprächs unter den alten Säulengängen der Turiner Universität war«, schreibt

Togliatti später. »Gramsci wies die ›Erklärungen‹ dieser Pseudosoziologen empört zurück, die in ihren Werken die Armut und Rückständigkeit einer italienischen Region den ›Charaktereigenschaften‹ ihrer Bevölkerung zuschrieben.« Vielleicht lag es auch daran, dass Gramsci in dieser ersten Zeit dem vorwiegend korporativen und lokalen Turiner Sozialismus fernstand.

Aber etwas in seiner Haltung ließ Angelo Tasca hoffen, dass Gramsci schon bald an seiner Seite kämpfen würde. Gegen Ende des ersten Studienjahrs schenkte er Gramsci eine französische Ausgabe von *Krieg und Frieden* mit der Widmung: »Meinem heutigen Studienkameraden und – wie ich hoffe – zukünftigen Kampfgenossen.« Die Widmung trägt das Datum vom 11. Mai 1912.

Gramsci bereitete sich in dieser Zeit auf die ersten Universitätsprüfungen vor und war völlig erschöpft. Am 14. März hatte er nach Hause geschrieben: »Ich kann nicht mehr schreiben, weil ich mich seit ein paar Tagen schlecht fühle, zu nichts Lust habe und an nichts denken kann. Ich kann es kaum erwarten, zu Euch zu kommen und mich ein wenig auszuruhen, um dieses furchtbare Kopfweh loszuwerden, das mich Tag und Nacht quält, mich weder lernen noch schlafen lässt, so dass ich wirklich nicht behaupten kann, ich führte ein lustiges Leben.« Er hatte vor, zwei Prüfungen abzulegen, und schrieb: »Am 6. Juli werde ich die zweite Prüfung machen und am 15. zum geliebten Strand Sardiniens abreisen.« Er fühlte sich dann aber zu schlecht, um auch nur eine Prüfung zu überstehen, und fuhr nach Ghilarza, entschlossen, beide im Herbst nachzuholen.

Zu Hause in Ghilarza hatte er kein Geld und wollte sich mit Privatstunden etwas verdienen. Peppino Mameli aus Ghilarza erzählt:

»Ich war bei der Abschlussprüfung des Gymnasiums in Latein und Griechisch durchgefallen. Da Nino ins Dorf gekommen war, um hier die Ferien zu verbringen, nahm ich bei ihm Nachhilfestunden. Er war ein ausgezeichneter Lehrer. Er stellte mir die Fragen in Dialekt und kommentierte dann meine Antworten. Mir gefiel auch sehr seine freundliche Art, mir Griechisch und Latein beizubringen. Dann mussten wir mit dem Nachhilfeunterricht aufhören, weil er Erholung brauchte und für einige Zeit nach Bosa Marina zum Baden fuhr.«

In den ersten Herbsttagen des Jahres 1912 war Gramsci wieder in Turin. Er zog in die Via San Massimo Nr. 33 und wohnte als Untermieter bei Carlo Gribodo, einem »Entwurfszeichner für Stickereien«, wie wir im Briefkopf eines Blatts lesen, auf dem Antonio schrieb: »Ich bin aus dem Haus, in dem ich vorher wohnte, geradezu geflohen, weil ich es nicht mehr aushalten konnte, und bin hier in ein Haus geraten, das nicht besser ist. Ich würde gern wieder von hier weggehen, wenn ich einen sicheren Ort fände, aber das wäre teuer, und ich kann es mir nicht leisten.« Die Via San Massimo führt auf die Via Po, und ungefähr 100

Meter weiter steht die Mole Antonelliana, der Dom, das Wahrzeichen Turins. Im Haus Nr. 14 der Via San Massimo wohnte Angelo Tasca in einem Zwischengeschoss.

Am 4. November bestand Antonio die Geographie-Prüfung mit 30 Punkten und am 12. November die Prüfung in lateinischer und griechischer Grammatik mit 27. Ebenfalls am 12. November 1912 bewertete Bartoli seine Prüfungsarbeit in Linguistik mit 30 Punkten *cum laude*.

Auch nach der Prüfung arbeitete Gramsci noch lange Zeit mit Bartoli zusammen. Schon zwei Wochen später schrieb er an Teresina, sie solle sich erkundigen, »ob es im Dialekt von Logudoro das Wort *pamentile* gibt und ob es *pavimento* (Fußboden) bedeutet. Ob es den Ausdruck *omine de pore* gibt, der *uomo di autorità* bedeutet (angesehener Mann), ob es das Wort *su pirone* für den Teil einer Waage gibt und wenn ja, welcher Teil das sei [...] Ob man im Campidano *piscadrici* statt *pescatrice* (Fischerin) sagt oder ob das der Name eines Meeresvogels ist« usw. Und Monate danach, im März 1913, fragte er Teresina, ob es »im Logudoro-Dialekt das Wort *pus* für *poi* im Sinne von *dopo* (danach) gibt, aber nicht *pust* oder *pustis*, einfach *pus* [...] Ebenso ob es das Wort *puschena* gibt und was *portigale* (*porticato*? – Laubengang), *poiu* und *poiolu* bedeuten.« Damals schien er das Zeug zu einem guten Linguisten zu haben. »Einen der größten intellektuellen Gewissensbisse meines Lebens hatte ich«, schreibt er später, »weil ich den guten Professor Bartoli so tief enttäuscht habe, der glaubte, ich sei dazu berufen, den Neogrammatikern eine vernichtende Niederlage zu bereiten.«

10

Im März 1913 war Antonio 22 Jahre alt und besuchte im zweiten Jahr die Philologische Fakultät. Italien hatte schon die Folgen des Libyenfeldzuges zu spüren bekommen, besonders – wie immer – die unteren Klassen. Unmut machte sich breit unter denen, die den Preis für einen Krieg bezahlen mussten, den sie nicht gewollt hatten. Am 19. März legten 6 500 Arbeiter in den Automobilwerken die Arbeit nieder. Die Arbeitgeber drohten mit Kündigung, falls am 25. die Arbeit nicht wieder aufgenommen würde, aber die Streikfront blieb fest. Statt an ihren Arbeitsplatz bei Fiat, Spa oder Lancia zu gehen, trafen sich die Arbeiter jetzt jeden Morgen auf der anderen Seite des Po im Michelotti-Park. Auch Bruno Buozzi und die Gewerkschaftsführer kamen dorthin. Man tauschte Informationen aus, und in ständigen Beratungen zwischen Führung und Basis entschied man von Tag zu Tag, was zu tun sei. »In den ersten Tagen«, erzählt Gino Castagno, »benutzten wir als Rednertribüne einen Tisch, den wir in einer Osteria in der Nähe ausgeliehen hatten. Dann bauten ein paar erfinderische Genossen eine kleine, stabile Bretterbühne unter ein paar großen Platanen, die wie ein Bühnenbild für unsere Veranstaltungen aussahen.« Der Monat April ging vorüber und auch der Mai. Die Unternehmer gaben nicht nach, die Arbeiterfront hielt stand, und die Versammlungen waren schon zu einem Teil, besser gesagt zum Höhepunkt des Alltags geworden. Auch Gramsci war davon beeindruckt. Togliatti erzählt:

»Zu bestimmten Zeiten am Vormittag, wenn die Vorlesung zu Ende war und wir aus dem Hof herauskamen und unter den Arkaden zum Po hinuntergingen, trafen wir auf der Straße Scharen von Menschen, die ganz anders waren als wir. Eine Menschenmenge strömte dem Flussufer und den dort gelegenen Parkanlagen zu […] Wir schlossen uns diesen Männern an, hörten ihren Gesprächen zu, unterhielten uns mit ihnen und nahmen Anteil an ihrem Kampf. Auf den ersten Blick schienen sie anders zu sein als wir Studenten – eine andere Art von Mensch. Das waren sie aber nicht.«

Nach 96 Kampftagen ging der Streik am 23. Juni mit dem Sieg der Arbeiter zu Ende. Gramsci gehörte damals noch zu keiner sozialistischen Organisation, stand aber den Ereignissen keineswegs gleichgültig gegenüber.

Er führte immer noch ein einsames Leben, und sein schlechter Gesundheitszustand machte ihm zu schaffen. Der Urlaub in Ghilarza und Bosa Marina hatte nicht viel genützt. Kälte, Unterernährung und das ständige konzentrierte Lernen, um das Stipendium nicht zu verlieren, sowie seine ständige Einsamkeit hatten seinen körperlichen Zustand sehr verschlimmert. Seine körperliche Missbildung trennte ihn von den anderen, und sein etwas unzugängliches Temperament machte es ihm nicht eben leicht, Freundschaften zu schließen. Kontakt hatte er nur mit ein paar Kommilitonen oder mit seinem Linguistikprofessor Bartoli. Mit ihm führte er unter den Arkaden am Corso Vinzaglio, wo der Dozent wohnte, lange und vorwiegend sprachwissenschaftliche Gespräche.

Ansonsten war Gramscis Leben einsam und voller Entbehrungen. Er ging nicht ins Theater, und auch im Café sah man ihn nicht. Nur auf Bücher und Zigaretten verzichtete er nie. Während seiner Schulzeit in Santulussurgiu hatte er einen Teil seiner Lebensmittel verkauft, um Bücher zu erstehen. Auch jetzt wirtschaftete er mit seinem monatlichen Stipendium von 70 Lire nicht immer vorsichtig; manchmal hatte er kein Geld mehr in der Tasche, weil er sich davon Bücher kaufte, die ihn interessierten. Während seines zweiten Studienjahrs in Turin machte er einen Gelegenheitskauf; aus der Bibliothek eines Marchese di Boyl erstand er eine kleine Sammlung von Büchern über Sardinien. Wie wir aus einem seiner Briefe erfahren, waren es *Voyage en Sardaigne* von Alberto Lamarmora, *Storia di Sardegna* und *Storia moderna di Sardegna dall'anno 1773 al 1799* von Giuseppe Mannu und »ein großer Band (der sehr dick war und mindestens 10 Kilo wog) mit den gesammelten Arborea-Schriften«. Wenn er nicht in diese oder andere Bücher vertieft war, verbrachte er seine gesamte Freizeit in der Universität, auch in anderen Fakultäten. Togliatti schreibt: »Ich traf ihn überall dort, wo ein Professor über wichtige Themen las – ob es nun Einaudi, Chironi oder Ruffini war. Ich erinnere mich daran, dass er in dem berühmten Seminar saß, in dem Francesco Ruffini seine neue Konzeption vom Verhältnis zwischen Kirche und Staat darlegte [...], und aufmerksam zuhörte.«

Seine physische und psychische Erschöpfung konnte seine intellektuelle Neugier nicht beeinträchtigen. Aber er war ziemlich deprimiert und vom Leben abgeschnitten, antwortete nicht einmal mehr auf die Briefe von zu Hause. Am 6. Mai 1913 schreibt ihm seine Mutter: »Mein Lieber, ich schreibe Dir nun schon zum vierten Mal einen Brief oder eine Karte, und es schmerzt mich, dass ich solange nichts mehr von Dir gehört habe. Ich weiß nicht, was ich denken soll – bist Du etwa krank? Wenn Du nicht sofort antwortest, muss ich an die Stiftung schreiben. Melde Dich so schnell wie möglich.« Im Juli bat Gramsci das Sekretariat der Stiftung, seinen schlechten Gesundheitszustand zu berücksichtigen und kehrte nach Ghilarza zurück, ohne an den Prüfungen teilgenommen zu haben.

In diesem Sommer sollten die ersten Wahlen mit erweitertem Wahlrecht stattfinden. In Sardinien hatte die Kampagne für den freien Handel ihren Höhepunkt erreicht. Prezzolinis *La Voce*, Salveminis *L'Unità* und *La Riforma sociale* unterstützten die Freihandelsbewegung publizistisch. Ein junger Intellektueller aus Nuoro, Attilio Deffenu, versuchte, der Kampagne mit direkten politischen Aktionen zu Hilfe zu kommen; im Jahr davor hatte er mit einer Arbeit über die *Marxistische*

Theorie der kapitalistischen Konzentration an der Universität Pisa seinen Abschluss gemacht. Er hatte auf Sardinien eine Gruppe für antiprotektionistische Aktion und Propaganda ins Leben gerufen, und Anfang August erschien in einigen sardischen Zeitungen eine Stellungnahme der Gruppe, die von Deffenu und einem anderen jungen Publizisten, Nicolò Fancello, verfasst worden war; am 28. August wurde sie auch in *La Voce* abgedruckt. Sie war, außer von den Verfassern, unterzeichnet von Gino Corradetti, dem Vorsitzenden der Eisenbahnergewerkschaft und der »Camera del lavoro« von Cagliari; von Professor Massimo Stara, dem Vorsitzenden der »Camera del lavoro« von Sassari (in Santulussurgiu hatte er Antonio Gramsci einige Wochen lang unterrichtet); von Professor Giovanni Sanna, der später zusammen mit Antonio Graziadei die »Thesen zur Agrarfrage« für den II. Kongress der Kommunistischen Partei Italiens im März 1922 in Rom verfasste, von Francesco Dore, einem späteren Abgeordneten der »Partito Popolare«; und schließlich von den zwei jungen, republikanisch orientierten Anwälten Pietro Mastino aus Nuoro und Michele Saba aus Sassari. In dem Dokument wurde erneut gegen die Schutzzollpolitik protestiert, die Deffenu und seine Freunde verantwortlich machten für »den Entwicklungsstillstand, die steigende Arbeitslosigkeit und die Armut des arbeitenden Volkes, die Preissteigerungen für Lebensmittel, die Landflucht und die Auswanderung«. »Zugunsten von Industrien, die keine Protektion brauchen, und wieder anderen, die ohne sie nicht leben oder sich entwickeln konnten«, fuhr das Manifest fort, »hat man die Wirtschaft des italienischen Südens zu einem langsamen Tod verurteilt.« Das gelte vor allem für die sardische Wirtschaft, die mehr als alle anderen geschädigt worden sei durch »die hohen Zölle, die die Preise für Industrieprodukte, Maschinen und Produktionsmittel künstlich in die Höhe treiben«. Außerdem würde Export und Handel der einträglichsten Produkte Sardiniens – Vieh, Wein, Öl, Obst und Käse – blockiert, weil ihnen die anderen Länder als »Reaktion auf die protektionistische Politik Italiens ihre Märkte versperren (man denke nur an den blühenden Handel mit Vieh und landwirtschaftlichen Produkten vor der Schließung des französischen Marktes«. Das Papier forderte schließlich alle progressiven Sarden auf, die Arbeit der Gruppe moralisch und finanziell zu unterstützen. Gramsci schrieb aus Ghilarza an *La Voce*. Seine Unterstützung der Freihandelskampagne wurde in der Ausgabe vom 9. Oktober 1913 veröffentlicht. Zum ersten Mal hatte er sich in der Öffentlichkeit politisch engagiert.

In dieser ganzen Zeit tobte ein erbitterter Wahlkampf. Am 26. Oktober sollten zwölf Parlamentsabgeordnete gewählt werden, und erstmals durften auch die Analphabeten wählen; dadurch stieg die Zahl der Wähler ruckartig von 42.000 auf 178.000. Die Stimmen dieser zusätzlichen 136.000 Wähler konnten einen großen politischen Erdrutsch in

Gang setzen. Gramsci schreibt später: »Die Illusion, dass sich nach der Wahl alles ändern würde, dass es eine richtiggehende gesellschaftliche Palingenese geben würde, zumindest in Sardinien, war weitverbreitet.« Wie aber sah die Situation wirklich aus?

Zwischen Ende des Jahres 1911 und Anfang 1913 hatten die sozialistischen Organisationen einen Rückschlag erlitten, weil es ihnen an Mitteln und militanten Mitgliedern fehlte. Einige der fähigsten Führer wie Giuseppe Cavallera hatten den Mut verloren und ihren Organisationen den Rücken gekehrt. Auch in den größeren Städten wie Cagliari hatten die Parteibüros der Sozialisten und die »Camere del lavoro« dichtgemacht.[44] Infolge Untätigkeit und mangelnder Organisation bis unmittelbar vor den Wahlen fehlten lange Zeit politisch geschulte Kerngruppen, die die neuen Ideen unter den Analphabeten hätten verbreiten können. Das machte die Arbeit der wenigen Aktiven, die vor den Wahlen noch retten wollten, was zu retten war, schwierig und kompliziert. Die »proletarische Wochenzeitung« *Il risveglio dell'isola* (Das Erwachen der Insel) musste enttäuscht zugeben: »90 Prozent der Arbeiter hören uns zu, ohne auch nur ein Wort von dem zu verstehen, was wir ihnen sagen wollen.« Aber waren daran immer die Arbeiter schuld? Lag es nicht auch an den Sprechern, die schlecht vorbereitet waren, keinen Zugang zur Denkweise der Massen hatten und sich auf abstrakte Formeln beschränkten? Man kann sagen, dass zu dieser Zeit der sardische Sozialismus mehr von Podreccas Zeitschrift *L'Asino* als von Marx geprägt war. Seine Haupteigenschaft war ein plumper, billiger Antiklerikalismus. *Il risveglio dell'isola* schreibt in seiner Ausgabe vom 6. Juli 1913 über einen Outlaw aus der Gegend von Sàrrabus: »Und wenn Tramatzu noch krimineller wäre, als er es ist, grausam wie ein Kannibale, brutal bis zum Exzess: den Pfaffen würden wir ihn immer noch vorziehen.« Francesco Saba und Giuseppe Onnis, zwei Sozialisten aus Domusnovas, waren aus der Partei ausgeschlossen worden, »der eine, weil er zum Fest des San Giovanni die Messe besucht und der andere, weil er die Glocken geläutet hat« (so der Wortlaut der offiziellen Begründung). Geschulte Kader waren bei den Sozialisten eine Seltenheit. Im Herbst 1913 kandidierten drei Sozialisten: Guiseppe Cavallera (der dazu eigens aus Genua zurückgekommen war) im Wahlkreis Iglesias; Gino Corradetti in Cagliari; und Massimo Stara in Sassari. Zum ersten Mal stellten sich zwei neue Männer zur Wahl: in Oristano der Reformist Felice Porcella und in Nuoro der Katholik Francesco Dore. Die Frage, wie weit das erweiterte Wahlrecht dem alten System schaden würde, war noch offen.

[44] Sowohl das Parteibüro als auch die »Camera del lavoro« in Cagliari wurden im Hinblick auf die bevorstehenden Wahlen von Gino Corradetti wieder eröffnet, einem sizilianischen Eisenbahner, der vor kurzem nach Sardinien gekommen war.

Die Konservativen hatten Grund genug zur Furcht. Bis dahin, schreibt Gramsci später, »war es bei Wahlen immer nur um sehr allgemeine Fragen gegangen, weil die Abgeordneten persönliche und lokale Positionen vertraten und nicht die landesweiter Parteien. Jede Wahl war eine Mischung aus einer Wahl zur verfassunggebenden Versammlung und der Wahl eines örtlichen Schützenvereins.« Inhaltliche Diskussionen wurden nicht geführt. Die Stimmen waren gekauft, mit Drohungen oder Intrigen erpresst, oder sie waren einfach der übliche Dank für erhaltene Begünstigungen. Persönliche Diffamierung, Unterstellung und Spott waren die Waffen, mit denen sich die Gruppierungen in den Dörfern bekämpften.[45] Nun gab es ein fast allgemeines Wahlrecht, und es lag auf der Hand, dass man zumindest methodisch anders vorgehen musste. Es wäre sehr teuer geworden, alle Wähler zu bestechen – inzwischen waren es viermal so viele. Und schließlich hatten die Sozialisten ja auch mehr oder weniger gute Argumente vorzubringen, denen man etwas entgegensetzen musste. Aber was? Man entschied sich für das Spiel mit der Angst – schüchterte den Klerus ein, die kleinen Händler und die Eigentümer eines noch so winzigen Stücks Land, machte ihnen Angst vor einer ungewissen Zukunft.

Jetzt klärten sich die Fronten. Jahrelang hatten konservative Parlamentarier, die keinen Posten in der Regierung bekommen hatten, konservative so gut wie populistische Blätter, Gemeindevorsteher, denen man keine Mittel zugestanden hatte, Großgrundbesitzer, die sich über die hohe Besteuerung ärgerten, Arbeiter und Bauern, die durch Hungerlöhne und Teuerung an den Rand des Existenzminimums gedrängt worden waren, Seite an Seite für den sardischen Nationalismus gekämpft. Dass ihre Motive unterschiedlich, ja sogar entgegengesetzt waren, merkten viele nicht, auf jeden Fall zog keiner die Konsequenzen daraus. Die Verzweiflung der Unterdrückten und die kleinlichen Fehden der herrschenden Klasse gingen in dem allgemeinen, undifferenzierten Sturm gegen die Regierung hoffnungslos durcheinander. Durch den Eintritt der unteren Klassen in die Wählerschaft wurden diese unterschiedlichen Interessen, die vorher unter dem Deckmantel eines diffusen sardischen Regionalismus nur scheinbar die gleiche Stoßrichtung gehabt hatten, deutlich voneinander getrennt. Die Wahlen von 1913 klärten die Verhältnisse – auf der einen Seite standen die Konservativen, auf der anderen die Arbeiter. Das irreführende Konzept des »gemeinsamen Kampfes« für Sardinien war hinfällig, und jetzt waren keine Missverständnisse mehr möglich.

Die besitzende Klasse Sardiniens hatte ihre neuen Feinde sehr schnell erkannt: nicht mehr Rom, mit dem sie jetzt ein Herz und eine Seele war, sondern die sozialistischen Organisationen. Früher hatte sie sich

---

[45] »Wenn man von einem Politiker einmal weiß, dass er ein Hahnrei ist, dann ist alles klar«, kommentierte Gramsci diese Erscheinung.

die Unzufriedenheit des Volkes zunutze gemacht, um missliebige Regierungen zu bekämpfen, hatte allein zu diesem Zweck sogar gewerkschaftliche Initiativen unterstützt. Nun, da sich die Verhältnisse geändert hatten, bediente sie sich der Macht, der Funktionäre und des Geldes der Regierung, um die organisierte Avantgarde der unteren Klassen zu bekämpfen. Der sardische Nationalismus hatte seine Schuldigkeit getan und war nun überflüssig. In den Zeitungen der herrschenden Klasse gaben andere Themen den Ton an: man beweinte das Martyrium der jungen Soldaten in Libyen, obwohl die herrschende Klasse selbst sie in den Tod geschickt hatte; man unterstützte die uneingeschränkte Anhebung der Rüstungsausgaben; zollte denen Beifall, die streikende Arbeiter niederschießen ließen; stellte Lohnforderungen als Versuch zur Störung »des Friedens zwischen Kapital und Arbeit« hin und berichtete über die Flut von Geldern, die eine nun plötzlich wohlgesonnene Regierung für öffentliche Investitionen in Sardinien zugesagt hatte.

Um die Regierungskandidaten sammelten sich die antisozialistischen Kräfte. In Iglesias, wo Giuseppe Cavallera gute Aussicht auf Erfolg hatte, zog Erminio Ferraris, der Kandidat der Bergbaugesellschaft, seine Kandidatur zurück, damit Giuseppe Sanna Randaccio alle Stimmen der Rechten auf sich vereinigen könnte. Trotz Randaccios erklärtem Antiklerikalismus zog die Kurie geflissentlich das *Non expedit* gegen ihn zurück. Den Bergarbeitern, die während des Wahlkampfs eine andere Meinung vertraten als die ihres »padrone«, drohte die Entlassung. Sich zu organisieren war ein Verbrechen. In Monteponi forderten 19 von 24 Fuhrleuten eine Verkürzung des 16-Stunden-Tags und eine Erhöhung des Tageslohns von 2,60 Lire. Sie gehörten keiner Organisation an, aber die Tatsache, dass 19 Leute die Forderung unterschrieben hatten, reichte der Direktion aus, um die Initiative als »Komplott« zu bezeichnen und den, der als Erster unterschrieben hatte, als »Anführer des Komplotts« zu entlassen. Überall stieß der Kampf auf die Härte und Unnachgiebigkeit der »padroni«. Die Regierungskandidaten wurden von Präfektur und Presse offen unterstützt. Die Gemeindeverwaltung von Serramanna wurde von den Behörden aufgelöst, nur weil Curreli, ein Sozialist, ihr Vorsteher war. Die sozialistische Wochenzeitung vermerkte: »Die Prozesse, die unser Genosse Corradetti am Hals hat, kann man nicht mehr zählen [...] Aufstachelung zum Klassenhass, Anstiftung zum Bürgerkrieg, öffentliche Diffamierung von Institutionen, Majestätsbeleidigung [...] Gegen jede Ausgabe des *Risveglio* liegt irgendeine Strafanzeige vor.« Alles war zur Unterstützung der Kandidaten der Rechten mobilisiert worden: die wirtschaftlichen Machthaber, die Justiz, die Polizei und der gesamte repressive Staatsapparat. Aber es kam anders als erwartet. In Iglesias gewann der Sozialist Cavallera, in Oristano der Reformist Porcella, in Nuoro Francesco Dore. Das sollte für die politische Entwicklung Antonio Gramscis entscheidend sein.

Aus Ghilarza schrieb er dem Freund und Kommilitonen Tasca einen langen Brief. Tasca erzählt:

»Er war sehr beeindruckt von der Veränderung, die die Wahlbeteiligung der Bauern in diesem Bereich bewirkt hatte, obwohl sie nicht in der Lage waren, die neue Waffe für sich einzusetzen. Diese Ereignisse und die Gedanken, die er sich darüber machte, führten Gramsci endgültig zum Sozialismus. Als er zu Beginn des neuen Studienjahrs nach Turin zurückkehrte, bekam ich die Bestätigung, dass diese Erfahrungen entscheidend für ihn gewesen waren.«

Die Wahlen von 1913 haben Gramsci vor Augen geführt, wie diffus die alte sardische Protestbewegung war, der er sich Jahre zuvor mit solcher Überzeugung in dem Glauben angeschlossen hatte, »es sei notwendig, für die nationale Unabhängigkeit Sardiniens zu kämpfen.« Nun wurde ihm klar, wie sinnlos der alte Slogan »Ins Meer mit denen vom Festland!« gewesen war. Es stimmte, dass »viele Kilometer entfernt ein Schuft oder Egoist die Quelle verschüttet hat, die Sardinien vorher so fruchtbar machte«. Aber wer war es? Wer hatte Sardiniens Rückständigkeit und Armut zu verantworten? Wirklich das ganze Festlanditalien?

Langsam begann er klar zu erkennen, dass die Unterdrücker der Bauern, der kleinen Grundbesitzer und mittleren Angestellten Sardiniens und aller armen Klassen des ganzen Mezzogiorno nicht die besitzende Klasse des Nordens und die Industriearbeiter waren, sondern die besitzende Klasse des Nordens im Verein mit den reaktionären Gruppen Sardiniens und des gesamten Mezzogiorno. Das Übel nistete auch zu Hause und es hatte nichts zu tun mit dem Proletariat, das er in Turin 96 Tage lang im Streik erlebt hatte. Tasca erinnert sich später an diese Zeit: »Seitdem stand Gramsci, vor allem über das ›Fascio Centro‹, mit der sozialistischen Bewegung in Verbindung.«

11

Am Anfang seines dritten Studienjahrs im November 1913 musste Antonio Gramsci erst alle Prüfungen für das zweite Jahr nachholen. Vom Haus Nr. 33 der Via San Massimo zog er in das Haus Nr. 14 zu Angelo Tasca. Die Witwe Berra, die Mutter seines Freundes und Kommilitonen Camillo Berra, suchte einen Untermieter. Das Haus hatte einen großen Innenhof, um den ein Säulengang führte. Gramsci war der einzige Untermieter der Witwe Berra. Er wohnte fast neun Jahre lang bei ihr im Haus – bis zu seiner Reise nach Russland im Jahr 1922.

Das Lernen fiel ihm schwer. Sein nervlicher Zustand hatte sich während der Ferien in Ghilarza nicht wesentlich gebessert. Er hätte jetzt anders leben müssen, gut essen, sich pflegen und viel ausruhen, um gesund zu werden, aber ohne Geld war daran nicht zu denken. Außerdem hätte er das Stipendium der Stiftung verloren, wenn er die Prüfungen nicht abgelegt hätte, und diesen Luxus konnte er sich nicht leisten. Der Vater und die Familie mussten schon genug Entbehrungen auf sich nehmen, um sein Stipendium etwas aufzubessern. Denn die Einkünfte in Ghilarza waren weiterhin sehr bescheiden. Im Dezember 1911 hatte sich Mario kurz nach seinem 18. Geburtstag zum Fahrradkorps des Heeres gemeldet, und Carlo, der 16 war, hatte noch keine Aussicht auf feste Anstellung. Der Einzige, der eine Arbeit hatte, war Gennaro – er arbeitete immer noch in der Eisfabrik Marzullo in Cagliari – konnte der Familie nur wenig schicken. Signor Ciccillo musste also mit seinem spärlichen Kopistengehalt für vier Kinder zu Hause und für Antonio in Turin sorgen. Deswegen hatte Antonio Angst vor dem Verlust des Stipendiums.

Er war hartnäckig, aber der Wille allein genügte nicht. Er schrieb seinem Vater:

»Ich schreibe Dir voller Zorn und Verzweiflung. An den heutigen Tag werde ich noch eine Weile denken, und leider ist er noch nicht vorbei. Es ist zwecklos – schon seit einem Monat quäle ich mich hier herum, und in den letzten Tagen bin ich voller Wut. Aber nach einer schlimmen Krise habe ich den Entschluss gefasst, meine Lage nicht noch mehr zu verschlimmern und das wenige, das ich habe, auch noch zu verlieren. Ich will die Prüfungen nicht machen, denn ich bin halb verrückt oder halb blöde oder vielleicht auch vollkommen blöde. Ich mache sie nicht, um das Stipendium nicht zu verlieren und mich nicht völlig zu ruinieren [...] Lieber Papa, dieser eine Monat, in dem ich mich mit Lernen abgemüht habe, hat mir nichts gebracht als Schwindelanfälle und von neuem entsetzliche Kopfschmerzen. Außerdem habe ich eine Art Gehirnanämie, die mich das Gedächtnis verlieren lässt und mein Gehirn vernichtet, die mich beständig zum Wahnsinn treibt. Ob ich hin und her laufe, mich aufs Bett lege oder mich wie ein Rasender auf dem Boden wälze [...] ich komme nicht zur Ruhe. Gestern hat die Hauswirtin einen Arzt kommen lassen, der mir eine Beruhigungsspritze gegeben hat: jetzt nehme ich Opium, aber abgesehen von dem ständigen Zittern quält mich der Gedanke an den Zusammenbruch, der mir unweigerlich bevorsteht. Ich werde ein ärztliches Attest vorlegen, und es kann sein, dass die Professorenkommission entscheidet, mir das Stipendium zu lassen und mir genehmigt, die Prüfungen im März zu machen. Ein Freund hat mich dazu überredet, und vielleicht kann ich damit etwas erreichen.«

Der Vorstand der Stiftung beschäftigte sich in der Sitzung vom 19. Februar 1914 mit seinem Fall. Im Protokoll heißt es: »Antonio Gramsci hat wegen schwerer Erkrankung die Prüfungen nicht ablegen können. Aus dem ärztlichen Attest von Dr. Allasia geht hervor, dass Herr Gramsci an einer schweren Nervenkrankheit leidet [...] Der Student hat dem Sekretariat erklärt, die versäumten Prüfungen gegen Ende des Wintersemesters nachholen zu wollen, also im März.« Man sollte meinen, eine »schwere Nervenkrankheit« wäre eine mehr als hinreichende Entschuldigung für versäumte Prüfungen, aber trotz des ärztlichen Attests hatte die Nachsicht der Stiftung ihre Grenzen. Der Vorstand führte aus: »Der monatliche Zuschuss wird vorerst eingestellt und erst dann wieder ganz ausgezahlt, wenn die versäumten Prüfungen in Griechisch, neuer Geschichte und einem Wahlfach nachgeholt sind.« Jetzt, wo Ruhe das Notwendigste gewesen wäre, um gesund zu werden, war Antonio gezwungen, sich in die Bücher zu vergraben unter Bedingungen, die härter waren als zuvor, da das Monatsgeld fehlte. Am 26. November hatte ihm sein Vater geschrieben: »Ich bitte Dich inständig, nicht zu viel zu arbeiten, da das der Hauptgrund für Deine Krankheit ist. Denke auch daran, dass Du weit weg von zu Hause bist und keiner von uns zu Dir kommen kann.« Mit einer ungeheuren Willensanstrengung überwand Antonio die Krise. Am 28. März 1914 legte er die Prüfung in Ethik mit 25 Punkten ab, am 2. April die Geschichtsprüfung mit der Bewertung 27. Eine Prüfung fehlte noch, als am 4. April der Vorstand der Stiftung erneut zusammentrat. Gramsci beantragte, die Zahlung unmittelbar nach der dritten Prüfung wieder aufzunehmen und nicht erst nach der nächsten Sitzung, dem wurde stattgegeben. Am 18. April bestand er die Prüfung in griechischer Literatur mit 24 Punkten. Er bekam nun wieder Geld, aber die Anstrengung dieser Monate hatte schwere gesundheitliche Folgen. »Seit mindestens drei Jahren«, schreibt er der Schwester Grazietta gegen Ende des Jahres 1915, »ist kein Tag vergangen, ohne dass ich Kopfschmerzen oder Schwindelgefühle gehabt hätte.«

Die Vorbereitung auf die Prüfungen hatte ihn auch von seinen Turiner Freunden entfernt, wenn auch nicht ganz entfremdet. Nachdem die Prüfungen überstanden waren, traf er sich wieder öfter mit Angelo Tasca und Palmiro Togliatti. Diesen beiden hatte sich Umberto Terracini, ein neu immatrikulierter Jurastudent, angeschlossen, der der Jüngste der

Gruppe war (Gramsci war damals 23, Tasca 22, Togliatti 21 und Terracini 19). Von den vieren – die fünf Jahre später, nach dem Krieg, in der Redaktion von *L'Ordine nuovo* zusammenarbeiteten – waren zu dieser Zeit nur Tasca und Terracini regelmäßig politisch aktiv, beide in der sozialistischen Jugendgruppe »Fascio«. Gramsci engagierte sich nicht so stark (ebenso Togliatti; Tasca berichtet später, dieser habe sich »viel mehr auf das Studium konzentriert«), stand den Freunden aber sehr nahe: sie hatten ein offenes Ohr für die Gedanken des Antipositivisten und Antimetaphysikers Croce; für Salvemini, der weiterhin gegen die »korporativen« Auswüchse des Sozialismus kämpfte; und für den jungen Revolutionär und Direktor des *Avanti!*, Benito Mussolini.[46] Da genaue Informationen fehlen, ist schwer zu sagen, ob Gramsci vor 1914 schon Parteimitglied der Sozialistischen Partei Italiens (PSI) war. In seinem Brief vom 1. April 1964 an Alfonso Leonetti schreibt Togliatti:

»Wie Du weißt, lernte ich Antonio im Herbst 1911 an der Universität kennen. Monatelang trafen wir uns nur und diskutierten – wie es Gramscis Art war, an die Du Dich bestimmt erinnerst. Aus diesen Gesprächen wird eindeutig klar, dass er schon entschieden sozialistisch orientiert war. Übrigens geht diese Einstellung Gramscis auf seine Zeit in Cagliari zurück, als er Verbindung zur dortigen ›Camera del lavoro‹ hatte. Ich weiß aber nicht genau, in welchem Jahr er in die PSI eintrat. Ich trat 1914 ein, aber Gramsci war schon vor mir Mitglied.«

Jedenfalls gibt es gute Gründe anzunehmen, dass sich der »neue Gramsci«, seine »nationale« Dimension in dieser Zeit herausgebildet hat. Die Phasen dieser intellektuellen Wende und der philosophischen Entwicklung zum Marxismus hin müssten noch genauer erforscht werden. Marcella und Maurizio Ferrara schreiben:

»Sowohl Gramsci als auch Togliatti wandten sich bald endgültig vom Positivismus ab. Der einzige feste Bezugspunkt blieb Labriola. Immer wieder lasen, studierten und diskutierten sie seine Texte zur Auslegung und Vertiefung des Marxismus, seine Schrift *In memoria del Manifesto dei comunisti* (In Erinnerung an das Kommunistische Manifest), die *Saggi intorno alla concezione materialistica della storia* (Essays über die

[46] Mussolini wurde von Croce so beschrieben: »[...] er war – im Gegensatz zu den italienischen Sozialisten – ein echter Revolutionär und wie sie ein Mann von großem Scharfsinn. Er übernahm die Intransigenz des strengen Marxismus, aber er versuchte sich nicht in dem sinnlosen Unterfangen, den Sozialismus auf seine ursprüngliche Form zurückzuführen. Er war jung und aufgeschlossen für die Zeitströmungen. Er wollte dem Marxismus einen neuen Geist verleihen, indem er Sorels Theorie der Gewalt übernahm, Bergsons Intuitionismus, den Pragmatismus, den Mystizismus der Aktion, plus den ganzen Voluntarismus, der bei den Intellektuellen schon seit einigen Jahren in der Luft lag und den viele für Idealismus hielten – weshalb Mussolini auch ein Idealist genannt wurde und sich selbst gern als solchen bezeichnete.«

materialistische Geschichtsauffassung) und *Discorrendo di socialismo e filosofia* (Gespräch über Sozialismus und Philosophie).«

Das geschah wahrscheinlich nicht mehr vor dem Krieg. Es sieht ganz so aus, als ob die beiden Studenten diese Texte erst später gelesen haben. Der Zweifel hat seinen Grund in einer objektiven Feststellung: in seinen ganzen Jugendschriften zitiert Gramsci Labriola nur einmal (und zwar 1918).

Eine andere Episode berichtet von Gramscis Begegnung mit Annibale Pastore, dem Dozenten für theoretische Philosophie. Es heißt, Professor Bartoli habe ihm Gramsci mit den Worten vorgestellt: »Lehre ihn die ganze Philosophie, er hat es verdient. Du wirst sehen, aus ihm wird etwas. Er möchte seine Kenntnisse über den Marxismus vertiefen.« In dem Jahr (1914/15, Gramscis viertes Studienjahr) hielt Professor Pastore eine Vorlesung über die kritische Interpretation des Marxismus. Marx sei über die Hegel'sche Dialektik, »die in der Trichotomie von These, Antithese und Synthese erstarrt ist«, mit einer »eigenen Entdeckung« hinausgegangen und zur »Entwicklung der materiellen Bedingungen im Schoße der bestehenden Gesellschaft als Moment des Bruchs zwischen These und Antithese« gelangt.

»Gramsci verstand das Neue an dieser Theorie sofort und sah in ihr ein neues kritisches Verständnis von Krise und Revolution. Ich gab ihm Privatunterricht. Er war ursprünglich ein Anhänger Croces, aber er zerrte schon an den Zügeln und wusste noch nicht, wie und warum er sich von ihm lösen sollte [...] Er wollte sich darüber klarwerden, wie Kultur entstand und zwar in revolutionärer Absicht, in der letztlich entscheidenden praktischen Bedeutung der Theorie. Er wollte wissen, wie das Denken zum Handeln führt (Technik der Propaganda), wie ein Gedanke zur Tat führt und wie und warum Ideen selbst Aktion werden können. Dieses waren meine ersten Ausführungen, die ihn beeindruckt haben [...] Ein anderer sehr wichtiger Punkt, der ihn zu mir hinzog, war meine intensive Beschäftigung mit der experimentellen Logik, den technischen Errungenschaften, also der Entwicklung vom Homo sapiens zum Homo faber, vom Logiker zum Techniker, Mechaniker, zum Arbeiter, der die Maschine beherrscht, von der Kopfarbeit zur Handarbeit. Als hervorragender Pragmatiker versuchte Gramsci damals vor allem zu verstehen, wie Ideen zu praktischen Kräften werden.«

Hat Gramsci diesen Professor, der ihm sogar Privatunterricht gab, vergessen? In seinen Notizen oder in den Briefen aus dem Gefängnis spricht Gramsci mit Zuneigung von Professoren wie Bartoli oder Cosmo, denen er in seinen Studienjahren nahestand. Annibale Pastore, der für seine marxistische Entwicklung vielleicht nicht oder nicht unmittelbar die Bedeutung hatte, die ihm diese Episode beimisst, erwähnt er nicht. Noch 1917 stand Gramsci stark unter dem Einfluss des historischen Idealismus Croces, wie in *La città futura*, einer seiner Jugendschriften, zu erkennen ist. In einigen biographischen Beschreibungen werden Erfahrungen und Äußerungen, die mit Sicherheit dem reiferen Gramsci zuzurechnen sind, vordatiert, und es entsteht der Eindruck, dass er früher zum Marxismus gelangt ist, als es in Wirklichkeit der Fall war.

Man kann sagen, dass die ideologische Entwicklung Gramscis (vom »sardischen« hin zum »nationalen« Gramsci) ohne große Brüche verlief. Gobetti[47] beschrieb ihn als einen Menschen, »der vom Land gekommen ist, um seine Traditionen zu vergessen und das kranke, anachronistische Erbe seiner Insel durch die zähe und stetige Bemühung zu ersetzen, ein moderner Städter zu werden.« Er bezeichnet Gramsci als einen, der »das ländliche Leben abwehrt und sich fast gewaltsam ein Programm auferlegt hat, das der Kraft seiner Verzweiflung und dem Wissensdrang eines Menschen entspringt, der seine ursprüngliche Naivität ablehnt und verleugnet«. Aber auch das trifft nicht ganz zu. Gramsci ist es im Gegensatz zu vielen Intellektuellen seiner Zeit gelungen, der üblichen Alternative zu entgehen – sich entweder ein Leben lang nur mit regionalen Fragen zu beschäftigen, die, so lebenswichtig sie auch sein mögen, zu begrenzt bleiben, wenn sie nicht von einer breiteren Perspektive getragen werden (wie bei Satta und Grazia Deledda), oder sich von dem regionalen Hintergrund zu lösen, indem man sich neue Lebens- und Denkweisen *en bloc* zu eigen macht und damit seine frühere Erfahrung und Sensibilität zu Grabe trägt (wie Salvatore Farina[48]). Gramsci beschränkte sich weder auf den sardischen Regionalismus seiner Jugend[49] noch darauf, passiv die Ideologie des norditalienischen Proletariats aufzunehmen, welche damals von korporativen Vorstellungen verzerrt war, die nicht weniger anfechtbar waren als der sardische Regionalismus auch. Er schreibt später, dass er sich angetrieben fühlte, »die für einen Sarden Anfang des Jahrhunderts typische Lebens- und Denkweise zu überwinden und nicht mehr regional oder ›dörflich‹ zu denken, sondern national«. Gleichzeitig stellte er aber auch fest, dass es »eine der größten Notwendigkeiten für die italienische Kultur ist, ihre Provinzialität zu überwin den – auch in den großen modernen Städten«. So wurde Gramsci zum Sozialisten, ohne seine eigene Vergangenheit zu verleugnen. Als Sozia-

[47] Piero Gobetti (1901–26): Linksliberaler antifaschistischer Herausgeber der Turiner Wochenzeitung *La Rivoluzione liberale*, die nach dem Krieg in Turin erschien. Er starb 1926 im französischen Exil an Verletzungen, die er bei faschistischen Überfällen erlitten hatte (T.N.).

[48] Salvatore Farina (1846–1918): Romancier aus Sassari, der die meiste Zeit auf dem Festland lebte (T.N.).

[49] »Der Rebellionsinstinkt richtete sich gegen alle Reichen, die die sardischen Bauern unterdrückten, und ich dachte damals, dass man für die nationale Unabhängigkeit Sardiniens kämpfen müsse: ›Ins Meer mit denen vom Festland!‹ – Wie oft habe ich diese Worte wiederholt.«

list erkannte er die Zweifelhaftigkeit, die Grenzen und die Kraftlosigkeit einer gewissen Form des sardischen Protests; als Sarde war er sich auf natürliche Weise der ideologischen Unzulänglichkeiten der Arbeiterbewegung bewusst, die den Mezzogiorno als fortschrittshemmende »Bleikugel« am Fuß der Nation sah. Als Sozialist fand er neue Antworten auf die Fragen, die sich ihm während des Lebens in Sardinien gestellt hatten; aber als Sarde weigerte er sich, die Bauernfrage von der Frage der sozialistischen Revolution zu trennen. Später schreibt er: »Es ging darum, die Arbeiterklasse dazu zu bringen, ihren umgekehrten Provinzialismus mit seiner ›Bleikugel‹-Ideologie abzulegen, der seine Ursachen in der reformistischen und korporativen Tradition der sozialistischen Bewegung hatte.« Mit dieser Auffassung stimmten Tasca und die anderen begeisterten Leser von *La Voce* und Salveminis *L'Unità* unter den jugendlichen Mitgliedern des »Fascio« überein. Tasca schreibt: »Wir teilten Gramscis Vorstellung – die er mit Nachdruck vertrat –, dass das Problem des italienischen Südens für die sozialistische Politik wesentlich, ja sogar ein zentraler Punkt ihrer Erneuerung sei.«

Bald bot sich die Gelegenheit zu erforschen, wie empfänglich die örtliche PSI für die neuen Ansätze war. Durch den Tod von Pilade Gay war der Turiner Wahlkreis Borgo San Paolo frei geworden; nun musste ein neuer sozialistischer Kandidat gefunden werden. Die Gruppe kam auf den Gedanken, Gaetano Salvemini die Kandidatur anzutragen, der im Oktober 1913 im süditalienischen Wahlkreis Molfetta-Bitonto kandidiert hatte und von den Anhängern Giolittis[50] mit unsauberen Methoden aus dem Rennen geworfen worden war. Seine Wahl wäre ein Ausdruck der Solidarität der Turiner Arbeiter mit den apulischen Bauern gewesen, denen die Willkür der Regierung die Möglichkeit genommen hatte, sich von einem Sozialisten im Abgeordnetenhaus vertreten zu lassen. Angelo Tasca sprach über diese Frage mit Ottavio Pastore, dem Turiner Parteisekretär der PSI. Der Vorstand der Sektion akzeptierte den Vorschlag und die Kandidatur wurde Salvemini angetragen, aber der lehnte ab. Pastore meint, dass Gramsci damals »in der Partei noch nicht aktiv war«. Und doch kann das Projekt einer Kandidatur Salveminis als Gramscis erste politische Initiative angesehen werden. Er selbst erinnerte sich, dass der Vorschlag »von einer Gruppe der PSI-Sektion (ausging), der die zukünftigen Redakteure von *L'Ordine nuovo* angehörten«. Er entsprang demnach mehr privaten Gesprächen und nicht der Diskussion in der Partei. Und doch begann sich damit in der sozialistischen Bewegung Turins eine neue Tendenz abzuzeichnen – auch auf Initiative des erst 23-jährigen Gramsci, der gerade in die Partei eingetreten war und sich doch schon anschick-

[50] Giolitti, der große »Liberale« war zugleich der bedeutendste Vertreter des süditalienischen politischen Establishments (T.N.).

te, zusammen mit anderen Genossen seiner Generation einen eigenen politischen Weg zu gehen.

Sein Freundeskreis erweiterte sich. Angelo Tasca erzählt: »Wir diskutierten oft in den Säulengängen der Universität mit anderen Studenten, aber unsere Welt, die Welt, in die Gramsci damals hineinkam, war die der jungen Angestellten und Arbeiter, mit denen wir abends, wenn wir aus der ›Casa del popolo‹ am Corso Siccardi kamen, draußen noch stundenlang über unsere Gedanken, Hoffnungen und unseren Zorn redeten.« In Erinnerung an diese Zeit der ersten jugendlichen Begeisterung schreibt Antonio Gramsci:

»Oft kamen wir gruppenweise aus den Parteiversammlungen und gingen mit unserem jeweiligen Wortführer durch die stillen Straßen. Die letzten Nachtschwärmer blieben stehen, um uns nachzublicken, denn selbstvergessen setzten wir immer noch leidenschaftlich und erregt unsere Diskussionen fort, unterbrochen von verwegenen Plänen, wildem Gelächter und Sprüngen ins Reich des Unmöglichen und der Träume.«

Europa ging der Katastrophe entgegen. Am 28. Juli 1914, vier Tage vor Beginn des »sinnlosen Mordens«, forderten die Führungsspitze und die parlamentarische Vertretung der Sozialistischen Partei, dass Italien »absolut neutral« bleiben solle. Tatsächlich wurde am 4. August die italienische Neutralität verkündet. Aber über das Ausmaß und die Entwicklung der Neutralität sollte es schon bald auch unter den Sozialisten lebhafte Meinungsverschiedenheiten geben. Es herrschte große Unsicherheit, und es ist schwierig, im Nachhinein festzustellen, ob die schwankende Haltung des *Avanti!* Ausdruck der herrschenden Stimmung war oder ob sie vom *Avanti!* und seinem Chefredakteur Mussolini verbreitet wurde. Viele Sozialisten betrachteten zwar den Krieg als Auseinandersetzung zwischen imperialistischen Machtgruppen, sie unterschieden aber doch deutlich zwischen den absolutistischen Mittelmächten um Deutschland und dem republikanischen Frankreich und neigten daher dazu, für die angegriffenen Länder Frankreich und Belgien Partei zu ergreifen. Am 18. Oktober erschien im *Avanti!* ein langer Kommentar von Mussolini mit dem Titel »Von der absoluten zur aktiven und bewussten Neutralität«. Die Reaktionen waren unterschiedlich. Für die Wochenzeitung der Turiner Sozialisten *Il Grido del popolo* (Volksstimme) schrieb Angelo Tasca in der Ausgabe vom 24. Oktober einen polemischen Artikel gegen Mussolini, worin er die Notwendigkeit einer »absoluten Neutralität« Italiens bekräftigte. Aber schon seit einigen Jahren hatte der Chefredakteur des *Avanti!* eine nicht unerhebliche Anhängerschaft. Mario Montagnana schreibt: »Wir Jugendlichen waren alle begeistert von Mussolini, teils, weil auch er relativ jung war, teils, weil er den Reformisten eine Niederlage bereitet hatte, und auch, weil uns seine Artikel im *Avanti!* stark und revolutionär erschienen.«

Nun schaltete sich Gramsci in die Diskussion über die Neutralität mit einem Artikel ein (es war sein erster veröffentlichter politischer Text), der am 31. Oktober 1914 im *Grido del popolo* erschien. Gramsci hatte den Artikel »vor der Veröffentlichung Togliatti gezeigt, der damit einverstanden war«, berichten Marcella und Maurizio Ferrara. Der Titel, »Aktive und bewusste Neutralität«, nahm Mussolinis Formulierung wieder auf. Die Intentionen waren allerdings offensichtlich ganz andere – wie die entgegengesetzten Positionen und Schlussfolgerungen der beiden Artikel zum Thema Krieg beweisen. Gramscis Polemik richtete sich gegen die Reformisten. »Sie sagen, sie wollen sich auf kein Spiel mit dem Krieg einlassen (aber sie lassen es zu, dass die anderen es tun und Gewinn daraus ziehen). Sie sähen das Proletariat gern als unparteiischen Zuschauer der Ereignisse, der erwartet, dass die Zeit für ihn arbeitet – während inzwischen die Gegenseite die Zeit für sich nutzt und aktiv den Klassenkampf vorbereitet.« Wie war das zu verhindern? Nach Gramscis Meinung war es Aufgabe der Revolutionäre, das Terrain für den entscheidenden Augenblick (die Revolution) durch ständigen Druck auf die anderen aktiven und passiven Kräfte der Gesellschaft vorzubereiten. Und wenn sich die italienische Bourgeoisie durch *ihr* Schicksal zum Krieg berufen fühlte, war das die Gelegenheit, diesen Druck ständig zu verstärken und so der Revolution näherzukommen.

»Was Mussolini will, ist also nicht die allgemeine Verbrüderung, die Verschmelzung aller Parteien in nationaler Einmütigkeit, denn dann wäre seine Position antisozialistisch [...] Ebenso wenig schließt Mussolinis Standpunkt aus, dass sich das Proletariat nach dem Scheitern oder der erwiesenen Unfähigkeit der herrschenden Klasse dieser entledigen und die Staatsgeschäfte in die Hand nehmen könne.«

Dieser Interpretation von Mussolinis Haltung fügte Gramsci vorsichtig hinzu: »[...], zumindest, wenn ich seine etwas widersprüchlichen Äußerungen richtig verstanden und sie in der Richtung weiterentwickelt habe, in die sie zielten.« Später haftete ihm noch lange der Ruf an, ein »Interventionist« zu sein, denn einige Sektierer hatten gemeint, diese Position in seinem Artikel zu erkennen.

Gramsci kapselte sich wieder ab. Bei seinem körperlichen Zustand musste größere Aktivität immer mit einer weiteren Verschlechterung der Gesundheit bezahlt werden. Und er hatte inzwischen neben der politischen Aktivität und dem Studium angefangen, für seinen Lebensunterhalt zu arbeiten. Er gab Nachhilfestunden.[51] Bei den Herbstprüfun-

[51] Sechs Jahre später schreibt Gramsci bei einer Auseinandersetzung mit seinem Professor für italienische Literatur, Umberto Cosmo, der seine ehemaligen Studenten als »vergnügungssüchtige Burschenschaftler« bezeichnet hatte: »Sie wissen, dass Ihre Schüler, die Sozialisten waren, von den 70 Lire des Stipendiums leben mussten; Sie haben doch selbst Ihre Hilfe angeboten, wenn wir in einer finanziellen Notlage waren. Sie wissen auch, dass Ihre sozialistischen Studenten von einem Ende der Stadt

gen seines dritten Studienjahrs schaffte er nur eine Prüfung in Literatur der romanischen Sprachen am 11. September 1914 (mit der Benotung 27). Um das Stipendium nicht zu verlieren, hätte er auch die Prüfungen in italienischer Literatur, in Latein und in Sanskrit ablegen müssen. Er meldete sich nicht zur Prüfung; in der Sitzung des Stiftungsvorstands vom 19. Dezember berücksichtigte man zwar, wie wir aus dem Protokoll ersehen, »Professor Bartolis Erklärungen vor dem Präsidium, dass Gramsci periodisch unter nervlichen Krisen leidet, die es ihm unmöglich machen, dem Studium regelmäßig nachzugehen«, beschloss aber, ihm das Stipendium vier Monate lang zu entziehen.

Für Gramsci begann eine sehr schwierige Zeit. Er ging nicht mehr in die »Casa del popolo« und schrieb nicht mehr für *Il Grido*. Er traf seine Freunde nicht mehr, gab aber weiterhin Nachhilfeunterricht. Durch die Isolation und diese zusätzliche geistige Belastung verschlimmerte sich sein Gesundheitszustand weiter. »Ich habe vielleicht zu viel gearbeitet, jedenfalls mehr als meine Kräfte es erlaubten«, schreibt er später seiner Schwester Grazietta. »Ich musste arbeiten, um leben zu können, während ich zum Leben Ruhe und Zerstreuung gebraucht hätte. Vielleicht habe ich in den letzten zwei Jahren nie gelacht, aber auch nie geweint. Ich habe versucht, meine körperliche Schwäche durch Arbeit zu überwinden und bin nur noch schwächer geworden.«

Auch der Familie hatte er sich entfremdet. »Ich habe meiner Mutter sehr lange Zeit nicht geschrieben, mindestens zwei Jahre lang, und ich habe gelernt, wie schmerzlich es ist, keine Post zu bekommen.« Langsam verblasste die Erinnerung an Sardinien, die Orte seiner Kindheit, die Familie in Ghilarza. Allmählich vergaß er auch die liebevollen Streitereien mit der Mutter, wenn sie ihn davon überzeugen wollte, dass ein bisschen Malz im Kaffee erfrischt, und er protestierte: »Ich will mich nicht erfrischen, ich will Kaffee trinken!« Er dachte kaum noch an die Tage im Tirso-Tal, als er Igel beobachtete, Falken, Lerchen und Schildkröten züchtete und mit Luciano, dem Sohn des Apothekers, Segelboote baute. Jetzt war sein Kopf »immer voller Schmerzen«.

Aber er gab noch nicht auf; er lernte weiter für die Universität und für sich. Am 13. April 1915 legte er die Prüfung in italienischer Literatur ab. Es war die letzte Prüfung, die er machte; danach setzte er sein Studium nicht mehr fort.

Er war noch in Turin, als sich am 17. Mai, eine Woche vor dem Eintritt Italiens in den Krieg, die Turiner Arbeiter gegen die bevorstehende Intervention erhoben. In der vom Streik lahmgelegten Stadt kämpften die Demonstranten in der Via Cernaia und dann im ganzen anschlie-

---

zum anderen rennen und Privatunterricht geben mussten, damit sie sich Bücher kaufen konnten. Sie selbst bemühten sich, uns solche Privatstunden zu verschaffen, denn damals waren Sie als ›Lehrer‹ Ihren Schülern sehr zugeneigt.«

ßenden Stadtviertel gegen die berittene Polizei; der junge Tischler Carlo Dezzani wurde bei den Straßenkämpfen erschossen. Das Militär drang in die »Casa del popolo« ein und besetzte sie. Gramsci verfolgte die Ereignisse, ohne sich (soviel wir wissen) daran zu beteiligen.

Langsam erholte er sich von seiner Krise. Am 13. November 1915, mehr als ein Jahr nach seinem ersten Artikel zur italienischen Neutralität, veröffentlichte *Il Grido del popolo* einen weiteren Artikel Gramscis. In der gleichen Ausgabe stand auch ein Bericht über die Zimmerwalder Konferenz, auf der sich zwei Monate zuvor Vertreter der sozialistischen Parteien Europas getroffen hatten, die nach wie vor gegen den Krieg waren. In Zimmerwald hatten sie noch einmal ihre Opposition zum Ausdruck gebracht (und der *Avanti!* hatte in seiner Ausgabe vom 14. Oktober 1915 ihre abschließende Erklärung veröffentlicht – in ihr hatten zum ersten Mal Tausende militanter italienischer Sozialisten den Namen Lenins gelesen, der das Manifest mitunterzeichnet hatte).

Gramscis Artikel befasste sich mit dem X. Parteitag der Sozialistischen Partei Spaniens, der in seinen Augen als Beweis für das »Weiterleben einer rein sozialistischen Aktivität in Europa« Bedeutung hatte:

»Uns erscheinen auch die kleinen Bewegungen groß, denn wir verbinden sie mit anderen Bewegungen, die nur wir bemerken, denn wir erleben sie, wir sind sie [...] Wir empfinden uns als Zellen einer Welt, die im Entstehen ist, wir spüren, wie langsam, aber unaufhaltsam die Flut steigt, und wir spüren den festen Zusammenhalt der unzähligen Tropfen, aus denen sie besteht; wir fühlen, dass in unserem Bewusstsein die Internationale lebendig ist.«

Gegen Ende des Jahres 1915, als er sich nach langer Zeit wieder bei seiner Familie meldete, war er in der Lage, die Sorgen der letzten Zeit schon fast als vergangen zu betrachten: »Ich hätte mich nicht so vom Leben abschließen sollen, wie ich es damals tat. Ein paar Jahre lang habe ich außerhalb der Welt gelebt – wie in einem Traum. Ich habe zugelassen, dass meine Verbindungen mit der Welt und den Menschen nach und nach abrissen. Ich habe nur durch den Kopf gelebt und nicht durch das Herz [...] nicht nur, was Euch betrifft [...] Es war für mich, als ob die anderen nicht existierten, und ich habe gelebt wie ein Wolf in seinem Bau.«

In gewisser Weise war all dies überstanden. Er war nun 25 geworden und fand langsam wieder Geschmack am Leben, an der politischen Diskussion und an seiner Arbeit als Journalist. Seine Artikel erschienen jetzt auf der Turiner Lokalseite des *Avanti!*, und er war ständiger Mitarbeiter von *Il Grido*. Unter anderem lesen wir dort einen ergreifenden Nachruf auf Renato Serra, einen jungen Kritiker, der einige Monate zuvor in der Schlacht am Podgora-Fluss gefallen war. Gramsci verglich ihn mit Francesco De Sanctis, »dem größten europäischen Kritiker aller Zeiten«. Seine Rückkehr zur politischen Arbeit war ein entscheidender Wendepunkt. Noch hatte er nicht endgültig beschlossen, sein Studium abzubrechen.[52] Aber seine anderen Interessen waren schon stärker als die Universität. Der Sozialismus war der Ausweg aus seiner Krise, die Lösung aller Probleme, die ihn so lange gequält hatten, auch der persönlichen. In dieser Zeit, zwischen Ende des Jahres 1915 und Anfang 1916, entwickelte er sich zum »Berufsrevolutionär«. In einem Brief nach Hause schreibt er:

»Mein Leben ist nur insofern beklagenswert, als ich das Gefühl habe, dass ich meine Schwäche nicht überwinden und so viel arbeiten kann, wie nötig wäre, um frei für mich und meine Zukunft leben und arbeiten zu können und nicht immer nur für den Tag zu leben. Wenn ich mich immer wohl fühlen würde, könnte ich 500 Lire im Monat verdienen. Was mir schadet, ist die Einsamkeit und die Tatsache, dass ich immer auf andere angewiesen bin und in der Trattoria für teures Geld schlecht essen muss.«

Er hätte jemanden aus der Familie bitten können, zu ihm zu kommen, aber dazu hätte er gesund sein und über ein festes Einkommen verfügen müssen. »Kann ich es verantworten, dass andere meinetwegen leiden? Die Angst davor hat mich immer daran gehindert, einen von Euch zu bitten, zu mir nach Turin zu kommen. Aber ich fühle, dass ich mich jetzt entscheiden muss, denn so kann es nicht weitergehen. Ich werde Mario schreiben, um herauszufinden, was er vorhat.«

Mario war im Krieg, und auch Gennaro und Carlo mussten zum Militär. In Ghilarza waren Signor Ciccillo und Signora Peppina mit den Töchtern allein geblieben. *Tia* Peppina sagte immer wieder: »Sie werden meine Söhne hinschlachten.« Wie Antonio später meinte, »klingt dieser Satz im Sardischen viel fürchterlicher als im Italienischen: *fàghere a pezza.* Pezza ist das Fleischstück, das beim Metzger zum Verkauf ausliegt, während man beim Menschen das Wort *carre* verwendet.«

---

[52] In einem Brief vom 29. Januar 1918 an Serrati, den Chefredakteur des *Avanti!*, der ihn in der Nummer vom 26. Januar – vielleicht ironisch – als »verdienten Studiosus der Sprachwissenschaft« bezeichnet hatte, schreibt Gramsci über sich: »Als Student – weder Studiosus und erst recht nicht verdient, Spaß und Bescheidenheit beiseite – arbeite ich an meiner Diplomarbeit über die Sprachgeschichte und versuche, die kritische Methode des historischen Materialismus anzuwenden.«

12

Seit Anfang 1916 verbrachte Antonio Gramsci seine Tage im Gebäude der »Casa del popolo« am Corso Siccardi (heute Corso Galileo Ferraris), das dem Turiner Genossenschaftsverband gehörte. Darin befanden sich auch Büros der »Associazione generale operai« (Allgemeiner Arbeiterverband), der Eisenbahnerkooperative, die ebenfalls dem Genossenschaftsverband angehörte, die »Camera del lavoro« und verschiedene Einzelgewerkschaften (z. B. die FIOM, die Gewerkschaft der Metallarbeiter Italiens), eine gutausgerüstete Ambulanz, die eigens für die Behandlung von Arbeitern eingerichtet war, und im Erdgeschoss eine große, sehr stark besuchte Cafeteria. Im Mai 1915 hatte die Polizei das Teatro del popolo zerstört, das im Erdgeschoss gelegen hatte. Im obersten Stockwerk befanden sich drei kleine Zimmer. Darin war die Verwaltung und Redaktion des *Grido del popolo* untergebracht (dessen Chefredakteur Giuseppe Bianchi war und später, nach seiner Einberufung 1916, Maria Giudice, eine lombardische Grundschullehrerin und Mutter von acht Kindern). Außerdem befand sich dort die Redaktion der piemontesischen Ausgabe des *Avanti!* (für die, ab 1916, Ottavio Pastore verantwortlich zeichnete) und das örtliche Parteibüro der PSI. In einem noch kleineren Zimmer nebenan hatte der »Fascio Centro« seinen Sitz, die treibende Kraft der sozialistischen Jugendorganisation in Turin. Die drei Redakteure des *Avanti!* waren Gramsci, Pastore – damals Angestellter bei der Eisenbahn – und der ehemalige Kellner Leo Galetto, ein exzentrischer Journalist, der eine Vorliebe für breitkrempige Hüte und geblümte Krawatten hatte.

Auf den Seiten dieser Zeitungen erschienen nun Beiträge eines neuen Mitarbeiters, der vollkommen anders schrieb, als es die Leser sozialistischer Blätter bis dahin gewohnt waren. Gramsci signierte seine kurzen Essays, die Kulturberichte und die kurzen Leitartikel oder Kommentare über Verbrechen, Konferenzen oder Theatervorstellungen, die jetzt regelmäßig im *Grido* oder auf der Turiner Lokalseite des *Avanti!* erschienen, fast nie. Pier Paolo Pasolini hat gesagt: »Aus Schüchternheit stellte sich Gramsci immer in den Hintergrund.« Aber Gramscis Angewohnheit, nicht zu signieren, war nicht Ausdruck von Schüchternheit, sondern von wissenschaftlicher Distanz, von Abneigung gegen äußere Formen und gegen jede Form von Kult, und sei es auch nur der Kult mit einem Namen. Unter seine Artikel setzte er höchstens die Kürzel »A. G.« oder »Alfa Gamma«. Nur ein sehr enger Leserkreis wusste, wer sich dahinter verbarg. Zweieinhalb Jahre nach seinem journalistischen Debüt nennt ihn *La Stampa* in einem Artikel über den Prozess gegen die Beteiligten am Aufstand des vorangegangenen Sommers »Antonio Granischi« und *La Gazzetta del popolo* »Antonio Granci«. Aber obwohl sein Name unbekannt war, obwohl er mit 25 Jahren noch keine bedeutende Rolle in der PSI-Sektion spielte und auch im ersten Kriegsjahr am Rand des politischen Lebens stand, erkannten schon viele, dass seine Artikel mit den Konventionen des linken Journalismus brachen. Auf der Turiner Lokalseite des *Avanti!* erschien eine von Giuseppe Bianchi eingeführte Sammelrubrik Turiner Ereignisse unter dem Titel »Sotto la Mole« (Unter der »Mole« – der Mole Antonelliana). Die Nachrichten dafür wurden von Bianchi selbst, von Pastore und anderen geschrieben. Als Gramsci dazukam, wurde die Rubrik deutlich besser: seine Satiren wiesen ihn als hervorragenden Pamphletisten aus; und das in einem Land, wo das Genre des Pamphlets fast unbekannt war. Der Stil seiner Artikel war ebenso ungewöhnlich. Seine Theaterkritiken und seine theoretischen Texte hoben sich durch die klassische Reinheit der Sprache und Gramscis Freude am rationalen Argumentieren deutlich von der pompösen Rhetorik der früheren Autoren ab. Seine Gedankenführung war so konsequent, dass sich dem Leser Zusammenhänge zwischen Dingen erschlossen, die auf den ersten Blick kaum etwas miteinander zu tun hatten, letztlich aber doch Teil ein und derselben Problematik waren. Grundlegend dabei war Gramscis Überzeugung, dass eine Theorie, die nicht in die Praxis umgesetzt werden kann, nutzlose Abstraktion sei und dass politische Aktivität, die nicht von einer Theorie untermauert ist, erfolglos bleiben müsse. Hier wird schon die Tendenz zur »mäeutischen« oder sokratischen Methode sichtbar, die später für Gramsci so charakteristisch war. Nach dieser Methode war die Erziehung der Massen ein Prozess von Frage und Antwort und nicht bloße flammende Rhetorik von der Tribüne. Gobetti schrieb später: »Um die kulturellen und psychologischen Besonderheiten der Gruppe, die die kommunistische Bewegung in Turin anführte, zu verstehen, muss man in der Geschichte der sozialistischen Publizistik bis in die Kriegsjahre zurückgehen.«

Gramsci war die neue Entdeckung dieser Publizistik und während der Kriegsjahre fast ihre einzige Hauptfigur.

Angelo Tasca, der politisch Aktivste unter den jungen »culturisti«[53], war eingezogen worden und hatte Turin sofort nach Beginn des Krieges verlassen. So auch Togliatti: Er war bei den ersten Untersuchungen für nicht tauglich erklärt worden, hatte sich aber dann freiwillig zur Arbeit im militärischen Gesundheitsdienst gemeldet. Bis dahin war er politisch nicht sehr aktiv gewesen; einige – so z. B. Andrea Viglongo – schließen sogar aus, dass er vor dem Ersten Weltkrieg Mitglied der PSI gewesen sei; Giovanni Boero hingegen behauptet, dass er, nachdem er sich freiwillig gemeldet hatte, die Partei verlassen und sich erst 1919 neu eingeschrieben habe. Umberto Terracini, der Letzte der Gruppe, war im September 1916 im Alter von 21 Jahren in Trino Vercellese verhaf-

[53] Die Gruppe um *L'Ordine nuovo*, die sich für ein neues Konzept der proletarischen Kultur einsetzte, wurde auch Gruppe der »culturisti« genannt (d.Ü.).

tet worden, weil er pazifistisches Propagandamaterial verteilt hatte. Mit einem Monat auf Bewährung war er noch glimpflich davongekommen, aber dem Militärdienst konnte er nicht entgehen (nach dem Offizierslehrgang wurde ihm aus politischen Gründen der Offiziersgrad verweigert und er kam als einfacher Soldat nach Montebelluna an die Front). Von der alten Gruppe war also nur Gramsci übrig geblieben.

Mit was für einem plumpen und vereinfachenden Journalismus Gramsci abzurechnen hatte, wird aus den Worten der Maria Giudice deutlich: »*Il Grido* ist noch nicht einfach, klar und verständlich genug [...] Wir sind es gewohnt, mehr im Buch des Lebens als in theoretischen Büchern zu lesen [...] Wir wissen, dass die Masse nicht so fühlt und handelt, wie sie denkt, sondern wie sie empfindet; wenn sie sozialistisch empfinden wird, *ohne* viele Theorien, wird sie auch sozialistisch handeln.« Das war im Grunde die Position, die Bordiga ein paar Jahre vorher in der Polemik gegen Tasca verteidigt hatte: »Nicht durch Erziehung wird man zum Sozialisten, sondern durch die konkreten Bedürfnisse der Klasse, der man angehört.« Der ganze alte Turiner Sozialismus war von dieser Einstellung geprägt, bevor die neue Generation auf den Plan trat. Gramsci ließ sich nicht davon beeinflussen, auch wenn er unter der Leitung Maria Giudices arbeitete – er war ein völlig unabhängiger Einzelkämpfer. Schon Anfang 1916 hatte er in *Il Grido* den notwendigen Zusammenhang zwischen Kultur und Revolution unterstrichen:

»Der Mensch ist vor allem Geist, geschichtliche Schöpfung und nicht Natur. Sonst ließe sich nicht erklären, warum der Sozialismus noch nicht verwirklicht ist, obwohl es immer Ausgebeutete und Ausbeuter, immer Produzenten von Reichtum und egoistische Konsumenten dieses Reichtuns gegeben hat. Das heißt, dass die Menschheit nur Schritt für Schritt, Schicht um Schicht das Bewusstsein des eigenen Werts erlangt hat [...] Und dieses Bewusstsein hat sich nicht aus den primitiven physischen Bedürfnissen entwickelt. Vielmehr haben zuerst einige wenige und dann eine ganze Klasse über die Ursachen bestimmter Verhältnisse und über die besten Mittel nachgedacht, wie sie sich gegen diese Unterdrückung auflehnen und die Gesellschaft neu aufbauen können. Das bedeutet, dass jeder Revolution eine intensive kritische und kulturelle Arbeit vorausgehen muss.« (»Socialismo e cultura«, in *Il Grido del popolo* vom 29. Januar 1916)

Er schloss mit dem Beispiel der Französischen Revolution, der die Aufklärung den Weg bereitet hatte. Der junge Redakteur von *Il Grido* und *Avanti!* setzte es sich nun zum Ziel, dem Proletariat die Kultur zu vermitteln, ohne die es sich seiner historischen Funktion nicht bewusst werden konnte. Mit fast missionarischem Eifer versuchte Gramsci, die Aufklärung nachzuvollziehen und ihre Inhalte so zu verändern, dass sie mit den Zielen der proletarischen Revolution im Einklang waren.

In Erinnerung an seine Arbeit als Theaterkritiker (er hatte mit 25 Jahren angefangen, Kritiken zu schreiben), schreibt er später in einem Brief an Tanja: »Weißt du, dass ich das Theater Pirandellos lange vor Adriano Tilgher entdeckt und zu seiner Popularität beigetragen habe? Ich habe so viel über Pirandello geschrieben [...] dass man ein Buch mit 200 Seiten daraus machen könnte. Damals waren meine Behauptungen neu und ohne Beispiel, denn zu der Zeit wurde Pirandello entweder freundlich geduldet oder offen verlacht.« Sogar die Rubrik »Sotto la Mole«, die sich jeden Tag mit einem anderen Thema beschäftigte, war es in den Augen aufmerksamer Leser des *Avanti!* wert, gesammelt zu erscheinen. Gramsci selbst erzählt davon:

»In zehn Jahren journalistischer Arbeit habe ich so viele Zeilen geschrieben, dass sie 15 oder 20 Bände zu je 400 Seiten ergäben. Aber sie waren zum Tagesgeschehen geschrieben und deshalb meiner Meinung nach vergänglich [...] Professor Cosmo bat mich 1918 um meine Zustimmung zur Veröffentlichung einer Auswahl von Leitartikeln, die ich täglich für eine Turiner Zeitung schrieb. Er hätte sie mit einem sehr wohlwollenden Vorwort herausgegeben, aber ich wollte es nicht.«

Um die Aufgabe, die er sich gestellt hatte – die Kultur unter den Arbeitern zu verbreiten – nicht nur mit Schreiben zu erfüllen, verließ er immer öfter den Schreibtisch in der Redaktion, um mit den Arbeitern zu sprechen. Aktive Genossen erinnerten sich später daran, mit welchem Eifer er sich der Propagandaarbeit widmete und die Arbeiter immer wieder aufforderte, Probleme zu diskutieren und den Dingen auf den Grund zu gehen. In seiner doppelten Funktion als einfaches Parteimitglied und als Parteijournalist ging er in die Freizeitclubs der großen Arbeiterviertel in der Peripherie Turins und hielt dort Vorträge. Am 26. August 1916 sprach er im Borgo San Paolo über *Au dessus de la mêlée* (Der freie Geist), ein Buch von Romain Rolland, das gerade in italienischer Übersetzung erschienen war; am 16. und 17. Oktober sprach er in der Barriera di Milano und im Borgo San Paolo über die Französische Revolution und am 17. Dezember über die Pariser Kommune. Thema seiner Vorträge konnte alles Mögliche sein – ein geschichtliches Ereignis, ein neuerschienenes Buch, ein Theaterstück. Im März 1917 war Emma Gramatica im Teatro Carignano in Ibsens *Ein Puppenheim* aufgetreten. Hinter der mehr als kühlen Reaktion des Publikums auf die Geschichte der Nora Helmer, die von ihrem Mann enttäuscht ist und ihn verlässt, vermutete Gramsci den Widerstand der lateinischen Männerwelt gegen eine fortschrittlichere Auffassung von menschlichen Beziehungen, »in der Mann und Frau nicht nur aus Muskeln, Nerven und Haut bestehen, sondern vor allem aus denkenden Menschen. In der die Familie nicht mehr nur eine ökonomische Institution ist, sondern vor allem eine geistige Gemeinschaft, die erst durch die Verschmelzung zweier Seelen vollkommen wird, die sich gegenseitig das geben, was ihnen als

Einzelnen fehlt. Deswegen ist die Frau nicht mehr nur das Weibchen, das die Kleinen säugt und sie mit seiner instinktiven Mutterliebe geradezu erdrückt, sondern eine eigenständige Persönlichkeit mit einem eigenen Bewusstsein und eigenen inneren Bedürfnissen [...]« Über dieses Thema hielt Gramsci im Mai 1917 einen Vortrag vor der Frauengruppe im Borgo Campidoglio.

Auch in der Frage der Beziehung zu den anderen Parteien entwickelte Gramsci eine neue Perspektive. Battista Santhià erinnert sich daran, wie er einmal in die Redaktion von *Il Grido* kam und vier junge Männer sah, die in ruhigem Ton mit Gramsci diskutierten. Sie siezten sich.

»Am Ende des langen Gesprächs erfuhr ich mit Erstaunen, dass sie junge Katholiken waren und dass sich ihre Opposition gegen den Krieg von der unseren dadurch unterschied, dass sie ausschließlich pazifistisch motiviert war (›Wir sind gegen jeden Krieg‹, sagten sie) und sich auf die Lehren des Evangeliums berief. Um mich zu necken, schlug Gramsci vor, diesen jungen Leuten zu helfen. Ich verstand nicht gleich und stellte die naive Frage, ob ich mich ihren Gebeten anschließen solle, um das große Wunder des Friedens herbeizuführen. Ich erhielt von Gramsci die trockene Antwort:

›Das Einzige, was euch beigebracht wird, ist dummer Antiklerikalismus ohne jeden intellektuellen und politischen Erziehungswert. Ich gehe auch nicht in die Kirche, denn ich bin nicht gläubig. Wir müssen uns aber darüber im klaren sein, dass die Mehrheit religiös ist. Wenn wir weiterhin nur mit Atheisten zu tun haben wollen, bleiben wir immer in der Minderheit. Es gibt antisozialistische Bourgeois, die Atheisten sind, sich über die Priester lustig machen und nicht in die Kirche gehen und trotzdem für den Kriegseintritt sind und uns hart bekämpfen. Diese jungen Leute dagegen gehen in die Messe und wollen nur mit uns zusammenarbeiten, damit der Krieg möglichst bald ein Ende findet.‹«

Die Ablehnung des sektiererischen Antiklerikalismus und die Theorie der Klassenbündnisse waren später für Gramsci von zentraler Bedeutung.

Sowohl der Redaktionsarbeit als auch den Gesprächen und Diskussionen widmete Gramsci viel Zeit, um die Sprache und die Gedanken des Sozialismus von den Grenzen zu befreien, die ihm die viel zu enge Auslegung der »alten« Sozialisten gesteckt hatte. Für sein Privatleben blieb kaum Zeit. Immer noch war er darauf angewiesen, Nachhilfeunterricht zu geben, denn der *Avanti!* zahlte ihm nur 50 Lire Gehalt (bei *Il Grido* arbeitete er ehrenamtlich mit), und das reichte zum Leben nicht aus. In seiner spärlichen Freizeit traf er sich mit einigen sardischen Freunden – mit Corona, der als Weinprüfer beim Genossenschaftsverband arbeitete, und Mura, der an der Piazza Statuto eine Kneipe hatte; manchmal war er bei Attilio und Pia Carena zu Gast (sie arbeitete als Redaktionssekretärin beim *Avanti!*), oder er verbrachte einen Abend bei Bruno

Buozzi, mit dessen Familie er befreundet war. Aber am liebsten war er mit den Genossen der sozialistischen Jugendorganisation zusammen.

Einer von ihnen, Andrea Viglongo, Sohn des Hausmeisters der Giacinto-Pacchiotti-Grundschule, erzählte ihm gegen Ende des Jahres 1916 von der Absicht, eine Zeitschrift mit dem Titel »Die Stadt der Zukunft« herauszugeben. Gramsci erklärte sich zur Mitarbeit bereit. *La città futura* erschien nur einmal, am 11. Februar 1917, und hatte nur vier Seiten Umfang.

Der Text stammte praktisch ganz von Gramsci und war nur durch Auszüge aus anderen Texten ergänzt: aus Salveminis *Cultura e laicità* (Kultur und Weltlichkeit), (»ein Buch, das alle jungen Leute lesen sollten«, wie eine Fußnote bemerkte); aus Croces *La religione* (Die Religion), veröffentlicht in der Zeitschrift *La Critica*; und aus *Che cos'è la vita?* (Was ist das Leben?), Teil des Buches *Avviamento allo studio della philosofia* (Einführung in das Studium der Philosophie) von Armando Carlini, der dem idealistischen Philosophen Gentile nahestand. Die Auswahl dieser Autoren ist bezeichnend für Gramscis kulturelle Prägung. In *La città futura*, in der Gramscis damaliger Entwicklungsstand zum Ausdruck kommt, ist der Einfluss des Idealismus deutlich erkennbar. Croce wird darin als der »größte gegenwärtige europäische Denker« bezeichnet, und Gramsci erinnert sich später, »dass ich in einer kurzen Einführung zu Croces *Religione e serenità* geschrieben habe, dass so, wie die Hegel'sche Philosophie im 19. Jahrhundert Voraussetzung für die Philosophie der Praxis (den Marxismus) war, die Philosophie Croces heute Voraussetzung für eine Erneuerung der Philosophie der Praxis in unseren Generationen sein kann. In dieser Einführung hatte er den Gedanken allerdings nicht so ausdrücklich formuliert. »Ich hatte diese Frage nur angerissen«, gibt er später zu, »vielleicht sehr vereinfacht und gewiss nicht adäquat, denn zu dieser Zeit war mir der Begriff der Einheit von Theorie und Praxis, von Philosophie und Politik noch nicht so klar und ich war tendenziell ein Anhänger Croces.«

Der erste Artikel von *La città futura* (der stellenweise zensuriert wurde) trägt den Titel »Tre principi tre ordini« (Drei Prinzipien, drei Ordnungen). Der junge Revolutionär stellt fest:

»Ordnung und Unordnung sind die zwei Wörter, die in politischen Auseinandersetzungen am häufigsten auftauchen. Ordnungsparteien, Ordnungsmenschen, öffentliche Ordnung [...] Das Wort Ordnung besitzt eine magische Kraft, und darauf beruht größtenteils die Erhaltung der politischen Institutionen. Die herrschende Ordnung stellt sich als ein harmonisch und stabil koordiniertes Gebilde dar, und die Masse der Bürger zaudert und erschrickt, weil sie nicht weiß, was eine radikale Veränderung bringen könnte [...] In ihrer Phantasie entsteht das Bild eines gewaltsamen Bruchs – sie können sich die mögliche neue Ordnung, die besser organisiert und kraftvoller ist als die alte, nicht vorstellen [...] Sie sehen nur gewaltsame Zerstörung, und der Ängstliche weicht zurück aus Furcht, alles zu verlieren und vor dem Chaos der unvermeidlichen Unordnung zu stehen. Die Sozialisten dürfen nicht eine Ordnung durch eine andere ersetzen. Sie müssen die Ordnung an sich errichten. Die rechtliche Maxime, die sie verwirklichen wollen, heißt Möglichkeit der vollständigen Verwirklichung der eigenen Persönlichkeit für alle Staatsbürger. Mit der Verwirklichung dieser Maxime fallen alle bestehenden Privilegien. Sie führt zu einem Maximum an Freiheit bei einem Minimum an Zwang. Ihr Ziel ist es, Fähigkeit und Produktivität zum Prinzip des Lebens und der Arbeit zu machen – außerhalb jeden traditionellen Schemas. Reichtum soll nicht mehr Instrument der Sklaverei sein, sondern allen gleichermaßen gehören und damit allen die Mittel zum größtmöglichen Wohlstand an die Hand geben. Die Schulbildung soll allen Menschen offenstehen, gleich welcher Herkunft. Von dieser Maxime leiten sich alle anderen Grundsätze der sozialistischen Maximalprogramme in organischer Weise ab. Dieses Programm ist keine Utopie. Es ist universal und konkret und kann durch den Willen in die Tat umgesetzt werden. Es ist das Prinzip der Ordnung, der sozialistischen Ordnung, die unserer Meinung nach in Italien früher als in allen anderen Ländern verwirklicht werden wird.«

In *La città futura* kommen einige Züge Gramscis deutlich zum Ausdruck – so das Bedürfnis, sich zu organisieren und zu kämpfen:

»Wie Friedrich Hebbel glaube ich: ›Leben heißt Partei ergreifen‹. Wer wirklich lebt, muss Staatsbürger sein und Partei ergreifen. Ich hasse Gleichgültigkeiten [...] Gleichgültigkeit ist ein mächtiger Faktor in der Geschichte. Ein passiver, aber wirksamer Faktor. Einige von niemandem kontrollierte Hände wirken das Gewebe des kollektiven Lebens, und die Masse bleibt in Unkenntnis darüber, weil sie gleichgültig ist [...] Ich ergreife Partei, ich lebe und spüre im kraftvollen Bewusstsein der Meinen schon das Leben der Stadt, die wir bauen [...] Ich lebe, ich ergreife Partei. Deswegen hasse ich die, die nicht Partei ergreifen, die gleichgültig sind.«

Dem Klassenfeind gegenüber ist er unnachgiebig:

»Wenn du mit einem Gegner diskutierst, stecke dich in seine Kleider[54] – du wirst ihn besser verstehen und vielleicht merken, dass an dem, was er sagt, etwas oder viel Wahres ist. Diesem weisen Rat bin ich eine Zeitlang gefolgt. Aber die Kleider meiner Gegner waren so schmutzig und abstoßend, dass ich beschlossen habe: lieber manchmal ungerecht sein, als diesen fürchterlichen Ekel zu verspüren.«

---

[54] Gramsci benutzt hier eine italienische Redensart (»Mettiti nei miei panni«), die der deutschen Redensart »Versetz dich in meine Lage« entspricht (d.Ü.).

Ein starker Hang zum Sarkasmus: Über die Intellektuellen, die die sozialistische Bewegung verrieten, schrieb er:

»Es gibt Dilettanten im Glauben und Dilettanten im Wissen [...] Für viele ist eine Bewusstseinskrise nichts anderes als ein verfallener Wechsel oder der Wunsch, ein Konto bei der Bank zu eröffnen.«

Und eine ausgeprägte Abneigung gegen die populistische Rhetorik der »schwieligen Hände«:

»Es ist mir lieber, wenn ein Bauer zur sozialistischen Bewegung kommt als ein Universitätsprofessor. Nur müsste der Bauer versuchen, sich so viel Erfahrung und einen so weiten geistigen Horizont anzueignen wie ein Professor, damit seine Entscheidung und seine möglichen Opfer nicht folgenlos bleiben.«

Ganz deutlich zeigt *La città futura* sein Vertrauen in den »zähen Willen des Menschen« als Motor der Geschichte und seine Ablehnung des »wissenschaftlichen Aberglaubens« der Positivisten und Reformisten wie Claudio Treves mit ihrem Kult des »Naturgesetzes«, des »gesetzmäßigen Laufs der Dinge«. Gramsci polemisierte von Anfang an hart und konsequent gegen den reformistischen Flügel der PSI. »Geduldig darauf zu warten, bis wir 51 Prozent der Gesellschaft ausmachen, ist etwas für ängstliche Gemüter, die erwarten; dass der Sozialismus durch einen königlichen, von zwei Ministern gegengezeichneten Erlass verwirklicht wird.«

Man erkennt schon den späteren Gramsci von *L'Ordine nuovo*. In einer fettgedruckten Anmerkung unten auf der letzten Seite von *La città futura* steht: »Der Titel, den wir diesem Blatt gegeben haben, stammt nicht von uns allein. Bevor der unheilvolle Krieg über die Welt hereinbrach, hatten wir zusammen mit einigen Freunden den Entschluss gefasst, eine neue sozialistische Zeitschrift herauszubringen. Sie sollte der Brennpunkt der neuen geistigen Energien, des neuen (von der Zensur gestrichenes Wort; vielleicht: revolutionären) und idealistischen Geistes der Jugend unseres Landes sein [...] Mit dem starken Glauben des jungen leidenschaftlichen Geistes wollten wir eine neue, zutiefst italienische Tradition wiederaufleben lassen – die durch die Sozialisten erneuerte Tradition Mazzinis. Diese Absicht haben wir nicht aufgegeben. Der Krieg hat uns auseinandergerissen, aber wir werden uns wieder sammeln und die Zeitschrift machen.«

Das war im Februar 1917. Unmittelbar danach brach in Russland die Revolution aus. Am Anfang war es nicht leicht, genau zu verstehen, was in Petersburg geschehen war. Es war schwierig, exakte Informationen zu bekommen, dazu kam die Zensur und die Neigung einiger Zeitungen, z. B. der *Gazetta del popolo*, die Ereignisse aus Gründen interner Propaganda verzerrt wiederzugeben. Am 18. März wurde bekannt, dass der Zar gestürzt worden war und dass es eine provisorische Regierung gab, die den Krieg fortführen wollte, dass sich aber eine Gruppe ultrarevolutionärer Maximalisten[55] unter der Führung Lenins mit allen Mitteln für den sofortigen Frieden einsetzte. Der erste Kommentar Gramscis erschien am 29. April 1917 in *Il Grido*. Darin schreibt er, dass es nicht leicht war, »den Zeitungen und den Nachrichten, die durch die Zensur gekommen sind«, zu entnehmen, ob die Russische Revolution eine liberale oder proletarische sei.

»Die bürgerlichen Zeitungen [...] berichten, dass an die Stelle der autokratischen eine andere, noch nicht genau definierte Macht getreten ist und dass es hoffentlich die bürgerliche Macht ist. Sie hatten sofort einen Parallelfall bereit: Russische Revolution – Französische Revolution und fanden, dass sich die Ereignisse ähnelten. Dennoch glauben wir, dass die Russische Revolution nicht nur die Sache, sondern auch die Tat des Proletariats ist und dass sie notwendig zum Sozialismus führen muss.

Ausführlicher berichtete *La Stampa*, die am 10. Mai Lenins Losungsworte abdruckte: sofortigen Frieden und alle Macht dem Proletariat durch die Arbeiter- und Bauernräte. Lenin war nun die Zielscheibe der gesamten konservativen Presse in Italien; auch deswegen betrachtete ihn das italienische Proletariat als den »sozialistischsten« und den »revolutionärsten der sozialistischen Parteiführer Russlands« (so *Il Grido*).

»Die russischen Maximalisten *sind* die Russische Revolution selbst. Kerenskij, Zeretelli, Tschernow (die Protagonisten der bürgerlich-demokratischen Märzrevolution) sind die gegenwärtige Revolution, sie haben ein erstes gesellschaftliches Gleichgewicht hergestellt, in dem die Gemäßigten noch Einfluss haben. Die Maximalisten sind die Fortführung der Revolution, deshalb *sind* sie die Revolution [...] (Lenin) hat Kräfte geweckt, die nicht mehr untergehen werden. Er und seine bolschewistischen Genossen sind überzeugt, dass der Sozialismus jeden Augenblick verwirklicht werden kann.«

Angesichts dieser Resonanz auf die bürgerlich-demokratische Märzrevolution und angesichts des Vertrauens, das die sozialistischen Intellektuellen (Gramsci eingeschlossen) und ein Flügel der italienischen Arbeiterbewegung in die Partei Lenins setzten – in der Hoffnung, dass diese aus der liberalen Revolution eine sozialistische machen würde –, kann man sich leicht vorstellen, welchen Empfang 40.000 Arbeiter am 13. August 1917 Goldenberg und Smirnoff bereiteten, die von der provisorischen liberalen Regierung zu einer ersten Kontaktaufnahme mit den Staaten der Entente nach Turin entsandt worden waren. Einige Tage vorher hatte Goldenberg dem Pariser Korrespondenten von *La Stam-*

[55] Der Ausdruck »Maximalisten«, der für den linken bzw. revolutionären Flügel der PSI (und hier implizit auch der russischen Sozialdemokratie) üblich war, datiert vom Kongress der PSI von 1900, auf dem sich ein Maximal- und ein Minimalprogramm gegenüberstanden. Die »Minimalisten« (oder Reformisten) behielten damals die Oberhand und dominierten die PSI bis 1912, danach gewannen die »Maximalisten« die Mehrheit (T.N.).

pa erklärt: »Lenin ist nicht unser Freund, und wir sind seine Gegner.« Als die beiden Abgeordneten am Balkon des Palazzo am Corso Siccardi erschienen, rief die Menge: »Es lebe Lenin!« Zehn Tage später wurde in Turin auf den Barrikaden gekämpft.

Der Kampf entbrannte, als in den Geschäften das Brot ausging. Aber er musste tiefere Gründe haben, denn der Kampf brach unerhört heftig aus; es gab Tote und Verletzte. Seit einigen Monaten war die Kampagne gegen den Krieg stärker geworden. In der Volksmeinung hatte die Ansicht Fuß gefasst, dass es besser sei, 500 aus den eigenen Reihen für die Sache der Arbeiterschaft zu verlieren, statt 10.000 im Kampf gegen die Deutschen für die Interessen der Bourgeoisie. Und in den Fabriken, wo Kriegsrecht herrschte und das Militär für Ordnung sorgte, wuchs der Unmut der Arbeiter von Tag zu Tag. Diese Situation war der richtige Nährboden für den Gedanken, »es den Russen nachzumachen«, und es musste früher oder später zum Aufstand kommen.

Am Morgen des 23. August fielen die ersten Schüsse. Die Revolte breitete sich ziellos aus. Große Bäume wurden gefällt, Straßenbahn- und Eisenbahnwagen wurden umgestürzt und dienten als Barrikaden. Zwischen der sozialistischen Führung und den Rebellen gab es keine Verbindung. Die Menge verfolgte keine revolutionäre Strategie, sie schien nur plündern und zerstören zu wollen. Und die Soldaten, auf deren Solidarität die Arbeiter zu leichtfertig gehofft hatten, eröffneten das Feuer. Es gab ungefähr 50 Tote und 200 Verletzte. Dann folgte eine Welle von Verhaftungen, der fast alle führenden Köpfe der Turiner PSI-Sektion zum Opfer fielen. Nun musste ein provisorischer Vorstand die Leitung der Turiner Arbeiterbewegung übernehmen – soweit es überhaupt möglich war, in einer Stadt politisch zu agieren, über die im September 1917 das Kriegsrecht verhängt worden war (und das bedeutete Kriegsgericht für alle Aktivitäten und die Weitergabe von Informationen und Meinungen, die von den Richtlinien und offiziellen Informationen der Militärbehörden abwichen).

Gramsci war eines der zwölf Vorstandsmitglieder. Zum ersten Mal übernahm er damit – im Alter von 26 Jahren – eine leitende Funktion im Rahmen der Turiner PSI. Am 1. März 1921 schrieb er rückblickend in der Tageszeitung *L'Ordine nuovo*:

»In Zeiten, die für die Turiner Arbeiterklasse sehr ernst und schwierig waren, wurde einer von uns mit verantwortungsvollen Parteiaufgaben betraut. Als nach den Ereignissen vom August 1917 das Parteibüro zerschlagen und das Gebäude am Corso Siccardi von Militär besetzt war, wurde einer von uns zum Sekretär der Turiner Parteisektion ernannt, und nach der Schlacht von Caporetto[56] war einer von uns beim Kon-

---

[56] Im Oktober/November 1917 erlitten die italienischen Armeen nahe der Stadt Caporetto (nordöstlich von Udine, heute auf jugoslawischem Gebiet) eine große Nie-

gress in Florenz, auf dem über die Haltung und Linie der Partei entschieden werden sollte.«

Lazzari und Bombacci aus dem Vorstand und Gino Pesci von der Fraktion der revolutionären Maximalisten hatten ein geheimes Parteitreffen organisiert, das am 18. November 1917 in Florenz stattfand (Pesci war Sekretär der »Camera del lavoro« in Cagliari gewesen, als Gennaro Gramsci dort als Kassierer arbeitete, und Antonio hatte ihn dort während seiner Schulzeit kennengelernt). Zweck dieses Treffens war es zu betonen, dass auch nach Caporetto der Krieg der Bourgeoisie nichts mit den Interessen des Proletariats zu tun hatte, und Gramsci schloss sich der These von Bordiga an, wonach das revolutionäre Proletariat die durch den Krieg entstandene Krise aktiv für sich nutzen solle.

Am 14. November waren die Bolschewiki seit vier Tagen an der Macht. Die wenigen Nachrichten, die nach Italien gelangten, wurden von der Zensur verstümmelt und von der bürgerlichen Presse verfälscht. Unter dem Titel »I saturnali del leninismo« hatte die *Gazzetta del popolo* am 10. November geschrieben: »Eine Horde von Maximalisten hat die Weinkeller des Winterpalais geplündert, hat sich sinnlos betrunken und wurde dann vom Heer auseinandergejagt.« Das große geschichtliche Ereignis wurde als Aufstand einiger Radaumacher dargestellt. Aber Gramsci, der schon Monate früher, am 28. Juli, seiner Überzeugung Ausdruck verliehen hatte, dass die liberale Revolution in Russland zum Sozialismus führen werde, begriff trotz der Informationszensur und trotz der Verzerrungen der bürgerlichen Presse, dass sich eine große Wende ankündigte. Am 24. November schrieb er in *Il Grido* in einer kurzen Einleitung zu einem Artikel von Souvarine:

»Über die letzten Ereignisse der Russischen Revolution erreichen uns keine genauen Informationen. Dieser Zustand wird wahrscheinlich noch eine Zeitlang andauern. *Il Grido* hat vorhergesehen – was nicht schwer war –, dass die Russische Revolution nicht in der Kerenskij-Phase stehenbleiben würde. Die Russische Revolution geht weiter.«

Am selben Tag erschien in der nationalen Ausgabe des *Avanti!* ein Kommentar von Gramsci mit dem Titel »La rivoluzione contro il ›Capitale‹« (Die Revolution gegen das »Kapital«). Der Kommentar ist gewiss der beste Beleg dafür, dass Gramsci sich der Kategorisierung in zu starren Schemata widersetzte, wie sie für einige Marxinterpreten typisch waren. Es war sein erster Artikel für eine Zeitung, die in ganz Italien gelesen wurde:

»Die Revolution der Bolschewiki ist die Revolution gegen das *Kapital* von Karl Marx. Das *Kapital* von Marx war in Russland ein Buch der Bourgeoisie, weniger ein Buch des Proletariats. Es war die kritische

derlage, wodurch sie bis zum Piave zurückgeworfen wurden. Die Niederlage kostete 10.000 Tote, 30.000 Verwundete und 300.000 Kriegsgefangene (T.N.).

Demonstration der schicksalhaften Notwendigkeit, dass sich in Russland eine Bourgeoisie entwickeln würde, dass eine kapitalistische Ära beginnen und eine Zivilisation des westlichen Typus entstehen würde, bevor das Proletariat überhaupt an seine eigene Befreiung, seine eigenen Klasseninteressen, seine eigene Revolution denken könne. Die Tatsachen haben den Rahmen gesprengt, innerhalb dessen die Geschichte Russlands nach den Gesetzen des historischen Materialismus hätte ablaufen müssen. Die Bolschewiki verleugnen Karl Marx; sie bestätigen mit dem Beweis der vollendeten Tat, mit ihren Errungenschaften, dass die Gesetze des historischen Materialismus nicht so ehern sind, wie man denken könnte und gedacht hat.«

Die Einflüsse von Hegel und Croce waren hier deutlich zu spüren:

»Wenn die Bolschewiki einige Sätze des *Kapitals* bestreiten, so leugnen sie doch nicht seinen immanenten, lebendigen Geist. Sie sind eben keine ›Marxisten‹, das ist alles. Sie haben auf dem Werk des Meisters keine oberflächliche Lehre aus dogmatischen und unanfechtbaren Behauptungen errichtet. Sie leben das marxistische Denken, ein Denken, das immer lebendig bleiben wird, das die Fortführung des idealistischen Denkens in Italien und Deutschland ist und das bei Marx mit positivistischen und naturalistischen Verkrustungen überzogen worden ist.«

Noch einmal stritt Gramsci ab, dass die Geschichte eine gesetzmäßige Entwicklung sei, die von rein wirtschaftlichen Faktoren bestimmt ist; dem Determinismus der Positivisten setzte er den Willen des Menschen als Hauptfaktor der Geschichte entgegen. Man muss hinzufügen, dass der junge, kämpferische Journalist nicht wie viele andere glaubte, in Russland seien nach dem Umsturz des alten Systems paradiesische Zustände eingekehrt (auch später war er sich immer der Schwierigkeiten bewusst, die jeden geschichtlichen Bruch begleiten). Er formulierte diese Erkenntnis hart: »Am Anfang wird es ein Kollektivismus des Leidens und der Armut sein«, sagte aber auch:

»Der Kapitalismus könnte jetzt in Russland nicht *sofort* das leisten, was der Kollektivismus leisten wird. Er könnte sehr viel weniger erreichen, weil er *sofort* ein unzufriedenes und aufgebrachtes Proletariat gegen sich hätte, das die Schmerzen und die Bitterkeit der materiellen Not nicht noch auf Jahre hinaus zu ertragen imstande wäre.«

Abgesehen von seiner Tätigkeit als Publizist war Gramscis Organisations- und Propagandaarbeit im provisorischen Exekutivkomitee der Turiner PSI-Sektion auch durch die Zensur der Militärbehörden stark eingeschränkt. In den Unterlagen wird nur eine Resolution gegen den Zollprotektionismus erwähnt, die vom provisorischen Exekutivkomitee beschlossen wurde. Zu diesem Thema, für das sich Gramsci seit jeher stark interessiert hatte, war am 20. Oktober 1917 eine Sondernummer von *Il Grido* mit Beiträgen von Ugo Mondolfo, Umberto Cosmo, Bruno Buozzi und einem Artikel von Togliatti erschienen, dem ersten, den er für eine sozialistische Zeitung schrieb und den man als sein Debüt in der Politik bezeichnen kann. Nach dem Staatsexamen in Jura hatte Togliatti sich für Philosophie eingeschrieben und absolvierte zu der Zeit in Caserta einen Offizierslehrgang.

Obwohl der Spielraum für politische Aktivitäten gering war, setzte sich Gramsci weiterhin sehr stark für die politische Erziehung der Jugendlichen ein. Er hatte eine Diskussionsrunde für junge Sozialisten gegründet. »Ich gebe einem von ihnen die Aufgabe, sich mit einem Text zu beschäftigen«, schreibt er in dieser Zeit an Giuseppe Lombardo Radice, »zum Beispiel ein Kapitel aus *Cultura e vita morale* (Kultur und Moral) von Benedetto Croce; oder Salveminis *Problemi educativi e sociali* (Gesellschaftliche und Erziehungsprobleme) oder sein Buch über die Französische Revolution oder seine *Cultura e laicità* (Kultur und Weltlichkeit); oder das Kommunistische Manifest; oder eine *postilla* aus Croces Zeitschrift *La Critica* oder etwas anderes, das die idealistische Bewegung des Augenblicks widerspiegelt.«[57] Dieser Aufgabe folgte dann nach einigen Tagen eine Diskussion, fast immer unter freiem Himmel. Carlo Boccardo, eines der jungen Mitglieder der Diskussionsrunde, erzählt:

»Wir machten lange Spaziergänge unter den Säulengängen. Gramsci ging sehr langsam in unserer Mitte. Andrea Viglongo und Attilio Carena, der Bruder von Pia, waren dabei, manchmal auch Angelo Pastore, der jüngere Bruder von Ottavio. Gramsci ließ uns reden. Wir waren alle 16 oder 17 und entsprechend unwissend und unerfahren, manchmal auch anmaßend. Aber Gramsci war nicht ungeduldig. Er verhielt sich nie wie einer, der das Wissen für sich gepachtet hat; er respektierte die Ideen der anderen und hörte gern zu. Als Letzter griff er dann in das Gespräch ein, umriss das Problem, und wir erkannten unsere Fehler und korrigierten sie. Ein paar Monate lang trafen wir uns regelmäßig jeden Abend. Ich erinnere mich noch an die Silvesternacht 1917, die wir bei Andrea Viglongo verbrachten. Um das Ende des alten Jahres und den Beginn des neuen zu feiern, hatte Andreas Mutter einen Berg von Pfannkuchen gebacken. Wir saßen im Direktionszimmer der Schule, in der Andreas Vater als Hausmeister arbeitete. Während wir auf das neue Jahr warteten, lasen und diskutierten wir die *Erinnerungen* des Marc Aurel [...] Dann mussten wir einer nach dem anderen in den Krieg, und die Diskussionsrunde löste sich auf.«[58]

---

[57] Die Auswahl dieser Texte ist bezeichnend für Gramscis damalige intellektuelle und politische Einstellung. Marx war für ihn ein »geistiger und moralischer Lehrer, kein Hirte, dem die Herde blind folgen muss«, kein »Messias, der eine Reihe von kategorischen Imperativen, unanfechtbaren und absoluten Normen jenseits von Raum und Zeit hinterlassen hat«.

[58] Eine Widmung, die Gramsci für den jungen Attilio Carena schrieb, als dieser zum Militär eingezogen wurde, ist leider verloren gegangen. Sie stand auf der ersten

Nach der Verhaftung von Maria Giudice war Antonio Gramsci nun der einzige Redakteur von *Il Grido* und leitete das Blatt allein. Die sozialistische Wochenzeitung gewann schnell an Format. Gramsci verfolgte aufmerksam die Entwicklung der Russischen Revolution und ließ sich von dem polnischen Genossen Aron Wizner Texte bolschewistischer Autoren, Nachrichten und Dokumente übersetzen, die er dann in *Il Grido* veröffentlichte. Sein Wegbegleiter Piero Gobetti erinnert sich an diese Zeit:

»Aus der kleinen Propagandazeitschrift der Partei wurde 1918 eine Zeitschrift des kulturellen und intellektuellen Lebens. Sie veröffentlichte die ersten Übersetzungen der russischen Revolutionsschriften und versuchte eine politische Einschätzung des bolschewistischen Vorgehens. Die Anregung zu diesen Studien ging von Gramsci aus. In der Gestalt Lenins sah er den heroischen Willen zur Befreiung verkörpert: die Ideale und Motive, die den bolschewistischen Mythos ausmachten, kamen tief aus der Psyche des Volkes. Sie sollten der italienischen Revolution nicht als Modell dienen, sondern Ansporn sein zu einer eigenen, von der Basis ausgehenden Initiative.«

Die Russische Revolution lieferte also nicht ein Modell, das mechanisch übertragen werden konnte, sondern sollte dazu anregen, die historische und sozioökonomische Realität Italiens neu zu überdenken: Gramsci lehnte nach wie vor Politik als eine abstrakte, normative Wissenschaft jenseits von Raum und Zeit ab. Nach seiner Ankunft in der Großstadt hatte er sich zuerst bemüht, die Denk- und Lebensweise des »Dörflers« abzulegen. Nun wollte er auch über den nationalen Horizont hinaus. Er schreibt über sich selbst in der dritten Person:

»Er stellte die nationalen den europäischen Denkweisen gegenüber, die kulturellen Bedürfnisse und Tendenzen Italiens denen Europas (zwar in den Grenzen seiner persönlichen Möglichkeiten, aber mit einem umso stärkeren Bewusstsein von der Notwendigkeit dieser Gegenüberstellung).« Und so wie dieser »drei- oder vierfache Provinzler« einst versucht hatte, den nationalen Gedanken zu erfassen, ohne sein sardisches Erbe zu verleugnen, so lag die Originalität des italienischen Politikers jetzt darin, sich den europäischen Gedanken und den Gedanken der Leninistischen Revolution anzueignen, ohne dabei die besondere Realität seines eigenen Landes aus den Augen zu lassen. Gramscis »Autonomismus«, seine Analyse der historischen Bedingungen, unter denen sich die italienische Gesellschaft entwickelt hatte, und seine Suche nach den Möglichkeiten, den Klassenkampf

---

Seite des Büchleins *Ricordi dell'imperatore Marc'Aurelio Antonio* (Erinnerungen des Kaisers Marc Aurel Antonius), das Barbera 1911 herausgegeben hatte, und sie enthielt, nach Auskunft von Alfonso Leonetti, eine Reihe von Verhaltensmaßregeln, gewissermaßen die Zehn Gebote der Diskussionsrunde (»Du sollst […] Du wirst […]« usw.).

in dieser spezifischen Gesellschaft voranzutreiben, kamen in seinen Artikeln in *Il Grido* deutlich zum Ausdruck.

Die letzte Ausgabe dieser Wochenzeitung erschien am 19. Oktober 1918. Mit Recht schreibt ihr »einziger Redakteur«, der die Entdeckung des Turiner Journalismus der Kriegsjahre gewesen war, in seinem Abschiedswort an die Leser, er habe die Zeitung von einer Wochenzeitung mit Lokalnachrichten und Propaganda in ein »kleines Forum sozialistischer Kultur« verwandelt, das versucht habe, der Lehre und Taktik des revolutionären Sozialismus gerecht zu werden.

13

Der Krieg war zu Ende. Gennaro Gramsci war Oberfeldwebel des 21. Pionierregiments gewesen und hatte erst in Monterosso und Montenero, dann in den Bergen über Caporetto gekämpft. Nach seinem Abschied vom Heer leitete er in Cagliari eine Konsumgenossenschaft. Auch der jüngste Bruder, Carlo, war im Krieg Offizier gewesen und war jetzt nach Ghilarza zurückgekehrt – eine Zeitlang fand er keine Arbeit, und es fiel ihm nicht leicht, sich wieder an das bürgerliche Leben zu gewöhnen. Mario trug immer noch Uniform – als Absolvent des Priesterseminars hatte er Leutnant werden können. In Varese hatte er Anna Maffei Parravicini kennengelernt, die aus einer lombardischen Aristokratenfamilie stammte, und die beiden wollten bald heiraten. Bei Signor Ciccillo und Signora Peppina in Ghilarza lebten außer Carlo noch Grazietta und Teresina. Emma, die zwei Jahre älter war als Antonio, arbeitete als Buchhalterin bei der Firma, die den Tirso-Staudamm baute. Die materielle Not in der Familie war jetzt nicht mehr so groß, und das Leben war leichter geworden. Die Eltern waren sehr stolz auf Nino, aber nach wie vor fehlte Signor Ciccillo das Verständnis für die Ideen, die sich der Junge in den Kopf gesetzt hatte und für seine seltsame Illusion, er könne die Welt verändern. Ja, wenn er bei der *Domenica del Corriere* arbeiten würde oder beim *Giornale d'Italia*, das waren ordentliche Zeitungen, die wurden von intelligenten Leuten gemacht, das wäre etwas ganz anderes gewesen [...] Solche Bemerkungen schnitt seine Frau, die regelmäßig alle Artikel las, die Antonio dick rot angestrichen nach Hause schickte, mit der ruhigen Antwort ab: »Schon gut, aber er sieht die Dinge nun mal so [...]«

1919 war Antonio Gramsci in Sardinien kaum bekannt. Aber für die Leute in Ghilarza war er schon eine Berühmtheit. Velio Spano erzählte:

»Eines Tages zeigte mir eine Verwandte auf dem Weg von Ghilarza nach Abbasanta kurz vor dem Dorf ein hübsches Mädchen und sagte: Schau mal, das ist die Schwester von Nino Gramsci. Damals hörte ich diesen Namen zum ersten Mal und fragte, wer das sei. Sie sagte mit deutlichem Stolz in der Stimme, er sei ein Professor, ein Journalist, der auf dem Festland lebe.«

Seit dem 5. Dezember 1918 arbeitete Gramsci ausschließlich für den *Avanti!*, von dem nun auch eine piemontesische Ausgabe erschien, die in Turin in der Via Arcivescovado an der Ecke zur Via XX Settembre gedruckt wurde. Er hatte sich verändert und nichts mehr gemein mit dem schüchternen, verschlossenen Jüngling der ersten Turiner Jahre, der gerade erst aus Sardinien gekommen war, unter der Einsamkeit gelitten und die Großstadt als etwas Feindliches empfunden hatte – und der sich auf diese unpersönliche Atmosphäre reagierend in sich selbst zurückgezogen hatte. Jetzt hatte er endlich einen Beruf gefunden, der ihn forderte und ausfüllte. Auch mit seinem verwachsenen Körper kam er jetzt besser zurecht, und sein Gesundheitszustand war so weit ganz gut – in der Redaktion machte er sich einen Spaß daraus, die Handgelenke der Kollegen mit aller Kraft zusammenzudrücken, um seine körperliche Stärke unter Beweis zu stellen. Er entwickelte eine ungeahnte Vitalität und machte für seine Arbeit enorme Energien frei. Mit seiner zunehmenden Selbstsicherheit verblasste allmählich das Bild eines Gramsci, der eher (wie es bei Gobetti heißt) für »asketische Linguistikstudien« geschaffen schien als für den politischen Kampf.

Aber er war so daran gewöhnt, seine Gefühle nicht zu zeigen, dass er auch jetzt noch reserviert, ja fast kalt wirkte. Wohl scherzte er und lachte auch, aber dieses Lachen war nicht natürlich, es kam aus dem Kopf. Spontan waren nur die Wutausbrüche, sie wirkten als Ventil für die lang aufgestauten Gefühle des Schmerzes und die enorme Willensanstrengung bei Arbeit und Studium. In der politischen Auseinandersetzung war er unerbittlich. Seine Theaterkritiken waren bei Autoren und Theaterleuten gefürchtet. Nino Berrini strich einmal eine Woche lang um ihn herum, weil er eine freundliche Kritik haben wollte – er wurde trotzdem verrissen. Die Schmeicheleien von Schriftstellern und Schauspielern waren ihm lästig. Gramscis hartes Urteil entsprang seiner Abneigung gegen jegliche Heuchelei, die so stark war, dass er hinter jeder milden Formulierung einen Anflug von Unehrlichkeit befürchtete.

Einige Monate lang hatte er in der Parteiorganisation kein Amt. Er war Mitglied des provisorischen Vorstands gewesen, nachdem die alten Führer nach den Unruhen im August 1917 verhaftet worden waren. Aber als sich jetzt die Gefängnisse leerten und die Soldaten ins zivile Leben zurückkehrten, normalisierte sich auch das Parteileben. Das neue Exekutivkomitee der Turiner Sektion wurde am 28. November 1918 gewählt, und die Vertreter der »harten ultralinken Linie« hatten in ihm die Mehrheit (u. a. Francesco Barberis, Giovanni Boero, Pietro Rabezzana, Giovanni Gilodi und später auch Giovanni Parodi). Gramsci verbrachte seine Tage in einem kleinen Redaktionszimmer des *Avanti!* in der Via Arcivescovado, das nicht weit vom Königlichen Arsenal im Gebäude einer ehemaligen Fürsorgeanstalt lag. Von der Via Arcivescovado aus durchquerte man einen Hof, auf dem sich ein Schuhlager des Turiner Genossenschaftsverbands befand. Im Erdgeschoss der ehemaligen Fürsorgeanstalt war die Druckerei mit einer alten Marinoni-Rotationsmaschine und einem halben Dutzend Linotypes untergebracht, und im Stockwerk darüber lag die Redaktion, die man mit Holzwänden in sieben oder acht Zimmer unterteilt hatte. Eine Wendeltreppe verband die beiden Stockwerke miteinander. Auf Gramscis antikem Schreibtisch stapelten sich Berge von Büchern zwischen unordentlich aufgehäuften Zeitungen und fälligen oder überfälligen Korrekturfahnen.

Hier schrieb er, las er, sprach mit Berichterstattern aus den Betrieben, politischen und gewerkschaftlichen Funktionären aus Turin und der Provinz, jungen Studenten und Mitgliedern der »commissioni ininterne«. Spät in der Nacht ging er nach Hause, meist begleitet von einigen der jüngeren Genossen, von Alfonso Leonetti, einem jungen Apulier, der im Ugo-Foscolo-Institut unterrichtete, von Giuseppe Amoretti, Mario Montagnana, Andrea Viglongo oder Felice Platone. Tasca, Togliatti und Terracini waren zurückgekehrt, und das Zeitungsprojekt der ehemaligen Studentengruppe kam wieder zur Sprache. Gramsci hatte sich eingehend mit der Oktoberrevolution beschäftigt und verfolgte deren weitere Entwicklung mit großem Interesse. Seit 1917 wurden in Italien die ersten Auszüge aus Lenins Schriften bekannt. Sie wurden veröffentlicht von französischen Zeitschriften und dem amerikanischen *Liberator*, der von Max Eastman herausgegeben wurde. *Der Imperialismus* und *Staat und Revolution* wurden nun in Italien gelesen, und durch die Lektüre dieser Schriften fand Gramsci neue Antworten auf die Fragen, vor die er sich als Italiener gestellt sah, der aus dem Mezzogiorno in die große Industriestadt gekommen war. Er und die anderen Genossen seiner Generation verspürten dringend das Bedürfnis nach einer Zeitung, in der diese Themen frei diskutiert werden konnten, frei auch von Kontrolle durch die Führungsgruppen der Partei.

Gobetti beschreibt uns die Gründer von *L'Ordine nuovo*, die er gut gekannt hat. Tasca war damals 27 und »kam mit einer vorwiegend literarischen Bildung und der Mentalität eines Apostels und Propagandisten zur politischen Bewegung«. Seine Auffassung vom Sozialismus war »die eines Theoretikers, eines Heilsverkünders, der die Erlösung des Volkes als Rückkehr zur Natur im Sinne der Aufklärung sah. Gegen die Realität der modernen Zivilisation setzte er seinen kleinbürgerlichen Traum vom Arbeiter, der seine Kraft aus einer maßvollen und einfachen Lebensweise und aus der Ruhe schöpft, die er in seinem Häuschen mit Garten findet.« Terracini kam aus einer einfachen jüdischen Familie und war 24 Jahre alt. Er hatte »eine zurückhaltende Art, war aus Prinzip gegen jede Demagogie, ein scharfsinniger Denker, der in der politischen Auseinandersetzung und Aktion unnachgiebig und stur bis zur Starrköpfigkeit war.« Er wurde als der »Diplomat und der Machiavelli der Gruppe« bezeichnet. Togliatti war als Letzter zur Politik gekommen und war von einer inneren Unruhe erfüllt, »die sich als herrischer und gnadenloser Zynismus gab, in Wirklichkeit aber seiner Unentschlossenheit entsprang; oft wurde er als Zweifler eingeschätzt, obwohl er womöglich nur vergebens gegen seine eigene überkritische Haltung ankämpfte«. Schließlich Antonio Gramsci:

»Der Geist ist größer als der Körper [...] Seine Stimme ist so scharf wie seine zersetzende Kritik, seine Ironie wird von Sarkasmus vergiftet, seine von einer despotischen Logik beherrschte Dogmatik lässt selbst seinen Humor gefühllos erscheinen [...] Seine Auflehnung entspringt mal einer Verstimmung, mal der aufgestauten Wut des Inselbewohners, der sich nur durch die Tat entladen kann, der sich von der jahrhundertelangen Sklaverei nur befreien kann, wenn er seine Aktion und Propaganda mit fast tyrannischer Energie vorantreibt.«

Was wollten Gramsci, Tasca, Terracini und Togliatti als ihre neue Botschaft verkünden, und hatten sie überhaupt die gleichen Ziele, die gleichen Vorstellungen – oder waren sie sich nur einig in der gemeinsamen Ablehnung von Turati, Treves und den anderen Vertretern der reformistischen Tradition? »Ach«, schreibt Gramsci später, »das einzige Gefühl, das uns verband [...] war die vage Leidenschaft für eine vage proletarische Kultur; wir hatten einen ungeheuren Aktionsdrang, fühlten uns eingeengt, ohne ein präzises Ziel erlebten wir die Umbruchstimmung der unmittelbaren Nachkriegszeit, als der Zusammenbruch der italienischen Gesellschaft bevorzustehen schien.« Sie setzten sich zusammen, diskutierten, Tasca brachte das nötige Geld auf – 6.000 Lire. Am 1. Mai 1919 erschien die erste Ausgabe von *L'Ordine nuovo*, »das einzige Zeugnis eines revolutionären und marxistischen Journalismus, das in Italien mit einer ernsthaften geistigen Zielsetzung entstanden ist«, wie Gobetti später sagt. Im Impressum zeichnete Antonio Gramsci als »Redaktionsvorsitzender« verantwortlich, die Verwaltungsarbeit erledigte Pia Carena, die auch eine ausgezeichnete Übersetzerin französischer Texte war (z. B. von Romain Rolland, Henri Barbusse und Marcel Martinet).

Anfangs war es schwierig, der Zeitung die Richtung zu geben, die Gramsci im Auge hatte. »Es war nichts weiter als eine Textsammlung« (diese etwas übertrieben harte Einschätzung stammt von Gramsci selbst), »eine Kulturzeitschrift mit der Tendenz, geschmacklose Novellen und gutgemeinte Holzschnitte zu veröffentlichen.« Später formuliert er seine Kritik präziser. Gramsci warf Tasca vor, gegen den Vorsatz verstoßen zu haben, »gemeinsam alle Kräfte einzusetzen, um eine sowjetische Tradition in der italienischen Arbeiterklasse aufzuspüren und die echte revolutionäre Traditionslinie Italiens freizulegen«. Was also stellte sich Gramsci vor? Er verfolgte mit großer Aufmerksamkeit die Entwicklung der Sowjets, der Fabrik- und Bauernräte, in denen sich die russischen Arbeiter und Bauern organisiert hatten, und er fragte sich: »Gibt es in Italien eine Institution der Arbeiterklasse, die mit dem Sowjet vergleichbar wäre oder ihm nahekommt? [...] Gibt es hier in Italien, in Turin, einen Ansatz zu einer Räteregierung?« Die Antwort war: »Ja, in Turin, in Italien, ist der Ansatz für einen Sowjet, eine Arbeiterregierung vorhanden und zwar in den ›commissioni interne‹«.[59] Aber wie konnte diese embryonale Form der Arbeiterdemokratie zum Or-

[59] Diese »commissioni interne« waren Fabrikkomitees, die von den Gewerkschaftsmitgliedern auf der Ebene der einzelnen Abteilungen gewählt wurden (T.N.).

gan der proletarischen Macht werden? Gramscis zentraler Gedanke war, dass *alle* Arbeiter, *alle* Angestellten, *alle* Techniker, *alle* Bauern – kurz, alle aktiven Mitglieder der Gesellschaft, *ob gewerkschaftlich organisiert oder nicht, ob einer Partei zugehörig oder nicht – aufgrund der einfachen Tatsache, dass sie Arbeiter und Bauern sind*, nicht mehr als bloße *ausführende Elemente* fungieren, sondern den Produktionsprozess selbst in die Hand nehmen sollten. Statt Zahnräder in einem Mechanismus zu sein, der vom Kapitalisten gesteuert wird, sollten sie diesen selbst steuern. Das heißt, die von den Arbeitern demokratisch gewählten Gremien (Fabrikräte, Bauern- und Stadtteilräte) sollten von der Basis mit der Macht ausgestattet werden, die bisher in der Fabrik und auf den Feldern die besitzende Klasse und in den öffentlichen Verwaltungen die Stellvertreter der Kapitalisten ausgeübt hatten. Die »commissioni interne« wurden nur von den gewerkschaftlich organisierten Arbeitern gewählt, aber die Fabrikräte sollten von allen Arbeitern gewählt werden, auch von den Anarchisten und sogar von den Katholiken. Gramscis Antiklerikalismus war also gewiss nicht engstirnig.[60] Den Fabrikräten ging es auch nicht mehr wie den Gewerkschaften um den Kampf für Lohnerhöhungen, für eine demokratische Ordnung des Fabriklebens, bessere Arbeitszeiten, Hygiene am Arbeitsplatz, zusätzliche Feiertage usw. Der Fabrikrat, der sich aus in jeder Abteilung gewählten Kommissaren zusammensetzte, sollte nicht mit dem Kapitalisten verhandeln, sondern schlicht an dessen Stelle treten, um den gesamten Produktionsablauf selbst zu lenken. Es stellt sich die Frage, ob zu diesem Zeitpunkt die Massen nicht nur in Turin, sondern in ganz Italien das Bewusstsein, die Reife und den revolutionären Geist besaßen, die Voraussetzung für eine solche Umwälzung gewesen wären. Was sprach dafür, dass in ganz Italien eine revolutionäre Stimmung herrschte? Diese Frage ist bis heute ungeklärt. Die einen lasten die Niederlage der Bewegung der Fabrikräte der lauen Politik der Sozialistischen Partei und der Gewerkschaft an, andere bezeichnen die Bewegung als ein intellektuelles Gebäude, das sich eine Gruppe junger Theoretiker ausgedacht hatte, ohne die Tragfähigkeit des Bodens zu prüfen, auf dem dieses kühne Bauwerk entstehen sollte – nur der Turiner Pfeiler stand auf festem Grund. Sicher ist, dass die Idee der Fabrikräte von den Turiner Arbeitern sofort aufgegriffen wurde, als am 21. Juni 1919 in *L'Ordine nuovo* der Artikel »Democrazia operaia« (Arbeiterdemokratie) erschien. Der Artikel, den Gramsci gemeinsam mit Togliatti verfasst hatte, schloss:

»Die Formel ›Diktatur des Proletariats‹ darf nicht länger eine leere Formel bleiben, ein bequemer Anlass, mit revolutionären Phrasen um

[60] Im März 1920 schrieb er dazu: »In Italien, in Rom, gibt es die Kirche und den Papst. Der liberale Staat musste einen Ausgleich mit der geistlichen Macht der Kirche finden. Genauso wird auch der Arbeiterstaat einen Ausgleich mit ihr finden müssen.«

sich zu werfen. Wer das Ziel will, muss auch die Mittel akzeptieren. Die Diktatur des Proletariats ist die Errichtung eines neuen, spezifisch proletarischen Staates, in dem die institutionellen Erfahrungen der unterdrückten Klasse zusammenfließen und in dem das gesellschaftliche Leben der Arbeiter- und Bauernklasse auf einer erweiterten und verstärkten Grundlage organisiert wird. Dieser Staat lässt sich nicht improvisieren.«

Über die Reaktion der Arbeiter auf diese Vorstellungen berichtet Gramsci: »Togliatti, Terracini und ich wurden zu Diskussionen in den Freizeitvereinen und bei Fabrikversammlungen eingeladen und von den ›commissioni interne‹ zu Gesprächen im engen Kreis mit Vertrauensleuten und Gewerkschaftern aufgefordert. Es ging voran, die Frage der Entwicklung der ›commissioni interne‹ wurde zur *Idee* des *Ordine nuovo*, zum Hauptproblem der Arbeiterrevolution und der proletarischen ›Freiheit‹. *L'Ordine nuovo* wurde für uns und unsere Anhänger die ›Zeitung der Fabrikräte‹.«

In der Zwischenzeit planten die Regierungen der Entente, Italien ausgenommen, konterrevolutionäre Aktionen gegen die neuen sozialistischen Sowjetrepubliken Russland und Ungarn. In Italien war für den 20. und 21. Juli 1919 ein großer Solidaritätsstreik geplant. Gegen Ende März desselben Jahres wurde die »Brigata Sassari« – die vorwiegend aus sardischen Hirten und Bauern bestand – zum Schutz der öffentlichen Ordnung nach Turin abkommandiert. Seit Mai war Gramsci wieder Mitglied des Turiner Exekutivkomitees, das sich aus lauter überzeugten Revolutionären zusammensetzte. Bis auf Gramsci und Clementina Berra, die als Büroangestellte arbeitete, waren alle Arbeiter, den Vorsitz hatte Giovanni Boero. Gramsci versuchte vor allem, seine Landsleute, die Soldaten der »Brigata Sassari«, zur Solidarität mit den Turiner Arbeitern zu bewegen. Er wollte ihnen klarmachen, dass sie, wenn sie auf einen Arbeiter schießen, zugleich auf jemand schießen, der auch für die Befreiung der Hirten und Bauern kämpft. Die Aufgabe war nicht leicht, denn er hatte es mit zwei Fronten zu tun: Zum einen musste er die Soldaten für die Sache der Arbeiter gewinnen, zum anderen aber versuchen, die Rachegefühle der Turiner Proletarier – und hier vor allem der Anarchisten – zu bremsen, denen frühere Repressalien noch allzu lebendig in Erinnerung waren. Wie schwer diese Aufgabe war, wird aus dem von Gramsci überlieferten Bericht eines Kürschnereiarbeiters deutlich, der aus Sassari stammte und zu den Soldaten der »Brigata« geschickt worden war, um den ersten Kontakt herzustellen. Der Kürschner machte sich an einen von ihnen heran und wurde freundlich begrüßt.

»Warum seid ihr nach Turin gekommen?« – »Wir sind gekommen, um auf die ›Signori‹ zu schießen, die Streik machen«. – »Aber es sind nicht die ›Signori‹, die streiken, sondern die Arbeiter und die sind arm.« – »Hier sind alle ›Signori‹ – sie tragen alle Kragen und Krawatte und verdienen 30 Lire am Tag. Ich kenne die Armen und weiß, wie sie angezogen sind; in Sassari, da gibt es viele Arme, wir Landarbeiter sind alle arm und verdienen am Tag 1,50 Lire.« – »Aber ich bin auch ein Arbeiter und bin arm.« – »Du bist arm, weil du Sarde bist.« – »Aber wenn ich mit den anderen zusammen streike, schießt du dann auf mich?« – Der Soldat überlegte kurz, dann klopfte er mir auf die Schulter und sagte: »Hör zu, wenn du mit den anderen streikst, dann bleib zu Hause!«

Gramsci kommentiert: »Dies war die Einstellung der meisten aus der ›Brigata‹, in der sich übrigens nur wenige Bergarbeiter aus dem Sulcis-Iglesiente befanden. Aber nach wenigen Monaten, kurz vor dem Generalstreik am 20. und 21. Juli, wurde die ›Brigata‹ aus Turin abgezogen.« In der Nacht zum 18. Juli fuhr sie um zwei Uhr in Sonderzügen nach Rom ab. Ein Soldat der Einheit, Antonio Contini aus Bonorva, erinnert sich: »Die Turiner säumten in der Nacht unserer Abreise die Straße und applaudierten. Mit uns waren sie zufrieden, weil wir sie – im Unterschied zu anderen – respektiert hatten wie sie uns auch. Kein Schuss ist gefallen, keinen Zusammenstoß hat es gegeben. Deswegen waren sie zufrieden und klatschten.«

Zwei Tage später, am 20. Juli, wurde Gramsci zum ersten Mal inhaftiert – wenn auch nur kurz. Ein anderer politischer Häftling, der junge Arbeiter Mario Montagnana, sah ihn beim Hofgang in den runden Innenhöfen des Gefängnisses.

»Ich sah, wie mindestens ein Dutzend Gefängniswärter um einen kleinen Mann im dunklen Anzug herumstanden. Er sprach freundlich mit ihnen, und sie hörten ihm andächtig zu. Es war Gramsci. Innerhalb von 36 Stunden hatte er es in seiner Zelle geschafft, zahlreiche Gefängniswärter für sich zu gewinnen und sie zu faszinieren. Sie kamen wie er aus Sardinien, und er sprach mit ihnen im Dialekt ihrer Heimat, in seiner einfachen Ausdrucksweise, die dennoch voll von Emotionen war und reich an Beobachtungen und Gedanken. Ein Gefängniswärter hatte es dem anderen weitergesagt: ›Hast du schon gehört, in Nummer soundso sitzt ein Sarde, ein Politischer [...] Geh mal hin und unterhalte dich mit ihm.‹ Bei seiner Entlassung begleiteten ihn einige bis zum Kontrollbüro. Sie waren stolz auf diesen Sarden, der so intelligent, gebildet und sympathisch war.«

Anfang September geschah dann das, was die Gruppe von *L'Ordine nuovo* als den Anfang der revolutionären Bewegung sah. Die 2.000 Arbeiter bei Fiat-Brevetti wählten ihre Abteilungskommissare, und es entstand der erste Fabrikrat. Im Fiat-Hauptwerk geschah das Gleiche. Dieser Aktion war eine ungeheure Propagandakampagne vorausgegangen – den ganzen Sommer über hatten Gramsci und die anderen Mitarbeiter von *L'Ordine nuovo* immer wieder die Notwendigkeit bekräftigt, die traditionellen Institutionen der Arbeiterbewegung (Partei und Gewerkschaft), »die diese revolutionäre Kraft nicht mehr bändigen konnten«, durch »ein Netz proletarischer Institutionen, die im Bewusstsein der breiten Masse verankert sind« – die Fabrikräte – zu unterstützen. *L'Ordine nuovo* hatte Artikel von John Reed veröffentlicht (Wie funktioniert der Sowjet), von Fournière (Schema eines sozialistischen Staates), von Gramsci (Der ungarische Sowjet) und Ottavio Pastore (Das Problem der »commissioni interne«), von Lenin (Bürgerliche und proletarische Demokratie) und von Andrea Viglongo (Zu neuen Institutionen). Ständig wurde über ähnliche Erfahrungen in anderen Ländern berichtet, z. B. über den revolutionären Gewerkschaftsverband Industrial Workers of the World (IWW), der vom Gedanken des amerikanischen Marxisten Daniel De Leon geprägt war, oder über die englische Bewegung der *shopstewards* (jeweils 15 Arbeiter wählen einen Vertreter, die Vertreterversammlung bildet das Arbeiterkomitee, und alle Komitees einer Region bilden das regionale Arbeiterkomitee). Aus der Analyse dieser Bewegungen und dem Vergleich mit den Erfahrungen der Sowjets sowie aus der Diskussion in den Turiner Fabriken war das neue Konzept einer proletarischen Selbstregierung von Partei- und Gewerkschaftsmitgliedern und nicht organisierten Arbeitern entstanden. Jetzt erwies die Bildung der ersten Fabrikräte bei Fiat, dass das Prinzip praktisch umzusetzen war. Am 5. Oktober schrieb Georges Sorel in *Il resto del Carlino*: »Was in den Fiat-Werkstätten geschieht, ist wichtiger als alle Schriften, die in der ›Neuen Zeit‹ veröffentlicht werden.« Sorels Unterstützung der Bewegung war ein gefundenes Fressen für alle, die die Gruppe des *L'Ordine nuovo* als Anarcho-Syndikalisten bezeichneten. Gramsci kam dieser Polemik zuvor, indem er auf den Unterschied hinwies zwischen Sorel, »dessen zu gutgemeinter Einsatz für die Sache des Proletariats ihn den Kontakt zur Wirklichkeit und jedes Verständnis für die reale Geschichte verlieren lässt« und der syndikalistischen Theorie, »die von seinen Schülern und Propagandisten vielleicht anders ausgelegt worden ist, als der Meister es beabsichtigte«. Er fügte hinzu:

»Sorel hat sich nie auf eine bloße Formel beschränkt, und indem er heute an all dem festhält, was an seiner Lehre neu und vital war – nämlich die ausdrückliche Notwendigkeit, dass die proletarische Bewegung eigene Ausdrucksformen finden und eigene Institutionen ins Leben rufen muss – kann er voll Verständnis und Zustimmung auf die von den russischen Arbeitern und Bauern ausgehende schöpferische Bewegung blicken und ebenso die italienischen Sozialisten, die diesem Beispiel folgen wollen, als ›Genossen‹ begrüßen.« (*L'Ordine nuovo*, 11. Oktober 1919)

In jeder neuen Ausgabe von *L'Ordine nuovo* erschienen theoretische Texte, praktische Aktionsprogramme, sowie aus der russischen, französischen und englischen Arbeiterpresse übersetzte Artikel über das Leben in der Fabrik und die Fabrikräte-Texte von Arthur Ransome, Bucharin, Béla Kun, Jules Humbert-Droz. Im Herbst kam zu dieser ständigen theoretischen Arbeit der Bewegung der Fabrikräte die Diskussion über den bevorstehenden Kongress der Sozialistischen Partei. Für den 16. November 1919 waren die ersten Wahlen nach dem Krieg angesetzt. Sechs Wochen vorher, vom 5. bis 8. Oktober, fand der Parteitag der PSI statt. Der Kongress war deutlich links orientiert – sogar die Vertreter »rechter« Programme stimmten für den Beitritt der PSI zur Dritten Internationale. Keines der drei vorgestellten Programme wollte als reformistisch gelten. Turati sprach für die Fraktion, »die in der dummen und überholten Sprache, mit der wir uns gegenseitig verleumden, als reformistisch bezeichnet wird.« Wo lagen also die Unterschiede? Auf dem extrem linken Flügel leitete Amadeo Bordiga, ein junger Ingenieur, der seit Dezember 1918 in Neapel die Wochenzeitung *Il Soviet* herausgab, die Fraktion der »astensionisti«[61]. Er war der Überzeugung, dass das Wahlrecht, welches die besitzende Klasse den Ausgebeuteten zugesteht, den Kampf der Arbeiter nicht nur nicht fördert, sondern ihm sogar die revolutionäre Kraft nimmt. Erst wenn das Proletariat eingesehen habe, dass es seinen Fortschritt nicht durch die Institutionen der Bourgeoisie erreichen kann, sondern dass es die Macht mit Gewalt erkämpfen muss, würde es die Hindernisse mit all seiner Kraft aus dem Wege räumen. Auch Serratis Maximalisten proklamierten »die Anwendung von Gewalt zur Verteidigung gegen die bürgerliche Gewalt, zur Eroberung der Macht und zur Konsolidierung der revolutionären Errungenschaften«, aber im Unterschied zu den »astensionisti« betrachteten sie die Organe des bürgerlichen Staates (Parlament, Gemeinderäte usw.) als nützliche Tribüne »einer intensiveren Propaganda für die Prinzipien des Kommunismus.« Die Positionen Bordigas und Serratis unterschieden sich noch in zwei anderen Punkten: Bordiga wollte die Partei in Kommunistische Partei Italiens umbenennen und im Gegensatz zu Serrati die Mitglieder aus der Partei ausschließen, die der Meinung waren, dass sich »das Proletariat innerhalb des demokratischen Systems befreien« könne bzw. die »die Methode des bewaffneten Kampfes gegen die Bourgeoisie zur Errichtung der Diktatur des Proletariats« ablehnten. Der rechte Flügel war gegen die Wahlenthaltung: Lazzari vertrat die Ansicht, damit werde das parlamentarische System nicht untergraben, vielmehr werde es der Bourgeoisie nur leicht gemacht, die Kontrolle zu behalten. Desgleichen lehnte der rechte Flügel die Gewalt als einziges Mittel zur Eroberung der Macht ab. In der Diskussion vor dem Kongress hatte sich die Gruppe von *L'Ordine nuovo* vorwiegend auf Serratis Seite gestellt, der Sektionsvorsitzende Giovanni Boero und Giovanni Parodi hatten das Programm der »astensionisti« unterstützt, und Boero trat auch auf

[61] Die »astensionisti« (Abstentionisten) waren eine Gruppierung in der PSI, die den Standpunkt vertrat, Sozialisten sollten ihre Ablehnung des bürgerlichen Systems auch durch Wahlboykott konsequent zum Ausdruck bringen (d.Ü.).

dem Kongress in Bologna dafür ein. In der Abstimmung erhielten Serratis »elezionisti«[62] eine breite Mehrheit (48.411 Stimmen), die Maximalisten, die gegen eine Spaltung der Partei waren, bekamen 14.880 Stimmen, die »astensionisti« nur 3.417.

Jenseits von Turatis ironischen Bemerkungen über »die Zauberkraft des Wortes Sowjet« und über »das Stimmrecht der Nichtorganisierten und sogar der Streikbrecher« fand die Bewegung der Fabrikräte in Bologna keine große Resonanz. In Wirklichkeit teilten nicht einmal Serrati und Bordiga die Ansichten von *L'Ordine nuovo*. Die Diskussion, die schon vor dem Kongress begonnen hatte, wurde intensiver. Bordiga meinte, die Bewegung der Fabrikräte wiederhole den Fehler, anzunehmen, dass »das Proletariat sich befreien könne, indem es sich auf der ökonomischen Ebene Spielraum erkämpft, während der Kapitalismus im Staat weiterhin die politische Macht hat.« Auch mache sie den alten Fehler, ein im Grunde korporatives Organ dem einzigen Mittel zur Befreiung des Proletariats vorzuziehen: einer kommunistischen Klassenpartei. Serrati wiederum kritisierte, den Nichtorganisierten eine Stimme zu geben, sei eine gefährliche Verfehlung, denn damit würde man der »amorphen Masse« letztlich revolutionäre Fähigkeiten unterstellen. Er warf Gramsci und seinen Freunden auch vor, nicht klar genug zu unterscheiden »zwischen den *Sowjets*, also politischen Organen und Regierungsinstitutionen *nach einer gelungenen Revolution*, und den Fabrikräten, also rein *technischen* Produktions- und Ordnungsorganen der Industrie.« Er schloss mit den Worten: »Die Diktatur des Proletariats ist die bewusste Diktatur der Sozialistischen Partei.«

Gramscis Entgegnung auf solche Kritik – dass nämlich der revolutionäre Prozess am Ort der Produktion, in der Fabrik verwurzelt sein müsse und dass es eine Utopie sei, die Errichtung der proletarischen Macht als die Diktatur der sozialistischen Parteibüros zu verstehen – wurde in Turin auch von Vertretern anderer Strömungen unterstützt, die sich auf nationaler Ebene jedoch gegen die Fabrikräte aussprachen, z. B. die »astensionisti« Boero und Parodi, die zu Gramsci hielten. In Turin hatte die PSI einen spektakulären Wahlsieg davongetragen und 11 der 18 Sitze im Wahlkreis besetzt. Von *L'Ordine nuovo* hatte keiner kandidiert.

Die Bewegung der Fabrikräte breitete sich weiter aus. Im Herbst hatten mehr als 30.000 Arbeiter bei Fiat-Lingotto, Fiat-Diatto, Savigliano, Lancia und anderen Betrieben ihre Fabrikräte gewählt. Die erste koordinierte Aktion fand ein paar Wochen nach den Parlamentswahlen am 3. Dezember 1919 statt.

---

[62] Die »elezionisti« war die Gruppierung in der PSI, die sich für eine Teilnahme der Sozialisten an den Wahlen aussprachen (d.Ü.).

»Auf Anordnung des sozialistischen Parteibüros, das die ganze Massenbewegung lenkte, mobilisierten die Fabrikräte ohne jede Vorbereitung innerhalb von einer halben Stunde 120 000 Arbeiter über die jeweiligen Betriebsgruppen. Eine Stunde später stürmte die proletarische Armee wie eine Lawine bis zum Stadtzentrum vor und fegte das ganze nationalistische und militärische Pack von den Straßen und Plätzen.«[63]

Die Unternehmer konnten es sich nun nicht mehr leisten, diese Bewegung zu ignorieren. Ende März 1920 bot sich die Gelegenheit zur Gegenoffensive.

In ganz Italien war die Sommerzeit eingeführt worden. Die Abteilungskommissare der Industrie Meccaniche (eines der Fiat-Werke) forderten, die Arbeitsstunden hätten sich weiterhin nach der Normalzeit zu richten und auch die große Fabrikuhr müsse diese Zeit anzeigen. Daraufhin wurde die gesamte »commissione interna« entlassen. Es folgte ein Proteststreik, dem sich sofort alle Turiner Metallarbeiter anschlossen, indem sie die Fabriken besetzten. Die Reaktion der Unternehmer ließ nicht lange auf sich warten. Am 29. März wurde die Aussperrung beschlossen und Militär in den Fabriken stationiert. Im Verlauf der Verhandlungen brachten die Unternehmer das Problem der Fabrikräte zur Sprache, denen sie die Anerkennung verweigern wollten. Über Fragen minderer Bedeutung könne man sich einigen, aber nur, wenn die Fabrikräte wieder abgeschafft würden. Der Konflikt spitzte sich zu, aber die Führung der PSI und der Gewerkschaft setzten sich nicht in dem Maß für die Fabrikräte ein, wie es sich die »Turiner« erhofft hatten.

Die Sozialistische Partei befand sich in einer Krise; der große Mitgliederzuwachs nach dem Krieg hatte sie eher geschwächt als gestärkt. Die PSI hatte nun 300.000 Mitglieder (vor dem Krieg waren es 50.000 gewesen) und der Gewerkschaftsverband 2 Millionen (gegenüber 50.000 im Jahr 1914). Die Parlamentsfraktion der Sozialisten war nach den Wahlen von 1919 von 50 auf 150 Abgeordnete angewachsen. Dieser Zuwachs löste zwar Begeisterung aus, brachte aber auch Organisationsprobleme mit sich. Viele Parteimitglieder glaubten, der Marsch des Proletariats würde unweigerlich zum Sieg der Revolution führen, hatten jedoch keine Klarheit über Mittel und Wege dorthin. Das rapide Anwachsen der Partei hatte auch zur Folge, dass »Demagogen ohne theoretischen Hintergrund und ohne Erfahrung in Führungsämter aufstiegen, zu denen sie nicht befähigt waren« (wie Nenni meinte[64]). Köpfe von intellek-

[63] Aus *Il movimento torinese dei consigli di fabbrica* (Die Turiner Bewegung der Fabrikräte), ein Bericht, der im Juli 1920 dem Exekutivkomitee der Kommunistischen Internationale vorgelegt und dann am 14. März 1921 von *L'Ordine nuovo* veröffentlicht wurde.

[64] Pietro Nenni war einer der führenden reformistischen Sozialisten, nach dem Zweiten Weltkrieg Vorsitzender der Sozialistischen Partei nach der Abspaltung der Sozialdemokraten Saragats (T.N.).

tuellem Format waren auf der Rechten bei den Reformisten zu finden und auf der Linken bei *L'Ordine nuovo*, diese beiden Gruppen hatten ihre Positionen wenigstens konsequent definiert. Die einen meinten, die Möglichkeit einer Revolution rücke in immer weitere Ferne, die anderen waren immer noch der festen Überzeugung, die objektiven Bedingungen für eine Revolution seien vorhanden und deshalb müsse die gesamte Partei alle Mittel einsetzen, um dieses Ziel zu erreichen.[65] Unklar war nur die Position der Mehrheit in der Mitte, die sich – anders als die Reformisten – lediglich in revolutionären Phrasen erging, ohne sich – wie der kommunistische Flügel – die Frage zu stellen, wie das revolutionäre Vorhaben in die Tat umgesetzt werden könnte. Die PSI schien nach den Worten Tascas in einem »monomanischen, lethargischen Delirium« befangen. In der Partei hatte sich eine »parasitäre Psychologie« breitgemacht: »die eines Erben, der am Bett eines Sterbenden (der Bourgeoisie) Wache hält, dessen Todeskampf abzukürzen sich nicht einmal mehr lohnt.« Eine solche Haltung konnte nicht ohne Folgen bleiben. Wiederum in den Worten von Tasca: »In Erwartung des nunmehr gesicherten politischen Erbes wurde das politische Leben Italiens zu einer pausenlosen Siegesfeier, auf der das Kapital der Revolution in verbalen Orgien verschleudert wird.«

Nicht einmal jetzt, da die Unternehmerschaft und die Metallarbeiter in Turin eine vielleicht entscheidende Kraftprobe ausfochten, gab es Anzeichen dafür, dass die PSI ihre widersprüchliche Linie aufgeben und ihren verbalen Orgien Taten folgen lassen würde. Gramsci entwarf ein Neun-Punkte-Papier, das der Führungsspitze der PSI vorgelegt und unter dem Titel »Per un rinnovamento del Partito Socialista« (Für eine Erneuerung der Sozialistischen Partei) veröffentlicht wurde. Hier steht nicht zur Debatte, ob die Einschätzung, von der dieses Dokument ausging – dass in Italien zu der Zeit eine revolutionäre Situation vorhanden war –, richtig war und ob man die Situation in ganz Italien mit der der militanten Arbeiter in Turin gleichsetzen konnte. In dem Papier behauptet Gramsci jedenfalls: »Die Industrie- und Landarbeiter in ganz Italien sind unweigerlich entschlossen, eindeutig und gewaltsam das Problem des Eigentums an den Produktionsmitteln anzugehen.« Auch die »maximalistische« Mitte teilte diese Auffassung, aber sie zögerte, daraus die Konsequenzen zu ziehen:

»Die Sozialistische Partei folgt den Ereignissen wie ein Zuschauer, sie hat nie eine Meinung vertreten, die den revolutionären Thesen des Marxismus und der Kommunistischen Internationalen entsprochen

[65] Dieses Kräfteverhältnis machte im März 1920 Claudio Treves deutlich, als er (ein Vertreter der Rechten) in einer berühmten Rede vor dem Abgeordnetenhaus zu Nitti sagte: »Ihr könnt uns eure Ordnung nicht mehr aufzwingen und wir euch unsere noch nicht.«

hätte, sie gibt keine Losungen aus, die von den Massen aufgegriffen werden könnten, die eine allgemeine Richtung weisen und die revolutionäre Aktion vereinigen und zusammenfassen könnten. Als politische Organisation der Avantgarde der Arbeiterklasse müsste die Sozialistische Partei eine einheitliche Aktion entwickeln, die die Arbeiterklasse in die Lage versetzt, die Revolution auf Dauer für sich zu entscheiden.«

Stattdessen blieb die PSI »auch nach dem Parteitag von Bologna eine rein parlamentarische Partei, die sich starr innerhalb der Grenzen der bürgerlichen Demokratie hält [...] Sie hat nicht das Profil entwickelt, das eine Partei des revolutionären Proletariats und nur eine solche auszeichnen müsste.« Den Reformisten gegenüber verhalte sich die Partei passiv[66], auch von der Linie der Internationalen habe sie sich weit entfernt: der *Avanti!* und der Parteiverlag ignorierten die Auseinandersetzung über Lehre und Taktik der Internationalen, und die Partei stehe außerhalb »dieser lebhaften geistigen Auseinandersetzung, in der sich das revolutionäre Bewusstsein erhärtet und die zur geistigen Gemeinschaft und Aktionseinheit der Proletarier aller Länder führt.«

»Aus dieser Analyse geht bereits hervor, wie die Erneuerungs- und Organisationsarbeit aussehen müsste, die unserer Meinung nach für die Partei unumgänglich ist. Aus einer kleinbürgerlich-parlamentarischen Partei muss sie zur Partei des revolutionären Proletariats werden [...], eine homogene, festgefügte Partei mit einer eigenen Doktrin, einer eigenen Taktik, einer strengen unerbittlichen Disziplin. Wer kein revolutionärer Kommunist ist, muss aus der Partei entfernt werden. Die Parteiführung, die dann von der Sorge um die Erhaltung der Einheit und des Gleichgewichts zwischen den verschiedenen Tendenzen befreit ist, muss ihre ganzen Energien daran setzen, die kampfbereiten Arbeiter zu organisieren [...] Die Partei muss ein Manifest erlassen, das die revolutionäre Eroberung der politischen Macht als ausdrückliches Ziel feststellt und das Industrie- und Landarbeiterproletariat aufruft, sich auf den Kampf vorzubereiten und sich zu bewaffnen, und das auch die sozialistischen Lösungsvorschläge für die aktuellen Probleme benennt: die Aufsicht des Proletariats über Produktion und Distribution, die Entwaffnung der Söldnerkorps, die Kontrolle der Gemeindeverwaltungen durch die Arbeiterorganisationen.« (*L'Ordine nuovo*, 8. Mai 1920)

Schwerpunkt des Dokuments war der dritte Punkt, in dem schon die faschistische Repressionswelle vorausgesagt wurde:

»Die gegenwärtige Phase des Klassenkampfes in Italien leitet entweder die Eroberung der politischen Macht durch das revolutionäre Proletariat

---

[66] »Weder die Parteispitze noch der *Avanti!* setzten der unermüdlichen Propaganda der Reformisten und Opportunisten im Parlament und den Gewerkschaften etwas entgegen.«

ein […] oder eine furchtbare Reaktion seitens der besitzenden Klasse und der Regierungskaste. Man wird das Industrie- und Landarbeiterproletariat mit aller Gewalt zu Sklavenarbeit zwingen, man wird danach trachten, die politischen Kampforganisationen der Arbeiterklasse (Sozialistische Partei) restlos zu zerschlagen und die Organe des ökonomischen Widerstands (Gewerkschaften und Genossenschaften) in die Maschinerie des bürgerlichen Staates einzugliedern.«

Als Gramsci diese neun Punkte zu Papier brachte, streikten in Turin die Metallarbeiter, aber sie standen allein. Die Unternehmer blieben hart: Sie hatten den Staat auf ihrer Seite. Am 3. April 1920 schrieb Gramsci im Turiner *Avanti!*:

»Turin ist heute eine belagerte Festung, man spricht von 50.000 Soldaten. Auf den Hügeln ringsum stehen die Batterien in Stellung, auf dem Land wartet man auf Verstärkung und in der Stadt auf die Panzer. Auf den Wohnhäusern der Vororte, deren Bewohner als die militantesten gelten, sind Maschinengewehre postiert, ebenso auf allen Brücken und Kreuzungen und in den Werkhallen.«

Die Regierung befürchtete einen Aufstand. Vielleicht wollten die Industriellen in Turin ihn sogar provozieren, um ihn dann blutig niederzuschlagen und die Turiner Arbeiterbewegung damit ein für alle Mal zu vernichten. Gramsci ahnte, dass die Unternehmerfront zum Angriff rüstete. Aber noch schien ihm die Zeit für den entscheidenden Kampf nicht gekommen: »In unserer Stadt haben sich in den letzten Monaten revolutionäre Energien angesammelt, die immer stärker werden und zum Ausbruch drängen. Und dieser Ausbruch darf jetzt nicht zu einem Blutbad führen, denn das wäre gefährlich, vielleicht sogar tödlich.« Er hielt es in diesem Augenblick für nützlicher, »im ganzen übrigen Italien die Vorbereitungen zu intensivieren, für eine Ausbreitung der revolutionären Kräfte zu sorgen und den Entwicklungsprozess der Elemente zu beschleunigen, die sich zum gemeinsamen Ziel vereinigen müssen.« (Turiner *Avanti!*, 3. April 1920) Aber am 13. April wurde der Generalstreik doch ausgerufen. War das nicht ein voreiliger Schritt, wenn doch die Unternehmer nach Gramscis Meinung nur auf die Konfrontation warteten? Der Aprilstreik unterschied sich hauptsächlich dadurch von anderen Streiks, dass es diesmal nicht um Lohnerhöhungen oder bessere Arbeitsbedingungen ging. Die Turiner Arbeiterklasse kämpfte jetzt für die Kontrolle der Produktion durch die Fabrikräte. Aber der Kampf war schwierig, wurde von den Massen im übrigen Italien nicht getragen und konnte keine vernünftige revolutionäre Perspektive haben, weil das Turiner Proletariat isoliert war. Die Stadt war »überschwemmt von einem Heer von Polizisten, und an strategischen Punkten waren Kanonen und Maschinengewehre platziert« (Bericht Gramscis an die Internationale). Nach zehntägigem Widerstand gingen die Arbeiter wieder in die Betriebe, nachdem ein Abkommen geschlossen worden war, das praktisch die Niederlage Gramscis und der Leute von *L'Ordine nuovo* anzeigte. In dieser Zeit verschärften sich auch die Meinungsverschiedenheiten zwischen der Gruppe um Gramsci einerseits und der Gewerkschaftshierarchie und der Parteiführung andererseits, denen »Kurzsichtigkeit« vorgeworfen wurde. Es entwickelte sich eine Kontroverse zwischen dem Mailänder *Avanti!*, der die Position der PSI-Mehrheit widerspiegelte, und dem Turiner *Avanti!*, der stark von der Linie der *Ordine nuovo* beeinflusst war, der der Turiner Chefredakteur Ottavio Pastore nahestand. Serrati warf den Turiner Sozialistenführern vor, auf die bewusste Provokation der Unternehmerschaft im falschen Augenblick hereingefallen zu sein und erst in letzter Minute das Proletariat in ganz Italien um Hilfe gebeten zu haben, das aber »nicht so stark« und »nicht so gut vorbereitet« sei wie die Turiner Arbeiter. Dieses Argument war nicht zu widerlegen (obwohl Serrati und die Mehrheit der PSI selbst für diese »mangelnde Kraft und Vorbereitung« verantwortlich waren). Der Turiner *Avanti!* erwiderte: »Das Turiner Proletariat hat eine lokale Niederlage erlitten, auf nationaler Ebene aber gesiegt, weil seine Sache zur Sache aller Proletarier Italiens geworden ist.« Das letzte Flugblatt des Streikkomitees formulierte denselben Gedanken mit anderen Worten: »Diese Schlacht ist zu Ende, aber der Kampf geht weiter.«

Aber die innere Krise der PSI spitzte sich in der Praxis immer mehr zu – bis zum Punkt der Unvereinbarkeit zwischen reformistischer, maximalistischer und kommunistischer Strömung. Aber auch zwischen den kommunistischen Gruppen (Bordigas *Il Soviet* und Gramscis *L'Ordine nuovo*) schwand der Zusammenhalt; und selbst innerhalb der Gramsci-Gruppe begann sich Tasca abzusetzen, während sich auch Terracini und Togliatti mehr von Gramsci entfernten. Von der gemeinsamen Ablehnung der Reformisten abgesehen, war Gramsci in fast allen Fragen anderer Meinung als Bordiga – in Fragen der Fabrikräte, in Fragen der revolutionären Partei und im Hinblick auf die Wahlbeteiligung der Sozialisten. Für Bordiga hieß das Eintreten für die Bildung von Fabrikräten, sich zu sehr auf den Aufbau sozialistischer Machtinstitutionen zu verlegen und sich zu wenig um den Griff nach der Macht selbst zu kümmern. *Il Soviet* schrieb, es sei falsch, »die Frage nach der Macht in der Fabrik statt nach der zentralen politischen Macht zu stellen.« Zur Frage der revolutionären Partei hatte *Il Soviet* schon im Februar 1920 behauptet: »Nichts wäre besser als eine saubere Spaltung. Jeder weiß dann, wo er steht. Man weiß genau, ob einer Kommunist ist oder nicht – man kann sich nicht mehr täuschen [...] Eine saubere Spaltung würde klare Verhältnisse schaffen – Kommunisten auf der einen Seite, Opportunisten jeder Couleur auf der anderen.« Gramsci erschien eine Abspaltung des linken Flügels nicht als der richtige Weg, er glaubte vielmehr, die kommunistischen Gruppen in der PSI müssten versuchen, ihren Einfluss innerhalb der Partei zu vergrößern und sogar deren Führung zu übernehmen.

Auch der Entschluss der Bordiga-Fraktion, die Wahlen zu boykottieren, war Grund zur Uneinigkeit mit den Genossen von *L'Ordine nuovo*. Bordiga vertrat die Auffassung, die Ablehnung der bürgerlichen Demokratie und ihrer Organe müsse total sein, und so hieß sein Motto: »Kein Sozialist an die Urnen!« Am 8. Mai 1920 fuhr Gramsci als Beobachter zu einem Kongress der »astensionisti« nach Florenz, wo diese sich auf nationaler Ebene zu organisieren versuchten. Hier argumentierte Gramsci, wenn auch vergeblich, gegen den Standpunkt des Wahlboykotts mit dem Argument, keine Partei könne »auf einer so begrenzten Grundlage aufgebaut werden. Dazu ist ein breiter Kontakt mit den Massen notwendig, der nur durch neue Organisationsformen erreicht werden kann« (Formen wie den Fabrikrat). Gramscis Einwände wurden hinweggefegt. Seine unmissverständliche Antwort ließ nicht lange auf sich warten. Am 3. Juli schreibt er in *L'Ordine nuovo*:

»Wir waren immer der Meinung, dass die kommunistischen Elemente in der Partei nicht in partikularistische Halluzinationen verfallen dürfen (über Einzelprobleme wie die Wahlenthaltung oder den Aufbau einer »wirklich« kommunistischen Partei), sondern darauf hinarbeiten müssen, die Massenbedingungen zu schaffen, unter denen alle Einzelprobleme als Probleme der organischen Entwicklung der kommunistischen Revolution gelöst werden können.«

Bordigas Einstellung als »astensionista« und sein Plan, eine »wirklich« kommunistische Partei durch eine Abspaltung der »reinen« Revolutionäre von der PSI zu gründen, betrachtete Gramsci als »partikularistische Halluzination.«

Der Dissens zwischen Gramsci und Tasca beruhte auf ihren unterschiedlichen Ansichten in der Frage der Fabrikräte. Tasca wollte die Bewegung in die Gewerkschaft unter der Leitung der »confederazione generale del lavoro« (der gewerkschaftliche Dachverband) einbeziehen, und das versuchte Gramsci mit allen Mitteln zu verhindern. Viele Jahre später erinnert sich Tasca an seine erste Streikerfahrung an der Seite von Bruno Buozzi und den anderen Führern der FIOM (Verband der Metallarbeiter Italiens) im Streik der Automobilindustrie im Winter 1911/12:

»Hier machte ich meine erste direkte Erfahrung mit den Kämpfen der Arbeiter, und hier entstanden meine Bindungen zur Gewerkschaftsorganisation – der die anderen zukünftigen Redakteure des *Ordine nuovo* natürlich fernstanden. Dadurch entstand zwischen uns eine Divergenz, die uns, wie immer man sie einschätzen mag, voneinander entfernte und 1920 fast zur Spaltung führte.«

Diese drohende Spaltung kam in der lebhaften und manchmal sogar scharfen Polemik auf den Seiten von *L'Ordine nuovo* zum Ausdruck, die vom Juni bis in den August hinein dauerte. In dieser Zeit machten sich auch Gramscis Differenzen mit Terracini und Togliatti bemerkbar. Das Exekutivkomitee der Turiner Sektion der Sozialisten, in dem seit Februar »astensionisti« und Mitarbeiter von *L'Ordine nuovo* vertreten waren, löste sich auf, weil die »astensionisti« auf eine Abspaltung von der PSI drängten und für einen Boykott der bevorstehenden Kommunalwahlen eintraten (die für den 31. Oktober und 7. November 1920 angesetzt waren). Nun musste ein neuer Vorstand gewählt werden: Gramsci wollte nicht auf einer Liste mit Terracini und Togliatti kandidieren, obwohl er selbstredend wie die beiden und im Gegensatz zu Bordiga für die Wahlbeteiligung der Sozialisten eintrat. Gleichzeitig aber meinte er, sowohl die »elezionisti« als auch die »astensionisti« stritten sich um Scheinprobleme, und der Streit zwischen diesen beiden Gruppierungen müsse den Zwiespalt zwischen den kommunistischen Gruppen in der PSI nur noch weiter vertiefen und den Einsatz für eine Massenaktion, für die revolutionäre Erziehungsarbeit – und damit das einzig Konstruktive – behindern. Um die Gegensätze zwischen den beiden Fraktionen zu überbrücken, gründete er eine »Gruppe für kommunistische Erziehung«. Er vertrat den Standpunkt, die kontroverse Diskussion über die Wahltaktik sei sekundär und alle Gremien in der Partei müssten dazu gebracht werden, »mit unermüdlicher Energie und Geduld über die grundlegenden Probleme der Arbeiterklasse und der kommunistischen Revolution zu diskutieren.« Die lokalen Sektionen müssten »dazu gebracht werden, nützliche Arbeit zu leisten, um die Kader für die Revolution auszubilden und zum Aufbau der gesellschaftlichen Organisation zu befähigen, die der konkrete Ausdruck dieser Revolution ist. Das heißt auch, durch den Druck der Massen der Arbeit der Gewerkschaften und der ›Camera del lavoro‹ ein Ziel zu geben.« Aber nur Wenige teilten diese Vorstellungen – nur 17 Genossen traten in die Gruppe für kommunistische Erziehung ein (u. a. Battista Santhià, Vincenzo Bianco und Andrea Viglongo). Bei der Wahl des neuen Vorstands zeigte sich deutlich, dass Gramsci auf verlorenem Posten stand. Die »elezionisti«, von denen sich Gramsci losgesagt hatte (Togliatti, Montagnana, Terracini, Roveda usw.) gewannen mit 466 Stimmen. Die Kandidaten der »astensionisti« (Boero, Parodi usw.) errangen 186 Stimmen. Nur 31 Stimmzettel waren weiß, wie Gramsci es vorgeschlagen hatte. Im August 1920 wurde Togliatti Sekretär der Turiner PSI-Sektion.

14

Am 19. Juli 1920 begann in Moskau der II. Kongress der Dritten Internationale (Komintern). Die Rote Armee hatte die konterrevolutionären Truppen Koltschaks, Denikins und Wrangels endgültig besiegt, und es sah so aus, als könnte sich die Revolution womöglich in andere Teile der Welt ausbreiten. Aber bestimmte verhängnisvolle Ereignisse führten der europäischen Arbeiterschaft vor Augen, wie risikoreich eine derartige Entwicklung sein konnte: In Berlin hatten im Januar 1919 das Militär und die mit ihm verbündeten Sozialdemokraten den Spartakus-Aufstand niedergeschlagen, Rosa Luxemburg und Karl Liebknecht waren umgebracht worden. Ein ähnliches Bündnis zwischen Sozialdemokraten und Militär hatte im Mai 1919 die Räterepublik in Bayern gestürzt. In Ungarn war Béla Kuns kommunistische Regierung von konterrevolutionären Invasionstruppen aus Tschechen und Rumänen gestürzt worden und hatte Anfang August 1919 dem Sozialdemokraten Peidle mit einer Übergangsregierung Platz gemacht, bis schließlich am 12. August 1919 Admiral Nikolas Horthy die Macht ergriff und in Ungarn den »weißen Terror« wüten ließ. Alle diese Ereignisse schienen nur einen Schluss zuzulassen: die Revolution hatte nur dort gesiegt, wo die revolutionäre Partei (nämlich die bolschewistische in Russland) ohne (und sogar gegen) die gemäßigten und reformistischen Parteien (Menschewiki und revolutionäre Sozialisten) agiert hatte. Das Motto dieses zweiten Kongresses der Kommunistischen Internationale war daher: Kampf der Sozialdemokratie! Die Vollversammlung diskutierte und verabschiedete ein Papier mit 23 Bedingungen, die für sozialistische Parteien gelten sollten, wenn sie Mitglied der Komintern werden wollten. Unter anderem mussten der Name der Partei in »Kommunistische Partei« umgeändert und die Reformisten sofort ausgeschlossen werden.

In der Delegation der PSI war die Gruppe *L'Ordine nuovo* nicht vertreten, sie bestand nur aus der Richtung der »astensionisti« und der »elezionisti«, die allesamt – von Serrati bis Bordiga – den »Turinern« und der Bewegung der Fabrikräte ablehnend gegenüberstanden. Der Kongress verlief aber eher im Sinne Gramscis als im Sinne von Serrati oder Bordiga.

Was wusste man zu dieser Zeit in Moskau über Gramsci? Einer der Funktionäre der Komintern, Degott, der gegen Ende 1919 nach Italien kam, kann darüber nähere Auskunft geben. In einer Broschüre, die 1923 in Moskau unter dem Titel *Freiheit in der Illegalität – Erinnerungen an Untergrundarbeit im Ausland von 1918 bis 1921* erschienen ist, schreibt Degott:

»Zufällig fiel mir die kommunistische Zeitschrift *L'Ordine nuovo* in die Hände, die unter der Leitung von Gramsci wöchentlich in Turin erscheint. Sie interessierte mich sehr. Jede Zeile schien mir den richtigen Standpunkt auszudrücken, und das brachte mich auf den Gedanken, den Genossen Viz (Aron Wizner) zu bitten, Gramsci nach Rom einzuladen. Er kam sofort. Er war ein außerordentlicher, faszinierender Genosse – klein und bucklig, mit einem großen Kopf (fast als ob er gar nicht zu ihm gehöre) und einem ausdrucksvollen, intelligenten Blick. In aller Ruhe analysierte er die Situation Italiens. Alle seine Gedanken ließen erkennen, dass er ein überzeugter Marxist ist. In Turin verfügten Gramsci und seine Zeitung über eine breite Basis, wenn dies auch von Serrati und einem russischen Genossen, der sich Nicolino nennt, heftig bestritten wurde.«

Degott kehrte zum II. Komintern-Kongress nach Moskau zurück und ging zum (Komintern-Vorsitzenden) Sinowjew. »Ich überreichte ihm den Bericht des Genossen Gramsci« (gemeint ist der Bericht über die Bewegung der Fabrikräte). Dann traf Degott Lenin: »Ich berichtete lange über Serrati, und ich sprach auch von der ungeheuren Arbeit, die unsere Turiner Genossen unter der Leitung Gramscis leisteten.«

Dennoch können wir davon ausgehen, dass Gramsci und seine Genossen von *L'Ordine nuovo*, obwohl nicht in der Delegation zum II. Komintern-Kongress vertreten, durchaus einen Draht zur Spitze der kommunistischen Bewegung hatten. Ihr Bericht spielte denn auch gleich bei den Verhandlungen eine Rolle. Unter Punkt 17 der von Lenin verfassten *Thesen über die grundlegenden Aufgaben des zweiten Kongresses der kommunistischen Internationale* hieß es ausdrücklich:

»Was die Sozialistische Partei Italiens betrifft, hält der II. Kongress der Dritten Internationalen die Kritik an der Partei und die praktischen Vorschläge an den nationalen Rat der PSI, die im Namen der Turiner Ortsgruppe in der Zeitschrift *L'Ordine nuovo* vom 8. Mai 1920 veröffentlicht wurden, im Wesentlichen für richtig. Sie stimmen voll und ganz mit allen wichtigen Grundsätzen der Dritten Internationale überein.«

Gemeint waren die schon erwähnten neun Punkte, die im April unter dem Titel *Für eine Erneuerung der Sozialistischen Partei* erschienen waren. Im Lauf des Kongresses zeigte sich, dass Lenin auch noch in anderen Punkten mit Gramsci einer Meinung war.

Serrati wehrte sich gegen die Entscheidung, alle Reformisten sofort auszuschließen. Er räumte zwar ein, dass sich die Reformisten in anderen Ländern während des Krieges mit der Bourgeoisie verbündet und dann die Revolution verraten hatten, bezeichnete es aber als Fehler, diese Einschätzung, die für die deutsche und französische Sozialdemokratie zutraf, mechanisch auf die italienische Situation zu übertragen. Wirklich unerwünschte Reformisten wie Bissolati, Bonomi und Podrecca habe die PSI schon 1912 auf dem Parteitag von Reggio Emilia ausgeschlossen. Aber es wäre ungerecht, Leute wie Turati, Modigliani oder Treves, die während des Krieges die Parteidisziplin gewahrt hatten, die Russische Revolution als großes Ereignis begrüßt und dann (zusammen mit den kommunistischen Gruppen) den Eintritt der PSI in die Dritte Internationale gefordert hatten, ebenso zu behandeln. Eine allmähliche Säuberung der Partei könnte eine Lösung sein, nicht aber eine plötzliche Spaltung.[67] In einem Augenblick, in dem in Italien die reaktionäre Bourgeoisie zum Gegenangriff rüstete, fürchtete der maximalistische Führer mit gutem Grund die Gefahren eines Bruchs in der sozialistischen Front. Er sagte auf der Sitzung vom 30. Juli:

»Ich glaube, dass die besonderen Bedingungen eines jeden Landes berücksichtigt werden müssen. Wenn zum Beispiel bei unserer Rückkehr nach Italien die Reaktion ihre ganze Wut gegen uns richtet, wenn der Imperialismus zum Kampf gegen uns antritt – könntet ihr uns, Genossen des Exekutivkomitees, in einer solchen Situation raten, eine Spaltung zu vollziehen? Nein, verehrte Genossen – ihr müsst der sozialistischen Partei Italiens die Möglichkeit lassen, den Zeitpunkt der Säuberung selbst zu bestimmen. Wir versichern euch, dass die Säuberung kommen wird, aber gebt uns die Möglichkeit, sie so durchzuführen, dass sie den Arbeitermassen, der Partei und der Revolution nützt, die wir in Italien vorbereiten.«

Lenin blieb in seinem Urteil über die Sozialdemokratie hart und zeigte wenig Bereitschaft, zwischen den italienischen Reformisten und denen anderer Länder zu unterscheiden. Er bestand auf Ausschluss. In der gleichen Sitzung vom 30. Juli 1920 antwortete er Serrati:

»Wir müssen den italienischen Genossen ganz einfach sagen, dass die Linie der Anhänger von *L'Ordine nuovo* mit der Linie der kommunistischen Internationalen übereinstimmt und nicht die Linie der derzeitigen Mehrheit der Führung der Sozialistischen Partei und ihrer Parlamentsfraktion [...] Deshalb müssen wir den italienischen Genossen und allen Parteien, die einen rechten Flügel haben, Folgendes sagen: Reformismus hat nichts mit Kommunismus zu tun.«

Drei Tage danach – am 3. August – war Bordiga die Zielscheibe der Kritik Lenins. Schon in seinem Buch *Der linke Radikalismus, die Kinderkrankheit im Kommunismus* hatte Lenin dem Führer der neapolitanischen Gruppe und den »astensionisti« vorgeworfen, aus »ihrer gerechtfertigten Kritik an Herrn Turati und Konsorten die falsche Konsequenz zu ziehen, dass jegliche Vertretung im Parlament eine schädliche Sache sei«: »Die italienischen Linken sind nicht imstande, auch nur die Spur eines vernünftigen Arguments zur Verteidigung dieser Position anzuführen. Sie ignorieren einfach die internationalen Beispiele für eine

---

[67] 1926 schrieb Gramsci in *L'Unità* in einem Nachruf auf Serrati, der kurz zuvor verstorben war: »Der wesentliche Charakterzug Serratis als Parteimitglied war sein Gefühl für die Einheit und sein unablässiges Bemühen um die Erhaltung dieser Einheit, hinter der Jahrzehnte der Opfer und des Kampfes, gemeinsam erlittene Verfolgung und gemeinsame Jahre im Gefängnis stehen.«

effektiv revolutionäre und kommunistische Ausnutzung der Parlamente, die nützlich ist für die proletarische Revolution (oder sie versuchen, sie zu vergessen).« Während des Kongresses bekräftigte er diese Kritik und führte sie näher aus:

»Genosse Bordiga wollte hier anscheinend den Standpunkt der italienischen Marxisten verteidigen; nichtsdestoweniger aber ist er auf kein einziges Argument eingegangen, das von anderen Marxisten zugunsten der parlamentarischen Arbeit angeführt worden ist [...] Sie wissen, Genosse Bordiga, dass wir in Russland nicht nur in der Theorie, sondern auch in der Praxis unseren Willen, das bürgerliche Parlament zu vernichten, unter Beweis gestellt haben. Sie haben aber vergessen, dass dies ohne eine ausreichende Vorbereitung unmöglich ist und dass in den meisten Ländern das Parlament noch nicht auf einen Schlag vernichtet werden kann [...] Wir sind gezwungen, auch im Parlament den Kampf für die Vernichtung des Parlaments zu führen [...] Es wird gesagt, das Parlament sei ein Instrument der Bourgeoisie, um die Massen zu täuschen. Dieses Argument muss Ihnen aber selbst vorgehalten werden, Genosse Bordiga; es wendet sich gegen Ihre eigenen Thesen. Wie wollen Sie den in der Tat rückständigen und von der Bourgeoisie betrogenen Massen den wahren Charakter des Parlaments vor Augen führen? Wie wollen Sie die einzelnen parlamentarischen Schachzüge oder den Standpunkt der einen oder anderen Partei aufdecken, wenn Sie nicht ins Parlament gehen, wenn Sie außerhalb des Parlaments stehen? Zum jetzigen Zeitpunkt ist auch das Parlament ein Schauplatz des Klassenkampfs.«

Der II. Weltkongress der Komintern war am 7. August 1920 zu Ende. Er hatte Gramsci neuen Mut gemacht, obwohl seine Situation damals aus anderen Gründen schwierig war: Außerhalb Turins war er gänzlich oder fast unbekannt; in Turin war er noch immer mit Tasca und den »astensionisti« über Kreuz und von der Mehrheit der Sektion (Togliatti, Terracini usw.) isoliert, und von der Gewerkschaftshierarchie wurde er bekämpft. Aus Cagliari hatte er seinen Bruder Gennaro zu sich geholt, der jetzt die Verwaltung von *L'Ordine nuovo* übernehmen sollte, vor allem die Buchhaltung und andere Dinge, mit denen Antonio nicht so gut fertig wurde. Durch Gennaro erfuhr er wieder ein Stück persönlicher Zuneigung, die ihm lange Jahre gefehlt hatte. Bei Gennaro fand er auch Sicherheit und Beistand, ihn fragte er um Rat, mit ihm sprach er über Dinge, die nicht einmal die vertrautesten Arbeitskollegen und Kampfgenossen wussten. Jahre später schrieb er in einem Brief aus dem Gefängnis: »Ich hätte es nicht für möglich gehalten, meinen Bruder hier in Turin wiederzusehen. Ich habe mich sehr darüber gefreut, denn die Freundschaft zu Gennaro ist immer stärker gewesen als zum Rest der Familie.«

Die Auseinandersetzungen innerhalb der Gruppe von *L'Ordine nuovo* konnten seine politische Leidenschaft freilich in keiner Weise dämpfen. Unbeirrt führte er seinen Kampf für die Fabrikräte und für eine Expansion der kommunistischen Gruppen innerhalb der PSI fort. In *L'Ordine nuovo* vom 21. August berichtet er von der Solidarität Lenins mit der Turiner Bewegung und meint dazu:

»Den Bericht, den die Turiner Sektion im April für den nationalen Rat vorbereitet hat, wurde von den verantwortlichen zentralen Organen der Partei überhaupt nicht berücksichtigt. Als die Genossen des Exekutivkomitees der Dritten Internationalen ihn in Moskau verlasen, wurde er jedoch als Grundlage für die Einschätzung der PSI angenommen und als nützliche Diskussionsgrundlage für einen Sonderparteitag bezeichnet. Der Bericht war in den ersten Tagen des Streiks der Turiner Metallarbeiter geschrieben worden, als noch niemand den Generalstreik überhaupt für möglich gehalten hätte [...] Damals entwickelten sich die Ereignisse nach dem Willen der Kapitalisten, und die Arbeiterklasse wurde besiegt. Die Turiner Sektion wollte, dass sich die PSI an die Spitze der Bewegung stellte, aber ihre Bemühungen blieben erfolglos. Der Sektion wurde Disziplinlosigkeit, Leichtsinn und Anarchismus vorgeworfen [...] Diese Dinge gehören der Vergangenheit an [...] Wenn wir an die dramatischen Tage denken, die wir im letzten April erlebt haben, dann freuen wir uns – und mit uns tun das sicher alle Turiner Genossen und die Masse der Arbeiter – zu erfahren, dass das Urteil des Exekutivkomitees der Dritten Internationale sich sehr von dem der führenden Köpfe der Partei unterscheidet, das uns damals unanfechtbar erschien. Wir freuen uns zu erfahren, dass gerade die Einschätzung der ›vier Hitzköpfe‹ aus Turin die Zustimmung der Spitze der Internationalen Arbeiterbewegung gefunden hat.«

Das war kurz vor der letzten revolutionären Aktion in Italien, den Fabrikbesetzungen. Seit dem 20. August verfolgten die Arbeiter in den Fabriken eine Politik der Obstruktion, weil sich die Unternehmer geweigert hatten, über die Lohnforderungen der FIOM zu verhandeln. Die Arbeiter gingen also in die Fabriken, um die Aussperrung zu verhindern, aber sie arbeiteten nicht. Die FIOM hatte keine revolutionären Ziele: Mit dieser Aktion wollte sie lediglich der Regierung die Rolle des Vermittlers aufzwingen (im Juni war Giolitti wieder an die Macht gekommen – mit einem reformistischen Programm, das ihm schon Ermahnungen und Drohungen seitens der Unternehmer eingebracht hatte). Aber nun entwickelte sich in Turin die demonstrative Aktion schnell zur revolutionären Erhebung. In der Nacht vom 31. August zum 1. September wurde die Aussperrung verkündet, am nächsten Morgen waren alle Fabriken besetzt. Die Fabrikräte hatten alle Macht übernommen. Im Fiat-Hauptwerk saß Giovanni Parodi, ein sozialistischer Arbeiter, an Agnellis Schreibtisch. Man beschloss, die Obstruktionspolitik aufzugeben und die Arbeit wieder aufzunehmen, jetzt aber unter der Leitung von Fabrikräten. In den Werkhallen wurden immerhin noch 37 Autos am Tag produziert (vorher waren es 67/68 gewesen), obwohl fast alle Techniker und viele Angestellte die Fabrik verlassen hatten.

Die Ereignisse von Turin standen im Mittelpunkt der Aufmerksamkeit, auch jenseits der Grenzen Italiens.

Am 5. September 1920 schrieb der piemontesische *Avanti!*:

»Die gesellschaftliche Hierarchie wurde zerbrochen, die historischen Werte auf den Kopf gestellt, die *ausführenden* Klassen, die nur *Instrument* waren, sind zu *führenden* Klassen geworden [...] sie haben in ihren eigenen Reihen Vertreter gefunden [...], Menschen, die all jene Funktionen in die Hand nehmen können, durch die aus einer elementaren und mechanischen Menge ein organisches Gefüge, eine lebendige Schöpfung wird.«

Das Experiment machte die Leute neugierig und fand auch bei Leuten, die dem Sozialismus fernstanden, wenn nicht Beifall, so doch zumindest respektvolle Aufmerksamkeit. In einem Brief an Ada Prospero (seine zukünftige Frau) schrieb Piero Gobetti am 7. September:

»Hier stehen wir mitten in der Revolution. Mit Sympathie verfolge ich die Bemühungen der Arbeiter, die wirklich eine neue Ordnung schaffen. Ich fühle mich – jedenfalls im Augenblick – nicht stark genug, mich an ihrem Werk zu beteiligen. Aber ich glaube, dass die Dinge allmählich klarer werden und dass sich hier die größte Schlacht des Jahrhunderts anbahnt. Dann wäre mein Platz auf der Seite, die die stärkste Überzeugungskraft und den größten Opfergeist besitzt [...] Wir stehen vor einer heroischen Tat. Sicher besteht die Möglichkeit, dass sie in Blut erstickt wird, das wäre dann der Anfang unseres Niedergangs [...]«

In diesen Tagen sah man Gramsci und die Genossen von *L'Ordine nuovo* oft in den Fabriken mit den Arbeitern die unzähligen Probleme diskutieren, die die Leitung der Fabrik ohne Techniker aufwarf, oder bei dem Versuch, die praktischen Fragen gemeinsam zu lösen. Das neue Ereignis hatte die Meinungsverschiedenheiten in den Hintergrund gedrängt. Im Kampf standen sie wieder Seite an Seite: Tasca, Gramscis Gruppe für kommunistische Erziehung, die Bordiga-Anhänger (Parodi, Boero) und die Leitung der Sektion (Togliatti, Terracini, Montagnana usw.). Aber in einigen Fabriken nahm der Extremismus einzelner Arbeitergruppen Formen an, die Gramsci Sorge machten. Es gab eine Tendenz, sich sofort von der PSI zu lösen und eine neue Partei zu gründen: die Kommunistische Partei.

Gramsci hatte in dieser Hinsicht seit seinem Artikel vom 3. Juli, worin er die Vorstellung von der Gründung einer »wirklich« kommunistischen Partei als »partikularistische Halluzination« bezeichnet hatte, seine Meinung nicht geändert. Er war weiterhin der Ansicht, man müsse sich auf kommunistische Propagandaarbeit an der Basis konzentrieren, um die PSI von innen zu erobern. Als er von den Spaltungsbestrebungen in einer der besetzten Fabriken erfuhr, suchte er Battista

Santhià auf, einen Genossen aus seiner Gruppe, der in der Autofabrik SPA arbeitete. Es war der Abend des 11. September. Der Arbeiter, der im Pförtnerhaus Wache stand, erkannte Gramsci nicht und lief zu den Abteilungskommissaren, die in den Räumen der »commissione interna« tagten, um zu berichten, am Werktor stehe ein »kleiner Genosse mit sehr langen Haaren« und wolle herein. Gramsci wurde sofort eingelassen, machte einen Rundgang durch die Werkhallen, unterhielt sich mit den Arbeitern, die gerade Schicht hatten, und suchte dann eine Gelegenheit, mit Santhià unter vier Augen zu sprechen. Santhià selbst gibt dieses Gespräch wieder:

»Gramsci: ›Bist Du auf dem Laufenden über die Bestrebungen im Fiat-Hauptwerk, mit der Sozialistischen Partei zu brechen und die Kommunistische Partei zu gründen?‹ Santhià: ›Ich weiß nur ganz wenig darüber. Auf jeden Fall halte ich eine Abspaltung von der PSI nur dann für richtig, wenn sie entsprechend vorbereitet worden ist. In Turin müssen wir uns als Mehrheit abspalten, nicht als kleine Gruppe von Dissidenten.‹«

Gramsci war von der Antwort nicht überrascht. Wir hatten über dieses Problem mehr als einmal diskutiert; die Haltung der PSI hatte gezeigt, dass keine Hoffnung oder Illusion mehr möglich war, man könne die Führung zur Annahme der Richtlinien der Dritten Internationale bewegen. Davon war jetzt auch Gramsci überzeugt, aber er wusste, dass das Problem darin bestand, die in der PSI eingeschriebenen Arbeiter zu gewinnen.«

Deswegen war er gegen den Plan des von Bordiga-Anhängern beherrschten Fabrikrats im Fiat-Zentralwerk, den Bruch sofort herbeizuführen. Santhià berichtet weiter:

»Die Orientierung vieler Genossen der kommunistischen Gruppe in dieser Fabrik war besorgniserregend. Sie waren vom schlimmsten Maximalismus infiziert und ließen sich mehr von oberflächlichen Formeln mitreißen als von ideologischen Inhalten. Der Genosse Parodi war über jeden Zweifel erhaben. Aber damals war es nicht einfach, mit der Erbitterung fertig zu werden, die mit der Überzeugung wuchs, dass die revolutionäre Bewegung in den Fabriken am Ende sei.«

»Sehr taktvoll und vorsichtig« bat Gramsci Santhià, den Kontakt zu Parodi herzustellen. Das misslang, wie Santhià berichtet: »Am 20. September kam im Zentralwerk zum Ausbruch, was sich seit dem 13. und 14. anbahnte. Die Genossen der kommunistischen Fraktion der ›astensionisti‹ beschlossen, ihre Beziehungen zu den reformistischen Gewerkschaftsführern und der Sozialistischen Partei abzubrechen, und erklärten es für unumgänglich, sofort aus der Sozialistischen Partei auszutreten, um die neue Kommunistische Partei ins Leben zu rufen.« Am nächsten Tag schlugen die Turiner Bordiga-Anhänger dem Zentralkomitee der Fraktion der »astensionisti« in ihrer Zeitung *Il So-*

viet vor, »auf die Gründung der Kommunistischen Partei Italiens, Sektion der Dritten Kommunistischen Internationale, hinzuarbeiten und sofort einen nationalen Gründungsparteitag einzuberufen.« Bordiga war vorsichtiger und meinte, man müsse den Kampf auf dem bevorstehenden Nationalparteitag der PSI führen, entsprechend lehnte das Zentralkomitee der »astensionisti« den Vorschlag der Turiner Genossen ab. Auch der Vorstand der Turiner PSI Sektion (Togliatti, Montagnana, Terracini und andere) bezog Position gegen die Bordiga-Anhänger im Fiat-Zentralwerk. Am 22. September wurde die Initiative im Turiner *Avanti!* ausdrücklich verurteilt: »Es geht hier um keinen Wettstreit, wer schneller ist und wer am weitesten kommt, sondern darum, die Bedingungen zu schaffen für eine Kommunistische Partei, die von Anfang an die einzige große Organisation darstellt, in die das Proletariat Vertrauen haben kann und die imstande ist, alle revolutionären Kräfte zusammenzufassen.«

Die Besetzung der Fabriken stand kurz vor dem Scheitern. Außerhalb Turins war die Solidarität der Massen mit der revolutionären Initiative unterschiedlich stark gewesen, und die Gewerkschaften waren nur darum bemüht, anständig aus der Sache herauszukommen, wobei ihnen die Vermittlerhaltung Giolittis sehr gelegen kam. Angesichts der Passivität breiter Schichten des italienischen Proletariats schien jetzt auch gar nichts anderes mehr möglich. So erzählt Ludovico D'Aragona:

»Es gab Fabriken, in denen die Arbeiter ihre Bewusstheit und ihre Reife tatsächlich unter Beweis stellten; es gab Unternehmen, wo es den Arbeitern gelang, den Betrieb weiter so in Gang zu halten wie unter der Leitung und Führung des Kapitalisten; aber es gab auch Fabriken, in denen die Produktion – aus vielen Gründen – die nicht nur mit dem Bewusstseinsstand der Massen, sondern mit dem Mangel an Rohstoffen, Führungskräften, Technikern usw. zusammenhingen – einfach nicht mehr aufrechterhalten werden konnte. Manche Fabriken waren von den Arbeitern völlig aufgegeben worden, und wir mussten Arbeiter von einer anderen Fabrik dorthin versetzen, damit wenigstens ein kleiner Kern den Eindruck vermittelte, dass die Arbeiter die Fabrik noch leiten konnten.«

Nach und nach verebbte die revolutionäre Welle. Die Arbeiter mussten sich geschlagen geben und die Fabriken aufgeben. In den ersten Oktobertagen kehrten sie an die Arbeit zurück. Giolitti hatte einen Kompromiss geschlossen, der – auch wenn die Unternehmer mit ihm nicht zufrieden waren – eine eindeutige Niederlage der Bewegung der Fabrikräte bedeutete.

Jahre später schreibt Gramsci in einem Brief vom 10. Januar 1924 an Zino Zini: »Selbst wenn die Revolution geglückt wäre, hätte es damals (1919/20) konterrevolutionäre Aktionen gegeben, die uns gnadenlos hinweggefegt hätten, denn die Sozialistische Partei war nun mal das, was sie war, und die Arbeiterklasse sah alles rosig und hörte lieber Lieder und Fanfaren, als Opfer zu bringen.«

Die Kommunalwahlen vom 31. Oktober und 7. November standen unmittelbar bevor, und in der Versammlung der Turiner Sozialisten wurden der Sektionssekretär Togliatti und Gramsci als Kandidaten vorgeschlagen. Tasca berichtet: »Gegen Gramscis Kandidatur erhob sich in der Versammlung wilder Protest.« Ihm wurde vorgeworfen, im Oktober 1914 einen Artikel geschrieben zu haben (»Aktive und bewusste Neutralität«), der angeblich für den Eintritt Italiens in den Krieg plädierte. Tasca erzählt weiter: »Man darf nicht vergessen, dass man damals in der Sozialistischen Partei beschlossen hatte, keine Leute kandidieren zu lassen, die sich in irgendeiner Form für den Krieg ausgesprochen hatten [...] Aber es kamen auch noch andere Gründe hinzu.« Das trifft zweifellos zu, wenn man bedenkt, dass die Reaktionen auf Togliattis Kandidatur, der sich sogar freiwillig zum Militärdienst gemeldet hatte, ganz anders ausfiel:

»In den Jahren 1916–18 und auch noch danach hatte Gramsci viele zweideutige Positionen gerügt und schonungslos die Eitelkeit einiger mehr oder weniger berühmter Genossen aufgedeckt. So hatte er viele Gegner in Turin. Dazu kam noch, dass Gramsci nichts von einem Tribun an sich hatte und nur in einem engen Kreis von Intellektuellen und Arbeitern bekannt und geschätzt war.«

Der Angriff auf Gramsci kam vor allem von rechts. Aber unweigerlich liegt der Verdacht nahe, dass auch die Meinungsverschiedenheiten, die während der Fabrikbesetzungen in den Hintergrund getreten waren, nun wieder eine Rolle spielten. Togliatti (er war noch immer Vorsitzender) und Terracini hätten ihren Einfluss auf die breite Mehrheit der Turiner Sektion geltend machen können, um die Angriffe auf Gramsci zurückzuweisen. Sie taten es nicht, und Gramsci wurde nicht auf die Liste gesetzt.

Aber das blieb nicht die einzige bittere Erfahrung. Am 5. November 1920 traf ein Telegramm aus Ghilarza ein: Seine Schwester Emma, die als Angestellte am Bau des Tirso-Staudamms mitarbeitete, war schwer erkrankt. Antonio ahnte Schlimmes und nahm das nächste Schiff nach Sardinien. Als Antonio in Ghilarza ankam, war sie schon tot und beerdigt.[68] Emma hatte in einem Malariagebiet gewohnt und war an dem gefährlichen Fieber gestorben. Antonio blieb ein paar Tage in Ghilarza. Aber er fand keine Ruhe; oft sah ihn Signora Peppina in Gedanken versunken, und sie erschrak über seine Magerkeit und sein müdes, bleiches Gesicht – das Gesicht eines erschöpften Mannes. Er war damals 29 Jahre alt.

Gramsci kehrte nach Turin zurück, wo in Erwartung des nationalen Parteitags der Sozialisten heftige Auseinandersetzungen stattfanden.

---

[68] Der Name von Emma Gramsci steht heute auf einer Gedenktafel für alle jene, die beim Bau dieses Staudamms ums Leben kamen.

Auf der Linken hatte sich einiges verschoben. Die »astensionisti« waren jetzt »ex-astensionisti«, denn die Zustimmung zu den 21 Punkten der Komintern hatte sie dazu gebracht, die parlamentarische Tätigkeit zu akzeptieren. Entsprechend war auch die Bezeichnung »elezionisti« hinfällig geworden. Diese beiden Gruppen sowie Gramscis Gruppe für kommunistische Erziehung und die anderen linken Sozialisten hatten ihre grundlegenden Meinungsverschiedenheiten zugeschüttet und sich alle gemeinsam den Thesen der Dritten Internationalen angeschlossen. In der ersten Oktoberhälfte wurde in Mailand eine Versammlung einberufen, auf der Manifest und Programm der kommunistischen Fraktion vorgestellt wurden. Stellvertretend für alle Gruppen unterzeichneten Bombacci, Bordiga, Fortichiari, Gramsci, Misiano, Polano, Repossi und Terracini. Das Dokument wurde am 28. und 29. November 1920 in Imola verabschiedet, und so wurde die kommunistische Fraktion nach dieser Stadt benannt. Den größten Einfluss hatten Bordiga und seine Anhänger, die einzige Gruppe, die landesweit organisiert war. 1923 schrieb Gramsci darüber in einem Brief an Togliatti: »Weil wir uns 1920/21 nur äußerst widerstrebend dazu durchringen konnten, eine Fraktion zu bilden, sind wir isoliert geblieben, fast eine Gruppe von einzelnen Individuen. Bei den ›astensionisti‹ dagegen hat die lange Tradition der Gruppe und der gemeinsamen Arbeit tiefe Spuren hinterlassen, deren theoretische und praktische Auswirkungen auf das Parteileben bis heute sehr stark sind.« Schon in Imola (und auch schon vorher) hatte es zwei entgegengesetzte Auffassungen darüber gegeben, wie die neue Partei auszusehen hätte: auf der einen Seite die Partei als Elitetruppe, der die Massen in der revolutionären Aktion folgen sollten (Bordiga) und auf der anderen die Massenpartei, also keine Partei, »die sich der Massen bedient, um eine heroische Imitation der französischen Jakobiner zu versuchen«. Daraus resultierten auch zwei verschiedene Haltungen gegenüber der PSI: Bordigas Anhänger wollten sich von ihr lösen, die Gramsci-Gruppe sie von innen heraus erneuern. Auch nach der Veröffentlichung des programmatischen Manifests der kommunistischen Fraktion hatte Gramsci den Reaktionären vorgeworfen, sie wollten in Turin zuschlagen, »weil dort politische Ideen herrschen, die drohen, die Mehrheit der PSI für sich zu gewinnen und die Partei zu verwandeln – von einem Organ, das den in Agonie liegenden Kapitalismus nur erhält, zu einem Organ des Kampfes und des revolutionären Wiederaufbaus.« (*L'Ordine nuovo*, 17. Oktober 1920) Und eine Woche später, am 24. Oktober, schrieb er in einem Artikel mit dem Titel »Die kommunistische Fraktion«: »Die Kommunisten wollen sich auf breiter Basis organisieren und die Führung der Sozialistischen Partei und der Gewerkschaft erringen.«

Aber selbst Lenin stand nun Bordigas Position näher als der von Gramsci. Serrati hatte in *L'Humanité* vom 14. Oktober geschrieben: »Wir unterstützen alle die 21 Bedingungen von Moskau. *Aber nun geht es darum, sie anzuwenden.* Ich behaupte, dass man die Partei von schädlichen Elementen säubern muss, und ich habe den Ausschluss Turatis beantragt, aber wir dürfen die Masse der Gewerkschafts- und Genossenschaftsmitglieder nicht verlieren. Die anderen wollen *eine radikale Abspaltung*. Darin liegt der Unterschied.« Lenins Antwort erschien in *Falsche Reden über die Freiheit*[69] die er zwischen dem 4. November und dem 11. Dezember 1920 verfasste:

»Serrati befürchtet eine Spaltung, welche die Partei, besonders aber die Gewerkschaften, Genossenschaften und Gemeindeverwaltungen schwächen würde. Die Kommunisten befürchten, dass die Reformisten die Revolution sabotieren. Hat man in seinen Reihen Reformisten, so ist es *unmöglich*, in der proletarischen Revolution zu siegen, so ist es *unmöglich*, sie zu behaupten. Also setzt Serrati das ganze Schicksal der Revolution aufs Spiel aus der Erwägung heraus, dass die Mailänder Stadtverwaltung Rückschläge erleiden könnte.«

Soweit war Gramsci mit der Lenin'schen These voll einverstanden. Aber Lenin ging noch weiter:

»Nach allgemeinem Urteil stehen in Italien entscheidende Kämpfe zwischen Proletariat und Bourgeoisie um die Eroberung der Staatsmacht bevor. In einer solchen Zeit ist nicht nur die Entfernung der Reformisten, der Turati-Leute aus der Partei unbedingt notwendig, es kann sogar die Entfernung ausgezeichneter Kommunisten, die zu Schwankungen neigen und Schwankungen in Richtung der ›Einheit‹ mit den Reformisten an den Tag legen, von allen verantwortlichen Posten geboten erscheinen. Ich will ein anschauliches Beispiel anführen. Unmittelbar vor der Oktoberrevolution in Russland legten so namhafte Bolschewiki und Kommunisten wie Sinowjew, Kamenew, Rykow, Nogin und Miljutin Schwankungen an den Tag, und zwar befürchteten sie, dass die Bolschewiki sich allzu sehr isolieren, sich allzu gewagt für den Aufstand entscheiden und allzu unnachgiebig sind gegenüber einem bestimmten Teil der Menschewiki und Sozialrevolutionäre. Der Konflikt ging so weit, dass die gesamten Genossen alle verantwortlichen Posten in der Partei- und Sowjetarbeit verließen, zur größten Freude der Feinde der Sowjetrevolution. Aber nach wenigen Wochen – spätestens nach wenigen Monaten – haben alle diese Genossen ihre Fehler eingesehen und wieder höchst verantwortliche Partei- und Sowjetposten übernommen [...] In Italien ist jetzt gerade eine *solche* Zeit [...] In einem solchen Augenblick und in einer solchen Situation wird die Partei hundertmal stärker, wenn sich Reformisten ganz von ihr trennen und wenn sogar ausgezeichnete Kommunisten, wie es die Mitglieder des jetzigen Zentralkomitees der

---

[69] Die Zitate stammen nicht aus *Falsche Reden über die Freiheit*, sondern aus *Über den Kampf innerhalb der Italienischen Sozialistischen Partei.* Dieser Schrift Lenins ist *Falsche Reden über die Freiheit* »anstelle eines Nachworts« nachgestellt (d.Ü.).

Partei Baratono, Zannerini, Bacci, Giacomini und Serrati gewiss sind, von der Parteileitung zurücktreten.«

Das hieß also, dass Lenin Bordigas Plan einer Abspaltung nach links guthieß. Es ist nicht auszuschließen, dass Lenins Druck nach links eine Rolle spielte, als sich Gramsci Bordiga freiwillig unterordnete. In der Tat akzeptierte Gramsci erst nach der Veröffentlichung von *Falsche Reden über die Freiheit* die Abspaltung als unvermeidliche Lösung. Am 18. Dezember, weniger als einen Monat vor dem Parteitag in Livorno, sprach er sich zum ersten Mal dafür aus und schrieb:

»Es wäre lächerlich, über etwas zu jammern, was nicht mehr zu ändern ist. Die Kommunisten können und müssen kühl und gelassen argumentieren: Wenn (in der PSI) alles in Auflösung begriffen ist, dann muss eben alles wieder aufgebaut werden, die Partei muss erneuert werden. Von nun an müssen wir die kommunistische Fraktion als eine echte Kommunistische Partei sehen und schätzen, als solides Gerüst der Kommunistischen Partei Italiens.«

Inzwischen hatte die Reaktion zum Angriff gerüstet. In den Kommunalwahlen im Herbst 1920 hatte die PSI wie schon 1919 gute Ergebnisse – die Sozialisten hatten in 2.162 Gemeinden von insgesamt 8.000 (u. a. auch in Mailand und Bologna) und in 26 von 69 Provinzen die Mehrheit errungen. Als Gnudi, der sozialistische Bürgermeister von Bologna, am 21. November 1920 auf dem Balkon des Palazzo D'Accursio den Beifall der Menge entgegennehmen wollte, stürmte eine Gruppe von Faschisten auf den Platz und begann, wahllos auf die Leute zu schießen. Aus einem Fenster des Palazzo flogen Handgranaten in die Menge. Bei dem Gemetzel wurden 10 Menschen getötet und 58 verletzt.

Einen Monat später stürmten die Faschisten unter ähnlichen Umständen den Palazzo Estense in Ferrara: Drei von ihnen wurden von den Roten Garden getötet. Die Attentate und Anschläge der Faschisten nahmen rapide zu.

Serrati hatte nun mehr mit Verteidigung zu tun als mit Angriff, und die Ereignisse des Augenblicks sprachen für sein Bemühen, die italienischen Sozialisten zur Einigkeit aufzufordern. Am 16. Dezember 1920 antwortete er Lenin:

»Wir verteidigen nicht die Reformisten. Wir verteidigen die Partei, das Proletariat, die Revolution gegen eine unsinnige Vernichtungs- und Zerstörungswut. Wir verteidigen die Einheit der sozialistischen Bewegung, damit sie die bevorstehenden Schwierigkeiten und Opfer des Wiederaufbaus bewältigen kann. Die italienische Bourgeoisie hat ihre reaktionäre Aktion bereits begonnen. Dies ist der Gegenangriff auf den erbitterten Kampf, den die Arbeiterklasse vom Waffenstillstand bis heute geführt hat. Der italienische Kapitalismus, der sich auf die Staatsmacht, die Polizei und Verwaltung und das noch voll funktionstüchtige Heer stützen kann, ist nicht bereit, die Waffen zu strecken, und wird sich immer besser organisieren und seine Reihen schließen. Die letzten Gemeindewahlen in einigen Städten Italiens haben bewiesen, dass die herrschende Klasse dem entschlossenen Vorgehen der Arbeiterklasse ihren eigenen geschlossenen Block entgegensetzen wird.«

Da demnach die Situation in Italien erforderte, dem Gegenangriff der Bourgeoisie geeint zu widerstehen und sich nicht in mehrere sozialistische Parteien aufzusplittern, konnte sich Serrati wie selbstverständlich auf eine Schrift Sinowjews stützen[70] und mit den Worten schließen: »Wir sind keine zentristischen Sozialisten, wir verlangen nur, dass die Dritte Internationale an uns die gleichen Maßstäbe anlegt wie an andere; dass sie uns gestattet, selbst über die sich entwickelnde Situation und die erforderlichen Mittel zur Verteidigung der sozialistischen Bewegung Italiens zu urteilen.«

Einen Monat später, am 15. Januar 1921, begann in Livorno der 17. nationale Parteitag der PSI. Aber er endete nicht, wie Lenin erwartet hatte, mit einer Zustimmung der Mehrheit des italienischen Proletariats zu den Positionen der »reinen« Kommunisten.

Die Kampfstrategie der kommunistischen Fraktion trug Bordigas Handschrift. Gramsci ergriff auf dem Parteitag nicht einmal das Wort. Mit 98.000 Stimmen blieb die Leitung der Partei in Serratis Hand, gegen die 58.000 Stimmen für die »reinen« Kommunisten und die 14.000 für die Reformisten. Am nächsten Tag (Gramsci wurde gerade 30) gründete die Minderheit der »reinen« Kommunisten im Teatro San Marco in Livorno die neue Kommunistische Partei Italiens.

Unbestrittener Parteiführer war Amadeo Bordiga, der mit der Unterstützung der Komintern seine »partikularistische Halluzination« (wie sie Gramsci noch im Juli genannt hatte) einer »wirklich« kommunistischen Partei realisiert hatte. Gramsci hatte sich zu spät zu der neuen Linie bekannt und musste sich vorerst mit einer zweitrangigen Rolle begnügen. Bei der Konstituierung des ersten Zentralkomitees wäre er zuerst fast übergangen worden, und es wurde hart debattiert, ob man ihn in das Komitee aufnehmen solle oder nicht. Manche seiner neuen Parteigenossen schreckten nicht davor zurück, die schäbigen polemischen Tricks anzuwenden, derer sich früher seine Gegner innerhalb der PSI bedient hatten. »Einige Abgeordnete«, erzählt Togliatti, »wollten sich der Aufnahme Gramscis widersetzen, indem sie wieder die dümmliche Geschichte auftischten (die Maximalisten und Reformisten in den harten Debatten vor dem Kongress in Umlauf gebracht hatten),

---

[70] »Die Kommunistische Internationale will natürlich nicht alle Parteien über einen Kamm scheren [...] Die Kommunistische Internationale erkennt gewiss an, dass es lokale Probleme gibt, die je nach den Erfordernissen der verschiedenen Parteien gelöst werden müssen.«

er habe sich für den Kriegseintritt Italiens eingesetzt und sogar tapfer an der Front gekämpft.«

Im Zentralkomitee saßen acht Kommunisten aus der Gruppe von *Il Soviet* (Bordiga, Grieco, Fortichiari, Repossi, Parodi, Polano, Sessa und Tarsia), fünf linke Maximalisten (Belloni, Bombacci, Gennari, Marabini und Misiano) und zwei Genossen von *L'Ordine nuovo* (Terracini und Gramsci). Der Herausgeber von *L'Ordine nuovo* wurde nicht in das Exekutivkomitee gewählt – das bestand vielmehr aus Bordiga und dreien seiner Leute (Fortichiari, Grieco und Repossi) sowie Terracini. Die Kommunistische Partei Italiens war als Sekte geboren und sollte es noch lange bleiben. Gramsci hat dazu später gemeint:

»Die Reaktion hat sich zum Ziel gesetzt, das Proletariat auf die Stufe zurückzuwerfen, auf der es in der Anfangszeit des Kapitalismus stand, als es verstreut und isoliert war und keine Klasse, die sich ihrer Einheit bewusst ist und zur Macht strebt. Die Spaltung von Livorno (die Abspaltung der Mehrheit des italienischen Proletariats von der Kommunistischen Internationale) war ohne Zweifel der größte Triumph der Reaktion.«

15

Vielfach wurde geäußert, Gramsci habe nach dem Kongress eine relativ »träge« Phase (so Gobetti) gehabt. Trifft das wirklich zu?

Seit dem 1. Januar 1921 erschien *L'Ordine nuovo* wieder täglich, und Gramsci leitete das Blatt. Er verdiente jetzt 1100 Lire im Monat – ein für diese Zeit beträchtliches Gehalt –, hatte aber sein kleines Studentenzimmer an der Piazza Carlina bei der Familie Berra nicht aufgegeben. Er stand zwischen zwei und drei Uhr nachmittags auf und wurde von Giacomo Bernolfo abgeholt, einem ehemaligen Artilleriesergeant von hünenhafter Gestalt, der Gramsci vor eventuellen faschistischen Attentaten schützen sollte und ihn zur Trattoria begleitete. Manchmal übernahm auch Titino Sanna diese Aufgabe, ein Arbeitsloser, der aus Ghilarza stammte. Gramsci frühstückte in der Via Po, in einer Latteria in der Via Santa Teresa oder im Haus von Pia Carena. Danach ging er sofort in die Redaktion in der Via Arcivescovado und machte sich an die Arbeit. Abends aß er schnell etwas und arbeitete dann durch bis zum Morgengrauen, wenn in der Via Roma und der Via Po die ersten Cafés öffneten.

Die Zeiten waren schwierig, es herrschte eine Art Belagerungszustand, und die Drohungen und Gewalttätigkeiten der Faschisten nahmen ständig zu. Aber Gramsci setzte unbeirrt seine Arbeit fort, gab den anderen neuen Mut, munterte sie auf und korrigierte taktische Fehler. Die Genossen erinnern sich an ihn als einen verlässlichen Freund und Ratgeber, der den anderen durch seinen zähen Widerstand gegen den faschistischen Terror ein Vorbild war.

Dadurch, dass *L'Ordine nuovo* wieder täglich erschien, war die journalistische Arbeit schwieriger geworden. Außer *L'Ordine nuovo* gab es noch zwei andere kommunistische Tageszeitungen, *Il Lavoratore* (Der Arbeiter), den Ottavio Pastore in Triest herausgab, und *Il Comunista* (Der Kommunist), der in Rom von Togliatti gemacht wurde. Die Aufsplitterung der ehemaligen Turiner Redaktionsgruppe hatte zum Ergebnis, dass jetzt »drei unlesbare Zeitungen« erschienen, wie Gobetti sagte. Dieses Urteil ist sicher sehr hart (besonders was *L'Ordine nuovo* anging), aber nicht ganz unbegründet. Obwohl *L'Ordine nuovo* noch viel lebendiger war als die restliche Parteipresse, hatte es als Tageszeitung doch nicht mehr die Originalität, die die Wochenzeitung ausgezeichnet hatte. Es war jetzt ein offizielles Parteiblatt, das sich der Linie der Partei – d. h. Bordigas Linie – unterwerfen musste, und diese Art von Abhängigkeit ging auf Kosten der publizistischen Qualität. Frische und Wagemut der theoretischen Diskussionen, Phantasie und kreativer Elan von einst waren jetzt immer seltener zu spüren. Gramsci akzeptierte in der neuen Partei die untergeordnete Rolle, die Bordiga ihm zugewiesen hatte – aus Gründen, die nicht immer klar zu erkennen sind.

Es verging einige Zeit, bis die Meinungsverschiedenheiten wieder offen ausbrachen, und im Februar 1924 schreibt Togliatti an Gramsci: »Ich kann Dir nicht verheimlichen, dass Du viele der Dinge, die Du jetzt sagst, schon vor langer Zeit hättest aussprechen müssen und das nicht nur in privaten Gesprächen, von denen man nur indirekt erfährt, sondern öffentlich, in der Partei. Im Zentralkomitee, das in Livorno gewählt wurde, warst Du der Vertreter der Gruppe, die mit Bordigas Auffassung nicht einverstanden war.«

Aber 1921 glaubte Gramsci wohl gute Gründe dafür zu haben, auf einen offenen Kampf gegen die sektiererische Position Bordigas zu verzichten – nicht zuletzt vielleicht das große Ansehen, das der Führer der Kommunistischen Partei unter den Mitgliedern und auch in den Kreisen der Internationale aufgrund seiner (rein formalen) Ablehnung des Extremismus genoss. Während des III. Kongresses der Komintern hatte Lenin am 28. Juni 1921 zum sozialistischen Abgeordneten Lazzari über die Abspaltung in Livorno Folgendes gesagt:

»Sie verfügten über 98.000 Stimmen; aber sie zogen es vor, mit 14.000 Reformisten gegen 58.000 Kommunisten zusammenzugehen. Selbst wenn diese Kommunisten keine wirklichen Kommunisten wären, selbst wenn sie nur Parteigänger von Bordiga wären – was nicht wahr ist, denn Bordiga hat nach dem II. Kongress der Internationalen ganz loyal erklärt, er sage sich von allem Anarchismus und Antiparlamentarismus los –, hätten Sie mit ihnen gehen müssen.«

Bordiga hatte also von Lenin seinen Ablass erhalten, und es wäre wenig angebracht gewesen, sich in Italien mit ihm anzulegen, denn das hätte die Geschlossenheit der revolutionären Front in Italien gefährdet. Auch die Situation, die der Faschismus im Land geschaffen hatte, ließ eine offene parteiinterne Diskussion unratsam erscheinen – um nicht unterzugehen, musste man die Einheit wahren und sich gemeinsam verteidigen. Gramsci drückte dies 1924 so aus:

»Nach der Spaltung von Livorno ist eine Notstandssituation eingetreten. Das ist die einzige Rechtfertigung für unsere Haltung und unsere Aktivität seit dieser Zeit […] Wir mussten unsere Partei im Kugelhagel des Bürgerkriegs aufbauen […] und unsere Gruppen, sobald sie entstanden und in die Partei eintraten, zugleich schon zu Kampftrupps ausbilden – für den schwierigsten und grausamsten Guerillakrieg, den je eine Arbeiterklasse führen musste.«

Hätte Gramsci in diesem Klima seine Polemik gegen das Sektierertum Bordigas weiterführen können? Und wenn er es gewollt hätte, wäre sein Einfluss, seine Gefolgschaft unter den kommunistischen Massen groß gewesen? Das muss man bezweifeln, denn als Kandidat bei den Parlamentswahlen am 15. Mai 1921 – den ersten seit der Gründung der Kommunistischen Partei – hatte Gramsci eine Niederlage erlitten. Die Turiner Kommunisten hatten weniger ihm als Rabezzana und Misiano ihre Stimme gegeben. Auch in den Kreisen der Internationale hielt man ihn wahrscheinlich noch nicht für fähig genug, eine Partei zu führen. In diesem Zusammenhang ist die Meinung Degotts interessant, der ihn doch so sehr schätzte:

»Gramsci, der sehr viel mehr als andere Genossen den Dingen auf den Grund geht, analysiert die Situation richtig. Mit seinem scharfen Verstand hat er die Bedeutung der Russischen Revolution erfasst. Aber er hat keinen Einfluss auf die Massen. Erstens ist er nicht der geborene Redner, zweitens ist er jung, von kleiner Statur und bucklig – was für die Zuhörer nicht ohne Bedeutung ist.«

Seine physische und nervliche Erschöpfung hatte in dieser Zeit die Grenzen des Erträglichen erreicht. Auch um seine Familie musste er sich Sorgen machen. Gennaro weigerte sich, die Mutter seines Kindes zu heiraten, und Mario hatte sich auf die Seite der Reaktion geschlagen und war der erste Regionalsekretär der Faschisten in Varese geworden. Nach seiner Eheschließung mit Anna Maffei Parravicini hatte er das Heer verlassen und die Leitung eines Handelsunternehmens übernommen. Antonio sprach lange mit ihm über die Gründe seiner Aktivität in der Faschistischen Partei und sagte gelassen:

»Findest du das richtig? Denke darüber nach. Ich weiß, dass du ein tüchtiger, kluger Kerl bist, und ich weiß auch, du wirst es dir anders überlegen.« Sechs Jahre später schreibt er seiner Mutter: »Bei meinem Besuch vor einigen Jahren glaube ich ein klares Bild von dem Milieu gewonnen zu haben, in dem er als Held galt. Aber darüber schreibt man besser nicht; außerdem ist Mario mein Bruder, und ich habe ihn trotz allem gern. Ich hoffe, dass er sich jetzt mehr um seine eigenen Angelegenheiten kümmert und Vernunft annimmt.«

Gramsci hatte damals also eine Menge der verschiedensten Sorgen, aber Gobettis Behauptung, »sein Denken und Tun« seien damals »steril« gewesen, trifft wohl kaum zu. Mit unverminderter Originalität entwickelte er die konkrete Analyse der gesellschaftlichen Kräfte Italiens weiter. Er kam dem wahren Charakter des Faschismus auf die Spur, analysierte die reaktionäre Einstellung seiner führenden Vertreter, die Borniertheit der Kleinbürger, die ihm wie Schafe nachliefen, und vor allem die Gefahr, die von ihm drohte und die von den meisten Kommunisten damals noch unterschätzt wurde. 1921/22 gab es viele »Don Ferrantes«[71], die die faschistische »Pest« und »Ansteckungsgefahr« nicht wahrhaben wollten, um schließlich an ihr zugrunde zu gehen. Die offizielle Linie der Partei war einfach: Man hielt es für unmöglich, dass in Italien eine faschistische oder militärische Diktatur die Macht ergreifen

[71] Don Ferrante ist eine Figur in Manzonis Roman *Der Verlobte*. Er gilt als Urtypus des Gelehrten, der in seiner Bücherstube sitzt und die Unmöglichkeit von Ereignissen beweist, die sich gerade abspielen (bei Manzoni: die Pest) (T.N.).

könnte. Gramsci war nicht dieser Meinung, beschränkte sich aber darauf, seine Haltung in privaten Gesprächen zu äußern. Seine Schwäche war, dass er – zumindest formal – Thesen zustimmte, die er nicht vertreten konnte, und darauf verzichtete, Bordigas Fraktion und ihre »trivialen und lautstarken Attitüden« offen zu kritisieren.

Er stürzte sich voll in die Redaktionsarbeit. Er verlangte seinen Mitarbeitern viel ab, duldete keine Unaufmerksamkeit, Oberflächlichkeit oder Schlampigkeit bei der Formulierung eines Kommentars oder einer Nachricht. Bei solchen (auch geringfügigen) Anlässen wurde er oft wütend und ließ die Sachen neu schreiben. Sein Kollege Alfonso Leonetti erinnert sich, wie aufgebracht Gramsci manchmal abends vor den Druckfahnen stand. »Das ist keine Zeitung«, schrie er, »das ist ein Sack Kartoffeln! Morgen kann der Agnelli die Arbeiter zusammenholen und ihnen sagen: ›Seht Euch das an: die wollen den Staat regieren und können noch nicht einmal eine Zeitung machen‹. Wir müssen alles tun, dass er so etwas nicht sagen kann – aber wie soll das gehen, wenn wir eine Zeitung herausbringen, die aussieht wie ein Sack Kartoffeln!«

Gramscis formale Anerkennung der Position Bordigas ging nur so weit, dass er ihn nicht öffentlich kritisierte, was ihn aber nicht daran hinderte, seine eigene Grundeinstellung zum Ausdruck zu bringen, so auch die Konzeption einer »Öffnung«, d. h. Zusammenarbeit mit nicht kommunistischen bis hin zu katholischen Arbeitern und Intellektuellen der Opposition. Den Liberalen Piero Gobetti ließ er die Theaterkritiken für *L'Ordine nuovo* schreiben. Im Frühjahr fuhr er in Begleitung von Mario Giordano, einem der Legionäre der Fiume-Expedition, nach Gardone, um mit D'Annunzio[72] zu sprechen (die Begegnung kam allerdings nicht zustande). Aufmerksam verfolgte er die Initiativen der Linkskatholiken, die sich in der »Partito Popolare«[73] um Guido Miglioli organisiert hatten. Er bekämpfte auch den in weiten Kreisen des piemontesischen Proletariats tiefverwurzelten Antiklerikalismus. Andrea Viglongo erzählt: »Ich erinnere mich an einen Diözesankongress, an dem 200.000 Gläubige teilnahmen. Gramsci wollte, dass wir uns damit befassten. ›Das ist ein Ereignis, an dem das Volk Anteil nimmt, wir können es nicht unbeachtet lassen!‹, sagte er. So schrieb ich einen kurzen

[72] Gabriele d'Annunzio war Führer einer Expeditionstruppe, die im September 1919 den Hafen von Fiume (heute Rijeka in Jugoslawien) besetzte, um zu verhindern, dass die Stadt in den Friedensverträgen Italien abgesprochen wurde. Mit seinen 8.000 Legionären besetzte er Fiume bis zum Januar 1921, als er von der italienischen Armee auf Befehl der Giolitti-Regierung vertrieben wurde (T.N.).

[73] »Partito Populare« war die erste katholische Massenpartei Italiens, die im Januar 1919 unter der Führung von Don Sturzo und Alcide de Gasperi gegründet wurde. Sie ist der Vorläufer der heutigen Christdemokratischen Partei Italiens (DC). Die »Populari« hatten einen linken Flügel (um Miglioli), der besonders in ländlichen Gebieten stark war (T.N.).

Bericht, der von *L'Ordine nuovo* mit einer zweispaltigen Überschrift veröffentlicht wurde. Ein andermal schrieb ich einen Artikel, der scharf gegen den Antiklerikalismus protestierte. Darin standen Sätze wie: ›Die Wurzeln der antiklerikalen Pornographie, die sich – welch merkwürdiger Zufall – genau in der Blütezeit der Heils-Kampagne à la Prampolini[74] entwickelt hat, liegen in dem Fehlen jeglichen Moralbewusstseins seitens des rationalistischen Sozialismus von vor 20 Jahren [...] *L'Asino* ist für die jungen Menschen so etwas wie ein Symbol des Sozialismus von vor 20 Jahren, freimaurerisch, parlamentaristisch und kleinbürgerlich.‹ Gramsci las den Artikel und gab seine Zustimmung. Er setzte ihn als Leitartikel auf die erste Seite der Ausgabe vom 27. August 1921. Einige Arbeitervereine, wie der von Borgo San Paolo, reagierten mit heftigem Protest. Aber Gramsci ließ sich nicht beeindrucken und sagte zu mir: ›Der Leitartikel war gut‹.«

In der Zwischenzeit zeichnete sich der Bruch zwischen der Dritten Internationale und der Parteiführung der KPI ab. Vor der Abspaltung in Livorno hatte Lenin gesagt: »Um die Revolution erfolgreich durchzuführen und sie zu behaupten, muss die italienische Partei noch einen bestimmten Schritt nach links machen (ohne sich irgendwie die Hände zu binden und ohne zu vergessen, dass die Umstände später sehr wohl erheischen könnten, bestimmte Schritte nach rechts zu machen).«

Der »bestimmte Schritt nach links« war gemacht – mit der Abspaltung der kommunistischen Gruppen von der PSI in Livorno. Nun erforderten die Umstände »bestimmte Schritte nach rechts«: das Bündnis mit den Sozialisten in der »Einheitsfront«, um der reaktionären Offensive entgegenzutreten. So lautete die Empfehlung des III. Kongresses der Komintern, der im Juni/Juli 1921 tagte. In Moskau hatte man erkannt, dass sich die Arbeiterklasse nach dem Gegenangriff der Reaktion auf dem Rückzug befand – besonders in Italien. Unter solchen Umständen konnten nicht mehr die Übernahme der Macht und die Diktatur des Proletariats das unmittelbare Ziel der Arbeiterklasse sein – zuallererst mussten die demokratischen Freiheiten im gemeinsamen Kampf mit den Sozialisten verteidigt werden. In Italien, wo die Abspaltung der Kommunisten von der PSI die Gegensätze verschärft hatte, widersetzten sich Bordiga und seine Leute hartnäckig dem neuen Kurs. Das wurde von Lenin gerügt. Am 14. August 1921 schrieb er, dass einige kommunistische Parteien, u. a. auch die italienische, »den Kampf gegen den Zentrismus *ein wenig übertrieben* und *ein wenig die Grenze überschritten* hätten, an der dieser Kampf zu einem Sport wird.« Effektiv hatten Bordiga und seine Gruppe den Kampf gegen die PSI weitaus mehr als nur »ein wenig« übertrieben. Nachdem nun die Internationale festgestellt hatte,

[74] Camillo Prampolini (1859–1930) war ein reformistischer Sozialistenführer, der sich besonders um die Organisation der Landarbeiter in der Emilia kümmerte (T.N.).

dass es wichtiger sei, die demokratischen Freiheiten zu verteidigen, als auf die sofortige Machtübernahme hinzuarbeiten, glaubte die Fraktion Bordigas, ein Bündnis mit den Sozialisten hieße zugleich eingestehen, dass die Abspaltung voreilig gewesen sei. Dazu meinte Gramsci später:

»Lenin hatte die Bedeutung der Spaltungen in Italien auf eine lapidare Formel gebracht, indem er sagte: ›Trennt euch von Turati und geht dann ein Bündnis mit ihm ein.‹ Diese Formel hätten wir nach der Spaltung anwenden müssen, auch wenn die Spaltung anders verlaufen ist, als Lenin es sich vorgestellt hatte. Wir hätten uns nämlich nicht nur vom Reformismus trennen müssen, wie es historisch notwendig war, sondern auch vom Maximalismus, der in Wirklichkeit der typisch italienische Opportunismus in der Arbeiterbewegung war und ist. Danach hätten wir jedoch versuchen müssen, uns mit ihnen gegen die Reaktion zu verbünden, ohne dabei den ideologischen und organisatorischen Kampf gegen sie aufzugeben. Dem Führer unserer Partei erschien jeder Schritt der Internationale zur erneuten Annäherung an diese Linie als Verleugnung der Spaltung von Livorno, als ein Akt der Reue.«

So schrieb er 1926. Aber in den Monaten vor dem II. nationalen Parteitag der Kommunisten in Rom 1922 war bei weitem nicht so deutlich, dass Gramsci eine andere Meinung vertrat als Bordiga.

Bordigas Tendenz zum hermetischen Sektierertum statt zu einer breit angelegten politischen Aktion, die den Faschismus hätte aufhalten oder besiegen können, teilten die meisten Parteiführer, auch Togliatti und Terracini. Togliatti selbst hat dies später zugegeben:

»Was am erstaunlichsten ist und aufmerksam registriert werden muss, ist die Tatsache, dass schließlich auch diejenigen Genossen vor der sektiererischen Parteikonzeption kapitulierten, die, wie Terracini und ich, an der Seite Gramscis und unter seiner Führung nicht nur eine gegensätzliche Linie verfolgt, sondern auch zur Entstehung ganz anderer Konzeptionen beigetragen hatten, von denen sie auch bei wichtigen Aktionen geleitet wurden.«

Tasca und die anderen Vertreter der rechten Minderheit hatten sich gegen Bordiga gestellt. Von der Mehrheit »hielt nur Gramsci nicht mehr mit seiner Kritik hinter dem Berg. Aber (fügt Togliatti hinzu) das für lange Zeit nur in privaten Gesprächen; dadurch kamen seine Argumente nicht in der Diskussion des Zentralkomitees zur Sprache. Er äußerte sie zum ersten Mal in einer Sitzung der Turiner Ortsgruppe, kurz vor dem II. Parteitag.« Die Thesen, die Bordiga für den Parteitag in Rom formuliert hatte, berücksichtigten die Taktik der Einheitsfront in keiner Weise: sie liefen also gegen die Linie der Komintern. Aber nur die rechte Minderheit protestierte. Dazu Gramsci:

»Wir haben in Rom die Thesen von Amadeo (Bordiga) angenommen, weil sie als Stellungnahme für den IV. Kongress (der Internationale) und nicht als Aktionsprogramm vorgelegt wurden. Wir glaubten auf diese Weise die Partei um die Kerngruppe vereint zusammenhalten zu können. Angesichts der wichtigen Rolle Amadeos bei der Parteiorganisation glaubten wir, ihm dieses Zugeständnis schuldig zu sein. Es wäre politisch unmöglich gewesen, die Partei ohne die aktive Beteiligung Amadeos und seiner Gruppe weiterzuführen [...] Dann zogen wir uns von dieser Position zurück und versuchten, den Rückzug möglichst geordnet zu vollziehen. Wir mussten eine neue Krise und jedes Risiko einer erneuten Spaltung vermeiden, zu den durch die Niederlage der revolutionären Bewegung verursachten Auflösungserscheinungen durften keine neuen hinzukommen.«

Dieses Urteil über Bordigas Thesen war hinlänglich reserviert, um Gramsci die Wertschätzung der Komintern einzubringen und auch noch hinlänglich wohlwollend gegenüber Bordigas Position, um sich diesen nicht zum Feind zu machen. Nur logisch, dass Gramsci zum Vertreter der KPI im Exekutivkomitee der Dritten Internationale nominiert wurde (vorher war er bereits im Auftrag der Komintern in Lugano gewesen und vom 22. Januar bis 24. Februar 1922 in Berlin).

Ende Mai 1922 reiste Gramsci zum Sitz der Komintern nach Moskau. Fast elf Jahre hatte er in Turin gelebt, und der Abschied von der Redaktion des *L'Ordine nuovo* fiel ihm sehr schwer. Ein neuer entscheidender Lebensabschnitt mit wichtigen Erfahrungen lag vor ihm: auf politischer Ebene die Zusammenarbeit mit den Protagonisten der Russischen Revolution und in seinem persönlichen Leben die Begegnung mit Giulia Schucht.

16

Als Gramsci in Moskau eintraf, war er zutiefst deprimiert. Er war krank, und die Folgen der großen politischen und persönlichen Spannungen der letzten Zeit machten sich jetzt bemerkbar. Die intensive Arbeit war über seine Kräfte gegangen, seine Gesundheit war ohnehin durch die Unterernährung und die körperlichen Belastungen in seiner Jugend angegriffen gewesen. Das erkannten auch bald seine neuen Arbeitskollegen, und zu Beginn des Sommers riet ihm Grigori Sinowjew, der damalige Vorsitzende der Komintern, sich eine Zeitlang im Sanatorium Serebranyi Bor (Silberwald) außerhalb Moskaus pflegen zu lassen. Gramsci litt unter einer Reihe von nervösen Ticks, unter krampfartigem Zittern und »nahezu wilden« Anfällen.

»Viele der überaus freundlichen Leute, die mich pflegten oder die mir Gesellschaft leisteten«, erzählte er später, »sagten mir danach, sie hätten eine Höllenangst ausgestanden. Sie wussten, dass ich Sarde bin, und deshalb dachten sie, ich könnte ihnen mit einem Messer an die Kehle gehen.«

Unter diesen »überaus freundlichen Leuten« war auch eine Patientin des Sanatoriums, Eugenia Schucht. Aufgrund ihrer schweren psychophysischen Erschöpfung konnte sie nicht laufen. Da sie Italien sehr gut kannte und perfekt Italienisch sprach, kamen sie und Antonio schnell ins Gespräch und wurden Freunde. Antonio erfuhr viel über sie und über den langen Aufenthalt ihrer Familie in Rom.

Sie war während der Deportation ihres Vaters, Apollo Schucht, eines Antizaristen skandinavischer Herkunft, in Sibirien geboren worden und hatte zwei ältere Schwestern, Nadina und Tanja. Um 1890 war die Familie nach Montpellier in Frankreich gezogen, später nach Genf. In der Emigration kamen Anna und dann 1896 Giulia zur Welt, danach als sechstes Kind Vittorio, der einzige Junge. Anfang des Jahrhunderts zog die Familie nach Rom. Apollo Schucht war sehr bewandert in französischer Literatur und musikalisch gebildet. Er stammte aus einer Offiziersfamilie und besaß ein Vermögen, das es ihm ermöglichte, ein sorgenfreies Leben zu führen. Die Töchter studierten: Nadina promovierte und kehrte nach Russland zurück, um in Tiflis zu heiraten; Tanja studierte in Rom Naturwissenschaften; Eugenia besuchte die Kunsthochschule in der Via Ripetta; Anna und Giulia waren beide sehr musikalisch und nahmen Violinunterricht im Musikgymnasium, das der Accademia Santa Cecilia angeschlossen war. In Rom verbrachten sie ihre Kindheit und frühe Jugend, sie wohnten zuerst in der Via Monserrato, dann in der Via Buonconsiglio in der Nähe des Kolosseums und später in der Via Adda. Der Vater übte keinen Beruf aus, nur eine Zeitlang gab er Offizieren im Kriegsministerium Russischunterricht. Im Herbst 1913 begann sich die Familie aufzulösen. Zuerst verließen Eugenia und Anna Italien und gingen nach Warschau: Eugenia unterrichtete in einer jüdischen Schule, und Anna heiratete am 13. Mai 1915 Theodor Zabel. Einige Monate später verließ auch Giulia Rom nach ihrer Violinprüfung, wenig später folgte ihr die Mutter. Apollo und Vittorio zogen in die Schweiz. Am 29. September 1915 schreibt Apollo Schucht an Leonilde Perilli, eine römische Freundin seiner Töchter: »Ich habe einen Brief aus Moskau bekommen. Genia hat eine Stelle gefunden, aber Giulia noch nicht. Anna wird bei der Mutter ihres Mannes wohnen, der sich zurzeit in einem Lager bei Moskau befindet«. Anfang 1916 trafen sich Eugenia, Anna, Giulia und ihre Mutter in Ivanovo Vosniesensk, einer Kleinstadt mit Textilindustrie, ungefähr 100 Kilometer von Moskau entfernt. Im Dezember des gleichen Jahres kam die Familie wieder in Moskau zusammen, außer Nadina, von der man keine Nachricht mehr hatte, und Tanja, die in Italien geblieben war. Das war kurz vor dem Sturz des zaristischen Regimes. Auch während der Oktoberrevolution lebten die Schuchts in Moskau. Danach trennten sie sich wieder: Eugenia und Vittorio blieben in Moskau, die Eltern mit Giulia, Anna, deren Mann Theodor Zabel und deren Kind zogen nach Ivanovo.

Als Gramsci Eugenia kennenlernte, lebte ihre Familie immer noch in Ivanovo. Oft kamen sie ins Sanatorium Serebranyi Bor, um sie zu besuchen. Zum ersten Mal sah Gramsci dabei Giulia gegen Mitte Juli 1922. Eugenia war ihm ersichtlich schon sehr sympathisch gewesen, aber Giulia fesselte ihn. Sie war groß, hatte ein schönes ovales Gesicht mit großen traurigen Augen und schulterlanges blondes Haar. Sie war 26 Jahre alt, fünf Jahre jünger als Gramsci. Seit sieben Jahren lebte sie nun in Russland und hatte Heimweh nach Italien. Nach ihrer Abreise aus Italien (sie war damals 19 und fuhr in ein Land, das sie noch nicht kannte) schrieb sie am 21. Juni 1915 aus Tzarikow an Leonilde Perilli: »Ich bin in Bulgarien. Jetzt bin ich näher an Russland, habe mich aber von Italien und Rom weit, sehr weit entfernt [...]« Im September des gleichen Jahres schreibt sie aus Moskau: »Hier ist es schon kalt. Wenn ich an Rom denke, werde ich ganz traurig [...] in Rom ist heute der 15. September.«

Jetzt unterrichtete sie an der Musikschule in Ivanovo. Zuerst war Gramsci sehr schüchtern. Er war 31 Jahre alt und zum ersten Mal verliebt, aus Angst vor einer Enttäuschung jedoch hielt er seine Gefühle zurück. Seine körperliche Missbildung hemmte ihn: »Seit vielen Jahren glaube ich, dass es für mich absolut und auf schicksalhafte Weise unmöglich ist, geliebt zu werden.« Giulia verwirrte ihn. Nach einer ihrer ersten Begegnungen schrieb er ihr: »Sind Sie am 5. August nach Moskau gekommen, wie Sie angekündigt hatten? Ich habe drei Tage lang auf Sie gewartet und bin nicht aus dem Zimmer gegangen aus Angst, dass das gleiche passieren könnte wie beim letzten Mal [...] Sie sind nicht in Moskau gewesen, nicht wahr? Sonst wären Sie doch zumindest einen Augenblick zu mir gekommen [...] Kommen Sie bald? Kann ich

Sie wiedersehen? Schreiben Sie mir. Ihre Worte tun mir gut und stärken mich.« Wenn Giulia Eugenia besuchen kam, verbrachte sie lange Stunden mit Gramsci. Dieser junge Italiener, der so zerbrechlich schien, aber eine starke innere Ausstrahlung hatte und in dessen Blick so viel Wärme lag, faszinierte sie. Gramsci hat zeit seines Lebens an diese ersten Begegnungen im Sanatorium und an die zarte, junge Liebe zu Giulia zurückgedacht und schrieb später darüber mit einer Spur von Wehmut:

»In Gedanken bin ich noch einmal zurückgegangen, habe die Erinnerungen unseres gemeinsamen Lebens aufgesucht; vom ersten Tag, an dem ich Dich in Serebranyi Bor sah und nicht wagte, das Zimmer zu betreten, weil ich so schüchtern war (Du hast mich damals wirklich eingeschüchtert, und wenn ich heute daran denke, muss ich lächeln), bis zu dem Tag, an dem Du zu Fuß weggegangen bist und ich Dich durch den Wald bis zur großen Straße begleitete. Dort habe ich lange Zeit gestanden und Dir nachgesehen, wie Du ganz allein mit Deinem Reisebündel weggingst – auf der breiten Straße, hinaus in die weite und schreckliche Welt.«

Antonio, der einmal von sich gesagt hatte, er habe nur durch den Kopf und nicht durch das Herz gelebt, hatte ein neues inneres Gleichgewicht gefunden. Bis dahin hatte er sich immer wieder in sich verkrochen und mit seinen widersprüchlichen Gefühlen im Streit gelegen – mit seinem Bedürfnis nach Geselligkeit und seinem Wunsch, absolut unabhängig zu sein, auch ohne sich auf die Zuneigung anderer verlassen zu können. An Giulia schrieb er über diesen Widerspruch:

»Wie oft habe ich mich gefragt, ob eine wirkliche Beziehung zu einer Masse von Menschen für jemanden möglich ist, der nie einen Menschen geliebt hat, nicht einmal die eigenen Eltern; ob man eine Gemeinschaft lieben kann, wenn man nie einzelne Menschen wirklich geliebt hat. Musste sich das nicht auf mein Leben als militanter Sozialist auswirken, und mussten meine Qualitäten als Revolutionär dadurch nicht zu einer sterilen, rein intellektuellen Angelegenheit werden? Ich habe sehr viel darüber nachgedacht, besonders in den letzten Tagen, weil ich viel an Dich gedacht habe – wie Du in mein Leben getreten bist und mir Liebe geschenkt hast. Und damit das gegeben hast, was mir immer gefehlt hatte und was mich oft so gehässig und verbittert gemacht hat.«

Jetzt wurde ihm bewusst, dass »man sich nicht teilen und nur mit einem Teil leben kann; das Leben ist eine Einheit, und aus jeder Handlung schöpfen wir neue Energie für andere Handlungen. Die Liebe gibt dem ganzen Leben Kraft [...] schafft ein Gleichgewicht und verstärkt die anderen Leidenschaften und Gefühle.« Aber diese für Gramsci so wichtige Beziehung musste sich in Zukunft auf sporadische Begegnungen beschränken und stand im Zeichen von langen und schmerzhaften Perioden der Trennung. Die Nachrichten aus Italien ließen nichts Gutes ahnen. Am 28. Oktober 1922 hatte der Marsch auf Rom stattgefunden, und tags darauf hatte der König Benito Mussolini mit der Neubildung der Regierung beauftragt.[75] Zweieinhalb Jahre waren vergangen, seit Gramsci im April 1920 geschrieben hatte: »Die aktuelle Phase des Klassenkampfs in Italien ist eine Phase, der entweder die Ergreifung der politischen Macht durch das Proletariat folgt [...] oder eine furchtbare Reaktion der besitzenden Klasse und der regierenden Kaste.« Diese zweite Voraussage trat nun ein. Die »Camere del lavoro« wurden geplündert und in Brand gesteckt, die Faschistentrupps stürmten die Redaktionen demokratischer Zeitungen, die linken Führer wurden verfolgt, verhaftet, niedergeknüppelt, ermordet. All das spielte sich unmittelbar vor dem IV. Kongress der Komintern ab, der am 5. November 1922 in Moskau begann. Es stellte sich also die Frage, wie die Arbeiterparteien und alle demokratischen Parteien auf diese Welle der Gewalt reagieren sollten. Sollten sie getrennt agieren oder – anders als in der Vergangenheit – gemeinsam und vereint kämpfen? Sinowjew, Bucharin und die einflussreichsten bolschewistischen Führer der Internationale sprachen sich für die Einheitsfront aller proletarischer Parteien aus. Sie meinten sogar, eine Fusion der Sozialisten und der Kommunisten sei unumgänglich, besonders nachdem auf dem Parteitag der PSI im Oktober 1922 deren reformistischer Flügel ausgeschlossen worden war. Dieser Orientierung aber widersetzten sich Bordiga und auch Terracini hartnäckig.

Auf einer Versammlung des Zentralkomitees der KPI wandte sich Graziadei an die Gegner der Fusion mit folgenden Worten: »Die Abspaltung in Livorno hat unweigerlich zu weit links angesetzt. Ich und andere Genossen mit mir haben dies als ein Übel angesehen; ihr habt es für gut befunden und wart zufrieden. Diese unterschiedliche Einschätzung ist die Ursache tiefer Meinungsverschiedenheiten.« Diejenigen, die in Livorno die Abspaltung des linken Flügels befürwortet hatten, wollten von einer Wiedervereinigung mit den Sozialisten nichts wissen. Auch ihre Einstellung zum Faschismus war ganz anders als die Graziadeis und seiner Genossen. Bordiga und seine Mehrheit betrachteten sowohl Faschisten als auch Sozialdemokraten als Klassenfeinde, die gleichermaßen die bürgerliche Ordnung verteidigten.

Für sie war Mussolini genauso gut oder schlecht wie Turati – was gab es denn groß Neues, nachdem lediglich eine bürgerliche Partei eine an-

---

[75] Auf dem faschistischen Parteikongress von Neapel war am 24. Oktober 1922 beschlossen worden, mit einem Marsch auf die Hauptstadt den Aufstand einzuleiten. Mussolini traf sich mit führenden Industriellen und versicherte ihnen, »das Ziel der bevorstehenden faschistischen Aktion (sei) die Wiederherstellung der Disziplin, vor allem in den Fabriken«. Militärisch gesehen hatte die Aktion wenig Erfolgsaussichten. Aber zum Test kam es gar nicht, weil die politisch herrschende Klasse (unter Führung des Königs) abdankte und Mussolini die Macht auslieferte. Der »Marsch auf Rom« nahm so die Form eines Triumphzugs an, als Mussolini bereits zum Ministerpräsidenten ernannt war (T.N.).

dere in der Regierung abgelöst hatte? In Bordigas Augen hatte sich nach dem Marsch auf Rom nur ein einfacher Regierungswechsel vollzogen. So dachten auch seine Leute – aber nicht nur sie. Terracini bezeichnet den Marsch auf Rom als »eine etwas turbulente Regierungskrise«. Togliatti hatte am 27. Juli 1922 geschrieben: »Der grimmige Tyrann, gegen den sich die lebendigen Kräfte des Volkes auflehnen müssen, hat nur ein Gesicht, aber drei Namen: er heißt zugleich Turati, Don Sturzo und Mussolini.« Die kommunistischen Parteiführer in Italien merkten nicht, wie sehr sich die Faschisten von den traditionellen bürgerlichen Parteien unterschieden. Da sie sich nicht bewusst waren, welche Gefahr der Faschismus darstellte, konnten sie auch nicht sehen, dass eine bürgerliche Diktatur anstelle der bürgerlichen Demokratie bevorstand. Daher wurden die neuen Richtlinien der Komintern – der Übergang vom Angriff zur Verteidigung und der Kampf für die bürgerlichen Freiheiten statt für die proletarische Revolution – nicht verstanden und ebenso wenig die Notwendigkeit eines Bündnisses oder gar einer Fusion mit Kräften, die nach Meinung der Mehrheit der Kommunisten nichts anderes waren als der linke Flügel der Bourgeoisie. Gramsci war einer der Wenigen, die das Wesen des Faschismus und die Gefahr, die er darstellte, ebenso erkannten wie die Richtigkeit der defensiven Komintern-Strategie.

Zum IV. Kongress wurde er aus dem Sanatorium entlassen. Die schlimmste Phase seiner Krankheit war vorüber, aber es ging ihm noch nicht gut: »Als der Kongress begann, war ich erst wenige Tage zurück aus dem Sanatorium – die sechs Monate dort hatten mir nicht viel genützt und nur eine Verschlimmerung der Krankheit und eine Lähmung der Beine verhindert, die mich einige Jahre ans Bett gefesselt hätte. Nervliche Erschöpfung, Schlaflosigkeit und vorübergehender Gedächtnisschwund hielten mich aber weiterhin von der Arbeit ab.« Auf dem Kongress wurde er sofort von Mátyás Rákosi angesprochen, den er nicht sehr schätzte. Er hielt Rákosi für einen »Dummkopf« ohne »auch nur ein Gramm politischen Verstand«. »Mit der für ihn typischen diplomatischen Diskretion«, erzählt Gramsci, »ging er auf mich los und bot mir an, die Führung der KPI zu übernehmen und Amadeo aus dem Rennen zu werfen, der sogar aus der Komintern ausgeschlossen werden sollte, weil er weiter auf seiner Linie beharrte.« Obwohl Gramsci mit Bordiga nicht einer Meinung war, stand er doch unter dem Einfluss seiner starken Persönlichkeit und befürchtete auch, dass ein Bruch zur Auflösung der Partei führen würde:

»Mein Verhalten in dieser Frage war nicht autonom, sondern immer von der Sorge beeinflusst, was Amadeo getan hätte, wenn ich mich gegen ihn gestellt hätte. Er hätte sich zurückgezogen und dann eine Krise heraufbeschworen. Er hätte sich niemals auf einen Kompromiss eingelassen. Wenn ich mich gegen ihn gestellt hätte, wäre ich von der Internationale unterstützt worden. Aber welche Folgen hätte das damals gehabt, als die Partei mitten im Bürgerkrieg mühsam aufgebaut wurde und der *Avanti!* jede unserer Meinungsverschiedenheiten ausnützte, um uns zu schwächen.«

Gramsci wies Rákosis Vorschlag zurück:

»Ich sage, dass ich mein Möglichstes tun würde, um dem Exekutivkomitee der Internationale bei der Lösung der italienischen Frage zu helfen, dass aber Amadeo meiner Meinung nach ohne Vorbereitungsarbeit innerhalb der Partei nicht ersetzt werden könne (am wenigsten durch mich). Um Amadeo in der derzeitigen Situation Italiens zu ersetzen, wäre außerdem mehr als einer nötig gewesen, denn er arbeitete mindestens für drei.«

Die Debatten über die Fusion mit den Sozialisten zogen sich endlos in die Länge. Auf der einen Seite stand Tasca, der die Position der Internationale vertrat: d. h. sofortige Fusionierung der Parteien. Aber Bordiga gab nicht nach und bat darum, die Entscheidung zumindest aufzuschieben. »Ich saß wie auf glühenden Kohlen«, schrieb Gramsci, »und das war in meinem gesundheitlichen Zustand nicht gerade das Beste.« Er rettete die Situation, indem er »aalglatt« (dieser Ausdruck stammt von ihm selbst) hin und hertaktierte. Innerhalb der PSI hatte sich eine Fraktion der »terzinternationalisti« gebildet, die auch kurz »terzini« genannt wurden und sich mit der Linie der Dritten (Kommunistischen) Internationale loyal erklärten. Gramsci schlug als Kompromisslösung vor, dass die Fusion nicht mit der gesamten PSI erfolgen solle, sondern vorerst nur mit den »terzini«. Das wurde akzeptiert (»Ohne es zu wollen, habe ich mir den Ruf eingehandelt, ein teuflisch gerissener Fuchs zu sein«, sagt er später). Die Bedingungen für die Fusion wurden in 14 Punkten niedergelegt, und es wurde ein gemischter Ausschuss gebildet, der sie durchführen sollte. Bordiga weigerte sich, Mitglied des Ausschusses zu werden, und Gramsci trat an seine Stelle; die anderen waren Scoccimarro und Tasca für die Kommunisten, Serrati und Maffi für die Sozialisten.

Aber Gramsci kehrte nicht nach Italien zurück. Serrati wurde sofort nach seiner Rückkehr verhaftet, und Tasca musste in die Schweiz fliehen. Während Scoccimarro und Maffi die Vorarbeiten für eine Fusion gegen den Widerstand vieler Kommunisten und Sozialisten weiterführten, arbeitete Gramsci noch im Exekutivkomitee der Komintern in Moskau. Er musste seiner politischen Arbeit den größten Teil seines Privatlebens opfern. Oft ging er ins Sanatorium, um sich auszuruhen und Eugenia Schucht zu besuchen. Dort verbrachte er 1922 auch das Weihnachtsfest:

»1922 habe ich zum letzten Mal einen Weihnachtsbaum geschmückt. Ich wollte damit Genia eine Freude machen, die noch nicht aufstehen oder zumindest nicht gehen konnte, ohne sich an den Wänden und Möbeln festzuhalten. Ich weiß nicht mehr, ob sie zur Feier aufgestanden war oder nicht; ich erinnere mich an den kleinen Baum voller kleiner Kerzen auf dem Nachttisch. Wir steckten sie alle auf einmal an, als

Giulia vom Konzert, das sie für die Patienten gegeben hatte, ins Zimmer zurückkam.«

Giulia sah er nur selten, auch wegen seiner politischen Pflichten. Am 13. Februar 1923 schrieb er ihr: »Ich bin noch nicht sicher, ob ich am Sonntag zu Ihnen kommen kann. Ständig können wir einberufen werden, zu den unmöglichsten Tageszeiten, und es würde mir leid tun, bei einer Versammlung zu fehlen, ohne meine Abwesenheit zu entschuldigen.« In seiner Tätigkeit als Funktionär der Internationale war er sehr gewissenhaft. Aber die hübsche junge Violinistin war ihm zu wichtig: »Ich will, ich will absolut, dass Sie mich weiterhin lieben [...] für mich ist dies alles ernst, sehr ernst.« Seitdem er sie kannte, hatte er »den mächtigsten und wichtigsten Grund der Welt«, sich auch einmal von Sorgen und Gedanken ablenken zu lassen, die seine ganze physische und psychische Kraft in Anspruch genommen hatten.

Der überdisziplinierte Funktionär des Komintern-Hauptquartiers, der in der halben Welt an den Fäden der Revolution mitzog, verwandelte sich nun aus einem »Höhlenbär« in einen »verliebten Wolf«. Einmal traf ein Telegramm des Zentralkomitees der KPI in Moskau ein, das Gramsci davon abriet, nach Italien zurückzukehren, weil ein Haftbefehl gegen ihn vorliege. Einige Genossen wollten ihm das Telegramm in den frühen Morgenstunden ins Hotel Lux in der Gorkistraße bringen, in dem er wohnte. Aber dort war von Gramsci keine Spur, und keiner der Italiener wusste, wo er war. Er hatte auch keine Nachricht hinterlassen. Sie fuhren die ganze Stadt ab – umsonst, er war nicht zu finden. Sie machten sich so große Sorgen, dass sie sogar die russische Geheimpolizei einschalteten. Als Gramsci ins Lux zurückkehrte, starrten ihn alle an wie »einen Wiederauferstandenen«. Er hatte ganz einfach die Politik für eine Nacht vergessen wollen und sich Zeit für seine Liebe genommen. Antonio und Giulia lebten in verschiedenen Städten, und jeder ging seiner eigenen Arbeit nach, aber die wenigen Augenblicke, die sie gemeinsam verbringen konnten, waren die schönste Zeit ihres Lebens. Dann aber kam die Trennung.

In Italien hatte sich die Situation verschlimmert. Die Verantwortlichen der Komintern machten sich Sorgen über die Situation der KPI, die durch die Verhaftungswelle dezimiert (seit dem 3. Februar 1923 saßen auch Bordiga und Grieco im Gefängnis) und vom Sektierertum vieler Parteiführer gelähmt war. Gramsci beschrieb die damalige Lage so:

»Nachdem Amadeo (Bordiga) und Ruggero (Grieco) verhaftet worden waren, warteten wir (in Moskau) anderthalb Monate lang vergeblich auf genaue Nachrichten darüber, was geschehen war, wie weit die Polizei die Organisation zerschlagen hatte und welche Maßnahmen die noch in Freiheit gebliebenen Mitglieder des Exekutivkomitees ergreifen würden, um die Organisation aufrechtzuerhalten und den Parteiapparat wieder aufzubauen. Aber nach einem Brief, der unmittelbar nach den

Verhaftungen vermeldet hatte, dass alles zerschlagen sei und die Parteizentrale neu aufgebaut werden müsse, kam keine konkrete Nachricht mehr. Es kamen nur Briefe, die über die Frage der Fusion polemisierten und deren Stil umso arroganter und verantwortungsloser erschien, als der Absender mit seinem ersten Brief den Eindruck erweckt hatte, dass die Partei nur noch in seiner Person existierte [...] Dadurch entstanden (in Moskau) radikale Zweifel an den Fähigkeiten der Parteiführung. Die Briefe wurden scharf kritisiert, und ich wurde gefragt, welche Schritte ich vorschlagen würde [...] Auch ich war von den Briefen erschüttert [...] So sagte ich schließlich, wenn die Situation tatsächlich so sei, wie es aus dem verfügbaren Material hervorging, wäre es das Beste, die alte Führung ein für allemal abzusetzen und die Partei vom Ausland aus neu zu organisieren.«

Das erweiterte Exekutivkomitee der Komintern beschloss also im Juni 1923, die alte Bordiga-Mehrheit auszuschalten. Togliatti, Scoccimarro, Fortichiari, Tasca und Vota wurden für das neue KPI-Exekutivkomitee vorgeschlagen. Fortichiari (ein ehemaliger »astensionista«) lehnte ab, und Gennari, der gegen Bordiga war, nahm seinen Platz ein. Aber am 21. September 1923 wurde auch das neue Exekutivkomitee (Togliatti, Tasca, Vota, Gennari und Leonetti, der Scoccimarro vertrat) von der Polizei im Hause des Arbeiters Scanziani in einem Vorort von Mailand erwischt und festgenommen. Nun erhielt Gramsci den Auftrag, nach Wien zu reisen, um die schwierige Situation der Partei aus größerer Nähe zu verfolgen. Während er in seiner letzten Zeit in Turin innerhalb der Partei relativ isoliert gewesen war, trug Gramsci jetzt höchste Verantwortung. Mit 32 Jahren war er in den Augen der Komintern der eigentliche Führer der Kommunistischen Partei Italiens.

Ende November 1923 reiste er aus Moskau nach Wien ab. Anderthalb Jahre hatte er im Exekutivkomitee der Komintern gearbeitet, sie waren zu einem bedeutenden Wendepunkt seines Lebens geworden. Nur die Aussicht, sich von Giulia trennen zu müssen, deprimierte ihn. Aber für sie war schon damals klar: Ein Leben an der Seite dieses Mannes hätte für sie immer bedeutet, Opfer zu bringen. Wenige Monate nach seiner Abreise aus Moskau schrieb Antonio am 7. Juni 1924 an seine Mutter: »Meine Gefährtin teilt meine Ideen voll und ganz. Sie ist keine Italienerin, hat aber lange in Italien gelebt und in Rom studiert. Sie heißt Giulia (Julka in ihrer Sprache) und hat ihr Diplom an der Musikhochschule gemacht. Sie ist mutig, hat einen starken Charakter, und ich bin sicher, dass Ihr alle sie mögen werdet, wenn Ihr sie kennenlernt. Im nächsten Sommer oder Herbst möchte ich mit ihr ein paar Tage zu Euch nach Hause kommen.«

17

Angelica Balabanov[76] hatte für Gramsci eine österreichische Aufenthaltserlaubnis besorgt. Er wohnte weit vom Zentrum entfernt. Das Zimmer war ungeheizt, und das Bett, schrieb er, »ist ein deutsches Bett, sehr hart und unbequem, nicht mit Laken und Decken, sondern mit einem Federbett, das ständig verrutscht, und dann wache ich mit einem halb erfrorenen Fuß oder einer eiskalten Schulter auf«. Die Hauswirtin, eine Jüdin, die zum Katholizismus übergetreten war, hatte schließlich auch diesen Glauben aufgegeben, um Joseph Frey, einen Kommunisten, zu heiraten. Jetzt hatte sie aber wieder zu praktizieren angefangen, dachte wehmütig an die Zeiten ihres guten alten Kaisers Franz Joseph zurück und verfluchte die Partei, die sie zwang, einen Ausländer in ihrem Haus aufzunehmen, zumal einen, der Schwierigkeiten mit der Polizei bekommen könnte. Einige Monate später zog Gramsci um. Er ging nur aus dem Haus, um etwas zu essen, Versammlungen zu besuchen oder politische Verabredungen wahrzunehmen. Die Stadt gefiel ihm nicht besonders: »Die Straßen sind verschneit, und die Landschaft besteht nur aus weißen Hügeln, die mich an die Salinen in Cagliari erinnern und an die Sträflinge, die dort arbeiten. Wien ist viel trostloser und deprimierender als Moskau. Hier sieht man keine Schlitten, die fröhlich klingelnd durch die weißen Straßen fahren, nur die Straßenbahn rasselt vorbei. Das Leben geht seinen tristen und monotonen Gang.« Er fühlte sich allein. Er hatte zwar einen Sekretär, Mario Codevilla; aber er schrieb nach Moskau: »Ich bin allein. Die Kommunikation mit ihm geht über eine banale Unterhaltung nicht hinaus.« Gramsci hoffte inständig, Giulia könnte zu ihm nach Wien kommen. Das war auch das Thema seiner Briefe: »Ich lebe sehr isoliert, und das wird auch noch lange so bleiben. Ich leide unter der Trennung von Dir, und um mich herum ist eine große Leere. Ich merke jeden Tag deutlicher, wie lieb ich Dich habe und dass es möglich ist, jemand von Tag zu Tag mehr zu lieben. Wann kannst Du kommen und mit mir zusammen leben und arbeiten?« Immer wieder kam er auf dieses Thema zurück:

»Ich habe gedacht, es könnte vielleicht zu egoistisch von mir sein, wenn ich Dich bitte, zu mir zu kommen, Dich aus Deinem gewohnten Leben zu reißen, um mit mir zu leben; fern von der interressanten und lebendigen Atmosphäre, in der Du jetzt lebst, auch wenn Deine Arbeit eintönig und uninteressant ist. Ich möchte Dich bei mir haben, weil ich mich einsam fühle und weil diese Einsamkeit mich krank macht [...] Liebste, Du musst kommen. Ich brauche Dich. Ich kann nicht ohne

[76] Angelica Balabanov war eine russische Emigrantin, die vor dem Ersten Weltkrieg in Italien gelebt und sich in der sozialistischen Bewegung engagiert hatte. Bekannt ist ihre Beschreibung des jungen Mussolini (T.N.).

Dich sein […] Ohne Dich lebe ich wie im Schwebezustand, fern von der Wirklichkeit. Mit unendlicher Sehnsucht denke ich immer an die Zeit, die wir zusammen in so tiefem Vertrauen und so großer gegenseitiger Hingabe verbracht haben.«

Aber Giulia kam nicht. Sie war geschwächt und litt schon an den ersten Zeichen einer nervlichen Erschöpfung, die sie später, während Antonios Zeit im Gefängnis, bis an die Grenzen des Wahnsinns treiben sollte. Um zu rechtfertigen, dass sie nicht nach Wien kam, schrieb sie, dass sie ihre Familie nicht allein lassen könne. Aber Antonio blieb hartnäckig: »Auch ich habe an Deine Familie gedacht, aber kannst Du nicht trotzdem ein paar Monate kommen? […] Wie schön wäre es, wieder einmal zusammen zu sein und jeden Tag, jede Stunde, jede Minute glücklich zu sein […] Fast spüre ich Deine Wange an meiner und meine Hand streichelt Dein Haar und sagt Dir, dass ich Dich liebe, wenn der Mund auch schweigt.« In Giulias Briefen deutete sich ihre zukünftige Krankheit bereits an. Am 21. März 1924 schrieb ihr Antonio:

»Ich sehe Dich immer mit ernstem und nachdenklichem Gesicht vor mir. Deshalb möchte ich Dich hier bei mir haben. Ich glaube, mir würden tolle Sachen einfallen, um Dich aufzuheitern und zum Lachen zu bringen. Ich würde Uhren aus Kork, Geigen aus Pappmaché und Eidechsen mit zwei Schwänzen aus Wachs basteln – ich würde das ganze Repertoire meiner sardischen Erinnerungen ausschöpfen. Ich würde Dir schöne Gedichte aus meiner Kindheit erzählen, die ein bisschen wild und primitiv war – ganz anders als Deine. Und dann würde ich Dich in die Arme nehmen und Dich immer wieder küssen, um zu fühlen, wie Du in mir lebst, denn Du bist mein Leben.«

Giulia blieb in Moskau. Sie erwartete ein Kind, hatte Antonio aber anfangs nur in Andeutungen davon geschrieben. Gramsci: »Das Herz schlug mir bis zum Hals, als ich Deinen Brief las. Du weißt, warum. Aber Deine Worte sind unbestimmt, und ich sehne mich danach, Dich zu umarmen und das Leben zu fühlen, das uns noch mehr vereint, als wir es schon sind, meine Liebste.« Dann kam ein paar Wochen lang keine Post von Giulia. Am 29. März 1924 schrieb Antonio:

»Am 24. Februar hast Du angedeutet, dass Du schwanger bist. Das hat in mir eine große Freude ausgelöst. Ich wünschte mir so sehr, dass Du Mutter wirst. Ich dachte, dass es Dich stärken und Dir helfen könnte, eine Krise zu überwinden, die ich latent in Dir spürte und die mit Deiner Vergangenheit, Deiner Kindheit, Deiner ganzen intellektuellen Entwicklung zusammenhängt. Ich dachte, Deine Liebe zu mir würde dadurch umfassender werden […] Deine Liebe hat mir Kraft gegeben, erst durch sie bin ich zum Menschen geworden; zumindest verstehe ich jetzt, was es heißt, Mensch zu sein und eine Persönlichkeit zu haben. Ich weiß nicht, ob meine Liebe auf Dich auch diese Wirkung gehabt hat, ich glaube aber, dass es so ist, denn auch in Dir habe ich diese schöpferische

Kraft gespürt. In der kurzen Zeit unseres vollständigen Glücks habe ich immer ganz intensiv gedacht, dass ein Kind die Vollendung unseres Glücks wäre. Aber außer dieser Andeutung hast Du nichts mehr darüber geschrieben.«

Zusätzlich zu der Trennung von Giulia belastete ihn damals die Tatsache, dass er völlig an den Rand des politischen Geschehens geraten war. In Wien erhielt er kaum ausreichend Nachrichten über die Ereignisse in Russland und Italien. Seit Anfang 1922 war Lenin an den Beinen und am rechten Arm gelähmt, und im März 1923 hatte er die Sprache verloren; in der Kommunistischen Partei Russlands wurden die Flügelkämpfe immer härter. Am 13. Januar 1924, eine Woche vor Lenins Tod, schrieb Gramsci: »Ich weiß noch nicht genau, wie die Diskussion in der (russischen) Partei verlaufen ist. Ich habe nur die Resolution des Zentralkomitees über die Demokratie innerhalb der Partei gelesen, sonst nichts. Ich kenne weder den Artikel von Trotzki noch den von Stalin. Ich kann mir Stalins Attacken, die mir recht unverantwortlich und gefährlich erscheinen, nicht erklären. Aber vielleicht ist mein Urteil verzerrt, weil ich die Ereignisse nicht kenne.«

In Italien hatte das Chaos in der Partei seit einem Jahr seinen Höhepunkt erreicht. Die rechte Minderheit (Tasca, Vota, Graziadei) und die Mehrheit (Togliatti, Scoccimarro, Terracini – Bordiga war seit Juni 1923 im Gefängnis und nicht mehr Mitglied des Exekutivkomitees) bekämpften sich erbittert. Die taktischen Empfehlungen der Komintern (erst die Einheitsfront, dann die Fusion mit den Sozialisten, und als diese nicht gelang, das politische Bündnis zwischen den beiden Parteien) waren von der Mehrheit immer nur widerwillig hingenommen worden, die nicht ernsthaft bereit war, sie in die Praxis umzusetzen. Das alte Sektierertum war immer noch stark, auch nachdem das erweiterte Exekutivkomitee der Internationale im Juni 1923 Amadeo Bordiga seines Amtes enthoben hatte. In der Versammlung des Zentralkomitees vom 9. August 1923 sagte Tasca:

»Mir ist das Protokoll eines Treffens von Genossen der Parteimehrheit in die Hände gekommen. Daraus geht hervor, dass zwar Genosse Palmi (Togliatti) und andere den Wunsch geäußert haben, nach einer Klärung des früheren und jetzigen Standpunkts der Mehrheit mit der Internationale zusammenzuarbeiten, Genosse Urbani (Terracini) dagegen hat die Meinung geäußert, man solle formal der Linie der Internationale zustimmen, aber heimlich die alte, von Moskau missbilligte Parteilinie weiterverfolgen.«

Auch die Tatsache, dass dieses Protokoll in Tascas Hände gelangt war, ist bezeichnend für das Klima jener Monate in der KPI. Togliatti berichtet: »Im Fraktionskampf, der sich bis in die Führungsgremien hinein fortsetzte, war es die Regel, dass man nach Dokumenten oder Briefen suchte, um sie gegen die Mitglieder der gegnerischen Gruppe zu verwenden.« In diesem Klima, wo Intrige und zweifelhafte Praktiken an der Tagesordnung waren, diskutierte man über einen Vorschlag, der von Bordiga aus dem Gefängnis kam. Seine Ansichten waren sicher sehr extrem, aber er verheimlichte sie wenigstens nicht und übernahm für sie die volle Verantwortung, auch wenn es ihn den Verlust der Macht kostete. Er vertrat die Auffassung, die Mehrheit der KPI müsse mit der Komintern brechen. Zu diesem Zweck schlug er vor, ein Manifest zu verfassen, das von allen Parteiführern unterschrieben werden sollte – Tasca und die rechte Minderheit natürlich ausgeschlossen. Gramsci war der Einzige, der diese Initiative sofort verurteilte. Nur noch Leonetti war auf seiner Seite, wenn auch mit etwas anderen Motiven. Terracini und Scoccimarro aber waren für den Vorschlag. Togliatti war unentschlossen: einerseits fand er Bordigas Plan »konsequent bis zum Exzess« (»Die Taktik der Internationale bindet uns genauso stark an die PSI wie vor Livorno, ja, sogar noch stärker«); andererseits war er sich der Gefahren des Bruchs durchaus bewusst:

»Den Vorschlägen Amadeos folgen, würde unter den derzeitigen Bedingungen praktisch bedeuten, sich auf einen offenen Kampf mit der kommunistischen Internationale einzulassen. Wir würden dann als winzige, fast nur durch persönliche Bindungen zusammengehaltene Gruppe außerhalb der Internationale stehen und ihre mächtige materielle und moralische Unterstützung verlieren. In kurzer Zeit würden wir mit Sicherheit jeden unmittelbaren realen und praktischen Einfluss auf die Entwicklung des politischen Kampfes in Italien verlieren.«

Am 5. Januar schrieb Gramsci aus Wien an Scoccimarro und begründete seine Weigerung, das Manifest zu unterzeichnen:

»Tatsächlich dürfte die Parteimehrheit nach Veröffentlichung des Manifests ihr Ansehen vollständig einbüßen und sogar von der Komintern ausgeschlossen werden. Ich glaube, dass der Ausschluss vollzogen würde, wenn die politische Situation in Italien dem nicht entgegenstünde. Bei einer Parteikonzeption, wie sie im Manifest zum Ausdruck kommt, wäre der Ausschluss unvermeidlich. Wenn einer unserer Regionalverbände sich nur die Hälfte von dem herausnehmen würde, was unsere Parteimehrheit gegen die Komintern plant, würde er sofort aufgelöst. Wenn ich das Manifest unterzeichnen würde, stünde ich als völliger Hanswurst da.«

Gramscis Bedenken gegen dieses Dokument waren nicht nur rein formal. Seit den ersten Jahren seiner politischen Entwicklung war er ein Vertreter des »Gesprächs«, der »Offenheit« gewesen, und sektiererische Abkapselung war ihm zuwider – die hatte er schon vor dem Kongress in Livorno in seiner Polemik gegen die Gruppe von *Il Soviet* bekämpft. Dann war die KPI gegründet worden, und die Spaltung hatte viel weiter links stattgefunden, als es sich Gramsci gewünscht hatte. Der von der Komintern später vorgeschlagene »Schritt nach rechts« entsprach demzufolge seiner Einstellung: »Ich glaube absolut nicht, dass die Taktik der erweiterten Exekutivkomitees und des IV. Kongresses (auf dem der Fusionsvorschlag zwischen KPI und PSI abgesegnet wurde) falsch ist – weder allgemein noch im Detail.« Das Manifest von Bordiga zwang Gramsci nun aber, zwei knifflige Fragen, die miteinander verquickt waren, auf einmal zu lösen: erstens musste er Bordiga von der Initiative abbringen und zweitens musste er eine neue Parteiführung bilden, die in der Lage war, die neuen Richtlinien der Internationale loyal anzuwenden. Über die Flexibilität Bordigas machte sich Gramsci keine Illusionen: »Er ist eine zu starke Persönlichkeit und so von der Richtigkeit seines Standpunktes überzeugt, dass es absurd ist, sich vorzustellen, man könne ihm einen Kompromiss schmackhaft machen. Er wird weiterkämpfen und bei jeder Gelegenheit für seine Thesen eintreten [...] Ich bin davon überzeugt, dass er nicht umzustimmen ist und dass er eher aus der Partei und der Internationale austreten würde, als gegen seine Überzeugung zu handeln.« Das Problem war nun, wie man sich ihm gegenüber verhalten sollte: »Auch ich glaube, dass die Partei seine Mitarbeit nicht entbehren kann: aber was sollen wir tun? [...] Sein unbeugsamer und bis zur Absurdität hartnäckiger Charakter stellt uns aber gezwungenermaßen vor das Problem, die Partei und ihre Führung auch ohne und gegen ihn aufzubauen. Ich denke, dass wir in grundsätzlichen Fragen keine Kompromisse mehr schließen dürfen. Eine klare und faire Polemik, die den Dingen auf den Grund geht, nützt der Partei mehr und bereitet sie auf alle Möglichkeiten vor. Natürlich ist die Frage noch nicht ausdiskutiert, aber dies ist meine derzeitige Meinung.«

Die Frage war, wer die neue Führungsgruppe bilden sollte. Ende Januar 1924 hatte Gramsci darüber noch keine Klarheit. Seiner Meinung nach war die alte Gruppe von *L'Ordine nuovo* nun restlos versprengt, und es war zumindest zu diesem Zeitpunkt ausgeschlossen, dass von ihr die Erneuerung der Partei ausgehen könnte. Am 28. Januar 1924 schreibt er an Alfonso Leonetti:

»Ich teile Deinen Standpunkt nicht, dass wir unsere Turiner Gruppe um *L'Ordine nuovo* wieder ins Leben rufen sollten. Außerdem gehört Tasca zur Minderheit, da er seine Position vom Januar 1920 bis zur letzten Konsequenz weiterverfolgt hat, was dann in der Auseinandersetzung mit mir gipfelte. Togliatti kann sich wie immer nicht entscheiden. Die starke Persönlichkeit Amadeos hat großen Eindruck auf ihn gemacht, und so sitzt er jetzt zwischen zwei Stühlen und rechtfertigt seine Unentschlossenheit mit rein juristischen Haarspaltereien. Was Umberto (Terracini) betrifft, glaube ich, dass er grundsätzlich noch extremistischer ist als Amadeo und dessen Konzeptionen angenommen hat, ohne aber sein intellektuelles Format, seine praktischen Fähigkeiten und sein organisatorisches Talent zu besitzen. Wozu also unsere Gruppe wieder aufleben lassen? Sie wäre nur eine aus bürokratischen Gründen um meine Person gescharte Clique. Die Grundideen, die damals die Aktivität von *L'Ordine nuovo* auszeichneten, wären heute anachronistisch [...] Heute sind die Perspektiven ganz anders, und wir müssen sorgfältig vermeiden, die Turiner Gruppe überzubewerten. Das würde zu persönlichen Streitereien um das Vorrecht an einem aus Worten und Erinnerungen bestehenden Erbe führen.«

Aber die Umstände ließen Gramsci nicht viele Möglichkeiten offen. In den darauffolgenden Wochen hat er seine Einstellung, zu der er wahrscheinlich durch ein momentanes Unbehagen und durch die Analyse der Turiner Erfahrungen gekommen war, in gewisser Weise revidiert.

Silvester 1924 hatte er an Giulia geschrieben: »Ziehe Bianco (Vincenzo Bianco, ein politischer Emigrant in Moskau) kräftig an den Ohren und sag ihm, ich schriebe mindestens sechs Briefe am Tag. Ich habe nie in meinem Leben so viel geschrieben wie jetzt.« Im Briefeschreiben war er nie besonders groß gewesen. Aber er setzte die Korrespondenz mit den Genossen während seines ganzen Wiener Aufenthalts fort, und langsam gewann er Einfluss auf die Überzeugung einiger von ihnen; andere gaben zumindest vor, überzeugt zu sein. Die neue Führungsgruppe entstand nicht glatt und widerspruchsfrei: aber die Bedingungen für eine neue Zusammenarbeit mit der Komintern auf deren Linie wurden zumindest geschaffen. Am 1. März 1924 schrieb Gramsci an Scoccimarro und Togliatti: »Mir fehlten die Fähigkeit und die Willenskraft, und ich fühlte mich unter den gegebenen Umständen nicht in der Lage, die Verantwortung für eine weitreichende politische Entscheidung zu übernehmen. Heute, nach Eurem Brief, denke ich anders darüber: ich glaube, dass es möglich ist, eine arbeits- und handlungsfähige Gruppe aufzubauen. Ich bin bereit, in dieser Gruppe mitzuarbeiten und alles in meinen Kräften Stehende zu tun. Ich werde nicht alles tun können, was ich möchte, denn an manchen Tagen fühle ich mich immer noch fürchterlich schwach und habe Angst, wieder in den Zustand geistiger Abwesenheit und der Verblödung zurückzufallen, den ich in den letzten Jahren durchgemacht habe; aber dennoch werde ich mein Bestes tun.«

Trotz seiner schlechten Gesundheit arbeitete er weiter, übersetzte auch und schrieb für die Parteipresse. Am 12. Februar 1924 war in Mailand die erste Ausgabe von *L'Unità* erschienen. Seit dem 1. März erschien dann die dritte Version von *L'Ordine nuovo*, diesmal als zweiwöchentliche Zeitung. Am 15. März schrieb er darüber an Giulia:

»Ich schicke Dir die erste Nummer von *L'Ordine nuovo*, mit der ich nicht sehr zufrieden bin. Sie wurde erst einen Monat nach ihrer Fertigstellung veröffentlicht. Zuerst sollte diese Nummer sofort erscheinen, deshalb war sie in Eile zusammengestellt worden. Die Ausgabe hatte trotzdem großen Erfolg. Es wurden 6.500 Exemplare aufgelegt (1.500 mehr als 1920), und am ersten Tag waren alle vergriffen. Aus Turin, Mailand und Rom wurden ungefähr 2.000 weitere Exemplare bestellt, die aber nicht geliefert werden konnten. Diese Anhänglichkeit und die Hoffnungen, die viele Genossen in das wiederauferstandene Blatt setzen, bedrücken mich: Ich bin mir noch stärker meiner Schwäche und Unfähigkeit bewusst. Eigentlich braucht man einen eisernen Willen, einen stets klaren und funktionierenden Verstand und körperliche Kraft – und genau diese Dinge fehlen mir.«

Er hätte Giulia gebraucht, um diese Kräfte wieder zu sammeln. Aber sie konnte aufgrund ihrer Schwangerschaft jetzt nicht reisen.

»Ob ich Dir wohl jemals wieder die Zunge herausstrecken kann? Wir sind jetzt erwachsene Menschen, werden bald ein Kind haben, und Kindern darf man nicht mit schlechtem Beispiel vorangehen. Siehst Du, welche neuen Möglichkeiten sich für uns am Horizont auftun? [...] Ich bin jetzt ein bisschen albern, aber eigentlich ist mir gar nicht danach. Die Wahrheit ist, dass ich Dich sehr liebe, dass ich immer an Dich denke und mir immer wieder vorstelle, Dich ganz fest in den Armen zu halten. Mir geschehen seltsame Dinge: Als ich Deinen letzten Brief erhielt, schien mir, als ob Du nach Wien gekommen seist und ich Dich auf der Straße getroffen hätte. Ich fühlte mich wieder einmal sehr schlecht und konnte nicht schlafen, und als Dein Brief kam, ging es mir gleich viel besser. Wenn ich Dich wieder in den Armen halte, werde ich von meinen Gefühlen so überwältigt sein, dass es weh tun wird. Liebe Julka, Du bist mein ganzes Leben. Bevor ich Dich liebte, habe ich nicht gewusst, was Leben bedeutet: etwas Großes und Schönes, das jeden Augenblick und jede Regung des Daseins erfüllt. Jetzt wünsche ich mir wie nie zuvor, stark zu sein, denn ich möchte über Deine Liebe glücklich sein, und das wirkt sich auf alles aus, was ich tue. Ich denke, wenn wir zusammenleben, werden wir unbesiegbar sein und werden sogar den Faschismus bekämpfen können; wir wollen eine freie und schöne Welt für unser Kind, und wir werden dafür mit soviel Klugheit kämpfen wie nie zuvor, mit einer Ausdauer und Kraft, die alle Hindernisse überwinden wird.«

Am 12. Mai 1924 verließ er endlich Wien – nach fünfeinhalb Monaten. Bei den Wahlen am 6. April war er in einem venezianischen Wahlkreis zum Abgeordneten gewählt worden und konnte jetzt dank der parlamentarischen Immunität nach Italien zurückkehren, ohne eine Verhaftung befürchten zu müssen. Zwei Jahre waren seit seiner Abreise vergangen, und nun hörte er all die Augenzeugenberichte über die tragischen Ereignisse jener Jahre, die Morde, die Prügeleien und die Brandstiftungen. Auch sein Bruder Gennaro hatte die Gewalt der Faschisten zu spüren bekommen.[77] Das war im Dezember 1922 gewesen; darauf hatte die Genossin Pia Carena ihm geholfen, nach Frankreich zu fliehen.

---

[77] Gramsci beschreibt: »Der Kongress war als Gebirgsausflug der Belegschaft einer Mailänder Firma getarnt worden. Den ganzen Tag diskutierten wir über die Tendenzen und die Taktik der Partei, und beim Abendessen in der Pension, die voller

Sofort nach seiner Rückkehr nach Italien merkte Gramsci auch, dass die Partei als einheitliche Organisation nicht existierte. Zwischen dem Kopf und dem Körper, dem neuen Vorstand und den Basiskadern, lag ein Abgrund, und diese mangelnde Verbindung lähmte die politische Arbeit und hatte zur Folge, dass der Apparat vom Geist (den Richtlinien Gramscis und der Komintern) in die eine Richtung getragen wurde und von den Beinen (der Basis) in die andere. Obwohl die Komintern Bordiga abgesetzt hatte, stand die Mehrheit der Regionalverbände noch hinter ihm: Die Massen waren noch immer empfänglich für bestimmte begeisternde Parolen und folgten ihm bedingungslos in seinem Extremismus und in seiner Weigerung, an eine andere Lösung zu denken als an die unmittelbare Revolution. Während des geheimen Parteitags, der im Mai in der Nähe von Como stattfand, hatte Gramsci Gelegenheit, sich die Kräfteverhältnisse in der Partei vor Augen zu führen.[78] Die Frage war, wer noch auf seiner Seite stand, und dieser Test fiel sehr zu Gramscis Ungunsten aus. Die erschienenen Genossen mussten über drei Anträge abstimmen. Der erste wurde von Gramsci und seiner Gruppe, also von der Mehrheit des neuen Zentralkomitees, eingebracht: Er errang die Zustimmung von vier Mitgliedern des Zentralkomitees (drei waren abwesend) und vier Regionalvorsitzenden. Der zweite wurde von Tasca und seiner rechten Minderheit eingebracht, und für ihn stimmten vier Mitglieder des Zentralkomitees und sechs regionale oder überregionale Vorsitzende. Bordigas Antrag trug einen triumphalen Sieg davon: Er bekam die Stimmen von einem Mitglied des Zentralkomitees, von 39 regionalen oder überregionalen Vorsitzenden und dem Vertreter der Jugendorganisation. An diesem Tag ging Gramsci auf, wie viel noch zu tun war, um Einfluss in der Partei zu gewinnen, deren Spitze sich an der Komintern orientierte und deren mittlere Kader stark von Bordiga geprägt waren. Aber er gab nicht auf. Er war jetzt 33 Jahre alt und entwickelte neue Fähigkeiten: ein Engagement und einen Führungswillen, den man ihm vorher nicht zugetraut hätte. Er hatte sich von seiner Krankheit noch nicht ganz erholt und litt immer noch unter Schlaflosigkeit, aber seine Willenskraft, die ihm schon so oft aus furchtbaren Krisen herausgeholfen hatte, trieb ihn jetzt zur Arbeit, ohne sich einen Augenblick der Ruhe zu gönnen.

Ausflügler war, hielten wir faschistische Reden und sangen Hymnen auf Mussolini, um keinen Verdacht zu erwecken und bei unseren Versammlungen in wunderschönen kleinen Tälern voller weißer Narzissen nicht gestört zu werden.«

[78] Gramsci schreibt Giulia später: »Es war ein bisschen traurig für mich, nach Italien zurückzukommen […] und sofort von den anderen zu hören, wie die Faschisten meinen Schatten gejagt haben, weil sie glaubten, ich sei in Turin, und welche Schläge und Wunden sie stattdessen meinem Bruder zugefügt haben, der einen Finger und die Hälfte seines Bluts verloren hat.«

18

In Rom lebte Gramsci in einer kleinen Villa an der Via Vesalio, einer Nebenstraße der Via Nomentana, bei der deutschen Familie Passarge, die sehr wenig über ihn wusste, auch nicht, dass er kommunistischer Abgeordneter war.[79]

Felice Platone aus der Gruppe um *L'Ordine nuovo* erinnert sich:

»In diesem Zimmer nahm er sofort seine alten Gewohnheiten wieder auf: Diskussionen, viele Besuche und harte Arbeit. In den ersten Tagen wurden wir nicht müde, uns an die Zeit des *Ordine nuovo* zu erinnern. Gramsci nahm den Kontakt zu seinen alten Freunden wieder auf, die er alle um sich haben wollte; er fragte nach jedem einzelnen von ihnen und konnte es kaum erwarten, Amoretti und Montagnana, zwei ›alte‹ Redakteure des *Ordine nuovo*, wiederzusehen. Die Trattoria, in der wir zu essen pflegten (die Gennari in der Nähe des Bahnhofs Termini ›entdeckt‹ hatte), wurde sogleich wieder zum Treffpunkt für die Genossen, die mit Gramsci sprechen wollten oder mussten. In unserer Freizeit machten wir Abendspaziergänge – am liebsten zum Kolosseum – oder wir sahen uns einen Film an.«

Wie schon in seinen Turiner Jahren kümmerte sich Gramsci sehr um die jungen Genossen. Nach den Wahlen im April 1924 begannen sich in Rom neue *Ordine nuovo*-Gruppen zu bilden. Velio Spano erzählt: »In der ersten Gruppe waren wir ungefähr zu zwanzigst. Der Älteste war 22 Jahre alt. Wir hatten jedes Mal eine Reihe von Themen vorbereitet, und einer musste referieren. Wir trafen uns in einem alten Lagerhaus hinter der Piazza Venezia, in dem nur ein Tisch und drei oder vier Stühle standen. Den besten bekam Gramsci, und auch der Referent durfte sitzen; die anderen standen meistens. Wir wollten Gramsci sprechen hören, er aber uns.«

Gramsci war gerade einen Monat wieder in Italien, als sich die Affäre Matteotti ereignete.[80] Seit dem 10. Juni 1924 war Giacomo Matteotti,

---

[79] »Ich spiele den ernsten Herrn Professor und werde sehr geachtet. Man sorgt in fast übertriebener Weise dafür, dass ich meine Ruhe habe.«

[80] Matteotti-Affäre: Die Faschisten gewannen die Wahlen vom April 1924 (in denen auch Gramsci ins Parlament gewählt wurde) mit großer Mehrheit, und zwar aufgrund ihres neuen Wahlgesetzes und vielfältiger Einschüchterungsmethoden. Während der ersten Parlamentssitzung hielt der Abgeordnete der (reformistischen) Sozialistischen Partei Giacomo Matteotti eine mutige Rede, in der er Mussolini angriff und die faschistische Brutalität anprangerte. Er beschuldigte Mussolini, zur Anwendung nackter Gewalt entschlossen gewesen zu sein, falls die Faschisten nicht an den Wahlurnen gewonnen hätten (diese Bemerkung wurde von den Bänken der faschistischen Fraktion mit lauten »Jawohl«-Rufen beantwortet). Als Matteotti seine Rede beendet hatte, sagte er zu Freunden: »Jetzt könnt ihr mein Begräbnis vorbereiten.« Ein paar Tage später wurde er von einer Bande von »Squadristi« unter der Führung von Amerigo Dumini durch Schläge und Messerstiche ermordet.

ein sozialistischer Abgeordneter, verschwunden. Die Öffentlichkeit reagierte schockiert, war aber auch durch drei Jahre des Terrors eingeschüchtert, und in den ersten Tagen kamen nur zögernde Reaktionen. Gramsci beschloss, sofort zum Angriff überzugehen. Giuseppe Amoretti, Redakteur der Mailänder Zeitung *L'Unità* erinnert sich:

»Ein Polizist kam in unsere Redaktion und teilte uns mit geheimnisvoller Miene mit, dass der sozialistische Abgeordnete Matteotti verschwunden sei. Er sagte, wir sollten nur die Nachricht veröffentlichen, im Übrigen müsse über die ganze Sache aber Schweigen gewahrt werden. Hinter dieser Empfehlung stand eine klare Drohung. ›Werden wir das gleiche Schicksal erleiden wie Matteotti, wenn wir uns nicht daran halten?‹, fragten wir. Der Polizist nickte, als ob er sagen wollte: ›Wenn Ihr es nicht anders wollt [...]‹ Dann ging er. Wir wussten nicht, was wir tun sollten. Wir fühlten uns ernsthaft bedroht. Vor der Tür stand immer eine Gruppe von Schwarzhemden. Sie konnten die Zeitung vernichten und uns wieder einmal die Köpfe einschlagen [...] Genau in diesem Moment kam aus Rom ein Telefonanruf von Gramsci. Er sagte, dass man jetzt zum Angriff übergehen müsse und dass wir uns an die Spitze dieses Angriffs zu stellen und die aufgebrachten Volksmassen zum Kampf zu ermutigen hätten.«

L'Unità erschien mit einer Schlagzeile quer über die ganze Seite: *Nieder mit der Mörderregierung!* Nun empörten sich auch diejenigen, die anfangs nur zögernd auf den Vormarsch des Faschismus reagiert und diesem damit in die Hände gearbeitet hatten. Weniger als zwei Wochen nach dem Verschwinden und der Ermordung Matteottis schrieb Gramsci am 22. Juni an Giulia:

»Ich habe einige unvergessliche Tage erlebt, die noch nicht zu Ende sind. Es ist unmöglich, sich anhand der Zeitungen ein klares Bild über die derzeitigen Ereignisse in Italien zu verschaffen. Wir standen auf dem Gipfel eines Vulkans, und plötzlich, als es niemand erwartete – am wenigsten die Faschisten, die mit hundertprozentiger Sicherheit glaubten, ihre Macht sei grenzenlos – brach der Vulkan aus, und ein ungeheurer glühender Lavastrom ergoss sich über das Land und riss die ganze faschistische Brut mit sich. Die Ereignisse überschlugen sich, die Situation veränderte sich von Tag zu Tag, von Stunde zu Stunde, das faschistische Regime sah sich von allen Seiten angegriffen. Der Faschismus wurde in die Isolation getrieben und seine Führer von Panik ergriffen, während die Mitläufer das Weite suchten. Wir arbeiteten fieberhaft, stündlich mussten Entscheidungen getroffen und Weisungen gegeben werden, und wir mussten versuchen,

---

Seine Leiche wurde in einem Wald 25 Kilometer von Rom entfernt verscharrt und erst zwei Monate später entdeckt. Dumini war damals im Amt von Cesare Rossi, dem Pressesekretär Mussolinis, beschäftigt (T.N.).

der nicht mehr einzudämmenden Volksbewegung eine Richtung zu geben. Jetzt scheint die akute Phase der Krise überwunden zu sein. Der Faschismus versucht verzweifelt, seine Kräfte zu sammeln, die zwar sehr stark reduziert sind, aber immer noch die Oberhand haben – dank der Unterstützung durch den ganzen Staatsapparat und der unglaublichen Zersplitterung und Orientierungslosigkeit der Massen. Unsere Bewegung hat jedoch einen großen Schritt nach vorn gemacht. Die *Unità* hat ihre Auflage verdreifacht, in vielen Städten konnten sich unsere Genossen an die Spitze der Bewegung stellen und haben versucht, die Faschisten zu entwaffnen. Unsere Losungen werden mit Begeisterung aufgenommen und auch in den Fabrikversammlungen zur Abstimmung gestellt. Ich glaube, dass unsere Partei in diesen Tagen eine echte Massenpartei geworden ist.«

Gramscis Illusion über die Erfolge der Partei sollte nicht lange anhalten. Nach dem ersten Schock rüstete der Faschismus zur Gegenoffensive. Dabei kamen ihm die fehlende Organisation der Massen und die Schwerfälligkeit der parlamentarischen Opposition entgegen.

Die entschieden antifaschistischen Gruppen und die, die lediglich ihre Vorbehalte gegen die Methoden der Regierung hatten, waren sich nur in einem Punkt einig: Sie wollten sich alle aus Protest aus dem Parlament zurückziehen. Das so entstandene Gegenparlament nannte sich Aventin.[81] Die alten Gegensätze zwischen den Gruppen, das gegenseitige Misstrauen, die Unvereinbarkeit der Ideologien und der Taktik blieben allerdings bestehen. Das Aventin-Parlament umfasste so ziemlich alles: von einer halbfaschistischen Gruppierung, die nur dann bereit war, Mussolini zu unterstützen, wenn er die Wiedereinführung der verfassungsmäßigen Rechte garantierte, bis zu den Kommunisten, einer kleinen Gruppe (nur 19 Abgeordnete), die an die Massen appellieren wollten, um die Regierung zu stürzen. In der Mitte standen die Liberalen, die trotz allem noch auf die Weisheit des Königs vertrauten und sich von dessen Eingreifen die Lösung des Problems versprachen. Schließlich die Katholiken der »Partito Popolare«, die dem Sozialismus mindestens genauso feindlich gegenüberstanden wie dem Faschismus. Es kam noch hinzu, dass die Auseinandersetzung um die Fusion einen Abgrund zwischen der KPI und der neuen PSI – Führungsgruppe um Vella und Nenni aufgerissen hatte. Dem Faschismus stellte sich also kein geschlossener und kämpferischer Block entgegen, sondern eine zufällige Gemeinschaft gegensätzlicher Gruppen, die sich noch nicht sicher waren, was zu tun sei und deren gemeinsame Aktion sich darauf beschränkte, ihre Empörung zu artikulieren.

---

[81] Aventin heißt der Hügel außerhalb Roms, auf den sich schon im alten Rom die »Plebs« aus Protest gegen Rechtsbrüche der herrschenden Oligarchi zurückgezogen hatte (T.N.).

In den ersten Tagen nach der Matteotti-Affäre, als auf den Straßen nicht mehr ein einziges faschistisches Abzeichen in den Knopflöchern der Passanten zu sehen war, hatte Gramsci dem »Komitee der 16« (einer Art Exekutivausschuss des Aventin) vorgeschlagen, den politischen Generalstreik auszurufen. Der Antrag wurde abgelehnt, Gramsci kommentierte am 22. Juni: »Große Worte, aber keine Bereitschaft zum Handeln. Man fürchtet, wir könnten das Ruder übernehmen, und versucht uns deshalb aus der Versammlung hinauszudrängen.«

Auf Monate hinaus beschränkte sich die Aktivität des Aventin-Parlaments auf Grundsatzerklärungen, auf ein paar Zeitungsartikel und auf ein fortgesetztes schwächliches Lamentieren. Mussolini traf den Nagel auf den Kopf, als er die Politik des Aventin als »lautstarke Nörgelei« bezeichnete. Aber es muss auch gesagt werden, dass die extremistische Haltung der Kommunistischen Partei dazu beitrug, die widerstrebende Haltung der anderen Parteien gegen eine gemeinsame Oppositionsfront noch zu verstärken. Gramscis politische Aktivität war dadurch behindert, dass seine junge Partei noch nicht straff organisiert und – was noch schlimmer war – vom linken Sektierertum gelähmt war. Ihm war nicht entgangen, dass die reaktionäre Welle der Faschisten die italienische Arbeiterklasse wieder auf Positionen zurückgeworfen hatte, von denen aus die Revolution noch unerreichbarer schien als vorher. Daraus zog er zwei Schlussfolgerungen: Erstens stellte er die Notwendigkeit fest, die verlorenen Positionen vor dem entscheidenden Anlauf zur Beseitigung der bürgerlichen Ordnung wiederzugewinnen, und zweitens, dass es unmöglich sei, die verlorenen Positionen wiederzugewinnen, ohne ein breites Bündnis mit den antifaschistischen bis hin zu den bürgerlichen Kräften zu schließen. Bordiga lehnte solche Bündnisse ab, weil er auch ihr Ziel, die Wiedereinführung der bürgerlichen Demokratie, ablehnte: Sein einziges Ziel blieb die Diktatur des Proletariats, die ohne Zwischenphasen erreicht werden müsse.

Über das Endziel war sich Gramsci mit ihm einig, aber in Bezug auf die Mittel war er nicht so kompromisslos wie Bordiga, zumal er davon ausging, dass starre Formeln der jeweils konkreten historischen Situation nicht gerecht würden. Deshalb hatte er auch die letzten Richtlinien der Internationale als der neuen Situation angemessen akzeptiert, was darauf hinauslief, zuerst gegen den reaktionären Angriff zu kämpfen und dann nach der Wiederherstellung der bürgerlichen Freiheiten zur Attacke überzugehen und der sozialistischen Revolution zum Sieg zu verhelfen. Diese beiden Elemente, der Widerstandskampf gegen den Faschismus und die revolutionäre Propaganda, schienen jedoch in Gramscis Arbeit durcheinanderzugehen. Das konnte daran liegen, dass er formal der Führer einer Partei war, die immer noch wesentlich von Bordiga geprägt war, was auch der Parteitag von Como im Mai deutlich gezeigt hatte. Natürlich trug er den Gruppen von Treves, von Arturo Labriola und Amendola[82] die Vereinigung der antifaschistischen Kräfte zum Kampf um die bürgerlichen Freiheiten an, aber zugleich polemisierte er auch heftig gegen sie, weil er sie als Teil der kapitalistischen Ordnung betrachtete, die es zu stürzen galt. Deshalb war eine ernsthafte Verständigung kaum möglich; Misstrauen und Zweifel ließen es gar nicht erst dazu kommen. So war die Lage im Aventin: Zwischen den bürgerlich-demokratischen Gruppen und den Arbeiterparteien gab es keine Einigkeit, genauso wenig zwischen den Reformsozialisten (Turati, Treves), der PSI (Vella, Nenni) und der KPI. Während also die Parteien sich untereinander immer mehr zerstritten, wurde die Kommunistische Partei in ihrem Innern durch die Fraktionsbildung der Bordiga-Anhänger geschwächt. Die ideologischen Auseinandersetzungen nahmen hier oft schon die Form persönlicher Diffamierungen an – und das in einer Situation, in der es bitter nötig gewesen wäre, dem wild entschlossenen Überlebenskampf der Faschisten eine geschlossene Widerstandsfront entgegenzustellen.

Das einzig sichtbare Ergebnis der Matteotti-Affäre war eine Lockerung der Repressionspolitik des Regimes. Gramsci konnte sich ungestört in der Stadt bewegen, »weil die Polizei nicht funktioniert, genauso wenig wie alle anderen Organe des faschistischen Staates auch, die von den Funktionären sabotiert werden. Ich weiß nicht, wie lange dieser Zustand noch andauern soll. Die Ereignisse stellen die Partei auf eine harte Probe, nachdem sie drei Jahre lang im Untergrund war und eine rein defensive Politik verfolgen musste. Wir müssen uns nun an die Arbeit machen, agitieren, an die Öffentlichkeit gehen: die Genossen, die auf diese plötzliche Wende nicht vorbereitet waren, sind ein wenig unsicher.« Jede Woche hielt er drei oder vier Versammlungen ab – sowohl mit den Führungsorganen der Partei als auch in den verschiedenen Sektionen. »Es waren sehr interessante Versammlungen«, meinte er später, »besonders die mit den Arbeitern. Gespräche, Diskussionen, Informationen, Probleme, die zu lösen waren, Grundsatz- und Organisationsfragen.« Außerhalb der Partei verkehrte er mit niemandem.

In Rom lebte ein Bruder seines Vaters, Cesare Gramsci, ein Beamter im Finanzministerium. Antonio besuchte ihn aber nicht und schrieb in einem Brief an seine Mutter:

»Ich habe Onkel Cesare nie getroffen und weiß nicht einmal, wo er wohnt. Selbst wenn ich seine Adresse erfahre, werde ich ihn nie besuchen

[82] Giovanni Amendola war ein liberaler Ex-Minister und mutiger Antifaschist, der führende Kopf der Aventin-Sezession. Er war bereits 1923 von Faschisten zusammengeschlagen worden und erlag nach einem zweiten Überfall im Juli 1925 seinen Verletzungen. Claudio Treves und Arturo Labriola waren führende Vertreter der reformistischen Sozialisten (T.N.).

– weder zu Hause noch in seinem Büro. Ich weiß noch, wie erschrocken er war, als ich 1917 in Rom war, um in einem politischen Prozess als Zeuge auszusagen, und ihn bei dieser Gelegenheit besuchte. Er hatte Angst, kompromittiert zu werden, und erzählte mir einen Haufen Lügen, um mich glauben zu machen, die Polizei hätte in seiner Wohnung nach mir gesucht. Es war alles erfunden. Er hatte ganz einfach Angst. Er weiß, dass ich in Rom bin und dass er ins Parlament kommen kann, wenn er mich sehen will. Wenn er es nicht getan hat, wird er seine Gründe dafür haben, und ich werde mich hüten, darüber zu diskutieren oder sie in Frage zu stellen.«

Er fühlte sich einsam. Am 7. Juli schreibt er an Giulia: »Liebe Julka, die Erinnerung an Deine Zärtlichkeit macht mich fiebrig, lässt mich meine traurige Einsamkeit noch stärker spüren. Ich kann die Schönheit Roms nicht genießen – ich möchte mit Dir hier spazieren gehen, die Dinge mit Dir zusammen erleben und mich zusammen mit Dir erinnern. Ich gehe kaum mehr aus dem Haus und lebe wieder wie ein Höhlenbär.« Er litt jetzt wieder unter Schlaflosigkeit und Schwächeanfällen:

»Das Denken strengt mich an, und die Arbeit hat meine Nerven zerrüttet. Ich müsste so viele Dinge tun und schaffe es nicht. Ich denke an Dich, an das süße Gefühl meiner Liebe zu Dir, und dass Du mir nah bist, obwohl Du so weit weg bist; liebe Julka, der Gedanke an Dich gibt mir Kraft. Solange wir getrennt sind, kann mein Leben nicht wieder normal werden. Meine Liebe zu Dir ist zu sehr Teil meiner selbst, als dass ich mich ohne Dich normal fühlen könnte.«

Aber die politischen Ereignisse riefen ihn wieder in die Wirklichkeit zurück:

»Die Partei muss dringend reorganisiert werden, sie ist schwach und funktioniert insgesamt sehr schlecht. Ich bin Generalsekretär und Mitglied des Zentralkomitees: ich möchte auch die Leitung der Zeitung *L'Unità* übernehmen, aber ich habe nicht die Kraft dazu. Ich kann immer noch nicht viel arbeiten. Man müsste auf alles ein Auge haben und die Ereignisse genau verfolgen [...] Es fehlt an Leuten, die verantwortungsvoll arbeiten, vor allem in Rom. Die Versammlungen, zu denen ich gehe, geben mir einerseits sehr viel, weil bei den Genossen so viel guter Wille und Begeisterung vorhanden sind; andererseits machen sie mich pessimistisch, weil es ganz allgemein an Vorbereitung fehlt. Die Lage ist sehr günstig für uns. Der Faschismus bricht auseinander; er scheint verrückt geworden zu sein und hat keine politische Linie mehr. Alles wendet sich gegen ihn. Aber die Ereignisse werden sich relativ langsam entwickeln, weil wir noch zu wenig und zu schlecht organisiert sind.«

Dieser Brief ist vom 18. August 1924. Seit acht Tagen war Gramsci Vater, aber er hatte den Brief mit der Nachricht noch nicht bekommen.

Drei Tage vorher hatte er seiner Mutter geschrieben: »Mein Kind muss in diesen Tagen auf die Welt gekommen sein, aber ich weiß es noch nicht, da meine Gefährtin sehr weit von mir entfernt lebt. Ich weiß nur, dass die Ärzte die Geburt für die Zeit zwischen dem 8. und dem 15. August errechnet haben. Ich glaube, dass alles gutgegangen ist, und hoffe, innerhalb der nächsten Tage Nachricht zu bekommen.« Am 18. August schrieb er Giulia:

»Während ich diesen Brief schreibe, ist unser Kind vielleicht schon geboren und Du hältst es im Arm und kannst es streicheln, nachdem Du so gelitten hast, um es auf die Welt zu bringen. Deshalb ist meine Freude mit Traurigkeit vermischt. Wie viele Dinge, die ich wissen möchte, kann ich nicht erfahren. Aber was würde das auch nützen, da ich ja Deine Schmerzen nicht mit Dir teilen konnte. Meine Freude zieht ein etwas langes Gesicht und ist ein bisschen traurig. Ich habe meiner Mutter geschrieben, dass wir bald ein Kind haben werden, und sie wartet gespannt auf eine Nachricht. Wenn Du mir Fotografien schicken kannst, schicke mir zwei Abzüge. Ich würde meiner Mutter bestimmt eine große Freude damit machen, denn wie alle Leute in Sardinien hat sie einen stark ausgeprägten, leidenschaftlichen Familiensinn.«

Als er am 3. September von einer Reise nach Mailand und Turin zurückkehrte, fand er in Rom zwei Briefe von Giulia vor. Sofort schrieb er ihr zurück:

»Nachdem ich Deine Briefe gelesen habe, weiß ich nicht, was ich Dir schreiben soll. Ernste und melodramatische Dinge? Fast mache ich mich über mich selbst lustig [...] Ich weiß es ganz einfach nicht [...] Vielleicht könnte eine Liebkosung besser als eine Flut von Worten ausdrücken, was ich Dir sagen möchte. Ich bin mit allem, was Du getan hast, einverstanden. Auch mit dem Namen, obwohl es mir etwas übertrieben vorkommt, ein Kind, das dreieinhalb Kilo wiegt (aber vielleicht hat es schon zugenommen) und noch keinen einzigen Zahn hat, Lev (Löwe) zu nennen. Es wird ein richtiger Lev werden, nicht wahr? Aber das ist alles nicht so wichtig für mich. Die Hauptsache ist, dass das Kind lebt, dass es unser Kind ist und dass wir uns jetzt noch mehr lieben, weil wir uns selbst in ihm als stärker und glücklicher erfahren. Ich kann es kaum erwarten, mit Dir gemeinsam zu beobachten, wie das Kind seine eigene Persönlichkeit entwickelt. Ich glaube, ein wichtiger Moment ist, wenn das Kind zum ersten Mal seinen Fuß in den Mund steckt. Wenn es dies tut, musst Du es mir sofort mitteilen, denn dieser Akt bedeutet, dass es von den entferntesten Ecken seines Hoheitsgebietes Besitz ergreift.«

Am 5. September schrieb er seiner Mutter einen Brief, um ihr die Geburt des Kindes anzukündigen:

»Das Kind ist am 10. August zur Welt gekommen, und seiner Mutter geht es gut, denn sie hat mir gleich am Morgen des 11. und dann noch einmal am 18. geschrieben. Es wiegt 3 Kilo und 600 Gramm, hat viele dunkle Haare, ein schön geformtes Köpfchen, eine hohe Stirn und sehr blaue Augen – so hat Giulia ihn beschrieben. Sie fügt sehr poetisch hinzu, das

Kind sähe aus, als ob es in der Sonne gereift wäre, wie eine Frucht, die noch am Baum hängt. Seit seiner Geburt sind 25 Tage vergangen, und es wird schon gewachsen sein. Es heißt Lev, was Löwe bedeutet und mir etwas übertrieben erscheint für ein Kind, das nur dreieinhalb Kilo wiegt und noch keinen einzigen Zahn hat. Es ist für mich sehr bedrückend, in diesem Moment von meiner Gefährtin so weit entfernt zu sein. Wahrscheinlich muss sie ihre Ankunft noch einige Zeit hinausschieben, denn eine fünftägige Eisenbahnfahrt mit einem wenige Monate alten Kind ist sehr beschwerlich. Einstweilen bleibt sie bei ihrer Familie. Sie wird mir so bald wie möglich ein Bild von dem Kind schicken, das ich an Dich weiterleiten werde. Dann kannst Du Deinen neuen Enkel sehen, der jetzt 3.000 Kilometer von Italien entfernt seine Mutter piesackt. Sie schreibt Unglaubliches über ihn: dass er ihr die Zunge herausstrecke, um sie wütend zu machen, aber das scheint mir übertrieben. Dir nicht auch? Aber vielleicht sehen alle Mütter bei ihrem ersten Kind solche Wunder.«

Später wurde dem Kind der Name Delio gegeben; nach Delio Delogu, dem Vetter, mit dem Antonio in Oristano gelebt hatte und der sehr jung gestorben war (er schrieb der Mutter: »Weiß Onkel Serafino, dass ich mein Kind Delio genannt habe?«).

Jetzt war es für ihn noch trauriger, ohne Giulia zu leben: »Oft habe ich traurige Gedanken – so lange leben wir nun schon voneinander getrennt. Du führst ein erfülltes Leben, und es tut mir weh, dass ich viele Dinge, viele Augenblicke nicht mit Dir teilen kann. Das Schlimmste ist, dass ich auf lange Zeit keine Möglichkeit sehe, aus Italien wegzugehen und zu Dir zu kommen, und ich verstehe die Schwierigkeiten, die Deiner Reise nach Italien im Weg stehen.« Er wollte ihr Geld schicken, aber sie lehnte es ab und meinte, sie müsse das allein schaffen, obwohl ihre Situation nicht gerade rosig war. Dies war ein immer wiederkehrendes Thema ihres Briefwechsels:

»Warum wolltest Du denn das Geld nicht annehmen, das er (Vincenzo Bianco) Dir bringen sollte? Ich glaube nicht, dass etwas daran gegen unsere Prinzipien und Lebensregeln verstößt. Für mich wäre es eine große Freude gewesen, wenn Du das Geld angenommen hättest. Ich denke oft, dass ich nichts für Dich und das Kind tun kann, und ich möchte so gern etwas tun. Wenn ich wüsste, dass meine Arbeit für Euer Leben irgendeinen Sinn hat oder dass ich Euch helfen kann, eine Schwierigkeit zu überwinden, wäre ich sehr glücklich. Es würde für mich bedeuten, dass zwischen uns ein neues Band geknüpft ist, das uns wenigstens die Illusion gibt, einander nahe zu sein.«

Er hatte es versucht, aber es war ihm nicht gelungen. Am 6. Oktober 1924 schrieb er ihr in einem fast entschuldigenden Ton:

»Warum wollte ich, dass Bianco Dir etwas von mir bringt? Mein einziger Gedanke dabei war, dass es mich gefreut hätte, etwas für Dich und das Kind zu tun. Für mich wäre es ein geringes Opfer gewesen, vielleicht ab und zu eine Schachtel Zigaretten oder einen Kaffee weniger. Ich denke, dass die Erinnerung an die Not und Entbehrungen, die in meiner Familie herrschten, als ich noch klein war, Bindungen und Solidaritätsgefühle entstehen lassen, die durch nichts mehr zerstört werden können. Glaubst Du, dass selbst in der besten aller kommunistischen Gesellschaften die Bedingungen der persönlichen Beziehungen wesentlich anders sein werden? Bis dahin dauert es bestimmt noch lange.«

Er erklärte ihr, warum seiner Meinung nach das Gefühl, alles tun zu müssen, um solche Schwierigkeiten zu überwinden, nicht bürgerlich sei, sondern typisch für die Klassen, die unter der Unbeständigkeit des Lebens zu leiden haben und nie sicher sind, ob sie ihren Kindern und den alten Menschen Essen, Kleidung und ein Dach über dem Kopf geben können. »Du glaubst, in Sicherheit zu sein, weil Du in einem Sowjetstaat lebst, musst aber auch zugeben, dass selbst in einem solchen Staat viele Menschen noch diese Schwierigkeiten haben.« Es gab in Russland Gesetze, nach denen die Verantwortung für das Kind nicht nur bei den Eltern, sondern bei der ganzen Gesellschaft liegt, und daran hatte ihn Giulia erinnert. Aber dadurch fühlte sich Antonio eher an Rousseau erinnert als an Lenin:

»Als Du mir beschrieben hast, wie die ganzen schreienden Kinder aus einem großen Wagen zum Stillen an die Mütter verteilt werden, habe ich die Szene so deutlich vor mir gesehen, dass ich fast versucht war, Dich ein bisschen zu ärgern – ich wollte schreiben, dass man vielleicht jedes Mal den Frauen ein anderes Kind gibt, da die sowjetische Disziplin nicht perfekt ist, ganz bestimmt nicht unter den Kinderschwestern in einem Krankenhaus.« Und wieder schrieb er über seine Traurigkeit. »Es ist schade, dass ich Glück und Leid dieser ersten Lebensmonate unseres Kindes nicht habe teilen können, und das wird eine große Lücke in meinem Leben hinterlassen.«

Seine Arbeitsbedingungen wurden immer schwieriger. Im Juli, als die Krise um die Matteotti-Affäre ihren Höhepunkt erreicht hatte, glaubte er, dass der Zusammenbruch des Faschismus unmittelbar bevorstünde. Diese Einschätzung, die er vor dem Zentralkomitee ausführte, stützte sich auf drei Erkenntnisse:

1. Der Faschismus ist an die Macht gekommen, indem er sich »die Borniertheit und Ignoranz des Kleinbürgertums« zunutze gemacht hat, »das trunken ist vor Hass gegen die Arbeiterklasse.« Charakteristisch für den Faschismus ist, dass er die Masse des Kleinbürgertums organisiert hat. Das ist zum ersten Mal in der Geschichte der Fall. »Die Besonderheit des Faschismus ist es also, eine Organisationsform für eine Klasse gefunden zu haben, die immer unfähig gewesen ist, eine einheitliche Ideologie oder Struktur zu entwickeln«;

2. Der Faschismus hat keins seiner Versprechen gehalten, keine Hoffnung erfüllt, keine Not gelindert. »Der Mittelstand, der seine ganzen

Hoffnungen in das faschistische Regime gesetzt hatte, ist von der allgemeinen Krise überrollt worden«;

3. Der Faschismus ist zum Untergang verdammt, denn: »Die Welle der Empörung, die das Verbrechen (an Matteotti) ausgelöst hat, überraschte die Faschistische Partei, sie wurde von Panik ergriffen und verlor den Kopf. Die drei Dokumente, die in diesem Augenblick der Angst von den faschistischen Abgeordneten Finzi, Filippelli und Cesarino Rossi verfasst und der Opposition zur Kenntnis gebracht wurden, zeigen, dass sogar die Parteispitze ihre Sicherheit verloren und einen Fehler nach dem anderen gemacht hat. In diesem Augenblick begann der Todeskampf des Faschismus; er wird nur noch von den sogenannten flankierenden Kräften gestützt, aber sie stützen ihn wie der Strick einen Erhängten. Das Matteotti-Verbrechen hat den Beweis geliefert, dass es der Faschistischen Partei nie gelingen wird, eine normale Regierungspartei zu werden, dass Mussolini von einem Staatsmann und Diktator bloß ein paar äußerliche pittoreske Posen hat. Er ist kein Element des nationalen Lebens, sondern ein ländlich-folkloristisches Phänomen. Er wird eher in die Geschichte der italienischen Provinzgestalten eingehen als in die Reihe großer Staatsmänner wie Cromwell, Garibaldi und Bolívar.«

In Wirklichkeit waren die Kräfte, die den Faschismus flankierten, alles andere als der Strick um den Hals eines Erhängten. Nach anfänglicher Unsicherheit wurde die Aggressivität der Faschisten, die sich der Unterstützung des industriellen und landwirtschaftlichen Kapitals sicher sein konnten, immer größer. Am 31. August hatte Mussolini zu den Bergarbeitern in Monte Amiata gesagt: »An dem Tag, an dem sie (die Gruppen des Aventin) ihre vorlauten Nörgeleien aufgeben und etwas Konkretes unternehmen, werden wir Kleinholz für die Feuer in den Ausbildungslagern der Schwarzhemden aus ihnen machen.« Die faschistische Gewalt hatte wieder eingesetzt – wie schon 1921/22 gab es Schlägereien, Mord, Zerstörung, die Zeitungsredaktionen wurden gestürmt, die Wohnungen der Oppositionellen durchsucht und auf den Kopf gestellt. Am 5. September 1924 wurde Piero Gobetti von den Faschisten in Turin blutig geschlagen (seine Eltern zogen in das Haus zwischen der Piazza Carlina und der Via San Massimo – in dem schon Tasca und Gramsci gewohnt hatten –, nachdem ihre Wohnung von den Faschisten in Brand gesteckt worden war). Am 12. September wurde in Rom der faschistische Abgeordnete Armando Casalini von Giovanni Corvi, einem Geistesgestörten, in der Straßenbahn umgebracht. Die Rechnung der Faschisten ging auf – Casalini für Matteotti. Die Repression wurde härter und härter. Gramsci hatte nun nicht mehr die Bewegungsfreiheit der vorherigen Monate:

»Eine Zeitlang hatte man mich in Ruhe gelassen, aber nach dem Mord an dem faschistischen Abgeordneten Casalini begann man, mich zu überwachen. Einmal erkannte mich ein Faschist aus Turin und machte die Bande seiner Freunde auf mich aufmerksam. Um mich zu schützen, folgte mir die Polizei auf Schritt und Tritt, so dass ich gezwungen war, Geld für Taxis auszugeben, statt mit der Straßenbahn zu fahren, wenn ich zu einer Versammlung musste.«

Nun war entschlossenes Handeln nötig. Am 20. Oktober schlug die kommunistische Fraktion auf Gramscis Anregung dem Oppositionskomitee vor, den Aventin in ein Gegenparlament umzuwandeln und sich zum alleinigen Vertreter des Volkswillens zu proklamieren – im Gegensatz zur faschistischen Fraktion als Ausdruck reinster Willkür. Der Antrag wurde abgelehnt.

In der Zwischenzeit hatte Gramsci an verschiedenen Regionalparteitagen der KPI teilgenommen. In einer Pause dieser fieberhaften Tätigkeit verbrachte er einige Tage bei der Familie in Ghilarza, nachdem er am geheimen sardischen Regionalparteitag teilgenommen hatte, der am 26. Oktober 1924 in Cagliari abgehalten wurde – auf einer Wiese nahe Cagliari bei dem Dorf Quartu.

Es war ein Sonntag. Am Abend vorher war Gramsci mit dem Zug aus Olbia in Cagliari angekommen und hatte die Nacht in der Praxis des Rechtsanwalts Alberto Figus in der Via Ospedale verbracht, nur wenige hundert Meter von dem Haus am Corso Vittorio entfernt, in dem er als Schüler gewohnt hatte. Nach seiner Ankunft wäre er gern ein wenig durch die Stadt gelaufen, um die Stätten seiner Jugend zu besuchen. Aber er musste vorsichtig sein, denn der zweite Jahrestag des Marsches auf Rom stand vor der Tür, und seit diesem Samstag befand sich die faschistische Miliz überall in Alarmbereitschaft. Gramsci schlief auf einer Liege in der spärlich möblierten Praxis, die nur von einer Petroleumlampe erhellt wurde. Am nächsten Morgen wurde er bei Sonnenaufgang von Nino Bruno abgeholt, einem jungen Metallarbeiter bei Costruzioni meccaniche. Bruno erzählt von ihrer Begegnung:

»Sein Hemd war zerdrückt und schmutzig, und er trug keine Krawatte. Ich sah ihn zum ersten Mal, aber ich hatte schon viel von ihm gehört und hatte ihn mir groß und stark wie einen Koloss vorgestellt. Stattdessen kam ein kleiner, buckliger Mann, der anscheinend keinen Wert auf sein Äußeres legte: unrasiert, der ungeheure Haarschopf zerzaust, der Anzug ärmlich und fleckig. Wir gingen hinaus, um den Versammlungsort aufzusuchen, den ich vorgeschlagen hatte. Es war noch dunkel, und die Straßen waren leer. Wir machten einen langen Umweg auf Landstraßen außerhalb der Stadt. Er zeigte keine Müdigkeit. Er war ein fröhlicher Kerl, machte Witze, lachte und sprach Sardisch mit mir. Gegen sieben Uhr kamen wir in Is Arenas, dem vereinbarten Ort, an, der zwischen Poetto und Monte Urpinu liegt. Es waren schon ein paar Delegierte da, nach und nach kamen noch mehr. Zuletzt waren wir insgesamt nicht mehr als 20. Wir begannen sofort mit dem Kongress. Die Granatäpfel waren gerade reif, und wir saßen im Gras, weit von der

Straße entfernt hinter Weinbergen und Büschen, so dass uns niemand sehen konnte. Gramsci saß unter einem Baum und hielt die Hauptrede. Er sprach zuerst über Bordiga, dann über die Notwendigkeit, die Partei zu reorganisieren, und über die Propagandaarbeit, die unter den Hirten, Bauern und Fischern Sardiniens zu leisten sei, um ihnen klarzumachen, wie wichtig es sei, dass sie sich an die Seite der Arbeiter ganz Italiens stellten. Dann diskutierten wir. Der Delegierte aus Sassari war als Einziger für Bordiga, aber er musste früher gehen, um den Zwei-Uhr-Zug zu erreichen. Dann aßen wir. Scalas aus Oristano hatte Kuchen mitgebracht. Gramsci wollte nichts davon und sagte lachend, er äße lieber *pane e casu*, Brot und Käse. Er trank etwas Wein und aß ein paar Äpfel. Um sechs Uhr abends war der Kongress beendet. Wir kehrten in die Stadt zurück, jeder für sich, nur Gramsci wurde von jemandem begleitet.«

Am nächsten Tag, nachdem der Kongress vorüber war und Gramsci nicht mehr so viel Angst haben musste, beschattet zu werden, aßen sie bei Fani, einer Trattoria am Largo Carlo Felice im Zentrum der Stadt. Dann tranken sie noch einen Kaffee in der Bar an der Piazza Jenne, wo Gramsci von einem jungen Kellner bedient wurde, dem Kommunisten Giovanni Lay, dem er sieben Jahre später in Turi im Gefängnis wiederbegegnete. Um zwei Uhr nahm Gramsci den Zug nach Ghilarza.

Seit 1920 – als Emma gestorben war – war er nicht mehr zu Hause gewesen. In der Familie hatte sich einiges verändert. Carlo war jetzt 27 Jahre alt und hatte ein Schuhgeschäft, mit dem er recht und schlecht über die Runden kam. Teresina war Angestellte bei der Post und seit wenigen Wochen die Frau des Poststellenleiters Paolo Paulesu. Bei den alten Eltern (Signor Ciccillo war jetzt 64 Jahre alt und Signora Peppina 63) lebten noch Carlo, Grazietta und Gennaros vierjährige Tochter Edmea. Für Ninos Ankunft waren vielfältige Vorbereitungen getroffen worden. Vor allem Signora Peppina konnte es kaum erwarten, ihren Sohn wieder in die Arme schließen zu können, der im Alter von 33 Jahren schon Abgeordneter war und – das machte sie am glücklichsten – Frau und Kind hatte. Auch Signor Ciccillo zählte die Stunden bis zur Ankunft seines Sohnes.

Die alten Freunde holten Nino am Bahnhof in Abbasanta ab. Peppino Mameli aus Ghilarza erzählt:

»Gleich nachdem er aus dem Zug ausgestiegen war, umarmte er uns alle. Ich bemerkte, dass er mir mit dem Auge ein Zeichen gab, und sah zwei Männer, die auch ausgestiegen waren und jetzt ein Stück von uns entfernt standen und verzweifelt versuchten, möglichst wenig aufzufallen. Nino blieb an der offenen Wagentür stehen, während er mit uns plauderte, und als der Schaffner in sein Horn blies, um das Zeichen zur Abfahrt zu geben, stieg er wieder ein – die zwei Männer ebenfalls. Der Zug setzte sich in Bewegung. Wir blieben stehen und winkten. Nino öffnete schnell die Zugtür und sprang heraus. Ich weiß nicht, ob seine beiden Schatten es überhaupt bemerkt haben. Aber inzwischen fuhr der Zug schnell, und sie hätten nicht mehr abspringen können. Nino hatte sie abgeschüttelt.«

Sie machten sich auf den Weg nach Ghilarza. Seit elf Jahren, seit dem Sommer 1913, war er nicht mehr für längere Zeit im Dorf gewesen. Nichts schien sich verändert zu haben. Ghilarza sah aus wie immer, mit seinen niedrigen Häusern aus Lavasteinen, dem bläulichen Rauch, der aus den Schornsteinen stieg und langsam über die Dachziegel zog, dem Duft der Orangen und den Bauern, die auf ihren Eseln von der Arbeit heimkehrten, den Tane-Schwestern und den Cozzuncus und den Remundu Ganas in den Türen ihrer Häuser. Das einzig Neue waren einige Fahrräder, die hier und da die Esel ersetzt hatten. Die Alten, die Antonio kommen sahen, hoben zum Gruß einen Finger an den Schirm ihrer Mütze und sagten es weiter: Der Sohn von Peppina Marcias ist gekommen, der Neffe von Grazia Delogu ist da.

Dann begann sofort die Prozession der »prinzipales«, der Dorfhonoratioren, »auch der Faschisten«, berichtet Gramsci, »die kamen, um mich mit großer Ehrerbietung zu begrüßen und mich zu beglückwünschen, dass ich Abgeordneter geworden war [...] wenn auch ein kommunistischer. Die Sarden machen sich Ehre, nicht wahr? *Forza paris!* Hoch lebe Sardinien!« Er amüsierte sich darüber. »Aber es kamen auch Mitglieder der örtlichen »Genossenschaft auf Gegenseitigkeit«, der Handwerker, Arbeiter und Bauern angelaufen, obwohl ihr Vorsitzender befürchtete, dass dadurch die Gesellschaft ihren unpolitischen Ruf gefährden könnte. Sie stellten eine Menge Fragen: über Russland und wie die Sowjets funktionieren, über den Kommunismus, unsere Taktik gegen die Faschisten, darüber, was die Begriffe Kapital und Kapitalist bedeuten und so weiter.« Carlo, der die Begegnung organisiert hatte, stand draußen Wache. Gramsci erzählt später seinem Kollegen Celeste Negarville von diesem Nachmittag, und dieser gibt die Szene wieder:

»Diese einfachen und rauen Männer, die von einem Leben voller Armut und Entbehrungen gezeichnet waren, hingen gespannt an seinen Lippen. Es war gar nicht so einfach, ihre Fragen zu beantworten, aber Gramscis großartige Fähigkeit, mit Arbeitern zu reden, wirkte Wunder. Gleich am ersten Tag sagte ein Arbeiter zu ihm: ›Als wir erfahren haben, dass Du als Kandidat für die Wahlen aufgestellt worden bist, haben wir beschlossen, für Dich zu stimmen, weil wir wissen, dass Du ein ehrlicher Mann bist. Dann hat man uns aber gesagt, dass wir Dich nicht wählen können, und das hat uns sehr leid getan. (Gramsci war Kandidat für die Wahlkreise Venzia Giulia und Piemont). Aber sag doch mal, in welcher Partei bist Du denn eigentlich eingetreten, dort auf dem Festland?‹ Gramsci sagte, dass er in der Kommunistischen Partei sei, und erklärte, um was es sich dabei handelte. ›Aber warum bist Du denn in eine Partei der Armen eingetreten, wenn Du aus Sardinien weggegangen bist, das doch auch so arm ist?‹«

Signora Peppina störten diese Besuche sehr. Und auch Nino saß lieber ruhig zu Hause und plauderte mit seiner Mutter oder spielte mit Gennaros kleiner Tochter. Er erzählte seiner Familie von Giulia, wie sie sich kennengelernt hatten und was sie machte. Signora Peppina wurde nie müde, ihm zuzuhören, und war begeistert: »Ihre Augen glänzten«, erzählt mir Teresina, »weil sie sah, dass Nino so ruhig war wie nie zuvor, glücklich über seine Liebe zu Giulia und glücklich, ein Kind zu haben.« Vielleicht dachte Gramsci an Delio, wenn er mit Mea spielte, die sich später nur undeutlich erinnert, manche Dinge aber noch genau weiß. »Er lachte immer«, erzählt sie, »machte mit mir Reisen ins Reich der Phantasie, ließ mich auf seinen Knien hüpfen und lachte laut über meine Streiche.« In dieser Zeit wurde er innerlich endlich ruhiger. Einige Tage später schrieb er an Giulia:

»Ich habe viel mit meiner vierjährigen Nichte gespielt. Sie hatte gekochte Krebse gesehen und Angst davor gehabt. Deshalb spielte ich mit ihr einen ganzen Roman, in dem 530 böse Krebse vorkamen, deren Anführer Suppenfresser war, mit seinem brillanten Generalstab (seine Feldmarschälle Blutsauger und Mistkäfer, sein Hauptmann Blaubart usw.), und eine kleine Schar guter Krebse: Huflattich, Schwuppdiwupp, Weißbart, Schwarzbart usw. Die Bösen zwickten sie mit meinen Händen in die Beine, und die Guten kamen ihr mit Spießen und Besen bewaffnet auf Dreirädern zu Hilfe. Das ganze Haus war erfüllt von dem Geklapper der Dreiräder, den Besenhieben und den Rufen der Krebse, die überall herumkrochen. Die Kleine kam aus dem Staunen nicht heraus und glaubte mir alles. Sie begeisterte sich so für die Geschichte, dass sie selbst neue Geschichten und Szenen erfand [...] Ich fühlte mich fast in meine Kindheit zurückversetzt und fand dieses Spiel viel lustiger als die Besuche der Dorfhonoratioren.«

Er blieb vom 27. Oktober bis zum 6. November 1924 in Ghilarza. Aber er musste wieder abreisen. Signora Peppina gab ihm für Giulia eine sardinische Haube aus dem Dorf Desulo mit. Als sie sich verabschiedete, wusste sie nicht, dass es ihre letzte Umarmung sein sollte.

Je mehr sich die faschistische Repression verstärkte, desto deutlicher wurde, dass der Aventin unfähig war, etwas dagegen zu unternehmen. Am 12. November 1924, fünf Tage nach Gramscis Rückkehr aus Sardinien, trat die seit fünf Monaten geschlossene Abgeordnetenkammer erstmals wieder zusammen. Der kommunistische Abgeordnete Luigi Repossi erhielt den Auftrag, im großen Versammlungssaal des Regierungspalastes, wo eine Gedenkfeier für Matteotti stattfand, eine Erklärung zu verlesen. Es waren nur faschistische und profaschistische Abgeordnete im Saal.

Repossi ließ sich nicht einschüchtern und erklärte vor diesem »Sumpf« führender Faschisten: »Noch niemals in der Geschichte durften die Mörder ihres Opfers gedenken.« Zwei Wochen später verließ die ganze kommunistische Parlamentsfraktion den Aventin und kehrte ins Abgeordnetenhaus zurück, um dort den Kampf gegen die Faschisten direkt zu führen. An jenem Tag, dem 26. November, schrieb Gramsci an Giulia:

»Wir arbeiten sehr hart. Die politische Situation zwingt uns im Augenblick zur Kleinarbeit, die aber in ihrer Gesamtheit gigantisch ist. Das Proletariat wacht auf und wird sich wieder seiner Stärke bewusst. Noch deutlicher ist diese Entwicklung unter den Bauern, deren wirtschaftliche Lage schrecklich ist. Aber es ist immer noch schwierig, die Massen zu organisieren, und die Arbeit der Partei mit ihren Dorfzellen und -gruppen läuft mühsam und schwerfällig. Die Zentrale muss ständig an Ort und Stelle eingreifen, Anregungen geben und die Arbeit kontrollieren, die Genossen unterstützen und anleiten und mit ihnen arbeiten. Wir sind schon stark geworden: wir haben öffentliche Versammlungen vor den Fabriken abgehalten, zu denen 4.000 Arbeiter gekommen sind, die die Partei und die Internationale hochleben ließen. Die Faschisten jagen ihnen nicht mehr so viel Angst ein; manchmal gehen die Massen nach einer Versammlung schon zum Angriff auf die Häuser von faschistischen Parteifunktionären über. Die Bourgeoisie ist zersplittert; sie ist nicht mehr in der Lage, sich eine Regierung zu geben, und klammert sich gerade deshalb verzweifelt an den Faschismus; die Oppositionsparteien sind kraftlos und verlangen von Mussolini lediglich, dass er die Verfassung respektiert.«

Mussolini tat ihnen den Gefallen nicht. Im Juli hatte Gramsci während einer Sitzung des Zentralkomitees gesprochen und den Text dann am 1. September in *L'Ordine nuovo* veröffentlicht:

»Wird es einen Kompromiss zwischen Faschismus und Opposition geben? Es ist sehr unwahrscheinlich. Das Wesen seiner Organisation verbietet es dem Faschismus, gleichberechtigte Zusammenarbeit zu dulden, er will nur Sklaven an der Kette. Unter dem Faschismus kann es keine Volksvertretung geben – aus ihr wird sofort ein Heerlager oder ein Bordell für betrunkene Milizionäre.«

Am 3. Januar 1925 zeigte sich, dass er recht gehabt hatte. Lange hatte die Opposition vergeblich an einen »Normalisierungsprozess« des Faschismus geglaubt. Lange hatte sie gedacht, Mussolini sei die Situation nur entglitten, man könne ihn nicht für die Gewalttätigkeiten der Faschistentrupps verantwortlich machen, nach und nach würden die Sektierer aus der Partei ausgeschlossen und der bürgerkriegsähnliche Zustand werde ein Ende finden. Alle diese Illusionen wurden hinweggefegt, als am 27. Dezember in Amendolas Zeitung *Il Mondo* ein Auszug aus den Erinnerungen Cesare Rossis veröffentlicht wurde. Der ehemalige Pressesprecher des Kabinetts weigerte sich darin, die Rolle des Sündenbocks zu übernehmen, und schrieb: »Alles, was geschehen ist, geschah immer auf ausdrücklichen Befehl des Duce oder mit seiner Zustimmung bzw. Mitwisserschaft.« Eine Woche später brach Mussolini mit seiner Gewohnheit, anders zu reden als zu handeln, einerseits Respekt vor der Verfassung zu demonstrieren, andererseits aber die Gewalt zu billigen. Jetzt wurde er eindeutig: »Ich erkläre hier, vor dieser Versammlung und im Angesicht des italienischen Volkes, dass ich, ich allein, die politische, moralische und historische Verantwortung für das übernehme, was geschehen ist [...] Wenn der Faschismus eine kriminelle Vereinigung ist, bin ich ihr Anführer!« Innerhalb von drei Tagen, zwischen dem 3. und 6. Januar, wurden 95 politisch verdächtige Vereinigungen verboten, 25 »subversive« Organisationen und 120 Gruppen der Bewegung »Freies Italien« per Dekret aufgelöst, 655 Hausdurchsuchungen durchgeführt und 111 »subversive Elemente« festgenommen. Die Konfiszierung oppositioneller Zeitungen war an der Tagesordnung.

Der Aventin reagierte wieder nur mit abstrakten Grundsatzerklärungen. Die Oppositionsgruppen versammelten sich am 8. Januar in einem Saal des Regierungspalasts und verfassten eine gemeinsame Erklärung, in der es u.a. hieß: »Die Maske der Verfassungstreue und der Normalität ist gefallen: nun tritt die Regierung die Grundrechte mit Füßen, erstickt mit unbeschreiblicher Willkür die Stimme der freien Presse, hebt das Versammlungsrecht auf, mobilisiert die eigene Parteiarmee und duldet Zerstörung und Brandstiftung, der ihre Feinde zum Opfer fallen, lässt sie sogar ungestraft.« Diese Erkenntnis des totalitären Charakters des Faschismus kam zu spät. Als Versuch, Italien vor dem Despotismus zu retten, war diese Erklärung nur ein Fingerhut voll Wasser auf den Scheiterhaufen der verfassungsmäßigen Rechte und Freiheiten. Mussolini ließ sich durch solche Anschuldigungen nicht im Geringsten einschüchtern. Am 12. Januar schrieb Gramsci an Giulia: »Zurzeit durchleben wir in Italien eine Phase, die es – glaube ich – in noch keinem Land gegeben hat, weil es den Faschisten gelungen ist, alle Organisationen zu zerschlagen und so der Masse die Möglichkeit zu nehmen, ihren Willen zum Ausdruck zu bringen.«

Es ging ihm nicht gut: »Meine Nerven sind krank, aber was noch schlimmer ist – ich leide unter Anämie« (4. Dezember 1924). »Ich bin ein wenig müde. Seit einigen Tagen quälen mich fürchterliches Kopfweh und Schlaflosigkeit: ich kann keinen klaren Gedanken fassen und habe einen schweren Kopf« (2. Februar 1925). Die Ereignisse überstürzten sich und ließen ihn nicht zur Ruhe kommen. Dieser Zustand dauerte jetzt schon ein Jahr. Er schrieb Artikel und reiste kreuz und quer durch das Land – wie sich Felice Platone erinnert –, »um Zweifel auszuräumen, Vorurteile hinwegzufegen, Situationen zu klären, Perspektiven zu erarbeiten, Leute und Organisationen zu mobilisieren«. Mit den anderen militanten Mitgliedern hielt er Kontakt über die periodisch erscheinenden Hefte für die Schulungskurse der Partei. Auch die Angewohnheit der Turiner Jahre, während langer nächtlicher Spaziergänge mit den jungen Genossen zu diskutieren, hatte er nicht aufgegeben. Velio Spano erzählt:

»Abends begleiteten wir ihn zu zweit oder dritt vom Stadtzentrum bis zur Via Nomentana. Die Gespräche dieses so außerordentlich gebildeten Mannes waren sehr lebendig und nie abstrakt. Er sprach langsam, so wie er ging, und baute das Thema Stück für Stück auf, indem er ab und zu eine Bemerkung machte, häufiger aber Fragen stellte, auf die dann ein Genosse antwortete.«

Von den anderen nichtkommunistischen Politikern hatte er den besten Kontakt zu Emilio Lussu, dem Führer der »Partito sardo d'azione« (Sardische Aktionspartei). Sie aßen oft zusammen; Lussu stellte ihm Fragen über die Sowjetunion, und er ließ sich von Lussu über die Bauernbewegung in Sardinien erzählen. Ganz selten erlaubte er sich ein Vergnügen, ging ins Kino oder ins Theater. Es kam fast nie vor, dass Gramsci »aus dieser nur von der Politik beherrschten Einöde« herauskam, wie er Giulia einmal schrieb.

Ende Januar 1925 lernte er seine Schwägerin Tanja Schucht kennen, nach der er seit seiner Ankunft in Rom vergeblich gesucht hatte. Seit vielen Jahren schon lebte sie von ihrer Familie getrennt. Sie war in Rom geblieben, als ihre Eltern und Geschwister der Reihe nach in die Heimat zurückkehrten. Die März- und Oktoberrevolution und der Bürgerkrieg hatten die Verbindungen erschwert, Russland war isoliert, und für Tanja war es sehr schwer, Nachrichten von ihrer Familie zu bekommen. Am 17. August 1921 hatte Giulia an Leonilde Perilli geschrieben: »Wenn dieser Brief Sie erreicht, versuchen Sie, Tanja zu finden, und geben Sie ihr unsere Adresse.« Der Brief wurde in Ivanovo geschrieben und in Deutschland aufgegeben und kam sogar an. Aber Frau Perilli hatte Tanja nicht sofort gefunden, und als es ihr endlich gelang, hatte Tanja sich mehr als seltsam verhalten. Sie litt unter Depressionen und hatte Angst, jemand von ihrer Familie könnte gestorben sein. So schrieb sie nicht nach Russland, aus Furcht, ihre schreckliche Vorahnung würde sich bestätigen. Gramsci brachte ihr die ersten Nachrichten, und von ihm erfuhr sie auch von der Ehe mit Giulia. Damals war Tanja ungefähr 40 Jahre alt, vier oder fünf Jahre älter als Gramsci. Sie muss eine schöne Frau gewesen sein, aber nach allem, was sie durchgemacht hatte, war sie früh gealtert. Jetzt unterrichtete sie Naturwissenschaften im Crandon-Institut in der Via Savoia. Gleich nach ihrer ersten Begegnung schrieb Gramsci am 2. Februar an Giulia:

»Ich habe Deine Schwester Tanja kennengelernt. Gestern waren wir von vier Uhr nachmittags bis fast Mitternacht zusammen. Wir haben über viele Dinge gesprochen, über Politik, über ihr Leben in Rom und über ihre Arbeitsmöglichkeiten. Wir sind auch zusammen essen gegangen, und ich wundere mich nicht, dass sie sich so schwach fühlt, denn sie isst sehr wenig, obwohl sie keine organische Krankheit hat und sogar kerngesund erscheint. Ich glaube, wir sind schon gute Freunde geworden. Sie hat mir versprochen, über alle ihre Erlebnisse zu berichten, so dass ich Dir dann alles erzählen kann. Ich habe mich sehr gefreut, sie kennenzulernen. Sie ist Dir nämlich sehr ähnlich, und politisch steht sie uns viel näher, als man es uns angedeutet hatte [...] Nur in der Frage der Pressefreiheit für die Sozialrevolutionäre und auch was die Gefangenschaft einer gewissen Ismailia (ich glaube, so heißt sie) und der Spiridonova betrifft, ist sie anderer Meinung. Sie würde gern für die Sowjets arbeiten, aber man hat ihr eingeredet, dass die sowjetischen Vertreter hier in Rom ein korruptes Pack seien, und deshalb möchte sie mit ihnen nichts zu tun haben. Sie möchte nicht den Eindruck erwecken, dass sie die Vorteile der Revolution nützen wolle, ohne etwas dafür getan zu haben.«

Antonio und Tanja trafen sich öfter. Aber solche kurzen Augenblicke des Privatlebens reichten Antonio nicht aus. Er erwartete jetzt ungeduldiger denn je den Augenblick, in dem er Giulia in die Arme schließen und endlich Delio sehen würde. Für den 21. März war in Moskau eine Versammlung des erweiterten Exekutivkomitees der Komintern einberufen worden. Gramsci hatte die Leitung der italienischen Delegation. Am 7. Februar schrieb er Giulia:

»Meine Reise hat sich noch einmal um 14 Tage verschoben, aber es sieht so aus, als ob sie nun mit Sicherheit stattfinden wird. Ich bekomme sogar einen normalen Reisepass, und das tröstet mich über die Verspätung etwas hinweg. Meinst Du, dass wir zwischen Ende März und Anfang April schon ein paar Spaziergänge machen können? [...] Weißt Du, mit Deiner Schwester Tanja ist es schon ein bisschen so, als ob Du hier wärst. Sie gleicht Dir in vielen Zügen und bewegt sich auch ein wenig wie Du. Der Klang ihrer Stimme ist ein Echo der Deinen (sie würde sich freuen, dass ich ›Echo‹ schreibe, denn einmal wehrte sie sich dagegen, dass ich ihre Stimme mit Deiner verglich, die sie wunderschön findet). Ich besuche sie häufig, und wir gehen oft in die römischen Trattorien, aber ich habe sie noch nicht dazu gebracht, mehr zu essen. Sie wollte Schuhe mit fürchterlichen Absätzen für Dich kaufen. Ich argumentierte tapfer dagegen und sagte immer wieder, Du würdest niemals solch schreckliche Schuhe anziehen [...] Auch für Delio will sie Schuhe kaufen. Deine Schwester ist wirklich schrecklich mit ihrer Manie, die ganze Welt mit Schuhen zu versorgen.«

Gegen Ende 1925 reiste er nach Moskau ab. Seit fast anderthalb Jahren hatte er seine Frau nicht gesehen, und Delio war mittlerweile schon fast acht Monate alt. Endlich war er für Gramsci »nicht mehr ein flüchtiger Abdruck auf fotografischem Papier, sondern ein lebendiges, wirkliches Kind«. Delio war an Keuchhusten erkrankt, und Gramsci fuhr ihn oft im Park in der Nähe der Tverskaya Yamskaya (heute Gorkistraße) spazieren, wo die Schuchts wohnten. Aber noch mehr als die Krankheit des Kindes beunruhigte ihn der Zustand seiner Schwägerin Eugenia. Sie hatte sich von der schweren psycho-physischen Erschöpfung erholt, die sie im Sanatorium Serebeanyi Bor so lange ans Bett gefesselt hatte. Aber nervlich war sie äußerst labil geblieben und zeigte beunruhigende Zeichen geistiger Anormalität. Im Sanatorium hatte sie für Gramsci tiefe Freundschaft empfunden; jetzt betrachtete sie sich sogar als Delios Mutter. Als Giulia und Antonio der Ärztin, die das Kind betreute, eine Reproduktion der Putten der Diana von Correggio schenken wollten und Gramsci als »Vater« unterschrieb, bestand Eugenia darauf, ihren Namen unter den von Giulia zu setzen, und schrieb daneben »die Mütter«. Apollo Schucht wollte nicht, dass Delio auch zu Eugenia Mutter sagte und wiederholte immer wieder: »Delio hat nur eine Mutter, nur eine, nur eine Mutter.« Auch Gramsci war beunruhigt, aber er zog es vor, sich mit dem Problem nicht direkt auseinanderzusetzen. Er schätzte Eugenia sehr, er hatte sie kennengelernt, als sie sich nicht bewegen konnte, und erinnerte sich, wie sie gelitten hatte. Er begriff, dass in ihrem Zustand erzwungener körperlicher Untätigkeit Delio für sie wie ein eigenes Kind geworden war, gewissermaßen die einzige Verbindung zum Leben und zur Welt, und reagierte verständnisvoll. Als er Moskau wieder verließ, versprach ihm Giulia, sie werde mit dem Kind und Eugenia bald nachkommen.

Am 28. April war er wieder in Italien. Die Regierung hatte einen Entwurf für ein Gesetz vorgelegt, das – zumindest nach den offiziellen Verlautbarungen – hauptsächlich gegen die Freimaurerei gerichtet sein sollte, aber auch »die Aktivität von Verbänden, Zirkeln, Organisationen und Institutionen und die Angehörigkeit staatlicher Angestellter zu solchen Vereinigungen zu regeln« beanspruchte. Man kann sich unschwer vorstellen, was damit wirklich beabsichtigt war. Für Gramsci betrachtete Mussolini die Freimaurer mehr als Konkurrenz denn als Opposition und wollte sich durch dieses Gesetz die Möglichkeit offenhalten, sie in die Knie zu zwingen und ihnen dann aus der Position des Stärkeren heraus einen Kompromiss anzubieten. Hauptsächlich aber diente das Gesetz dazu, die Repression der Regierung gegen diejenigen Organisationen zu legalisieren, mit denen ein Kompromiss unmöglich war. Am 16. Mai 1925 stellte Gramsci im Parlament den betrügerischen Charakter des Gesetzes heraus. Es war sein erster parlamentarischer Auftritt. Der junge Führer der Linksopposition (Gramsci war damals 34 Jahre alt) und der ehemalige Herausgeber des *Avanti!* und Anführer der Generation junger Revolutionäre von 1914, der sich jetzt von der reaktionären Bourgeoisie Duce (Führer) nennen ließ, standen sich Auge in Auge gegenüber. Sie kannten sich gut, wenn sie sich auch vorher nie begegnet waren. Am 1. Dezember 1921 hatte Mussolini von der Oppositionsbank aus gesagt: »Die Anarchisten sagen, der Direktor von *L'Ordine nuovo* gebe sich als Dummkopf aus. Das ist er aber nicht, vielmehr ist er ein buckliger Sarde, ein Doktor der Wirtschaftswissenschaften und Philosophie und zweifellos ein fähiger Kopf.« Umgekehrt hatte Gramsci am 15. März 1924 in *L'Ordine nuovo* geschrieben:

»Wir haben in Italien ein faschistisches Regime mit Benito Mussolini an der Spitze. Wir haben eine offizielle Ideologie, die den Führer zu einer Gottheit macht, ihn für unfehlbar erklärt und in ihm den Organisator und Gründer eines neuen Heiligen Römischen Reiches sieht. Die Zeitungen drucken jeden Tag Hunderte von Telegrammen ab, in denen die einzelnen Stämme im ganzen Land dem Häuptling ihre Huldigung darbringen. Wir sehen die Fotos dieses maskengleichen Gesichts, das wir schon in den sozialistischen Versammlungen gesehen haben und das nur härter geworden ist. Wir kennen es, wir kennen dieses mechanisch wilde Augenrollen, das früher der Bourgeoisie und heute dem Proletariat Furcht einjagen soll. Wir kennen auch die stets drohend geballte Faust. Wir wissen, wie dieser ganze Mechanismus funktioniert, und verstehen, dass er der bürgerlichen Jugend Angst machen, sie aber auch mitreißen kann; denn er ist wirklich eindrucksvoll, selbst wenn man genauer hinsieht [...]«

Aber wer war Mussolini wirklich? Nach Gramsci war er: »der Prototyp des wildgewordenen Kleinbürgers, die Verkörperung des ganzen Schlammes, den die jahrhundertelange Herrschaft fremder Völker und der Kirche auf italienischem Boden abgelagert hatte. Er hatte es nicht geschafft, Führer des Proletariats zu werden, und machte sich deshalb zum Diktator der Bourgeoisie. Einer Bourgeoisie, die wilde Gesichter liebt, wenn sie wieder auf die Reaktion setzt, und die der Arbeiterklassen die gleiche Angst einzujagen hofft, die sie selbst angesichts dieser rollenden Augen und der geballten Faust verspürt hat.«

Zum ersten Mal standen sich nun die beiden Parteiführer im Sitzungssaal des Parlaments gegenüber – zwei Persönlichkeiten, die sich unterschieden wie Tag und Nacht. Gramsci war kein lautstarker Demagoge, seine Worte schienen direkt aus dem Kopf zu kommen, nicht aus der Kehle und den Lungen. Am Tag nach den Aprilwahlen hatte Piero Gobetti in *La rivoluzione liberale* geschrieben: »Wenn Gramsci im Parlament sprechen wird, werden die Faschisten wahrscheinlich gespannt und schweigend zuhören, um seine schwache, dünne Stimme zu hören, und dabei werden sie ein ganz neues Gefühl verspüren. Die Dialektik Gramscis protestiert nicht gegen die Betrügereien oder Intrigen der bürgerlichen Regierung, sondern betrachtet sie von der reinen Höhe der Hegel'schen Dialektik und beweist, dass sie für solch eine Staatsform unvermeidlich sind.«

Gobetti sollte recht behalten. Velio Spano erinnert sich: »Als Gramsci sprach, hatten sich alle Abgeordneten auf die Bänke der extremen Linken gesetzt, um seine schwache Stimme besser zu hören. Ein großes Foto in einer römischen Zeitung zeigte Mussolini, wie er mit der Hand hinter dem Ohr angestrengt zuhörte.«

In aller Ruhe analysierte Gramsci die Klassenstruktur der Freimaurerei: »Angesichts des Charakters der italienischen Einigungsbewegung und der anfänglichen Schwäche der kapitalistischen Bourgeoisie in diesem Land, sind die Freimaurerlogen lange Zeit die einzige reelle und effiziente Partei der bürgerlichen Klasse gewesen.« Dann ging er auf das Wesen des Faschismus ein: »Das erste instinktive und spontane Losungswort der Faschisten nach den Fabrikbesetzungen war: ›Die ländliche Bourgeoisie muss der Stadtbourgeoisie zu Hilfe kommen, die der Arbeiter nicht mehr Herr werden kann.‹«

Die erste Schlussfolgerung aus dieser Analyse forderte den Widerspruch Mussolinis heraus:

Gramsci: »Der Faschismus kämpft gegen die einzige wirksame Organisation, über die die Bourgeoisie in Italien verfügt. Er will die Freimaurer von den Beamtenposten verdrängen, um seine eigenen Leute an ihre Stelle zu setzen. Die faschistische Revolution beschränkt sich darauf, eine Verwaltung durch eine andere zu ersetzen.«

Mussolini: »Eine Klasse durch eine andere, genauso wie es in Russland geschehen ist und wie es bei jeder Revolution geschieht und wie auch wir es methodisch durchsetzen werden [...]«

Gramsci: »Von einer Revolution kann man nur sprechen, wenn eine neue Klasse an die Macht kommt. Der Faschismus stützt sich auf keine Klasse, die nicht schon an der Macht wäre.«

Mussolini: »Aber wenn doch der größte Teil der Kapitalisten gegen uns ist; wenn ich Ihnen sage, dass die größten Kapitalisten gegen uns stimmen und in der Opposition sind, Motta, Conti [...]«

Farinacci: »Und subversive Zeitungen unterstützen!«

Mussolini: »Die Hochfinanz ist nicht auf der Seite der Faschisten, das wissen Sie ganz genau!«

Gramsci entgegnete, der Faschismus sei gerade im Begriff, mit den Kräften einen Kompromiss zu schließen, die noch nicht in das System integriert waren:

Gramsci: »Dem Faschismus ist es nicht gelungen, alle Parteien vollständig in seine Organisation aufzusaugen. Bei den Freimaurern versuchte er es zuerst mit der politischen Taktik der Unterwanderung, dann mit der terroristischen Methode von Brandanschlägen auf die Logen und jetzt mit diesem Schritt auf der Ebene der Legislative, der bestimmte Vertreter der Hochfinanz und der höheren Beamtenschaft veranlassen wird, zu den Herrschenden überzulaufen, um ihre Stelle nicht zu verlieren. Aber auch mit den Freimaurern wird die faschistische Regierung einen Kompromiss schließen müssen. Was tut man gegen einen starken Feind? Man bricht ihm zunächst die Beine und schließt dann einen Kompromiss aus der Position des Überlegenen [...] Deshalb sagen wir, dass das Gesetz in Wirklichkeit gegen die Arbeiterorganisationen gerichtet ist. Wir möchten wissen, warum unsere Genossen seit Monaten von der Polizei verhaftet werden, wenn sie bei Versammlungen von drei oder mehr Personen angetroffen werden – obwohl die Kommunistische Partei nicht zur kriminellen Vereinigung erklärt worden ist.«

Mussolini: »Wir tun nur, was ihr in Russland auch tut [...]«

Gramsci: »In Russland gibt es Gesetze, die eingehalten werden. Sie haben Ihre eigenen Gesetze [...]«

Mussolini: »Ihr macht in Russland sehr gute Razzien. Recht so!«

Gramsci: »In Wirklichkeit betrachtet der staatliche Polizeiapparat die Kommunistische Partei bereits als Untergrundorganisation.«

Mussolini: »Das ist nicht wahr.«

Gramsci: »Und doch wird jeder, der bei einer Versammlung mit drei oder mehr Personen angetroffen wird, ohne besondere Anklage verhaftet und ins Gefängnis geworfen, nur weil er Kommunist ist.«

Mussolini: »Die Leute werden aber bald wieder freigelassen. Wie viele Personen sitzen im Gefängnis? Wir nehmen sie nur fest, um sie polizeilich zu erfassen.«

Gramsci: »Das ist systematische Verfolgung, die der Anwendung des neuen Gesetzes vorgreift und durch das Gesetz gerechtfertigt werden soll. Der Faschismus wendet dieselben Methoden an wie die Regierung Giolitti. Ihr macht es wie die Schergen Giolittis, die jeden verhafteten, der gegen die Regierung stimmte – nur um ihn zu erfassen.«

Zwischenruf: »Es gab nur einen einzigen solchen Fall! Sie kennen den Süden nicht!«

»Ich bin Süditaliener«, antwortete Gramsci. Die ständigen Unterbrechungen machten es ihm schwer, seine Argumentation konsequent weiterzuführen. Aber er nahm den Faden immer wieder auf:

»Die Freimaurer werden massenhaft zur Faschistischen Partei überlaufen und darin einen eigenen Flügel bilden, deshalb ist es ganz klar, dass Sie mit diesem Gesetz hoffen, die Entwicklung starker Arbeiter- und Bauernorganisationen zu verhindern. Das ist der eigentliche Stellenwert und die wahre Bedeutung dieses Gesetzes. Jemand in der Faschistischen Partei erinnert sich noch dunkel an die Lehre aus seiner revolutionären und sozialistischen Zeit, dass eine Klasse nur eine Klasse bleiben und sich für die Machtübernahme reif machen kann, wenn sie über eine Partei und Organisation verfügt, die ihre besten und bewusstesten Elemente aufnimmt. An dieser reaktionären Verdrehung der marxistischen Lehre ist etwas Wahres.«

Aber in dieser Situation war es vielleicht nicht ganz so sicher, dass die Zerschlagung der Arbeiterparteien eine endgültige Niederlage des italienischen Proletariats bedeuten würde. Denen, die ihm zugerufen hatten »Sie kennen den Süden nicht!«, antwortete Gramsci jetzt:

»In Italien konnte sich der Kapitalismus nur entwickeln, weil der Staat die Bauern, vor allem die des Südens, unterdrückt hat. Jetzt merken Sie, wie dringend dieses Problem ist, und deshalb haben Sie Sardinien eine Milliarde Lire in Aussicht gestellt, deshalb haben Sie dem ganzen Mezzogiorno öffentliche Investitionen und Hunderte von Millionen versprochen; aber wenn Sie es ernst meinen, müssen Sie zuerst einmal die 100–150 Millionen Steuern an Sardinien zurückgeben, die Sie der sardischen Bevölkerung Jahr für Jahr abpressen, und dem Mezzogiorno Hunderte von Millionen [...] Jedes Jahr presst der Staat den süditalienischen Regionen Steuern ab, die er ihnen in keiner Weise zurückgibt, auch nicht in Form irgendwelcher Dienstleistungen [...] Diese Summen nimmt der Staat den Bauern ab, um den norditalienischen Kapitalismus zu stützen. Aus diesen Widersprüchen des kapitalistischen Systems wird sich notwendigerweise die Vereinigung der Arbeiter und Bauern gegen den gemeinsamen Feind entwickeln – trotz der repressiven Gesetze und der Schwierigkeiten, große Organisationen zu bilden [...] Sie können ›den Staat erobern‹, die Gesetze ändern und versuchen, die Organisationen in ihrer jetzigen Form zu unterdrücken, aber Sie können sich nicht über die objektiven Bedingungen hinwegsetzen, unter denen Sie zu handeln gezwungen sind. Sie zwingen das Proletariat nur, neue Möglichkeiten zur Organisierung der Massen zu finden. Von dieser Tribüne aus wollen wir dem italienischen Proletariat und den Bauernmassen sagen: die revolutionären Kräfte Italiens lassen sich nicht zerschlagen, und die Faschisten werden ihre finsteren Pläne nie verwirklichen können!«

Als er ausgeredet hatte, erhob sich wilder Tumult im Saal. Gramscis Debüt war zugleich sein Abschied vom Parlament. Es wird erzählt, Mussolini habe ihn kurz darauf im Erfrischungsraum des Parlaments gesehen und sei mit ausgestreckter Hand auf ihn zugegangen, um ihm zu seiner Rede zu gratulieren. Gramsci habe seinen Kaffee weitergetrunken und die ausgestreckte Hand ignoriert. Neun Tage später schrieb er an Giulia:

»Unsere Arbeit ist chaotisch und zusammenhangslos. Das wirkt sich auch auf meinen geistigen Zustand aus, der schon prekär genug ist. Die Schwierigkeiten werden immer größer. Jetzt gibt es ein Gesetz gegen Vereinigungen, das nur den Anfang einer systematischen Polizeiaktion darstellt, mit der unsere Partei außer Gefecht gesetzt werden soll. Über dieses Gesetz habe ich in meiner ersten Rede vor dem Parlament gesprochen. Die Faschisten haben mich sehr höflich behandelt, und so war der Beginn vom revolutionären Standpunkt aus ein Misserfolg. Da meine Stimme sehr leise ist, sind sie alle näher gerückt, um mir zuzuhören, und ließen mich alles sagen, was ich wollte. Sie unterbrachen mich zwar ständig, aber nur, um mich aus dem Konzept zu bringen, nicht um meine Rede zu sabotieren. Es machte mir Spaß, mir ihre Bemerkungen anzuhören, aber ich konnte mir nicht verkneifen, auf sie einzugehen, und so spielte ich ihnen in die Hände, denn ich wurde müde und konnte den roten Faden meiner Rede nicht konsequent weiterverfolgen.«

Wegen der großen Hitze in Rom litt er unter Schlaflosigkeit und fühlte sich kraftlos. Um sich vor faschistischen Angriffen zu schützen, war er sehr vorsichtig und ging nur selten aus dem Haus:

»Das Schlimmste ist meine Einsamkeit, auch weil die Partei im Untergrund arbeiten muss, was individuelle und unabhängige Arbeit erfordert. Um dieser nur von der Politik beherrschten Einöde zu entgehen, gehe ich oft zu Tanja, die mich sehr an Dich erinnert. Aber über Deine Abwesenheit kann mich nichts hinwegtrösten. Alles, was um mich herum geschieht, erinnert mich an Dich und Delio und lässt mich noch stärker spüren, wie unglücklich ich bin

… Aber das macht nichts … Das wird alles anders werden, denn ich bin sicher, dass Du nach Italien kommen wirst, und dann werden sich alle unsere Kräfte entfalten, und wir werden uns weiterentwickeln, wenn wir gemeinsam verfolgen, wie Delio heranwächst.«

Im Herbst kam Giulia mit dem Kind zu ihm nach Rom.

20

Auf der Sitzung des erweiterten Exekutivkomitees vom März/ April 1925 wurde die Linie des IV. und V. Kongresses der Komintern bestätigt: das Endziel blieb die Diktatur des Proletariats, aber für Italien galt jetzt ein anderes Zwischenziel: die bürgerlich-demokratischen Freiheiten mussten zurückerobert werden. Dazu war nach Auffassung der Komintern ein breites Bündnis der arbeitenden Massen und ihrer Parteien notwendig, unter der Führung der Industriearbeiter und ihrer organisierten Avantgarde, der Kommunistischen Partei. Nach drei Jahren faschistischen Terrors war in Italien der Ruf nach der demokratischen Ordnung lauter als der nach der Revolution, und das hatte Gramsci erkannt. Deshalb hielt er die Linie der Komintern für unzweifelhaft richtig. Am 1. September 1924 hatte er in *L'Ordine nuovo* geschrieben:

»Die Matteotti-Krise hat uns viele Lehren erteilt. Sie hat uns gelehrt, dass die Massen nach drei Jahren des Terrors und der Unterdrückung sehr vorsichtig geworden sind und keine großen Schritte mehr machen wollen [...] (Diese Vorsicht) wird in nicht allzu langer Zeit bestimmt wieder nachlassen, aber noch besteht sie und kann nur überwunden werden, wenn wir bei keiner Gelegenheit und in keinem Augenblick den Kontakt zu der Gesamtheit der Arbeiterklasse verlieren.«

Daher die Notwendigkeit, Bordigas Linie zu bekämpfen: »Wenn es in unserer Partei fanatische Gruppen und Tendenzen gibt, die die Situation forcieren wollen, muss man sie im Namen der ganzen Partei bekämpfen.« Aber Bordiga war nicht bereit, sich geschlagen zu geben. Er lehnte alle Kompromisslösungen ab. Zur bürgerlichen Diktatur gab es keine andere Alternative als die Diktatur des Proletariats, und er hielt die bürgerliche Herrschaft in demokratischen Formen für keinen Deut besser als die bürgerliche Herrschaft in der Form nackter Despotie. Seiner Meinung nach hatte mit der Machtergreifung des Faschismus lediglich ein Machtwechsel zwischen Gruppen stattgefunden, die allesamt Feinde des Proletariats waren. Er glaubte, die Kommunistische Partei sei der einzige wirkliche Feind der Bourgeoisie (denn alle anderen Parteien seien gleichermaßen Stützen der bürgerlichen Ordnung). Deshalb müsse sie den Faschismus allein und ohne unnatürliche Bündnisparteien stürzen, um aus dem bürgerlichen Staat einen proletarischen zu machen – ohne jegliche demokratische Zwischenphase, die er für verhängnisvoller hielt als den Faschismus selbst, weil der Faschismus alle demokratischen Freiheiten unterdrückt hatte und deswegen der beste Wegbereiter für den Kommunismus war.

Das war eine schematische und unrealistische Einschätzung, eine selbstmörderische Taktik, welche die KPI isolieren musste. Die Partei beschränkte sich auf revolutionäres Geschrei, während man dem Faschismus statt starker Sprüche konkrete Aktionen hätte entgegensetzen müssen. Im Frühling 1921 hatten sich die Gruppen der »Arditi del popolo« konstituiert, eine Organisation, die entschlossen war, gegen die faschistische Gewalt bewaffneten Widerstand zu leisten. Bordiga meinte, jegliche Form des Bündnisses mit Sozialisten sei nicht mit den Grundsätzen vereinbar, die zu der Abspaltung in Livorno geführt hatten, und verbot seinen Anhängern, mit Sozialisten in diesen Gruppen zusammenzuarbeiten. Fast alle anderen Parteiführer hatten damals Bordigas Standpunkt geteilt, von dem dieser jetzt nicht abrücken wollte. Sinowjew hatte versucht, ihn wieder auf die Linie der Komintern zu bringen, indem er ihm anbot, ihr Vizepräsident zu werden. Aber Bordiga war ein unbeugsamer und kämpferischer Charakter, und seine Kompromisslosigkeit war stärker als seine Eitelkeit.

Nun stand ein nationaler Parteitag bevor, auf dem das Kräfteverhältnis innerhalb der Partei deutlich werden musste. Gramsci reiste viel, um diesen Parteitag vorzubereiten. Giovanni Farina erinnert sich an Gramscis einleitende Worte vor einer Versammlung aller Aktivisten der Mailänder Region, die im Sommer 1925 stattfand: »Das italienische Volk kämpft in diesem Augenblick nicht für die Diktatur des Proletariats, sondern für die Demokratie. Wer das nicht versteht, versteht nicht die Bedeutung der Ereignisse, die sich vor unseren Augen abspielen.« Nach Auffassung derer, die »die Revolution an jeder Straßenecke sahen« (so Farina), klangen diese Worte fast ketzerisch, und in der extremen Linken der Partei fand das Gerücht neue Nahrung, Gramsci habe sich auf sozialdemokratische Positionen zurückgezogen.

Es war ein Sommer voll intensiver Arbeit. Am 15. August schrieb Gramsci an Giulia: »Ich bin lange Zeit aus Rom weggewesen. Auch jetzt bin ich wieder auf Reisen, um Versammlungen zu organisieren, und muss ständig die Polizisten abschütteln, die hinter mir her sind.« Giulia und das Kind fehlten ihm sehr.

»In letzter Zeit bin ich viel herumgekommen und habe Orte gesehen, von denen mir die Leute gesagt haben, sie seien sehr schön – Landschaften, die so herrlich sein sollen, dass von weit her Fremde kommen, um sie zu sehen. Ich war zum Beispiel in Miramare, aber es erschien mir wie ein Auswuchs aus Carduccis Phantasie; die weißen Türme sahen für mich aus wie gekalkte Schlote, das Meer war schmutzig gelb, weil Straßenarbeiter tonnenweise Schutt hineingeworfen hatten; und die Sonne erschien mir wie eine Heizung, die aus Versehen im Sommer angestellt worden ist. Dann fiel mir ein, dass diese Eindrücke damit zusammenhängen müssen, dass ich ›apathisch‹ geworden bin, wie Deine Mutter es nannte; dass ich die Freude an der Natur und am Leben um mich herum verloren habe, weil ich immer daran denken muss, dass Du weit weg bist. Seitdem ich Dich liebe, gibt es für mich keine Freude mehr, die nicht mit Dir zusammenhängt und die nicht sofort abstirbt, wenn ich daran denke, dass Du nicht bei mir bist und nicht die Dinge sehen kannst, die ich sehe [...] Für mich war Delio wirklich wie eine Sternschnuppe, und war so nicht auch unsere ganze Liebe?«

Jedes Kind erinnerte ihn an Delio. Wenn er sich in Mailand befand, war er in der Via Napo Torriani Nr. 7 zu Gast, wo die Verlagsgesellschaft von *L'Unità* ihren Sitz hatte. Im Halbparterre des Hauses wohnte Aladino Bibolotti, der Geschäftsführer der Zeitung, mit seiner Frau und seinen Kindern. Fidia Sassano, der damals als Redakteur bei *L'Unità* arbeitete, erinnert sich an ihn, »wie er auf dem Gang zwischen den Verwaltungsräumen auf allen vieren mit den Kindern von Bibolotti herumkroch, wenn er sich unbeobachtet glaubte.«

Im September wohnte er einige Tage lang bei Togliatti in Rom. Hier wurden unter seiner Leitung die Thesen für den III. Parteitag der KPI verfasst, der im Januar in Lyon stattfinden sollte. Das Thesenpapier war eine klare und scharfsinnige Darstellung der italienischen Situation und der Aufgaben der Kommunistischen Partei. Damit setzte es einen neuen Anfang: seine wissenschaftliche Strenge unterschied es deutlich von der polemischen Rhetorik, die für ähnliche Dokumente in der Vergangenheit typisch gewesen war. In seinen Thesen prophezeite Gramsci u.a., welch extreme Formen der Faschismus noch annehmen würde:

»Die Krönung der ideologischen Propaganda, der ganzen faschistischen Politik und Wirtschaft sind seine ›imperialistischen‹ Bestrebungen. Diese Tendenz drückt das Bedürfnis der herrschenden Klasse der Großgrundbesitzer und Industriellen aus, die Lösung der gesellschaftlichen Krise außerhalb Italiens zu suchen. Diese Bestrebungen enthalten den Keim für einen Krieg, der scheinbar um der Expansion Italiens willen geführt werden wird. Aber in Wirklichkeit wird Italien dabei nur ein Instrument in der Hand einer der imperialistischen Gruppen sein, die sich gegenseitig die Herrschaft der Welt streitig machen.«

Insgesamt enthielt das Thesenpapier für den Kongress von Lyon folgende wesentliche Punkte: die Bestimmung des Faschismus als Methode zur Stabilisierung des italienischen Kapitalismus; den Anspruch auf die führende Rolle des Proletariats im antifaschistischen Kampf, aber auch die Analyse aller gesellschaftlichen Kräfte, die für einen Arbeiter-Bauern-Block gewonnen werden könnten, und die Unterscheidung zwischen den bürgerlichen Kräften, die den Faschismus unterstützten und denen, die sich an einem demokratischen, antifaschistischen Bündnis beteiligen könnten oder schon beteiligt waren; schließlich die Betonung der Rolle der Kommunistischen Partei an der Spitze der Arbeiterklasse. Diese Thesen waren gegenüber Bordigas Zeiten ein beachtlicher Fortschritt, obwohl auch in ihnen noch das alte Sektierertum zu spüren war (Togliatti selbst gibt zu: »In diesem Dokument gibt es noch Spuren der alten sektiererischen Orientierung«). Gramsci hatte dazu beigetragen, dass die alten Schemata durchbrochen wurden.

Einige Genossen hatten ihm die Nachricht überbracht, dass Giulia »aus beruflichen Gründen« nach Rom kommen wolle, und diese Aussicht versetzte ihn in große Aufregung. »Ich weiß nicht, wie ich diese Nachricht verstehen soll, auch weil Du mir nichts dergleichen geschrieben hast. Ich habe Tanja davon erzählt, und die Ärmste hat vor Freude die ganze Nacht nicht geschlafen. Sie ist ganz sicher, dass Du kommen wirst, und wartet sehnsüchtig auf dich.« Im Oktober kamen Giulia und Delio zusammen mit Eugenia nach Rom. Gramsci, der mit den Passarges in ein Haus in der Via Morgagni umgezogen war, hatte in der Via Trapani eine möblierte Wohnung für sie gemietet. Er hielt es für klüger, nicht mit ihnen zusammen zu wohnen, denn er befürchtete, dass sie durch seine politische Arbeit gefährdet werden und ihre Aufenthaltserlaubnis verlieren könnten. Der faschistische Terror hatte einen weiteren Höhepunkt erreicht. In der Nacht zum 4. Oktober hatten Faschistentrupps in Florenz den ehemaligen sozialistischen Abgeordneten Gaetano Pilati umgebracht, unzählige Menschen verletzt, die Häuser vieler Oppositioneller verwüstet und den Rechtsanwalt Gaetano Consolo vor den Augen seiner Frau und seiner Kinder grausam ermordet. Die Gegner des Faschismus waren in Lebensgefahr, und größte Vorsicht war geboten. Am 24. Oktober durchsuchte die Polizei Gramscis Zimmer in der Via Morgagni und hinterließ es in einem chaotischen Zustand. Nachdem der ehemalige sozialistische Abgeordnete Tito Zaniboni ein Attentat auf Mussolini versucht hatte, während dieser auf dem Balkon des Regierungspalasts eine Rede hielt, griffen die Faschisten noch härter durch.

Giulia arbeitete als Angestellte in der sowjetischen Botschaft. Um bei Antonio in Italien sein zu können, hatte sie ihre musikalische Ausbildung aufgegeben. Abends kam Antonio in die Via Trapani zum Essen und blieb dann meistens bis nach Mitternacht. Sie gingen nie zusammen aus. Manchmal ging Giulia mit ihren Schwestern und Leonilde Perilli ins Konzert. Dann blieb Antonio zu Hause und spielte mit dem Kind.

Delio war erst anderthalb Jahre alt, aber der Vater entdeckte schon außergewöhnliche Fähigkeiten an ihm und sprach mit ihm wie mit einem Erwachsenen. »Er spielte Klavier«, erzählt Gramsci, »das heißt, er hatte die Unterschiede zwischen den Tönen auf der Tastatur begriffen. Er hörte darin Tierstimmen: rechts das Küken, links der Bär und dazwischen viele andere. Seine Liebe zu den Tieren drückte sich auf zweierlei Arten aus: in Musik, wenn er versuchte, auf dem Klavier die Stimmen der Tiere nachzuahmen und in Zeichnungen.« Delio wollte immer die gleichen Spiele spielen: »Zuerst musste man die Wanduhr auf den Tisch stellen und alle möglichen Bewegungen damit machen; dann wurde der Großmutter in Moskau ein Brief geschrieben, in dem alle Tiere gezeichnet wurden, die ihn an dem Tag am meisten beeindruckt hatten. Danach wurde auf dem Klavier seine Tiermusik gespielt, und dann kamen andere Spiele an die Reihe.«

Im Haushalt hatte Eugenia das Sagen. Sie kochte und kümmerte sich um das Kind, während Tanja und Giulia zur Arbeit gingen. Alle gehorchten ihr und versuchten, über die Krankheitssymptome hinwegzusehen, die sich in ihrem Verhalten bemerkbar machten. Nach seiner Rückkehr aus Moskau hatte Gramsci lange mit einer gewissen Besorgnis über Eugenias Liebe zu Delio nachgedacht. Er hatte einen Zeitungsartikel gelesen, in dem über eine Tragödie berichtet wurde, die sich in einer sardischen Familie ereignet hatte, die in Genua lebte. Eine krebskranke Frau hatte sich zusammen mit ihrem Neffen vergiftet. In ihrem Abschiedsbrief hatte sie geschrieben, dass sie den Neffen mit sich ins Paradies nehmen wolle, weil sie nicht einmal dort ohne ihn leben könne.

Einige Tage lang hatte Delio seinen Vater *Djadja* genannt, was im Russischen Onkel bedeutet. Das hatte sich erst geändert, nachdem Tanja Eugenia ernsthaft ins Gebet genommen hatte. Aber obwohl Gramsci darüber beunruhigt war, hütete er sich, die Sache zu dramatisieren.

In der zweiten Januarhälfte überschritt Gramsci illegal die französische Grenze, um am dritten Parteitag der KPI teilzunehmen, der in Lyon stattfand. Der Grenzübertritt war nicht ganz einfach, aber Gramsci war an Gebirgswanderungen und Versammlungen unter freiem Himmel gewöhnt. In einem Brief an Giulia hatte er im Jahr vorher geschrieben, er habe »gelernt, durch den Schnee zu wandern und sogar im Schnee zu schlafen«. Nach Lyon waren Delegierte aus ganz Italien gekommen, aber fast ein Fünftel mussten als »abwesend« oder »nicht erreichbar« registriert werden. Deshalb warfen die Anhänger Bordigas der Mehrheit, die hinter Gramsci stand, Manipulationen bei der Wahl der Delegierten vor.

Am 20. Januar sprach Gramsci vor dem politischen Ausschuss des Parteitags und setzte seine Polemik gegen die Parteilinke fort:

»In keinem Land kann das Proletariat allein die Macht erobern und halten; es muss sich also Verbündete suchen, das heißt, es muss eine Politik verfolgen, die es ihm ermöglicht, sich an die Spitze der anderen Klassen zu stellen, die antikapitalistische Interessen vertreten, und es muss die Führung im Kampf für die Abschaffung der bürgerlichen Gesellschaft übernehmen. Für Italien ist diese Frage besonders wichtig, weil hier das Proletariat eine Minderheit der arbeitenden Bevölkerung darstellt und geographisch so verteilt ist, dass es im Kampf um die Macht nur siegreich sein kann, wenn es das Problem des Verhältnisses zur Klasse der Bauern in der richtigen Weise gelöst hat. Dieses Problem zu definieren und seine Lösung zu finden, muss in der nächsten Zukunft die Hauptaufgabe unserer Partei sein.«

Nach Gramscis Auffassung war also der erste Schritt nicht die Ergreifung der Macht auf revolutionärem Weg, sondern die Organisierung der Massen. Dieser These stimmten 90,8 Prozent der Kongressteilnehmer zu; die Linke im Zentralkomitee (Bordiga) bekam nur 9,2 Prozent. Bordiga wandte sich an die Komintern und beschwerte sich, dass es bei der Planung und Durchführung des Parteitags »Unregelmäßigkeiten« gegeben hätte, aber seine Beschwerde wurde zurückgewiesen.

In Italien hatten die Faschisten auch die letzten Freiheiten abgeschafft. Die Abgeordneten der »Partito Popolare« hatten sich vom Aventin losgesagt und kehrten am 16. Januar wieder ins Parlament zurück, wo sie von den faschistischen Abgeordneten zusammengeschlagen wurden. Tags darauf sagte Mussolini:

»Wer vom Aventin ins Parlament zurückkehren und dort auch nur toleriert werden will, von dem verlangen wir Folgendes: erstens muss er feierlich und öffentlich die faschistische Revolution als vollendete Tatsache anerkennen, gegen die jede Opposition politisch nutzlos und historisch sinnlos ist [...]; zweitens muss er ebenso öffentlich und feierlich erklären, dass die schändliche und verleumderische Kampagne des Aventin kläglich gescheitert ist, weil es im Hinblick auf die Regierung oder die Faschistische Partei nie eine moralische Frage gegeben hat. Drittens muss er sich feierlich und öffentlich von denen lossagen, die die antifaschistische Agitation vom Ausland aus fortsetzen. Wenn die Abtrünnigen diese Bedingungen akzeptiert und erfüllt haben, können sie auf unsere Toleranz hoffen und in diese Kammer zurückkehren. Wenn sie diese Bedingungen nicht annehmen und erfüllen wollen, werden sie niemals hier einziehen, solange ich diesen Platz einnehme – und ich habe vor, noch eine ganze Weile zu bleiben.«

»Das napoleonische Jahr der faschistischen Revolution« (wie Mussolini das Jahr 1926 nannte) hatte begonnen. Die sozialistische Einheitspartei von Turati, der auch Tito Zaniboni angehörte, war sofort nach dem versuchten Attentat auf Mussolini aufgelöst worden, und Turatis Zeitung *La Giustizia* durfte nicht mehr erscheinen. Seit November 1925 erschien auch *La rivoluzione liberale* nicht mehr. Der Polizeipräsident von Turin hatte Piero Gobetti jede journalistische Betätigung untersagt. Am 6. Februar 1926 emigrierte Gobetti nach Paris, wo er neun Tage später im Alter von kaum 25 Jahren starb. Auch Amendola und Salvemini lebten in der Emigration. Ein Gesetz vom

31. Januar 1926 drohte jedem, der aus dem Ausland die antifaschistische Propaganda weiterbetrieb, erst die Aberkennung der Staatsbürgerschaft, dann die Zwangsverwaltung seines Besitzes in Italien und in extremen Fällen die Konfiszierung durch den Staat an. Unter anderem wurde Salvemini und dem katholischen Journalisten Giuseppe Donati die italienische Staatsbürgerschaft entzogen. Letzterer hatte den Polizeipräsidenten De Bono als mitschuldig an der Ermordung Matteottis bezeichnet. Der Prozess in der Matteotti-Affäre fand vom 16. bis 24. März 1926 in Chieti statt. Die Angeklagten wurden von Roberto Farinacci verteidigt, dem faschistischen Parteisekretär, der von den Richtern und hohen Persönlichkeiten im Amtsgericht und im Rathaus empfan-

gen wurde. Der Staatsanwalt schloss Vorsätzlichkeit aus, und das Urteil lautete auf Körperverletzung mit Todesfolge. Die drei Angeklagten Dumini, Volpi und Poveromo wurden zu 5 Jahren, 11 Monaten und 20 Tagen verurteilt. Davon wurden ihnen unter Berufung auf ein Amnestiedekret vom vorhergehenden Jahr vier Jahre erlassen.

Am 7. April gab die 62-jährige Engländerin Violet Gibson auf Mussolini einen Schuss ab, als dieser gerade den Palazzo dei Conservatori auf dem Kapitol verließ, und verletzte ihn leicht an der Nase. Die Gegenattacke der Faschisten richtete sich nun gegen die letzten unabhängigen Zeitungen. Die Redaktionsbüros von *Il Mondo* und *La voce repubblicana* wurden verwüstet. Für Antonio Gramsci war das Leben sehr schwierig geworden.

Zu dieser Zeit kam Apollo Schucht nach Rom. Er sah aus wie eine Gestalt aus einem Tolstoi-Roman, hochgewachsen und mit einem langen weißen Bart. Das Militärlager, in das sich Rom verwandelt hatte, hatte nichts mehr mit der friedlichen, toleranten Stadt zu tun, die er elf Jahre vorher verlassen hatte. Aber er wollte bei seinem Enkel Delio leben. Wie schon früher fand sich die Familie Schucht wieder in Rom zusammen – bis auf Nadina Leontieva, von der man nichts mehr gehört hatte, Anna, die mit ihrem Mann in Moskau geblieben war, Vittorio und der Mutter. Obwohl Gramsci fast in der Illegalität leben musste, war dies für ihn eine glückliche Zeit. Giulias und Delios Gegenwart halfen ihm, die harte politische Arbeit besser zu ertragen.

Giulia war wieder schwanger. Trotzdem wollte sie Italien nicht verlassen und ihre Arbeit an der sowjetischen Botschaft nicht aufgeben. Aber man musste damit rechnen, dass ein Leben in Italien bald nicht mehr möglich sein würde und dass auch Antonio, wie viele andere Führer der Opposition, das Land verlassen müsste. Schließlich setzte Eugenia gegen Giulia einen früheren Termin für die Abreise durch. Sie war der Meinung, nach der Geburt des Kindes werde ein Umzug nach Moskau nur noch schwieriger, und überdies könnte die klimatische Umstellung dem Neugeborenen schaden. Auch im Hinblick auf eine eventuelle Emigration Antonios konnte es nur von Vorteil sein, wenn die Familie jetzt schon nach Moskau ging. Diese Argumente waren vernünftig. Im Juli verließen sie Rom, um in Trafoi in der Nähe von Bozen Ferien zu machen. Am 7. August 1926 passierte Giulia die italienische Grenze, und am 30. August kam Giuliano zur Welt. Eugenia und Tanja blieben mit Delio in Trafoi, wo Antonio Ende August zu ihnen stieß. Von dort schrieb er an Giulia:

»Ich hatte den Eindruck, dass es Delio hier viel besser geht als in Rom; mir scheint, dass er stärker und robuster geworden ist. Auch geistig hat er sich entwickelt. Er hat Kontakt zur Außenwelt aufgenommen und unendlich viel Neues kennengelernt. Ich denke, dass der Aufenthalt in Trafoi, vor dem großartigen Hintergrund der Berge und Gletscher, einen tiefen Eindruck in seinem Gedächtnis hinterlassen wird. Wir haben zusammen gespielt. Ich habe ihm ein paar Spielsachen gebastelt, und wir haben zusammen ein Lagerfeuer gemacht. Es gab keine Eidechsen, deshalb konnte ich ihm nicht zeigen, wie man sie fängt. Mir scheint, dass für ihn jetzt eine sehr wichtige Phase beginnt, die ihm stärker in Erinnerung bleiben wird, weil er in dieser Zeit von der großen und schrecklichen Welt Besitz ergreift.«

Er hatte es sich in den Kopf gesetzt, Delio einige Worte Sardisch zu lehren: »Ich wollte ihm auch beibringen, ›Lassa sa figu, puzone‹ (Vogel, lass die Feige) zu singen, aber besonders die Tanten haben sich energisch dagegen gewehrt.« Im September reiste Eugenia mit Delio ab. Antonio sah seinen Sohn nie wieder.

21

Im Herbst 1926 begann Gramsci an einer Schrift über die süditalienische Frage zu arbeiten. Das Thema war für ihn nicht neu. Dieses Problem hatte ihn schon als Kind beschäftigt, als er in Ghilarza und Santulussurgiu unter Bauern und Hirten lebte, und später während seiner Schulzeit in Cagliari, als er Salvemini las. In der für ihn neuen Welt der Turiner Fabrikarbeiter hatte er sich weiter mit diesem Thema auseinandergesetzt, wenn auch aus einem anderen Blickwinkel und mit größerer Reife: als einem Teil des umfassenderen Problems der proletarischen Revolution. Der junge Gramsci, der unter dem Eindruck der Rückständigkeit der von der Regierung vernachlässigten Insel vom sardischen Nationalismus geprägt war, hatte das Problem des italienischen Südens aus dem verengten Blickwinkel des sardischen Irredentismus gesehen: Sardinien konnte sich nur befreien, wenn es als eigenständige Region geeint gegen »das Festland« kämpfte. Mit der Hinwendung zum Sozialismus entdeckte Gramsci dann, dass die Gesellschaft aus verschiedenen Klassen besteht, und in Turin wurde ihm klar, dass nicht der *ganze* industrialisierte Kontinent vom Protektionismus, dem Krebsgeschwür der süditalienischen Wirtschaft, profitierte, sondern nur die besitzende Klasse, die Klasse der industriellen Unternehmer. In der Zustimmung des 22-jährigen Gramsci zum antiprotektionistischen Manifest Deffenus und Fancellos im Jahr 1913 kam sein Protest gegen die parasitäre Unternehmerklasse zum Ausdruck, seine Überzeugung, dass die süditalienische Frage nicht getrennt von der gesamtitalienischen Frage gelöst werden, und dass es keine angemessene Süditalienpolitik geben kann, wenn die gesamtitalienische Politik von den Interessen einzelner Gruppen geprägt ist. In einem der ersten Artikel Gramscis, den er im Alter von 25 Jahren als Mitarbeiter von *Il Grido del popolo* schrieb (»Il Mezzogiorno e la guerra«, Der Mezzogiorno und der Krieg, 1. April 1916), lesen wir:

»Der Mezzogiorno braucht keine Sondergesetze und keine Sonderbehandlung. Was er braucht, ist eine allgemeine Innen- und Außenpolitik, die sich nach den Bedürfnissen des ganzen Landes richtet, und nicht nach denen einzelner politischer oder regionaler Gruppen. Um den Schaden wiedergutzumachen, den bestimmte Regionen durch den Krieg erlitten haben, genügt es nicht, eine Straße oder einen Staudamm zu bauen. Nötig ist vor allem, dass durch die zukünftigen Handelsverträge den Erzeugnissen dieser Regionen der Markt nicht verschlossen wird.«

So kam Gramsci 1919/20 folgerichtig zu dem Schluss: »Die norditalienische Bourgeoisie hat den Süden Italiens und die Inseln unterworfen und zu ausgebeuteten Kolonien gemacht. Wenn sich das norditalienische Proletariat von der Sklaverei des Kapitalismus befreit, wird es gleichzeitig die von den Großbanken und der parasitären norditalienischen Industrie unterdrückte Masse der Bauern befreien.« (*L'Ordine nuovo*, 3. Januar 1920).

Zu dieser Erkenntnis war Gramsci aufgrund seiner jahrelangen Beschäftigung mit diesen Fragen gelangt. Der Abgeordnete, der Gramsci im Parlament zugerufen hatte: »Sie kennen den Süden nicht!«, wusste offensichtlich sehr wenig über ihn und seine Interessen. Allerdings war Gramsci auch nur in einem sehr kleinen Kreis von Genossen als »meridionalista« bekannt. Als die Schrift über die süditalienische Frage, die Gramsci im Herbst 1926 begonnen hatte, schließlich 1930 in Paris publiziert wurde, war sie deshalb für viele eine große Überraschung.

Diese Schrift stellt in gewissem Sinne den Übergang vom Journalismus der Jahre des aktiven Kampfes zu den Reflexionen der Gefängniszeit dar. In den Artikeln, die Gramsci zwischen 1916 und 1926 schrieb und die sich vorwiegend aus den unmittelbaren Erfordernissen des täglichen politischen Kampfes ergaben, finden sich bereits Seiten, die schon auf den großen Essayisten der *Quaderni del Carcere*, der *Gefängnis hefte*, hindeuten. In diesem Jahrzehnt ist Gramsci jedoch in erster Linie *pamphlétaire*. Sein Journalismus war eine Waffe, ein Mittel der Propaganda und Polemik zur Mobilisierung des Proletariats. Auch in der Schrift über die süditalienische Frage ist der *pamphlétaire* teilweise noch zu erkennen, und doch geht Gramsci hier über die bloße Polemik hinaus und betrachtet das Thema – wie später die Themen der *Quaderni* – von einem »objektiven« Standpunkt aus; er will sozusagen etwas *für ewig*[83] schreiben. Das Ergebnis ist ein exemplarischer Essay, eine musterhafte politische und gesellschaftliche Analyse der italienischen Wirklichkeit.

Darin entwickelt er eine marxistische Interpretation der politischen Entwicklung Italiens der letzten 30 Jahre: Nachdem die Bourgeoisie eine ausschließliche und gewalttätige Diktatur ausgeübt hatte, war sie sich Anfang des Jahrhunderts der Gefährdung ihrer Herrschaft bewusst geworden. Ein deutlicher Beweis dafür war die Erhebung der sizilianischen Bauern im Jahr 1894 und der Aufstand von 1896 in Mailand. Sie musste also die Unterstützung einer anderen Klasse als Bündnispartner finden und ein System bürgerlicher Demokratie errichten. Dabei hatte sie zwei Möglichkeiten: entweder eine »landwirtschaftlich« orientierte Demokratie, also ein Bündnis mit der süditalienischen Bauernschaft (auf der politischen Grundlage der Zollfreiheit, des allgemeinen Wahlrechts, einer dezentralisierten Verwaltung und niedriger Preise für Industrieprodukte); oder einen industriellen Block von Kapitalisten und Arbeitern (ohne allgemeines Wahlrecht, mit Zollprotektionismus, zentralisierter Verwaltung, reformistischer Lohnpolitik und Zugeständnissen an die Gewerkschaften).

83 Deutsch im Original (d.Ü.).

Die zweite Lösung setzte sich durch: Giolitti verkörperte diesen Typ bürgerlicher Herrschaft, und die Sozialistische Partei wurde zu einem Instrument in seiner Hand. Das Proletariat wehrte sich jedoch gegen die reformistische Politik der sozialistischen Parteiführer und zwang die PSI nach 1910 wieder zu einer unnachgiebigeren Taktik. Damit verlor aber der Block Arbeiter/Industrie seine Wirksamkeit. Nun drehte Giolitti den Spieß um und ersetzte das Bündnis zwischen Bürgertum und Arbeiterschaft durch das Bündnis zwischen Bürgertum und Kirche, die die Bauern Nord- und Süditaliens repräsentiert.

Welche Aufgabe hat in einer solchen Situation die Arbeiterklasse? Gramscis Antwort darauf ist unmissverständlich: Die Arbeiterklasse muss das Bürgertum vor allem dadurch isolieren, dass sie ihm seine unnatürlichen Verbündeten entzieht. Das Proletariat kann nur herrschende und führende Klasse werden, wenn es ein System von Klassenbündnissen schafft, das es ihm ermöglicht, die Mehrheit der arbeitenden Bevölkerung gegen den Kapitalismus und den bürgerlichen Staat zu mobilisieren. Auf die Klassenverhältnisse in Italien übertragen heißt dies, dass es den Konsensus der breiten Masse der Bauern gewinnen muss. Da die Bauernfrage sich in Italien in zwei spezifischen Formen stellt: als die süditalienische Frage und als die »Vatikanische Frage«, muss das Proletariat eine Antwort auf diese beiden Fragen finden. Das heißt, es muss die Klassenbedürfnisse der Bauern begreifen und diese in das revolutionäre Programm aufnehmen. Nur wenn sich das Proletariat von jeglichem Industrie-Korporativismus à la Giolitti befreit, kann es zur führenden Klasse werden. Andernfalls blieben die Bauern, die in Italien die Mehrheit der Bevölkerung ausmachen, unter der Führung der Bourgeoisie, was dem Staat die Möglichkeit biete, dem Angriff des Proletariats standzuhalten und es zu schwächen. Wie aber ist der Konsensus der Bauernschaft zu erreichen? Die Gesellschaft Süditaliens ist, wie Gramsci schreibt, ein Agrarblock, der aus drei sozialen Schichten besteht: der großen amorphen und unorganisierten Masse der Bauern; der kleinen und mittleren ländlichen Bourgeoisie mit den dazugehörenden intellektuellen Gruppen; schließlich den Großgrundbesitzern und ihren »großen Intellektuellen«. Die Schicht der kleinen und mittleren Bildungsbürger geht aus der Schicht der kleinen und mittleren Grundbesitzer hervor, die selbst keine Bauern sind. Das Land selbst zu bewirtschaften, sind sie sich zu fein; sie geben deshalb das kleine Stück Land, das sie besitzen, in Pacht oder Halbpacht. Von den Einkünften möchten sie bequem leben, ihre Söhne auf der Universität oder im Priesterseminar studieren lassen und ihren Töchtern eine Mitgift geben, damit sie einen Offizier oder Beamten heiraten können. Die Bildungsbürger, die aus dieser Schicht hervorgehen, haben eine starke Abneigung gegen die Bauern, in denen sie nichts als Arbeitstiere sehen, die bis auf die Knochen ausgesaugt werden müssen und angesichts der Überbevölkerung leicht zu ersetzen sind. Andererseits haben sie eine instinktive Angst vor den Bauern und ihrer Gewalttätigkeit. Deshalb versuchen sie mit großem Geschick und raffinierter Scheinheiligkeit, die Masse der Bauern zu täuschen und zu beschwichtigen. Dieser Typus des Intelligenzlers hat zwei Gesichter: gegenüber dem Bauern gibt er sich demokratisch, gegenüber dem Großgrundbesitzer und der Regierung reaktionär. Diese korrumpierte, intrigante, unaufrichtige, mittlere Intelligenz ist das Bindeglied zwischen dem süditalienischen Bauern und dem Großgrundbesitzer. So entsteht jener umfassende Agrarblock, der im Süden im Namen des norditalienischen Kapitalismus und der Großbanken eine Vermittlungs- und Kontrollfunktion ausübt. Sein einziges Ziel ist die Erhaltung des Status quo. Dieser ganze Block wird auf politischer Ebene von den Großgrundbesitzern und auf ideologischer Ebene von den »großen Intellektuellen« wie Giustino Fortunato und Benedetto Croce zusammengefasst und beherrscht. Einige Gruppen der mittleren Intelligenz, so meint Gramsci, haben versucht, dem Agrarblock den Rücken zu kehren und die Süditalienfrage in einer anderen Form anzugehen. Genau betrachtet seien in Italien vom »meridionalismo« die besten kulturellen Initiativen des 20. Jahrhunderts ausgegangen, so z. B. Prezzolinis *La Voce* und Salveminis *L'Unità*. Nur haben die »großen Intellektuellen« Fortunato und Croce auf alle diese Initiativen domestizierend gewirkt und verhindert, dass sie über bestimmte Grenzen hinausgehen und revolutionär werden konnten. Unter diesen Initiativen stellt die Gruppe des *Ordine nuovo* eine Ausnahme dar. Zwar räumt Gramsci ein, dass auch sie unter dem geistigen Einfluss von Fortunato und Croce gestanden hätte, später aber habe die Gruppe völlig mit dieser Tradition gebrochen und das städtische Proletariat als modernen Protagonisten der italienischen Geschichte und damit der süditalienischen Frage erkannt. *L'Ordine nuovo* habe versucht, als Mittler zwischen dem norditalienischen Proletariat und denjenigen süditalienischen Intellektuellen zu wirken, die das Süditalienproblem von einem neuen, fortschrittlicheren Standpunkt aus betrachtet haben. Nach Gramscis Meinung ist von diesen Intellektuellen – die keine Kommunisten waren – Guido Dorso[84] die ausgeprägteste und interessanteste Figur gewesen.

Der Agrarblock kann jedoch nur aufgebrochen werden, wenn sich eine neue Schicht von Linksintellektuellen herausbildet, die als neue »mittlere« Intelligenz die Bauern ideologisch von den Grundbesitzern lösen. Die Herausbildung dieser Intelligenzschicht ist nach Meinung

---

[84] Guido Dorso (1892–1947) war der revolutionärste der »Meridionalisti« und derjenige, der Gramsci naturgemäß am nächsten stand. Er war Autor des Buches *La Revoluzione meridionale* (1925), in dem er die These vertrat, dass »die italienische Revolution die Revolution im Süden« sein werde (T.N.).

Gramscis die Voraussetzung für ein Klassenbündnis zwischen dem Arbeiterproletariat und der Masse der Bauern.

An dieser Stelle musste Gramsci das Manuskript abbrechen. Seine Verhaftung hielt ihn davon ab, die Schrift zu überarbeiten und zu vollenden. Aber auch in der unvollendeten Form eines ersten Entwurfs zeigen sich in diesem Aufsatz Gramscis beispielhafte Untersuchungsmethode und scharfes Urteilsvermögen.

22

Aus der Sowjetunion kamen immer beunruhigendere Nachrichten. Die Konflikte innerhalb der bolschewistischen Führungsgruppe hatten sich noch vor Lenins Tod verschärft, und die Flügelkämpfe wurden mit äußerster Härte geführt. Obwohl Trotzki dem »Triumvirat« Stalin, Sinowjew und Kamenew schon zweimal unterlegen war – und zwar in der Frage der »bürokratischen Auswüchse« der Partei und in der Auseinandersetzung »permanente Revolution« oder »Sozialismus in *einem* Land« –, hatte er seine Opposition gegen Stalin nicht aufgegeben. Aber als Generalsekretär der KPdSU erwarb Stalin eine immer größere Macht entgegen der Empfehlung Lenins in seinem »Testament«, das er am 24./25. Dezember 1922 und am 4. Januar 1923 diktiert hatte:

»Genosse Stalin hat dadurch, dass er Generalsekretär geworden ist, eine unermessliche Macht in seinen Händen konzentriert, und ich bin nicht überzeugt, dass er es immer verstehen wird, von dieser Macht vorsichtig genug Gebrauch zu machen [...] Stalin ist zu grob, und dieser Fehler [...] kann in der Funktion des Generalsekretärs nicht geduldet werden. Deshalb schlage ich den Genossen vor, sich zu überlegen, wie man Stalin ablösen kann, und einen anderen an diese Stelle zu setzen [...] der toleranter, loyaler, höflicher und den Genossen gegenüber aufmerksamer, weniger launenhaft usw. ist.«

Dass Stalin trotz dieses harten Urteils nicht abgelöst wurde, verdankte er Sinowjew und Kamenew, deren größtes Anliegen in dieser Zeit war, ihren gefährlichsten Gegenspieler Trotzki auszuschalten. Bei einer Tagung des Zentralkomitees im Mai 1924 hatten sie durchgesetzt, dass Lenins »Testament« dem XIII. Parteitag der KPdSU nicht vorgelegt und Stalin im Amt des Generalsekretärs bestätigt wurde. Später hatte sich Stalin auch Sinowjews und Kamenews entledigt, die proletarische Demokratie wurde immer mehr von einem autokratischen System verdrängt. Im Politbüro waren Trotzki, Sinowjew und Kamenew, die sich zur Opposition formiert hatten, isoliert. Sie wurden von Stalin und der Rechten (Bucharin, Rykow, Tomski) sowie von der neuen Gruppierung Molotow, Woroschilow und Kalinin bekämpft, die vom XIV. Parteitag ins Politbüro gewählt worden waren. Zwischen Sommer und Herbst 1926 hatten sich die persönlichen Rivalitäten und ideologischen Auseinandersetzungen aufgrund der Differenzen zwischen Oppositionsblock und Mehrheit über die von Lenin eingeführte »Neue Ökonomische Politik« (NEP) weiter verschärft. Die NEP war ein gemischtes Wirtschaftssystem, in dem die Großindustrie staatlich gelenkt wurde, während die kleine und mittlere Industrie, der Handel und die Landwirtschaft in privater Hand blieben. Daraus ergab sich ein Interessenkonflikt zwischen der Arbeiterschaft, die durch die Krise der Industrieproduktion hart getroffen wurde, und den Bauern, die niedrige

Preise für Industrieprodukte forderten, zugleich aber für Agrarprodukte hohe Preise verlangten. In dieser Auseinandersetzung vertrat der linke Oppositionsblock die Notwendigkeit einer raschen Industrialisierung, die der einzige solide Pfeiler der sozialistischen Revolution sei. Zugeständnisse an die Kulaken (reiche Mittel- und Großbauern) würden deren Macht nur noch vergrößern, das Proletariat schwächen und die Gefahr einer kapitalistischen Restauration heraufbeschwören. Die Auseinandersetzungen wurden in Form eines innerparteilichen Machtkampfs mit äußerster Härte geführt. Stalin hatte sich zwar der bauernfreundlichen Politik Bucharins nicht ausdrücklich angeschlossen, gab ihr aber zu diesem Zeitpunkt seine Unterstützung. In kluger Berechnung solidarisierte er sich mit der Rechten, um die linke Opposition endgültig auszuschalten. Auch war er sich über die Bedrohung im Klaren, die eine durch Enteignungen aufgebrachte Bauernschaft für ihn dargestellt hätte, während er noch in offenem Kampf gegen Trotzki, Sinowjew und Kamenew stand.

Die Konflikte zwischen Oppositionsblock und ZK-Mehrheit erreichten im Oktober 1926 ihren Höhepunkt. Gramsci teilte die Meinung der Mehrheit. Auch in der Frage »Aufbau des Sozialismus in *einem* Land« oder »permanente Revolution« hatte er auf der Seite der Trotzki-Gegner gestanden (im Gefängnis schrieb er später gegen den revolutionären Bonapartismus und gegen die exportierte Revolution). Angesichts seiner Grundüberzeugung, dass für die Stabilität der proletarischen Errungenschaften ein dauerhaftes Bündnis zwischen Arbeitern und Bauern nötig sei, musste er die Thesen der linken Opposition ablehnen, in denen er die Gefahr eines Wiederauflebens des Korporativismus in der Arbeiterschaft sah. Abgesehen vom Inhalt der Auseinandersetzung beunruhigte ihn die Art und Weise, in der sie geführt wurde, und er befürchtete die Auswirkungen einer Spaltung der Führungsgruppe der KPdSU auf die internationale revolutionäre Bewegung, die zur gleichen Zeit, vor allem in Italien, ums nackte Überleben kämpfte. Wie konnten die russischen Genossen diese Tatsache außer Acht lassen und ihre Verpflichtung gegenüber dem Proletariat in anderen Ländern vergessen? Am 14. Oktober 1926 schrieb Gramsci im Auftrag des Politbüros der KPI einen Brief an das Zentralkomitee der KPdSU, in dem er aus seiner Einstellung keinen Hehl machte:

»Die italienischen Kommunisten und alle bewussten Arbeiter unseres Landes haben Eure Diskussionen immer mit der größten Aufmerksamkeit verfolgt. Vor jedem Kongress und jeder Konferenz der Kommunistischen Partei Russlands waren wir sicher, dass trotz der harten Auseinandersetzungen die Einheit Eurer Partei nicht gefährdet war [...] Heute, am Vorabend Eures XV. Parteitags, sind wir nicht mehr so sicher wie früher; wir sind sehr besorgt, denn es scheint uns, dass die gegenwärtige Haltung des Oppositionsblocks und die Schärfe der

Auseinandersetzungen innerhalb der KPdSU das Eingreifen der Bruderparteien erforderlich machen […] Genossen, Ihr seid in diesen neun Jahren der Weltgeschichte das organisatorische und treibende Element der revolutionären Kräfte aller Länder gewesen: Eure Funktion ist in ihrer Tiefe und Breite einzig in der Menschheitsgeschichte. Aber heute seid Ihr dabei, Euer Werk zu zerstören. Ihr degradiert die führende Position, die die KPdSU zu Lenins Zeiten erreicht hat, und lauft Gefahr, sie aufs Spiel zu setzen. Uns scheint, dass Ihr bei der Leidenschaft, mit der Ihr Euch über die russischen Fragen auseinandersetzt, die internationalen Aspekte der russischen Frage aus den Augen verliert und vergesst, dass Eure Pflichten als russische Parteimitglieder nur im Rahmen der Interessen des internationalen Proletariats erfüllt werden können und müssen […]«

Was den Inhalt der Diskussion innerhalb der KPdSU betraf, gab Gramsci zu, dass die von Trotzki, Sinowjew und Kamenew angeprangerte Situation wirklich paradox sei: Das Proletariat als herrschende Klasse lebte unter schlechteren Bedingungen als bestimmte Elemente und Schichten der beherrschten und unterworfenen Klasse:

»Und doch kann das Proletariat nicht herrschende Klasse werden, wenn es nicht seine korporativen Interessen aufgibt, um diesen Widerspruch zu überwinden, es kann seine Hegemonie und seine Diktatur nicht aufrechterhalten, wenn es nicht seine unmittelbaren Interessen den allgemeinen Klasseninteressen opfert. In dieser Hinsicht ist es natürlich leicht, Demagogie zu betreiben und immer wieder die negativen Seiten des Widerspruchs zu betonen: ›Bist Du, der schlecht ernährte und schlecht gekleidete Arbeiter an der Macht oder ist es der ›NEP-Mann‹ im Pelz[85], dem alle Güter dieser Erde zur Verfügung stehen?‹ […] Auf diesem Gebiet ist Demagogie leicht, und es ist schwer, auf sie zu verzichten, wenn die Frage in Begriffen des Korporativgeistes gestellt wird und nicht in denen des Leninismus, das heißt der Lehre von der Hegemonie des Proletariats, das sich historisch in einer ganz bestimmten Position befindet […] Hier liegt die Wurzel der Irrtümer des Oppositionsblocks und der Ursprung der latenten Gefahren, die in seinen Bestrebungen liegen. In der Ideologie und der Praxis des Oppositionsblocks wiederholt sich die ganze sozialdemokratische und syndikalistische Tradition, die das westliche Proletariat daran gehindert hat, sich zu organisieren und zur führenden Klasse zu werden.«

Zum Schluss forderte Gramsci die beiden sich bekämpfenden Gruppen zur Einigkeit auf:

»Die Genossen Sinowjew, Trotzki und Kamenew haben einen großen Beitrag zu unserer revolutionären Erziehung geleistet, sie waren unsere

---

[85] Gemeint ist ein Privatkapitalist der NEP-Periode, vgl. Anfang dieses Kapitels (d.Ü.).

Lehrer und haben uns manchmal sehr energisch und streng korrigiert. Wir wenden uns besonders an sie als die Hauptverantwortlichen für die gegenwärtige Situation, denn wir wollen sicher sein, dass die Mehrheit des ZK der KPdSU ihren Sieg in diesem Kampf nicht missbraucht und bereit ist, auf exzessive Maßnahmen zu verzichten.«

Dieser Brief missfiel Togliatti, der damals die KPI in der Komintern vertrat. Für ihn lag der Fehler von Gramscis Einschätzung darin, dass er der Tatsache der Spaltung größere Bedeutung beimaß als der Frage, ob die von der Mehrheit des ZK verfolgte Linie richtig oder falsch sei; in seinen Augen war ein Appell an die Einheit sinnlos. Er hielt eine »unbegrenzte Zustimmung« zur Linie der Mehrheit für notwendig und betonte dies in einem Brief, den er am 18. Oktober an Gramsci schrieb:

»In der Position, die in dem Brief eingenommen wird, liegt eine große Gefahr, weil die Einheit der alten leninistischen Garde künftig nicht mehr oder nur unter großen Schwierigkeiten kontinuierlich aufrechterhalten werden kann. In der Vergangenheit waren das enorme Ansehen und die persönliche Autorität Lenins Hauptfaktor dieser Einheit. Dafür gibt es keinen Ersatz.«

War es richtig, die *gesamte* Führungsgruppe für den Bruch verantwortlich zu machen, ohne zwischen der Mehrheit und der Oppositionsgruppe zu unterscheiden?

»Im ersten Teil Eures Briefes, in dem Ihr auf die Auswirkung eingeht, die eine Spaltung der russischen Partei und ihrer Führungsgruppe auf die westliche Bewegung haben kann, sprecht Ihr undifferenziert von allen führenden russischen Genossen, ohne zwischen den Genossen des ZK und den Oppositionsführern zu unterscheiden. Auf Seite 2 des Teils, der von Antonio (Graziadei) stammt, werden die russischen Genossen aufgefordert, ›nachzudenken und sich ihrer Verantwortung bewusst zu sein‹. Es wird überhaupt kein Unterschied zwischen den Genossen angedeutet [...] Daraus muss man schließen, dass das Politbüro der KPI glaubt, alle Genossen seien verantwortlich und alle müssten zur Ordnung gerufen werden. Zwar wird diese Haltung am Schluss des Briefes korrigiert, wo gesagt wird, Sinowjew, Kamenew und Trotzki seien die Hauptverantwortlichen der Situation. Aber dann schreibt Ihr weiter: ›Wir wollen sicher sein, dass die Mehrheit des ZK der KPdSU ihren Sieg in diesem Kampf nicht missbraucht und bereit ist, auf exzessive Maßnahmen zu verzichten‹. Der Ausdruck ›wir wollen sicher sein‹ ist eine Einschränkung und bedeutet, Ihr seid *nicht* sicher. Abgesehen von Erwägungen, ob es angebracht ist, in die derzeitige russische Diskussion einzugreifen und auch der Mehrheit des ZK ein bisschen Unrecht zu geben, und abgesehen von der Tatsache, dass eine solche Position nur total zum Nutzen der Opposition sein kann – kann man davon abgesehen überhaupt sagen, dass auch die Mehrheit des ZK ein bisschen im Unrecht ist?«

Togliatti schloss es aus. Er stand voll und ganz auf der Linie Stalin-Bucharin und hielt es für richtig, den Kampf gegen die Gruppe Sinowjew-Kamenew-Trotzki bis zum Äußersten zu führen. Deshalb war er nicht einmal mit dem Appell Gramscis einverstanden, »exzessive Maßnahmen« gegen die Opposition zu vermeiden:

»Zweifellos sind die innerparteilichen Auseinandersetzungen von einer gewissen Härte, aber die ist nötig. Wenn die Parteien des Westens bei der Führung gegen diese Härte intervenieren wollten, begingen sie einen schweren Fehler [...] Es ist richtig, dass die ausländischen Parteien über die Zuspitzung der Krise der KPdSU besorgt sind und dass sie ihr Bestes versuchen, um sie abzuschwächen. Aber wenn man mit der Linie des ZK übereinstimmt, besteht der beste Beitrag zur Überwindung der Krise jedoch mit Sicherheit darin, die unbegrenzte Übereinstimmung mit dieser Linie zum Ausdruck zu bringen.«

Gramsci blieb bei seiner Haltung, auch nachdem er Togliattis Antwort gelesen hatte. Togliatti selbst berichtet darüber in einem Brief an Giansiro Ferrata: »Gramsci erhielt meinen Brief, der ihm von einem Mitglied der sowjetischen Vertretung in Rom überbracht wurde. Wahrscheinlich las er ihn dort schnell und schrieb sofort eine kurze Antwort, in der er mir mitteilte, dass er meine Argumentation nicht akzeptiere.« Dies war der letzte direkte Kontakt zwischen Gramsci und Togliatti. Danach sahen sie sich nie wieder und schrieben sich auch keine Briefe mehr.

Vom 23. bis zum 26. Oktober fand in Moskau ein Plenum des ZK und der Zentralen Kontrollkommission statt. Gramscis Mahnung, »exzessive Maßnahmen« zu vermeiden, blieb natürlich ohne Wirkung. Die Gruppe Stalin-Bucharin war bereits entschlossen, ihre Sache durchzufechten: Trotzki wurde aus dem Politbüro ausgeschlossen, Sinowjew seines Amtes als Vorsitzender der Komintern enthoben (an seine Stelle trat Bucharin). Auch Kamenew, der schon im Juli seinen Posten als Außenhandelskommissar an Mikojan hatte abtreten müssen, wurde jetzt aus dem Politbüro entfernt.

Nach Gramscis Brief hatte das Sekretariat der Komintern beschlossen, Jules Humbert-Droz nach Italien zu schicken, um die italienischen Genossen über den Stand der Diskussion innerhalb der KPdSU zu informieren. Es wurde eine geheime Versammlung des Politbüros der KPI einberufen, die vom 1. bis 3. November in Valpolcevera bei Genua stattfinden sollte. Aber am 31. Oktober wurde in Bologna ein Attentat auf Mussolini verübt, das dem 15-jährigen Anteo Zamboni zugeschrieben wurde; die faschistische Gewalttätigkeit erreichte daraufhin einen neuen Höhepunkt: Plündereien, Racheaktionen (auch Benedetto Croces Wohnung in Neapel wurde nicht verschont), Brandstiftungen in den Druckereien oppositioneller Zeitungen. Für Gramsci war es sehr gefährlich geworden, sich in Italien frei zu bewegen. Trotzdem ließ er sich nicht von der Reise nach Valpolcevera abhalten. Togliatti berichtet, was ihm Genossen erzählt haben, die damals mit Gramsci zusammen waren:

»Auf der Reise nach Genua wollte er in Mailand Zwischenstation machen, um dort einige Genossen zu treffen. In Mailand konnte er aber nicht einmal aus dem Zug steigen. Ein Polizeikommissar hielt ihn im Zug fest und sagte zu ihm: ›Herr Abgeordneter, fahren Sie nach Rom zurück. Es ist das Beste für Sie!‹ Gramsci nahm den nächsten Zug nach Rom und rettete dadurch die Genossen in Mailand und Genua, musste aber auf die Teilnahme an dem Treffen verzichten, auf das er sich gründlich vorbereitet hatte.«

Das Treffen in Valpolcevera, das die Situation hätte klären sollen, war ergebnislos geblieben. In einem Bericht, den Ruggero Grieco am 30. November 1926 an Togliatti schrieb, lesen wir: »Bescheidene Versammlung zwischen dem 31. Oktober und 2. November. Es fehlten Amadeo (Bordiga), Antonio (Gramsci), Angelo (Tasca) und andere. Wir waren nur wenige [...]« Humbert-Droz hat allem Anschein nach nicht versucht, sich nach dem erfolglosen Treffen in Valpolcevera noch mit Gramsci allein zu treffen, der immerhin für den Brief nach Moskau verantwortlich war. Hatte ihn nur die sich zuspitzende politische Situation daran gehindert?

Das Attentat von Bologna war für die Faschisten ein guter Vorwand: Am 5. November versetzte der Ministerrat dem kleinen Rest demokratischer Freiheit, der Italien noch verblieben war, den Todesstoß. Alle Reisepässe wurden für ungültig erklärt; wer heimlich das Land verließ, sollte erschossen werden, alle antifaschistischen Zeitungen wurden verboten, regierungsfeindliche Verbände und Parteien aufgelöst. Auch über einen Gesetzentwurf zur Einführung der Todesstrafe und von Sondergerichten sollte am 9. November im Abgeordnetenhaus diskutiert und abgestimmt werden.

In dieser gespannten Situation meinten viele, Gramsci solle das Land verlassen und sich in Sicherheit bringen. Ester Zamboni, die Frau des Geschäftsführers von *L'Unità*, wurde beauftragt, nach Rom zu fahren und Gramsci bis nach Mailand zu begleiten. Von dort aus sollte er in die Schweiz fahren. Aber Gramsci weigerte sich mitzukommen. Was waren seine Gründe? In einem Bericht an Togliatti schrieb Camilla Ravera Mitte November 1926: »Seit längerer Zeit versuchten wir, Antonio dazu zu überreden, ins Ausland zu gehen, um eine Parteizentrale mit besonderen Aufgaben zu leiten, die in engem Kontakt mit uns bleiben sollte. Generell war Antonio dagegen. Er meinte, man solle eine solche Maßnahme erst dann ergreifen, wenn sie auch in den Augen der Arbeiter durch die Umstände absolut gerechtfertigt sei, und die Parteiführer sollten so lange wie irgend möglich in Italien bleiben. Er führte noch andere Gründe an, die alle einsichtig waren.«

Eine große Rolle spielte dabei Gramscis Wunsch, an der für den 9. November vorgesehenen Sitzung der Abgeordnetenkammer teilzunehmen, auf der – nach Beschluss des Ministerrats vom 5. November – die neuen Gesetze diskutiert werden sollten. Wahrscheinlich ist auch, dass er eine Verhaftung für ausgeschlossen hielt, so lange ihm sein Abgeordnetenmandat die Immunität garantierte, dabei hatte ihn die jüngste Entwicklung der Situation zu einem falschen Optimismus verleitet. Am 6. November war auf der ersten Seite der faschistischen Zeitung *Il Tevere* ein Antrag von Roberto Farinacci veröffentlicht worden. Farinacci schlug vor, allen Abgeordneten der Opposition das Parlamentsmandat zu entziehen. Er begründete seinen Vorschlag damit, dass die Abgeordneten des Aventin dem Parlament systematisch fernblieben. Da die Kommunisten sich vom Aventin getrennt und schon seit längerem wieder ihren Platz im Parlament eingenommen hatten, konnte diese Begründung für sie nicht gelten; und tatsächlich standen die Namen der kommunistischen Abgeordneten nicht auf der von *Il Tevere* veröffentlichten Liste. Wahrscheinlich fühlte sich Gramsci deshalb relativ sicher. Am 8. November rief er in einem Saal des Regierungspalasts einige Fraktionskollegen zusammen und beauftragte Ezio Riboldi, in der Sitzung am nächsten Tag gegen den Antrag zur Wiedereinführung der Todesstrafe und gegen Farinaccis Vorschlag das Wort zu ergreifen. Noch am selben Abend kam der große Schlag. Ezio Riboldi erinnert sich:

»Gegen 20 Uhr rief Mussolini Farinacci und Augusto Turati aus der Faschistischen Partei zu sich in den Palazzo Chigi und teilte ihnen mit, dass auch die kommunistischen Abgeordneten in die Liste aufzunehmen seien. Farinacci entgegnete, man begründe doch den Ausschluss aus dem Abgeordnetenhaus damit, dass die Aventin-Opposition aus dem Parlament ausgezogen sei, die Kommunisten aber hätten sich immer an der Parlamentsarbeit beteiligt. Mussolini antwortete, der König habe es so befohlen.«

Nur unter dieser Bedingung war der König bereit, den Staatsstreich zu unterstützen. Gramsci, der von dieser neuen Entwicklung nichts ahnte, kehrte in seine Wohnung außerhalb der Porta Pia zurück. Gegen 22.30 Uhr wurde er verhaftet, trotz seiner parlamentarischen Immunität. Gleich nach seiner Verhaftung schrieb er an Giulia:

»Du hast mir geschrieben, wir beide seien noch so jung, dass wir hoffen könnten, gemeinsam unsere Kinder aufwachsen zu sehen. An dieser Vorstellung musst Du Dich jetzt ganz stark festhalten. Mit aller Kraft, jedes Mal, wenn Du an mich und an unsere Kinder denkst. Ich bin sicher, dass Du so stark und mutig sein wirst wie immer. In Zukunft wirst Du es noch mehr sein müssen, damit die Kinder gut aufwachsen und sich in allem Deiner würdig erweisen.«

Seiner Mutter schrieb er:

»In diesen Tagen habe ich oft an Dich gedacht. Ich habe gedacht, dass ich Dir nun noch im Alter und nach all dem Leid, das Du durchgemacht hast, neuen Kummer bereite. Aber Du musst trotz allem stark sein, so wie auch ich stark bin, und mir mit der ganzen Zärtlichkeit Deiner unendlichen Liebe und Güte verzeihen. Wenn ich weiß, dass Du Dein Leid stark und geduldig erträgst, werde auch ich stark sein [...] Ich bin ruhig und gelassen. Ich war innerlich auf alles vorbereitet und werde versuchen, auch mit den körperlichen Schwierigkeiten, die mich erwarten, fertig zu werden und mein Gleichgewicht zu bewahren [...] Ihr Lieben, in diesem Augenblick wird mir das Herz besonders schwer, wenn ich daran denke, dass ich zu Euch nicht immer so liebevoll und gut gewesen bin, wie ich hätte sein sollen und wie Ihr es verdient habt. Liebt mich trotzdem und denkt an mich.«

Antonio Gramscis langer Leidensweg hatte begonnen.

23

Der Gedanke, dass Gramsci der Verhaftung hätte entgehen können und sich nur verhaften ließ, um als Märtyrer zu erscheinen, ist ziemlich unbegründet und passt nicht zu seiner Persönlichkeit. Alle auf äußere Wirkung bedachten Gesten lagen ihm fern. Später schrieb er ironisch und etwas verbittert an Tanja:

»Du stellst Dir wohl vor, ich sei jemand, der hartnäckig an seinem Recht auf Leiden und Märtyrertum festhält, der um keine Sekunde und keine Nuance seiner Strafe betrogen sein will. Du glaubst, ich möchte ein neuer Gandhi sein, der den Hohen und Niederen die Leiden des indischen Volkes bezeugen will, ein neuer Jeremias oder Elias oder was weiß ich für ein Prophet Israels, der in aller Öffentlichkeit unreine Speisen aß, um sich dem Rachegott als Sühneopfer anzubieten [...]«

In Wirklichkeit dachte Gramsci stets über die Folgen seiner Handlungen nach, und Inkonsequenz war ihm zuwider. Sinnlose Opfer waren für ihn sentimentale Gebärden, in die er nicht verfallen wollte. Auch in den Jahren im Gefängnis nahm er nie unnütze Leiden auf sich, wenn er sie durch die Berufung auf ein Gesetz oder eine Bestimmung abwenden konnte. (Er forderte z. B. Tinte, Feder, Papier und Bücher; er erhob den Anspruch, in ein Gefängniskrankenhaus verlegt zu werden oder eine Einzelzelle zu bekommen; er verlangte die Revision seines Verfahrens und seine sofortige Freilassung). Andererseits ersuchte er niemals um die kleinste Vergünstigung, die nicht auf einem formalen Recht beruhte, folglich als Gnadenakt des Regimes erscheinen musste. Er wollte nicht den leisesten Zweifel an seiner oppositionellen Standhaftigkeit und Kampfbereitschaft aufkommen lassen. So heißt es in einem Brief an seinen Bruder Carlo:

»Jetzt ist das Verfahren wegen der Schreiberlaubnis in Gang, und das genügt. Ich sehe aber, dass (Tanja) sich Illusionen macht, zum Beispiel über die Möglichkeit, die Gefängnishaft aus Gesundheitsgründen in Verbannung umzuwandeln, was selbstverständlich aufgrund der Gesetze und Verordnungen möglich ist. Es wäre aber nur durch einen persönlichen Gnadenakt möglich, und natürlich unter der Bedingung, dass ich einen Antrag stelle und ihn damit begründe, dass ich meine Meinung geändert hätte, das Regime anerkenne usw. An alle diese Dinge denkt Tanja nicht. Sie ist manchmal erschreckend unschuldig und naiv; ich habe weder die Absicht, mich vor irgendjemandem auf die Knie zu werfen, noch meine Haltung zu ändern. Ich bin Stoiker genug, um den Konsequenzen dieses Grundsatzes mit der größten Ruhe entgegenzusehen. Schon seit einiger Zeit war mir klar, was mir geschehen konnte. Die Wirklichkeit hat mich in meiner Entschlossenheit bestärkt und mich nicht im Geringsten schwankend gemacht. Deshalb muss man Tanja sagen, dass sie über solche Märchen nicht einmal sprechen soll, denn allein dadurch kann schon der Gedanke aufkommen, die Anregung sei von mir ausgegangen.«

Dieser Gedanke ärgerte ihn »bis zur Raserei« und ließ ihn Tanja gegenüber sogar unhöflich werden. »Jede Einmischung Deinerseits bewirkt nur, dass ein Schatten des Zweifels auf die kristallklare Position fällt, die ich – und auch die anderen – einnehmen. Willst Du denn nicht begreifen, dass Du ganz einfach unfähig bist, in solchen Fragen die Bedeutung meiner Ehre und Würde zu erkennen? Ich möchte nur feststellen, dass es für eine Ausländerin wie Dich objektiv unmöglich ist, das Klima der Grausamkeit und Skrupellosigkeit nachzuempfinden, das ich durchlebt habe.«

Nur auf die geringen Möglichkeiten, die ihm das Gesetz und die Gefängnisbestimmungen gewährten, verzichtete er nie. »Im Allgemeinen glaube ich«, erklärte er Carlo in Bezug auf die eventuelle Revision des Gerichtsverfahrens, »dass in meiner Situation jede Berufung auf das Gesetz nützlich und notwendig ist, ohne dass ich mir jedoch Illusionen mache. Ich möchte nur das Bewusstsein haben, meinerseits alles gesetzlich Mögliche getan zu haben, um zu beweisen, dass ich ohne gesetzliche Grundlage verurteilt worden bin.«

Nach seiner Verhaftung wurde er zunächst nach Ustica verbannt, einer kleinen Insel von acht Quadratkilometern. Die Insel hatte 1.600 Einwohner, von denen etwa 500 bis 600 nichtpolitische Häftlinge waren. Gramsci wohnte mit weiteren fünf politischen Häftlingen zusammen: zwei ehemaligen sozialistischen Abgeordneten, Giuseppe Sbaraglini aus Perugia und dem Maximalisten Paolo Conca aus Verona, zwei Genossen aus den Abruzzen und Amadeo Bordiga, der bei den Flügelkämpfen innerhalb der Partei sein härtester Gegner gewesen war. Trotz der unterschiedlichen Auffassungen und der noch frischen Erinnerung an die scharfen Auseinandersetzungen verstanden sie sich sehr gut. Sie mussten sich selbst versorgen, und Gramsci teilte sich mit den anderen die häuslichen Pflichten: »Wir kochen und essen zusammen, und heute bin ich an der Reihe, Kellner und Küchenjunge zu spielen. Ich weiß noch nicht, ob ich Kartoffeln schälen, Linsen putzen oder Salat waschen muss, bevor ich das Essen serviere. Alle sind auf mein Debüt gespannt; ein paar Freunde wollten mich vertreten, aber ich ließ mich nicht davon abbringen, meine Rolle zu spielen.«

Lesestoff hatte er genug. Er hatte sich an Piero Sraffa, einen Freund aus der Turiner Zeit, gewandt, der an der Universität Cagliari Wirtschaftspolitik lehrte und dessen Vater Professor an der Bocconi-Universität in Mailand war. Sraffa hatte für Gramsci ein unbegrenztes Kreditkonto bei der Buchhandlung Sperling & Kupfer in Mailand eröffnet. Die Bücher, die er erhielt, standen auch der Schule zur Verfügung, die die politischen Häftlinge gemeinsam organisiert hatten. Gramsci war gleichzeitig Lehrer und Schüler. Er unterrichtete Geschichte und Geographie und lernte Deutsch. Den wissenschaftlichen Zweig leitete Bordiga. Abends spielten sie dann Karten. (»Ich hatte vorher noch nie Karten gespielt. Bordiga versicherte mir, dass ich das Zeug zu einem guten *scopone scientifico*-Spieler habe.«) Die Ausgaben für ihren Lebensunterhalt bestritten die Verbannten mit dem von der Regierung zugeteilten Tagessatz von 10 Lire. Gramsci versicherte, dass er keine Hilfe brauche und schrieb an Tanja: »*Ich möchte auf keinen Fall*, dass Du *persönliche* Opfer für mich bringst. Wenn es Dir möglich ist, schicke etwas an Giulia, die es bestimmt nötiger braucht als ich.« Der Aufenthalt in Ustica war nicht allzu unerträglich, wenn auch bald zu Ende. Am 20. Januar, nach 44 Tagen auf der Insel, wurde Gramsci in das Gefängnis San Vittore in Mailand gebracht.

Nach einer 19 Tage dauernden qualvollen Fahrt mit Aufenthalten in vielen Gefängnissen kam er am 7. Februar 1927 in Mailand an:

»Ich möchte Euch einen Gesamteindruck von der Überführung vermitteln [...] Müde, schmutzig, mit Stoppelbart und ungekämmtem Haar, mit von den Handschellen wundgeriebenen Gelenken und vor Überanstrengung und Schlaflosigkeit fiebrigen und eingefallenen Augen kommt man an. Um nicht mit dem Schmutz in Berührung zu kommen, wirft man sich bekleidet auf wer weiß wie alte Strohsäcke und bedeckt Gesicht und Hände mit dem eigenen Handtuch. Die Decken reichen gerade aus, um nicht zu erfrieren. Am nächsten Tag geht es weiter, man ist noch erschöpfter und schmutziger als vorher, die Kälte der eisernen Handschellen, das Gewicht der Ketten und das mühsame Schleppen des Gepäcks haben die Schmerzen in den Handgelenken noch verschlimmert. So geht es von Station zu Station weiter.«

Nach dieser Reise war Gramsci froh, endlich am 7. September im Gefängnis San Vittore anzukommen. Zwei Tage später wurde er von dem Untersuchungsrichter Enrico Macis vernommen. Er war ruhig und gelassen. Statt Trost zu suchen, schrieb er an seine Mutter, um sie zu trösten:

»Man muss Geduld haben, und Geduld habe ich tonnenweise, ganze Waggons, ganze Häuser voll (weißt Du noch, was Carlo, als er noch ganz klein war, immer sagte, wenn ihm eine Süßigkeit gut schmeckte? ›Davon möchte ich 100 Häuser voll‹; ich habe so viel Geduld, *kentu domos e prus* – 100 Häuser und mehr). Aber auch Du musst geduldig und gütig sein, nur zeigt mir Dein Brief, dass Dein Gemütszustand ganz anders ist. Du schreibst, Du fühlst Dich alt usw. Ich bin aber sicher, dass Du trotz Deines Alters und trotz des Leids und der vielen Mühen, die Du ertragen musstest, noch sehr stark und widerstandsfähig bist.«

Er erinnerte sie an ein Wortspiel mit ihrem Namen Corrias (sie war eine geborene Marcias-Corrias) und dem sardischen Wort *corriàzzu*, das so viel wie stark oder zäh wie Leder bedeutet. »*Corrias, corriàzzu*, weißt Du noch? Ich bin ganz sicher, dass wir einmal wieder alle beisammen sein werden, Kinder, Enkel, und wer weiß, vielleicht sogar Urenkel. Wir werden ein großes Essen mit *kulurzones*, *pardulas* und *zippulas* mit *pippias de zuccuru* und *figu sigada* machen. Glaubst Du, dass Delio *pirichittos* und *pippias de zuccuru*[86] mag? Ich glaube schon, und vielleicht sagt er dann auch, dass er davon 100 Häuser voll haben will; Du kannst Dir nicht vorstellen, wie sehr er an Mario und Carlo erinnert, als sie noch Kinder waren; ich glaube, besonders an Carlo, abgesehen von der Nase, die bei Carlo sehr klein war. Manchmal denke ich an all diese Dinge, und es macht mir Spaß, mir die Ereignisse und Szenen aus meiner Kindheit ins Gedächtnis zurückzurufen. Sicher gab es damals viel Schmerz und Leid, aber ich erinnere mich auch an schöne und fröhliche Augenblicke. Und dann bist immer Du in meinen Erinnerungen, liebe Mutter, mit Deinen immer fleißigen Händen, die unsere Schmerzen linderten und aus allem und jedem etwas Nützliches machten. Weißt Du noch, welche Listen ich mir ausdachte, um guten Kaffee ohne Malz und andere Scheußlichkeiten zu bekommen?«

Am 20. Februar schrieb Antonio an Teresina:

»Ich mache mir große Sorgen um Mutters Verfassung, aber ich weiß nicht, wie ich sie trösten und beruhigen kann. Ich möchte sie gern überzeugen, dass ich ganz gelassen bin, was auch der Wahrheit entspricht, aber ich sehe, dass es mir nicht gelingt. Zwischen unseren Gefühlen und Denkweisen liegt ein Abgrund. Meine Inhaftierung ist für sie ein schreckliches Unglück, dessen Ursachen und Wirkungen ihr ziemlich unverständlich sind. Für mich dagegen ist sie eine Episode des politischen Kampfes, den wir geführt haben und der noch wer weiß wie lange in Italien und der ganzen Welt weitergehen wird. Ich wurde gefangen genommen, so wie man im Krieg in Gefangenschaft geraten konnte, und es war mir klar, dass so etwas und sogar noch Schlimmeres passieren konnte.«

Im Mai zog Tanja nach Mailand, weil sie in der Nähe ihres Schwagers sein wollte. Sie wurde jedoch krank und musste ins Krankenhaus. Sie war die Einzige aus der Verwandtschaft, mit deren Hilfe Antonio rechnen konnte. Ihre lange Krankheit deprimierte ihn. Andere Verbindungen waren inzwischen abgebrochen.

Von seinem Bruder Mario hatte er nichts mehr gehört. Seit 1921, als Antonio ihn in Varese besuchte, hatten sie sich aus den Augen verloren. Mario beschäftigte sich jetzt nicht mehr mit Politik, jedenfalls nicht mehr so sehr wie damals, als er in Varese Sekretär des Ortsverbands der Faschistischen Partei gewesen war. Seine Überzeugungen aber hatte er nicht geändert. Er war von den Kommunisten angegriffen worden, wäh-

---

[86] *Kulurzones* sind mit Käse gefüllte Ravioli; *pardulas:* eine Süßspeise aus Käse, Pasta und Honig; *zippulas:* Pfannkuchen; *pippias de zuccuru:* Süßspeise, die wörtlich »Zuckerbaby« heißt; *pirichittos:* eine Süßspeise aus Ei und Vanille (T.N.).

rend sein Bruder Gennaro in Turin fast zur gleichen Zeit von den Faschisten blutig geschlagen wurde. Er hatte seine Parteiämter aufgegeben und widmete sich nur noch seinem Handelsunternehmen. Im Mai bekam Antonio eine Nachricht über ihn und schrieb an die Mutter: »Ich hätte gern die genaue Adresse von Mario. Seit 1921 habe ich keine Verbindung mehr zu ihm, aber jetzt habe ich erfahren, dass er sich für mich eingesetzt hat und möchte mich bei ihm bedanken.« Dann schrieb Marios Frau, Anna Maffei Parravicini, einen bedauernden Brief nach Ghilarza, über den Signora Peppina Antonio sofort informierte. Darauf bat dieser den Bruder, ihn im Gefängnis zu besuchen. Mario kam gegen Ende August. Antonio hatte den Eindruck, dass er »sehr verlegen« war. Am 29. August 1927 schrieb er an Tanja:

»Am Donnerstag hatte ich ein Gespräch mit meinem Bruder Mario, und er brachte mir beruhigende Nachrichten über Deinen Gesundheitszustand. Er sagte mir, dass er Dich eingeladen habe, einige Tage bei ihm in Varese zu verbringen. Warum nimmst Du die Einladung nicht an? Es ist zwar nicht mehr so warm, aber auf dem Land ist es bestimmt noch sehr angenehm, und das lombardische Seengebiet ist sehenswert. Mein Bruder ist ein guter Kerl, und ich bin sicher, dass Du Dich bei ihm wohlfühlen wirst. Seine Frau kenne ich kaum, ich habe sie nur einmal gesehen, als sie kurz vor der Entbindung stand, und ich glaube nicht, dass dies der beste Zeitpunkt ist, eine Frau kennenzulernen.«

Ebenfalls am 29. August schrieb er seiner Mutter:

»Am Donnerstag ist Mario gekommen, und wir haben ungefähr eine viertel Stunde miteinander gesprochen. Es geht ihm sehr gut. Er hat angedeutet, dass auch seine Geschäfte ziemlich gut laufen. Mir scheint, er neigt wie Papa ein bisschen zum Dickwerden. Bevor Mario zu mir kam, hat er meine Schwägerin im Krankenhaus besucht und mir Nachrichten über sie gebracht, die mich etwas beruhigt haben. Er hat mir versprochen, Dir gleich zu schreiben, dass es mir gesundheitlich sehr gut geht.«

Der Brief, den Mario nach Ghilarza schrieb, klang jedoch ganz anders, und Antonio war darüber sehr verärgert:

»Carlo schreibt mir, als ob ich bereits mit einem Fuß im Grabe stünde; er spielt mit dem Gedanken, nach Mailand zu kommen oder gar Mama hierherzubringen: eine 70-jährige Frau, die kaum aus ihrem Dorf herausgekommen und nie weiter als 40 Kilometer mit der Eisenbahn gefahren ist. Das sind wirklich Spinnereien, die mir weh getan und mich auch etwas ärgerlich auf Mario gemacht haben. Er hätte mir gegenüber offener sein können und diese alte Frau nicht so zu terrorisieren brauchen.«

Voller Bitterkeit schloss er: »Auf meinen Bruder Mario kann ich mich nicht mehr verlassen.«

Auch andere Verbindungen schienen sich zu lockern. Sehr schmerzlich war für Antonio der Eindruck, dass Giulia beginnen könnte, ihn zu vergessen. Am 26. Februar 1927 schrieb er an seine Mutter: »Seit etwa anderthalb Monaten habe ich keine Nachricht über Giulia und die Kinder, deshalb kann ich Dir gar nichts über sie schreiben.« Und am 26. März an Tanja: »Ich habe wieder einmal Giulias Handschrift gesehen – aber wie wenig das Mädchen schreibt und wie gut sie sich mit dem Radau der Kinder zu rechtfertigen weiß!« Am 25. April schreibt er, ebenfalls an Tanja:

»Du kündigst einen Brief von Giulia an, dann schreibst Du noch einmal und sagst, dass ein weiterer Brief unterwegs sei, dann kommt ein Brief von Dir (und Deine Briefe sind mir sehr lieb), aber von Giulia habe ich immer noch nichts gehört. Du kannst Dir mein Leben im Gefängnis eben nicht vorstellen. Du kannst Dir nicht vorstellen, wie ich nach einer solchen Ankündigung jeden Tag warte und jeden Tag eine Enttäuschung erlebe, die mir jede Minute, jede Stunde und jeden Tag schwer werden lässt.«

Seiner Mutter schreibt er am 1. August, er habe schon seit ungefähr drei Monaten nichts mehr von Giulia und den Kindern gehört. Vielleicht schrieb er deshalb am 4. Juli an den Parteigenossen Giuseppe Berti: »Zurzeit stecke ich in einer Periode seelischer Niedergeschlagenheit, die mit familiären Ereignissen zusammenhängt.«

Anfang September 1927 wurde Tanja zu Antonios großer Erleichterung aus der Klinik entlassen. Tanja erinnerte ihn auch im Aussehen an Giulia. Während Giulia jedoch ein stilles, ruhiges Wesen hatte, war die Schwester von leidenschaftlichem Temperament, emphatisch und romantisch in ihren Gefühlen. Sie brachte Antonio eine mütterliche Zuneigung entgegen, umsorgte und betreute ihn und hatte ihn gern. Ihm zu helfen, machte ihr Freude und schien ihr Bedürfnis zu befriedigen, an den Leiden anderer Anteil zu nehmen. Sie tat alles, um Antonio den Gefängnisaufenthalt zu erleichtern, und war in den zehn Jahren seiner Haft für ihn die wertvollste Stütze. Gramscis Gefühl für sie kommt in dem Schlusssatz des ersten Briefes zum Ausdruck, den er ihr nach seiner Verhaftung schrieb:

»Ich umarme Dich zärtlich, Liebste, denn mit Dir umarme ich alle meine Lieben.« Tanja war aus der Verwandtschaft die Einzige, die in seiner Nähe war. Für ihn war sie wie eine Schwester: »Siehst Du, ich schreibe Dir wie einer Schwester, und in dieser ganzen Zeit warst Du für mich sogar mehr als eine Schwester. Deshalb habe ich Dir auch manchmal Kummer bereitet. Aber bereitet man nicht immer gerade denen Kummer, die man am meisten liebt? Ich möchte, dass Du alles tust, um gesund zu werden und es zu bleiben. So kannst Du mir schreiben und mich über Giulia und die Kinder auf dem Laufenden halten und mich mit Deiner Zuneigung trösten.«

An seine Mutter schrieb er am 3. Oktober:

»Meine Schwägerin ist aus dem Krankenhaus entlassen worden und besucht mich oft. Sie ist noch erholungsbedürftig und bringt große Opfer für mich. Jeden Tag kommt sie zum Gefängnis und schickt mir irgendeinen Leckerbissen – Obst, Schokolade oder frische Milchprodukte. Die Ärmste, ich kann sie nicht überzeugen, dass sie sich nicht so anstrengen, sondern etwas mehr an ihre Gesundheit denken soll. Ich fühle mich sogar etwas gedemütigt von so viel Aufopferung, die man manchmal nicht einmal bei der eigenen Schwester findet.«

Er wartete auf den Prozess, über dessen Ausgang er sich aber keinerlei Illusionen machte. Er rechnete mit einer hohen Strafe. Dennoch hatte er seine frühere Gelassenheit nicht verloren:

»Mein seelischer Zustand ist ausgezeichnet: manche sehen in mir einen Teufel, andere fast einen Heiligen. Ich will aber weder ein Märtyrer noch ein Held sein. Ich glaube, dass ich ein ganz normaler Mensch bin, der seine tiefen Überzeugungen um nichts in der Welt aufgeben würde. In meinen ersten Monaten hier in Mailand fragte mich einmal ein Gefängniswärter ganz naiv, ob es wahr sei, dass ich Minister sein könnte, wenn ich die Fahne wechseln würde. Ich lächelte und antwortete ihm, Minister sei vielleicht etwas hoch gegriffen, aber Unterstaatssekretär im Postministerium oder im Ministerium für Öffentliche Arbeiten könnte ich schon sein, denn das seien die Ämter, die für sardische Abgeordnete erreichbar seien. Er zuckte mit den Schultern und fragte, warum ich denn dann nicht die Fahne wechsele, und fasste sich mit dem Finger an die Stirn. Er hatte meine Antwort ganz ernst genommen und hielt mich für total verrückt.«

Das Ermittlungsverfahren zog sich in die Länge. Es war nicht einfach, die Anklagepunkte mit erschöpfenden Beweisen zu belegen, da sie sich ausschließlich auf Polizeiberichte stützten, in denen Gramsci als »subversives Element«, »Gefahr für die öffentliche Ordnung« und »Verbrecher« bezeichnet wurde, die aber kaum konkrete Tatsachen enthielten.[87]

Während die Ermittlungen gegen Gramsci liefen, setzte die Polizei immer wieder *Agents provocateurs* ein, die ihn in eine Falle locken sollten. Der Haftbefehl war am 14. Januar 1927 ausgestellt worden. Während der Fahrt von Ustica nach Mailand machte sich im Gefängnis von Bologna ein solcher Provokateur an Gramsci heran. Er nannte sich Dante Romani und behauptete, er sei Lokomotivführer und Anarchosyndikalist. Beim Aufstand in Ancona im Jahr 1920 sei er verhaftet worden und befände sich jetzt auf dem Weg nach Ancona, nachdem er in Portolongone seine Strafe verbüßt habe. Für jemanden, der jahrelang im Gefängnis gesessen hatte, schien er aber zu gut über die neuesten Ereignisse in Italien Bescheid zu wissen, so dass Gramsci Verdacht schöpfte und nicht in die Falle ging. Am 9. Februar und am 20. März wurde er im Gefäng-

[87] In einem Carabinieri-Bericht aus Rom hieß es, man habe bei Gramsci im November 1922 Waffen und Sprengstoff gefunden. Zu diesem Zeitpunkt war er aber bereits seit sechs Monaten in Moskau im Sanatorium.

nis San Vittore verhört. Am 21. März schloss der Untersuchungsrichter die Ermittlungsakte und sandte sie nach Rom an das Sondergericht zum Schutz des Staates, das am 1. Februar seine Arbeit aufgenommen hatte. Die Anklage war immer noch nicht stichhaltig. Wieder tauchte Dante Romani auf. Bisher hatte man Gramsci einer strengen Gefängnisordnung unterworfen: Er saß in einer Einzelzelle, musste den Hofgang allein machen und wurde ständig überwacht, damit er mit niemandem sprechen konnte. Als Dante Romani kam, wurde plötzlich alles anders. Merkwürdigerweise durfte Romani mit Gramsci sprechen und kam sogar stundenlang zu ihm in die Zelle. Er erbot sich, Briefe, Botschaften und Anordnungen nach draußen zu bringen. Er sagte, die kommunistische Bewegung sei in einer Krise, und legte Gramsci nahe, etwas zu unternehmen, um die illegale Organisation der Partei wiederzubeleben. Der Polizeitrick verfehlte seine Wirkung, aber das Verfahren ging weiter. Am 20. Mai kam ein weiterer Haftbefehl, in dem Gramsci Anstiftung zum Bürgerkrieg, Plünderung, Sachbeschädigung und Körperverletzung vorgeworfen wurde. Am 2. Juni wurde er erneut verhört. Immer noch hatte man keine Beweise für die Anschuldigungen. Anfang Oktober tauchte ein gewisser Corrado Melani in dem Gefängnishof auf, wo Gramsci jetzt seinen Spaziergang machte. Er stellte sich als der Geliebte der Schwägerin von Giampaoli vor, dem Sekretär des faschistischen Parteiverbands Mailand. Melani behauptete, er werde von Giampaoli verfolgt. Das Attentat vom 31. Oktober 1926 in Bologna sei nämlich in Wirklichkeit ein von Giampaoli organisierter Trick gewesen. Ein Milizsoldat habe einen Schuss in die Luft gefeuert, und dann habe sich Giampaoli auf Anteo Zamboni gestürzt und ihm die Kehle durchgeschnitten. Melani habe Beweise für dieses simulierte Attentat; er habe auch Beweise dafür, dass Giampaoli in Prostitution und Glücksspiel verwickelt sei und dass einige faschistische Abgeordnete homosexuell seien. Die Veröffentlichung dieser Dokumente würde das Regime noch tiefer in die Krise stürzen als der Fall Matteotti. Deshalb wolle Giampaoli ihn liquidieren und notfalls vergiften. Corrado Melani bot Gramsci diese Dokumente an und verlangte dafür eine monatliche Geldüberweisung von der KPI. Gramsci durchschaute die Falle sofort, und die Ermittlungsakte blieb weiterhin ohne die sensationellen Anklagepunkte, die die Polizei darin aufzunehmen gedachte. Aber der Prozess konnte nicht länger hinausgeschoben werden; als Tag des Prozessbeginns wurde der 28. Mai 1928 festgesetzt.

24

Am 11. Mai wurde Gramsci von Mailand nach Rom gebracht. Sein Prozess dauerte vom 28. Mai bis zum 4. Juni. Für solche Großereignisse hatte Mussolini den Sondergerichtshof zur Verteidigung des Staates eingerichtet, der politische Richter an die Stelle der ordentlichen Gerichtsbarkeit setzte, deren Vertreter die Übernahme aller Staatsorgane durch die Faschisten nicht ganz widerstandslos hingenommen hatten.

Anfangs hatte sich dieses Gericht mit »leichteren« Fällen befasst, z.B. mit zwei Arbeitern aus Rom, die sich laut Anklage beleidigend über Mussolini geäußert hatten. Der eine hatte »Verdammter Schweinehund!« gerufen, der andere: »Haben sie das Schwein immer noch nicht umgebracht!« Jetzt saßen auf der Anklagebank 22 der entschlossensten Gegner des Regimes, die Mussolini zutiefst hasste, weil sie eine echte Gefahr für ihn darstellten. Unter ihnen waren Antonio Gramsci, Umberto Terracini, Mauro Scoccimarro, Giovanni Roveda und die ehemaligen Abgeordneten Luigi Alfani, Igino Borin, Enrico Ferrari und Ezio Riboldi. Es sollte ein großer Schauprozess werden. Mit viel Pomp wurde das faschistische Ritual inszeniert: ein doppelter Kordon schwarzbehelmter Soldaten mit dem Dolch an der Seite und aufgepflanzten Bajonetten, die Richter in bedrohlicher Uniform, die finstere Atmosphäre eines Kriegsgerichts.[88] Als Pressevertreter waren die Korrespondenten des *Manchester Guardian*, des *Petit Parisien* und der TASS zugelassen. Auch Carlo Gramsci und die Brüder von Terracini und Scoccimarro durften den Verhandlungen beiwohnen.

Die 22 Angeklagten saßen auf der Anklagebank »unter militärischer Bewachung, aber ohne Handschellen«, wie es im Protokoll des ersten Verhandlungstages heißt. Sie hatten vereinbart, ihre Aktivität in der Kommunistischen Partei zuzugeben, aber abzustreiten, leitende Funktionen gehabt zu haben. Die Angeklagten machten einen ruhigen und gelassenen Eindruck. Als Erster wurde in der Verhandlung am 30. Mai Antonio Gramsci vernommen. Einer der Verteidiger, Giuseppe Sardo, hat die Vernehmung rekonstruiert:

Vorsitzender: »Ihnen werden konspirative Handlungen, Anstiftungen zum Bürgerkrieg, Verherrlichung von Straftaten und Aufwiegelung zum Klassenhass vorgeworfen. Was haben Sie zu Ihrer Entlastung zu sagen?«

Gramsci: »Ich bestätige die Erklärungen, die ich vor der Polizei abgegeben habe. Ich wurde verhaftet, obwohl ich Parlamentsabgeordneter bin. Ich bin Kommunist und meine politische Tätigkeit ist bekannt, denn ich habe sie als Abgeordneter und als Autor bei der *Unità* öffentlich

---

[88] Der vorsitzende Richter war der General Allessandro Saporiti, die Geschworenen waren fünf Obristen der faschistischen Miliz, Ankläger der Anwalt Michele Isgrò.

kundgetan. Ich habe keinerlei geheime Aktivitäten unternommen, denn selbst wenn ich gewollt hätte, wäre es mir unmöglich gewesen. Schon seit Jahren folgten mir ständig sechs Polizisten, mit dem ausdrücklichen Auftrag, mich zu Hause und auf der Straße zu bewachen. Ich war also nie allein, sondern bin unter dem Vorwand, mir Schutz zu gewähren, ständig überwacht worden, und das ist heute meine beste Verteidigung. Ich beantrage, dass zu diesem Sachverhalt der Präfekt und der Polizeipräsident von Turin als Zeugen gehört werden. Für die Tatsache, dass ich Kommunist bin, übernehme ich im Übrigen die volle Verantwortung.«

Vorsitzender: »In den beschlagnahmten Schriften ist von Krieg und Machtergreifung seitens des Proletariats die Rede. Was sollen diese Schriften aussagen?«

Gramsci: »Ich denke, Herr General, dass alle Militärdiktaturen früher oder später in einen Krieg verwickelt werden. In diesem Fall scheint es mir klar, dass das Proletariat anstelle der herrschenden Klasse das Ruder im Lande übernehmen muss, um die Nation wieder aufzubauen.«

Er sprach mit sehr leiser Stimme. Nur gegen Ende des Verhörs verlor er einmal die Geduld, weil ihn der Staatsanwalt mehrmals unterbrochen hatte. Er wandte sich an die Richter und rief: »Ihr stürzt Italien in die Katastrophe, und dann liegt es an uns Kommunisten, das Land zu retten.«

Auch die anderen Angeklagten wurden zuweilen polemisch. Als Vorstrafe des Abgeordneten Ferrari war eine Verurteilung wegen der Streiks von Modena im Jahre 1913 angeführt worden. Schlagfertig entgegnete Ferrari: »Tatsache ist, Herr Vorsitzender, dass mir die genannten Ereignisse das höchste Lob des damaligen Direktors des *Avanti!* eingebracht haben, der heute unser Staatsoberhaupt ist.« Der Anwalt Riboldi, Mitglied der Rechtsabteilung der KPI, sagte: »Ich habe mehr als 300 Kommunisten verteidigt, die für unschuldig befunden und freigesprochen worden sind. Es ist mir unverständlich, warum man heute *mich* verurteilen will, nur weil ich sie verteidigt habe.«

In der Verhandlung vom 2. Juni hatte der Staatsanwalt das Wort. Er hielt eine hassdurchtränkte Anklagerede, die für Gramsci in der Drohung gipfelte: »Für die nächsten 20 Jahre müssen wir verhindern, dass dieses Gehirn funktioniert.«

Am 4. Juni schließlich, bevor sich das Gericht zur Beratung zurückzog, erhielten die Angeklagten das Wort. Stellvertretend für alle sprach Terracini.

Terracini: »Jeder von uns hat in seiner Aussage erklärt, welche Stellung er in der Parteiorganisation hatte. Keine unserer Aussagen wurde durch die verschiedenen Zeugenaussagen der Polizei im Ansatz widerlegt, die sich bequem hinter dem Prinzip der Unverantwortlichkeit verschanzt, das sie Amtsgeheimnis nennt. Nach diesen Aussagen wären wir alle ohne Ausnahme Parteiführer. Und selbst wenn es wahr wäre?«

Vorsitzender: »Schon gut, ich nehme es zur Kenntnis.«

Terracini: »Danke, Herr Vorsitzender, aber Sie sollten auch zur Kenntnis nehmen, was ich jetzt sage. Auch ich darf mich Rechtsanwalt nennen und möchte jetzt etwas mit Jurisprudenz glänzen. Oh nein, nicht mit der alten Jurisprudenz mit ihren alten, unter früheren Staatsordnungen gefällten Urteilen, sondern mit der allerneuesten Jurisprudenz, wie sie in den Urteilen der Gerichte zu erkennen ist, die schon von den neuen ethischen und politischen Prinzipien erleuchtet sind. Da gibt es zum Beispiel ein Urteil, das vor nicht allzu langer Zeit von einem viel höheren Gericht als diesem ausgesprochen wurde [...]«

Vorsitzender: »Was? Wie bitte?«

Terracini: »[...] von einem Gericht, das im Gegensatz zu diesem verfassungsgemäß ist [...]«

Vorsitzender: »Nehmen Sie sich in Acht!«

Terracini: »Herr Vorsitzender, Sie werden mir wohl zustimmen müssen, denn ich spreche vom Senat des Obersten Gerichtshofs, der das höchste Gericht überhaupt ist und dessen Funktionen in der Verfassung verankert sind. Nun, dieses Urteil, das auf Befehl der Regierung im ganzen Land als Mahnung an alle Bürger bekannt gemacht worden ist, besagt, dass kein Führer einer Partei oder einer anderen Organisation für strafbare Handlungen von Mitgliedern oder Anhängern der betreffenden Partei oder Organisation strafrechtlich zur Verantwortung gezogen werden kann, wenn seine Schuld nicht konkret bewiesen ist. Das Gericht hat sicher schon erraten, dass ich mich auf das Urteil des Ermittlungsausschusses beim Obersten Gerichtshof im Verfahren gegen den General Luigi De Bono beziehe, der der Mittäterschaft an der Ermordung des Abgeordneten Matteotti angeklagt war und mangels Beweisen freigesprochen worden ist. Ich frage nun: Gilt diese Rechtsprechung auch für uns? Aus den Worten des Anklagevertreters geht hervor, dass dies nicht der Fall ist. Was mich betrifft, so habe ich keinerlei Zweifel, wie die Antwort des Gerichts lauten wird. Und obwohl ich erwarte, dass dem Antrag des Staatsanwalts voll und ganz entsprochen und die Höchststrafe verhängt wird, kann ich eine gewisse klammheimliche Freude nicht verbergen. Das braucht niemanden zu überraschen. Wenn wir alle diese Anträge, die bisher nur in der Juristensprache formuliert wurden, in die Sprache der Politik übersetzen, was ist dann ihre konkrete Bedeutung?«

Vorsitzender: »Lassen Sie die Politik aus dem Spiel und bleiben Sie bei der Sache!«

Terracini: »Herr Vorsitzender, ich verlange wenigstens jetzt, am Ende dieses Prozesses, das tun zu dürfen, woran wir alle während dieser sechs Verhandlungstage gehindert worden sind, nämlich politisch zu sprechen. Dieser Prozess findet ja aus rein politischen Gründen statt. Ich habe nach der politischen Bedeutung der Schlussanträge der Anklage gefragt. Sie bedeuten ganz einfach: die bloße Existenz der Kommunistischen Partei ist schon eine Gefahr für den faschistischen Staat. Das also ist der starke, gerüstete, totalitäre, bis an die Zähne bewaffnete Staat! Er fühlt sich in seiner Sicherheit, sogar in seiner Existenz von dieser kleinen, geschmähten, geschlagenen und verfolgten Partei bedroht, deren aktivste und fähigste Mitglieder umgebracht oder ins Gefängnis geworfen worden sind. Diese Partei wurde gezwungen, in den Untergrund zu gehen, um ihre Verbindung zur Arbeiterklasse aufrechtzuerhalten, für die und mit der sie lebt und kämpft. Ist es da verwunderlich, wenn ich den Anträgen der Anklage voll und ganz zustimme?«

Vorsitzender: »Genug davon! Haben Sie noch etwas zu sagen?«

Terracini: »Ich wäre schon fertig, wenn ich mich nicht verpflichtet fühlte, etwas zu den Prophezeiungen des Anklagevertreters zu sagen. Allerdings nicht zu seinen Prophezeiungen über die Gefühle, die die Urteile auslösen werden – da wäre mir der Sieg zu einfach. Ich bin sicher, dass unsere Verurteilung nicht mit Freude und Beifall, sondern mit Trauer und Schmerz aufgenommen wird. Vielmehr ist meine Prophezeiung, Herr Vorsitzender, wieder einmal politischer Art: Wir werden der Aufhetzung zum Klassenhass und der Anstiftung zum Bürgerkrieg für schuldig befunden und verurteilt werden. Wenn später jemand lesen wird, welche ungeheuerlichen Urteile über uns verhängt worden sind, muss er zu der Überzeugung kommen, dass dieser Prozess und die Urteile selbst ein Stück Bürgerkrieg und ein gewaltiger Akt der Aufhetzung zum Klassenhass gewesen sind.«

(Der Vorsitzende unterbricht und will ihm das Wort entziehen.)

Terracini: »Aber das darf man nicht sagen, nicht wahr? Also will ich mit einem etwas angenehmeren Gedanken schließen. Herr Vorsitzender, hohes Gericht, diese Verhandlung war in der Tat die denkbar würdigste und treffendste Art, den 80. Jahrestag der Verfassung zu begehen, den Sie gestern in den Straßen Roms mit Böllerschüssen und Fanfarenklängen gefeiert haben.«

(Der Vorsitzende entzieht ihm endgültig das Wort.)

Wie Terracini vorausgesagt hatte, wurden sehr hohe Gefängnisstrafen verhängt. Gramsci wurde zu 20 Jahren, 4 Monaten und 5 Tagen verurteilt. Eine ebenso hohe Strafe erhielten Roveda und Scoccimarro; Terracini bekam 22 Jahre, 9 Monate und 5 Tage.

Teresina, die gehört hatte, dass Gramsci nach Portolongone gebracht werden sollte, schrieb am 8. Juni 1928, vier Tage nach der Verurteilung an Mussolini. Sie bat ihn, eine »gründliche, amtsärztliche Untersuchung« zu gestatten, und Antonio dann in ein Gefängnishospital einweisen zu lassen, »wo er sich mit einer besonderen Diät ernähren, die seinem anfälligen Organismus entsprechende Pflege erhalten und so die ihm auferlegte Strafe unter humaneren Bedingungen abbüßen« könne. Antonio wurde untersucht. Er hatte bereits zwölf Zähne verloren, und wie aus einem (unveröffentlichten) Bericht des Kabinettschefs des Justizministeriums an den Innenminister am 6. Juli 1928 hervorgeht, litt er an »Periodontitis, die auf eine Urikämie zurückzuführen ist, sowie an einer leichten nervlichen Erschöpfung.« Die Einweisung nach Portolongone wurde widerrufen. Er sollte nun in das Gefängnis in Turi kommen, das etwa 30 Kilometer von Bari entfernt liegt. Nach einer zwölf Tage dauernden Fahrt kam Antonio dort an:

»Die Reise Rom–Turin war entsetzlich. Es stellte sich heraus, dass die Schmerzen, die ich in Rom hatte und die ich für Leberbeschwerden hielt, nur der Beginn einer Entzündung waren, die dann voll zum Ausbruch kam. In Benevento hatte ich zwei höllische Tage und Nächte, ich krümmte mich wie ein Wurm und konnte weder stehen noch sitzen noch liegen. Der Arzt sagte, es sei eine Gürtelrose und man könnte nichts dagegen tun.«

Bei der Ankunft in Turi war er durch die Krankheit völlig entkräftet. Giuseppe Ceresa, ein Mitgefangener, erzählt: »Er litt an einem Hautausschlag, sein ganzes Verdauungssystem war gestört, er atmete mühsam und konnte keinen Schritt gehen, ohne sich aufzustützen.«

Gramsci musste gleich zur Kenntnis nehmen, wie grausam und unmenschlich das leitende Gefängnispersonal und die Ärzte waren. Ein politischer Gefangener, Aurelio Fontana, erinnert sich, wie Gramsci sich beim Direktor beschwerte: »Ich wurde verhaftet, während ich noch mein Parlamentsmandat hatte. Deshalb müsste mir im Gefängnis dieselbe Behandlung zukommen, wie sie einem verhafteten Kardinal gewährt würde. Aber ich sehe, dass ich schlechter als ein Kirchendiener behandelt werde.«

Der Arzt war ein gewisser Dr. Cisternino. Der Schriftsteller Domenico Zucàro, der ihn später interviewte, konnte Folgendes über ihn schreiben, ohne dass ihm Cisternino widersprochen oder gerichtliche Schritte angedroht hat:

»Gramsci braucht mehr ärztliche Behandlung und bessere Lebensbedingungen als die, zu denen er hier gezwungen ist [...] Doktor Cisternino vernachlässigt ihn, und eines Tages sagte er ihm sogar, als Faschist wünsche er nur seinen Tod. Über den Zynismus dieses feigen Lügners braucht man sich nicht zu wundern [...] Wenn er nachts zu einem dringenden Fall gerufen wird – so habe ich im Dorf gehört –, dann setzt er zuerst das Honorar fest, bevor er herauskommt. Er fragt vom Fenster aus, ob der Patient auch bereit sei, 5.000 oder sogar 10.000 Lire zu bezahlen.«

Einige der Gefängniswärter nahmen mehr Rücksicht, aber Gramscis Zelle lag neben der Wachstube, und oft war es dort so laut, dass er nicht schlafen konnte.

Nach zwei Jahren und vier Monaten Gefängnis wurden Gramsci endlich Arbeitsmittel gewährt, Bücher, Tinte, Feder, Papier.[89] Seinen Arbeitsplan hatte er in einem Brief an Tanja vom 19. März 1927 bereits in groben Zügen dargelegt:

»Ich bin von der Idee besessen, dass man etwas vollbringen müsse, was *für ewig*[90] ist – um es mit diesem komplexen Goethe'schen Begriff zu sagen, der auch unseren Pascoli sehr stark beschäftigt hat. Kurz, ich möchte mich intensiv und systematisch, nach einem festumrissenen Plan, mit einem bestimmten Gegenstand beschäftigen, der mich ganz in Anspruch nimmt und meinem Innenleben eine Zielrichtung gibt.«

Dabei dachte er an vier Themen:

1. eine Untersuchung über die italienischen Intellektuellen, ihre Ursprünge, ihre Gruppierungen entsprechend den verschiedenen kulturellen Strömungen, ihre verschiedenen Denkweisen;

2. eine Studie über vergleichende Sprachwissenschaft;

3. eine Studie über das Theater Pirandellos und über den Wandel des italienischen Theatergeschmacks, den Pirandello repräsentiert und mitbestimmt hat;

4. ein Essay über den Trivialroman und den literarischen Geschmack des Volkes.

Als er Feder und Papier erhielt, beschäftigte er sich jedoch nicht sofort mit diesen Themen, sondern übersetzte zunächst aus dem Deutschen. »Im Moment mache ich nur Übersetzungen, damit ich in Übung komme; dabei versuche ich, meine Gedanken zu ordnen«, schrieb er am 9. Februar 1929. Aber schon am Tag zuvor hatte er einen vorläufigen Arbeitsplan entworfen und auf das Deckblatt eines 200 Seiten starken Heftes geschrieben:

Erstes Heft (8. Februar 1929) Notizen und Anmerkungen – Hauptthemen – 1. Theorie der Geschichte und der Geschichtsschreibung; 2. Entwicklung des italienischen Bürgertums bis 1870; 3. Herausbildung der italienischen Intellektuellengruppen: Entwicklung, Einstellungen; 4. Die Volksliteratur der Trivialromane und die Gründe für ihre anhaltende Beliebtheit; 5. Cavalcante Cavalcanti[91]: seine Stellung in der Struktur und der Kunst der Göttlichen Komödie; 6. Ursprünge und Entwicklung

[89] Brief vom 14. Januar 1929: »Bald werde ich das Nötige erhalten, um in meiner Zelle schreiben zu können, und somit wird mir der größte Wunsch erfüllt, den ich als Häftling habe.« Am 9. Februar schreibt er: »Jetzt, wo ich Notizen machen kann, will ich die Bücher nicht mehr verschlingen, sondern planmäßig lesen und bestimmte Themen vertiefen.«

[90] Deutsch im Original (d.Ü.).

[91] Guido Cavalcanti (1255–1300) war neben seinem engen Freund Dante der bedeutendste frühe Florentiner Dichter und Kopf der »stil nuovo«-Schule (T.N.).

der Katholischen Aktion in Italien und Europa; 7. Der Begriff Folklore; 8. Erfahrungen des Gefängnislebens; 9. Die süditalienische Frage und die Frage der Inseln; 10. Betrachtungen über die Bevölkerung Italiens, ihre Zusammensetzung, die Funktion der Auswanderung; 11. Amerikanismus und Fordismus; 12. Das Problem der Sprache in Italien: Manzoni und G. I. Ascoli[92]; 13. Der »gesunde Menschenverstand«; 14. Zeitschriften theoretischer, kritisch-historischer und allgemein kultureller Art (Verbreitung); 15. Neogrammatiker und Neolinguisten (»dieser runde Tisch ist quadratisch«); 16. Die Schüler des Padre Bresciani.[93]

Gramsci hatte seinen Arbeitsplan also von Anfang an zumindest in groben Zügen im Kopf. In einem Brief vom 25. März an Tanja führt er ihn noch genauer aus: »Ich habe beschlossen, mich in erster Linie mit drei Themen zu befassen: 1. Geschichte Italiens im 19. Jahrhundert, wobei ich besonders auf die Heranbildung und Entwicklung der italienischen Intellektuellengruppen eingehen will; 2. Theorie der Geschichte und der Geschichtsschreibung; 3. Amerikanismus und Fordismus.«

Der Gefängnisdirektor war ein typischer Bürokrat, der gern Genehmigungen verweigerte und sich kleine Schikanen ausdachte; und so bekam Gramsci nur unregelmäßig Bücher von draußen. Die Mitgefangenen erinnern sich, dass er sich trotz der schwierigen Bedingungen stundenlang in seine Arbeit vertiefte. Er schrieb nie im Sitzen, sondern ging beim Nachdenken auf und ab, und erst wenn er einen Satz genau im Kopf hatte, ging er an den kleinen Tisch, stützte sich mit einem Knie auf den Schemel und schrieb. Dann lief er sofort wieder auf und ab. Trotz seiner journalistischen Erfahrung ging ihm das Schreiben nie leicht und schnell von der Hand. Das wenige aber, über das er sich nach langem Nachdenken klar wurde, brachte er ohne Korrekturen oder Streichungen zu Papier. Trotz seiner fortschreitenden Entkräftung und trotz der Depressionen, an denen er aufgrund der Probleme mit Giulia und des häufigen Wartens auf ihre überfälligen Briefe litt, arbeitete er täglich mehrere Stunden. Die Notizen aus dem Gedächtnis, die kurzen Anmerkungen, mit denen er den Rohentwurf eines Gedankens festhielt, die Essays, die noch zu vervollständigen oder zu überarbeiten waren – diese Arbeit war nun sein Lebensinhalt, seine Art, den Kampf für die Revolution weiterzuführen und mit der Welt und den Menschen verbunden zu bleiben. Am Ende lagen 32 Hefte vor, von denen er 21 in

[92] Graziadio Isaia Ascoli (1829–1907) war der erste bedeutende moderne Linguist Italiens. Er wandte sich gegen den Einfluss Manzonis auf die italienische Sprache (T.N.).

[93] Antonio Bresciani Borsa (1798–1862), katholischer Schriftsteller, Jesuit, Mitbegründer und aktiver Mitarbeiter der Zeitschrift *Civiltà Cattolica*. Er schrieb historische Romane, die großen Erfolg hatten. Francesco De Sanctis, der berühmte Literaturkritiker und -historiker, hat ihn zum »Prototyp des klerikalen Reaktionärs« erklärt (d.Ü.).

Turi geschrieben oder begonnen hat: insgesamt 2.848 Seiten. Das entspricht 4.000 Schreibmaschinenseiten. Auf den ersten Blick hinterlassen die Originale einen fragmentarischen Eindruck. Gramsci hat seine Gedanken in Form von kurzen Notizen festgehalten, die jeweils mehrere Themen miteinander verbinden. Nebeneinander finden sich die Zusammenfassung eines gerade gelesenen Artikels, der Gedankengang eines anderen Autors, der Entwurf eines Aufsatzes, die Gliederung eines Essays oder die endgültige Fassung des Aufsatzes. Das Ganze ist eine Ansammlung von Kleinmaterial, das später organisch geordnet werden sollte. Nach Monaten oder Jahren – je nachdem, wann er ein bestimmtes Buch erhielt – nahm er Themen wieder auf, die vorher nur angedeutet oder nicht ausführlich behandelt waren, fügte weitere Bemerkungen hinzu, ergänzte oder schrieb sie neu, fasste frühere Aufzeichnungen zusammen. Seine Notizen wurden dadurch solider, gründlicher durchgearbeitet, mussten aber noch weiter geordnet und in eine zusammenhängende Fassung gebracht werden. Diese letzte Arbeit konnte Gramsci nur noch für ganz wenige Themen ausführen. So ist den Aufzeichnungen der Anschein des Fragmentarischen geblieben. Dennoch zieht sich durch alle diese Notizen als roter Faden ein zentraler Gedanke. Dieser zentrale Gedanke ist ansatzweise schon in seiner Schrift *Die süditalienische Frage* enthalten.[94] Darin setzt sich Gramsci mit dem Problem der Klassenbündnisse auseinander: Das Proletariat kann nur in dem Maß siegreich sein und die Stabilität der neuen Ordnung garantieren, wie es ihm gelingt, die anderen ausgebeuteten Klassen für sich zu gewinnen – in erster Linie die Klasse der Bauern. Diese ist jedoch in einen historischen Block integriert, in dem die »mittlere Intelligenz« die Rolle von Propagandisten der von den »großen Intellektuellen« der herrschenden Klasse entwickelten bürgerlichen *Weltanschauung*[95] spielt. Um zu erreichen, dass sich der Bauer vom Grundbesitzer löst, muss sich eine neue Schicht von Intellektuellen herausbilden, die die bürgerliche Weltanschauung ablehnt (Gobetti, Dorso).

Die *Quaderni del carcere*, die *Gefängnishefte* sind die Fortführung und Erweiterung der Schrift über die süditalienische Frage. In ihnen untersucht Gramsci die Funktion der Intellektuellen in der Geschichte Italiens bis zur Einigung; er kritisiert die Philosophien, die die theoretische Grundlage der bürgerlichen Herrschaft bilden, und trägt seine eigenen Gedanken zur Entwicklung einer neuen, proletarischen Weltanschauung bei, einer neuen, der bürgerlichen entgegengesetzten Lebensauffassung, die im Bewusstsein der ausgebeuteten Klassen an deren Stelle treten muss. In den *Heften* bewegt Gramsci sich hauptsächlich in drei Richtungen: er analysiert die kulturellen Bewegungen der Vergan-

[94] Vgl. Kapitel 21 (d.Ü.).

[95] Deutsch im Original (d.Ü.).

genheit, kritisiert die Philosophie von Benedetto Croce und bekämpft die ökonomischen, mechanistischen und fatalistischen Deformationen des Marxismus.

Gramscis Originalität gegenüber anderen Marxisten liegt in seiner These, dass die wirkliche Stärke jedes historischen Herrschaftsblocks und überhaupt jeder Gesellschaftsordnung nicht nur auf der von der herrschenden Klasse ausgeübten Gewalt, sondern auch auf der Übereinstimmung der Regierten mit der Weltanschauung der herrschenden Klasse beruht. Die Philosophie der herrschenden Klasse ist durch eine Reihe von Vulgarisierungsprozessen zum »gesunden Menschenverstand«, d. h. zur Philosophie der Massen geworden, die die Sitten und institutionalisierten Verhaltensnormen der Gesellschaft akzeptieren, in der sie leben. Nun stellt Gramsci sich die Frage, *wie* es der herrschenden Klasse gelungen ist, den Konsensus der beherrschten Klassen zu gewinnen, und *wie* diese Klassen die alte Ordnung stürzen und eine neue Ordnung der universalen Freiheit errichten können. Gramsci geht es dabei nicht um eine abstrakte Analyse des Kapitalismus und der Ausbeutung im Allgemeinen. Er untersucht die konkrete Wirklichkeit Italiens; sein Hauptanliegen ist es, zu erkennen, wie der bürgerliche Staat in Italien entstanden ist und welche Funktion die Intellektuellen dabei hatten.

Warum hat im Risorgimento das Volk nur eine untergeordnete Rolle gespielt, so dass sich diese Bewegung als Errungenschaft der Monarchie und nicht als Volksbewegung dargestellt hat? Weil – so Gramsci – das Volk kein Nationalbewusstsein hatte. Kultur und Literatur der damaligen Zeit konnten dem italienischen Volk dieses Bewusstsein nicht vermitteln, da sie nicht »national-volkstümlich«, sondern einer kosmopolitischen Tradition verbunden waren – einer Tradition von Intellektuellen, die Ausdruck zweier übernationaler Institutionen war, nämlich von Kirche und Reich. Weil das Volk kein Nationalbewusstsein hatte und der Einigungsbewegung fernstand, konnten die Gemäßigten mit Cavour an ihrer Spitze die Führung des Einigungsprozesses übernehmen, ihn nach ihren eigenen Zielen ausrichten und schließlich einen neuen Staat gründen, in den erneut die Formen bürgerlicher Diktatur eingegangen sind. Der Erbfehler des italienischen Staates, die Ursache für seine Schwäche und für das Weiterbestehen reaktionärer Tendenzen liegt also im mangelnden »jakobinischen« Geist der Bewegung, die zu seiner Gründung geführt hat.

Benedetto Croce war der erste große Theoretiker der bürgerlich-demokratischen Weltanschauung nach der Einigung Italiens. Für Gramsci bestand sein Verdienst darin, dass er auf die Bedeutung des ethisch-politischen Moments in der Geschichte aufmerksam gemacht hat. Der idealistische Historizismus Croces entzog den damals gängigen mechanistischen, positivistischen und evolutionistischen Marxismusinterpretationen den Boden. Protagonist der Geschichte ist für Croce allein der

Mensch. Das Denken ist Anreiz zum Handeln, zur konkreten ethisch-politischen Aktion, also zur Schöpfung neuer Geschichte. Die Philosophie Croces betont gegenüber den deterministischen Theorien die aktive Rolle des Menschen in der Geschichte, die für Croce Schöpfung des Geistes ist. Deshalb könne Croces Philosophie Voraussetzung für eine Erneuerung des von Ökonomismus und fatalistischem Mechanizismus getrübten marxistischen Denkens sein. Von welchem Menschen aber spricht Croce? Meint er den geschichtlich determinierten Menschen, der in einer konkreten Wirklichkeit objektiver Bedingungen, in einem bestimmten Raum und einer bestimmten Zeit lebt? Nein, Croce meint den universalen Menschen als metaphysische Entität, nicht den Menschen als soziales Wesen, der in dreifacher Weise durch das Verhältnis zu sich selbst, zu den anderen Menschen und zur Natur bestimmt ist. Croce denkt in den Begriffen des Geistes, der Idee – die von den Menschen abstrahieren, wie sie im Rahmen ganz bestimmter Gesellschaftsverhältnisse leben und handeln. In Croces Historizismus steht der Mensch als Schöpfer der Geschichte in Wirklichkeit außerhalb der Geschichte. So bleibt der Historizismus Croces im Theologisch-Spekulativen stecken, während die Wirklichkeitsauffassung der Philosophie der Praxis von allen Überresten der Transzendenz und der Theologie befreit ist.

Gramsci bezeichnet Croce als den nationalen Führer der liberal-demokratischen Kultur. Der Historizismus Croces sei also nichts anderes als eine Form des gemäßigten Konservatismus, für den die einzige Methode politischen Handelns diejenige ist, in der sich die geschichtliche Entwicklung, der Fortschritt, aus der Dialektik von Bewahren und Erneuern ergibt. Im modernen Sprachgebrauch, so Gramsci, heißt diese Konzeption Reformismus. Aber dieser Historizismus der Gemäßigten und Reformisten sei durchaus keine wissenschaftliche Theorie, nicht der »wahre« Historizismus, sondern spiegele nur eine praktisch-politische Tendenz wider, eine Ideologie im schlechten Sinn. Warum muss das »Bewahren« nur auf ein bestimmtes Element der Vergangenheit zielen? Die Vergangenheit ist ein Komplex aus Lebendigem und Totem, aus dem die Auswahl nicht willkürlich, *a priori* von einem Individuum oder einer politischen Richtung getroffen werden kann. Eine solche Auswahl wie bei Croce (auf dem Papier) ist kein Historizismus, sondern ein Willkürakt, in dem eine einseitige praktisch-politische Tendenz zum Ausdruck kommt, die nicht die Grundlage einer Wissenschaft, sondern nur einer zweckbestimmten Ideologie sein kann. Croce möchte die Regeln des dialektischen Prozesses *a priori* festlegen, er möchte selbst bestimmen, was von der These (Vergangenheit) in der Synthese erhalten bleibt, wenn sie von der Antithese (Erneuerungsbewegung) überwunden worden ist. Und er sperrt den dialektischen Prozess in den Rahmen der liberalen Staatsform. Aber wie kann man fordern, ohne in Willkür zu verfallen und sich einem vorgefassten Plan unterzuordnen, dass die gegensätzlichen Kräfte ihren Kampf innerhalb bestimmter Grenzen halten sollen? In der wirklichen Geschichte, bemerkt Gramsci, verhält sich die Antithese notwendigerweise *radikal antagonistisch* zur These, bis sie diese vollständig *zerstört* und an ihre Stelle tritt. Die Synthese ist eine Überwindung der These, aber ohne dass man dabei *a priori* festlegen kann, was von der These in der Synthese erhalten bleibt. In der Geschichte könne man nicht nach »Punkten« zählen wie bei einem Boxkampf. Wer die historische Entwicklung als sportlichen Wettkampf mit Schiedsrichter und Fair-Play-Regeln auffasse, versuche nur auf die eine oder andere Weise, den Lauf der Geschichte eigenmächtig zu interpretieren, die Welt »an die Kandare zu nehmen«. Eine solche Geschichtsinterpretation entsprach den Interessen der herrschenden Klasse, und so ist es ganz natürlich, dass diese Klasse den gemäßigten und reformistischen Historismus Croces zu ihrer Ideologie gemacht hat, als auf die bürgerliche Diktatur der ersten Jahrzehnte unmittelbar nach der Einigung ein neuer bürgerlich-demokratischer Machtblock folgte. Croce war der Kopf der kulturellen Bewegung zur Erneuerung der alten politischen Formen, und seine Ägide brachte ein neues kulturelles Klima, eine neue Weltanschauung, die auf die Zustimmung der Beherrschten zielte. Die bürgerlich-demokratische Hegemonie konnte verwirklicht werden, weil die Staatsbürger sich diese neue Weltanschauung aneigneten. Gramsci nimmt ständig auf Croce Bezug; zum einen, weil er glaubt, dass eine Erneuerung des Marxismus von Croces Konzeption der Identität von Geschichte und Philosophie ausgehen muss. Zum anderen, weil der Einfluss dieses liberalen Philosophen zwinge, über die Funktion der großen Intellektuellen im realen Gesamtzusammenhang der bürgerlichen Gesellschaft *(società civile*[96]*)* und des Staates, sowie über das Moment der Hegemonie und des Konsensus als notwendige Form des konkreten historischen Blocks nachzudenken.

Zum ersten Punkt stellt Gramsci fest:

»Wie die Philosophie der Praxis die Übertragung des Hegelianismus in die Sprache des Historizismus war, so ist die Philosophie Croces in starkem Maße eine Rückübertragung des realistischen Historizismus der Philosophie der Praxis in eine spekulative Sprache [...] Jetzt muss man mit der philosophischen Konzeption Croces die gleiche Rückübertragung vornehmen, wie sie die frühen Theoretiker der Philosophie der Praxis, Marx und Engels, mit der Hegel'schen Konzeption vorgenom-

[96] Società civile (bürgerlich hier nicht identisch mit bourgeois). Für Gramsci umfasst der Staat die *società politica* (politische Gesellschaft: Regierung, Parlament, Rechtssprechung, Polizei) und die *società civile* (»bürgerliche« Gesellschaft als »Gesamtheit aller gemeinhin als ›privat‹ bezeichneten Organismen.« [Gramsci] – Vereine, Kirchen, Massenmedien, Schule usw.) (d.Ü.).

men haben. Dies ist die einzige fruchtbare Weise, die Philosophie der Praxis adäquat wiederzubeleben und sie (nachdem sie aufgrund unmittelbarer Notwendigkeiten des täglichen Lebens ›vulgäre‹ Formen angenommen hat) auf jene Höhe zu führen, die sie zur Lösung der komplexeren, durch die gegenwärtige Entwicklung des Kampfes gestellten Aufgaben erreichen muss. Das heißt, sie muss eine neue, integrale Kultur schaffen, die den Massencharakter der Reformation und der französischen Aufklärung und zugleich die klassische Qualität der griechischen Kultur und der italienischen Renaissance besitzt. Eine Kultur, die – um es mit den Worten Carduccis zu sagen – durch die Synthese von Robespierre und Kant, von Politik und Philosophie eine dialektische Einheit schafft, die nicht mehr nur einer französischen oder deutschen, sondern einer europäischen und internationalen sozialen Gruppierung zu eigen ist. Man muss das Erbe der klassischen deutschen Philosophie nicht nur sammeln und sichten, sondern zu neuem Leben erwecken. Dazu muss man mit der Philosophie Croces abrechnen, denn für uns Italiener heißt Erbe der klassischen deutschen Philosophie auch Erbe der Philosophie Croces, die heute auf Weltebene die klassische deutsche Philosophie weiterführt.«

Für Gramsci ist das Grundproblem, wie eine neue Weltanschauung entstehen kann, die (in der ersten Phase, der Eroberung des Staates) im Bewusstsein der beherrschten Klassen an die Stelle der alten Weltanschauung tritt und so den Konsensus des Volkes mit der liberalen Staatsform abbaut und nach der Machtergreifung dem proletarischen Staat die breitestmögliche Basis der Zustimmung sichert. Dann ist das Proletariat gleichzeitig *herrschende* und *führende* Klasse, wobei durch die »Herrschaft« die kapitalistischen Gruppen unterworfen und liquidiert werden, während durch die »intellektuelle und moralische Führung« alle die Gruppen für die Sache des Sozialismus gewonnen werden, die im Gegensatz zum Kapitalismus stehen. »Eine gesellschaftliche Gruppe« – so schreibt er – »kann schon führend (dirigente) sein, bevor sie die Regierungsgewalt erobert, ja sie muss es sogar sein, denn dies ist eine der Hauptbedingungen für die Eroberung der Macht. Wenn sie dann die Macht ausübt, wird sie zur *herrschenden* (dominanten) Klasse, aber auch wenn sie die Macht fest in der Hand hat, muss sie weiterhin führende Klasse bleiben.«

Erste Phase: Kampf zur Eroberung des Staates. Die Russische Revolution kann nach Gramscis Meinung im Westen nicht wiederholt werden. In Russland war der Bewegungskrieg, der schnell zur Entscheidung führende Blitzangriff möglich, weil die bürgerliche Gesellschaft *(società civile)* »wenig entwickelt und gallertartig« war, weil sich das Zarenregime nicht auf den Konsensus der Regierten stützte. In den westlichen Ländern dagegen, wo die intellektuelle und moralische Führung der Bourgeoisie der liberalen Staatsform den Konsensus großer

Massen verschafft hat, »ist der Staat ein vorgeschobener Schützengraben, mit massiv verbunkerten Festungsanlagen im Rücken«. Diese Festung besteht aus den Lebens- und Denkweisen, den Bedürfnissen, der Moral und den Sitten, die sich die Mehrheit der Bürger zu Eigen gemacht hat, indem sie sich der von der herrschenden bürgerlichen Klasse verbreiteten Weltanschauung angepasst hat. Dadurch wird die bürgerliche Gesellschaft »resistent gegenüber katastrophenhaften ›Einbrüchen‹ des unmittelbar ökonomischen Elements« (Krisen, Depressionen usw.). Deshalb ist in liberalen Ländern der Übergang vom Bewegungskrieg zum Stellungskrieg nötig, d. h. an die Stelle der bolschewistischen Strategie muss eine neue Strategie treten, die nicht mehr auf der bloßen Eroberung des Staates beruht, sondern auf die Einnahme der »massiv verbunkerten Festung«, der *società civile* abzielt, die Voraussetzung für die Eroberung und Erhaltung der Herrschaft ist.

»Mir scheint, Illici (Lenin) hatte verstanden, dass eine Wendung vom Bewegungskrieg, der 1917 im Osten siegreich war, zum Stellungskrieg nötig war, der im Westen der einzig mögliche ist [...] Nur hatte Illici nicht die Zeit, sein Konzept zu vertiefen, wobei man aber berücksichtigen muss, dass es nur eine theoretische Vertiefung hätte sein können, während die Hauptaufgabe national war, das heißt, sie erforderte die Erkundung des Terrains und die Bestimmung der Elemente der *società civile*.«

Wie schon in der *Süditalienischen Frage* erkundet Gramsci in den *Gefängnisheften* das italienische Terrain und bestimmt die »Schützengräben und Festungsanlagen«, die den bürgerlichen Staat stützen. Zu diesem Zweck untersucht er die geschichtliche Entwicklung Italiens vom Ende der Römischen Republik über die mittelalterlichen Stadtstaaten, die Reformation, die Renaissance, die Gegenreformation, bis zur italienischen Einigung im 19. Jahrhundert; er interpretiert die Vergangenheit nach der historizistischen Methode und untersucht die Kräfte, die in der italienischen Geschichte wirkten und die Gründung des Nationalstaates herbeiführten. Nach einer Analyse der verschiedenen kulturellen Strömungen Italiens und ihrer konkreten historischen Bedeutung nahm er sich die Philosophie Benedetto Croces vor, der er letzten Endes die Errichtung der »Bunkerstellungen« zuschrieb.

Aber genügt es, in diesem Stellungskrieg die »Festungsanlagen und Schützengräben« ausgemacht zu haben? Natürlich ist ein Kampf ohne vorherige Sondierung des Terrains nicht möglich. Dann aber braucht das angreifende Heer auch die nötigen Waffen, um den Angriff auszuführen. Das bedeutet, dass das proletarische Heer ideologisch gerüstet sein muss, dass es der bürgerlichen Weltanschauung eine andere Weltanschauung, eine neue Moral, neue Lebens- und Denkweisen entgegensetzen muss. Erst dann wird die Festung fallen und der neue, proletarische Staat entstehen, der sich auf die Zustimmung der Regierung stützt.

Zweite Phase: Ausübung der Macht. Lenin selbst – so schreibt Gramsci – hat in Widerspruch zu den verschiedenen »ökonomistischen« Tendenzen die Front des kulturellen Kampfes herausgestellt und die Lehre von der Hegemonie (Herrschaft plus intellektuelle und moralische Führung) als Ergänzung zur Theorie des Staates als Zwangsapparat (Diktatur des Proletariats) und als aktuelle Form der marxistischen Lehre entwickelt. Die Bedeutung dieser Theorie ist klar: Die Herrschaft (Zwang) ist eine Form der Macht, zu einem bestimmten Zeitpunkt eine historische Notwendigkeit; die Führung garantiert die Stabilität der auf breite Zustimmung gestützten Macht. »In dem Moment, da eine untere soziale Gruppierung wirklich autonom und führend wird und eine neue Staatsform hervorbringt, entsteht die konkrete Notwendigkeit, eine neue intellektuelle und moralische Ordnung, also eine neue Gesellschaft zu errichten. Daher »müssen die universalsten Begriffe, die subtilsten und wirksamsten ideologischen Waffen entwickelt werden.«

Der Entwicklung dieser Begriffe widmet Gramsci einen Großteil seiner Arbeit. Sein zentrales Thema ist, dem Begriff der Dialektik im Sinn von Hegel und Marx wieder zu seinem Recht zu verhelfen. Deshalb setzt sich Gramsci auf der einen Seite mit dem Idealismus Croces auseinander, der von der Logik nur spekulativen Gebrauch macht und die wirkliche Dialektik, die Dialektik der Dinge, durch die der Ideen ersetzt. So wird bei Croce – wie Gramsci sagt – »Geschichte zur formalen Geschichte, zur Geschichte der Begriffe und letztendlich der Intellektuellen, ja sogar zur autobiographischen Geschichte von Croces Denken zur Geschichte von Parasiten«. Auf der anderen Seite greift Gramsci mit gleicher Schärfe den traditionellen Materialismus an, der auf den Fehler des Idealismus (auf die Idee reduzierte Wirklichkeit) mit dem entgegengesetzten Fehler reagiert (auf Materie reduzierte Wirklichkeit), die Dialektik außer Acht lässt und den Lauf der Geschichte als Evolution begreift. Die wirkliche Geschichte, behauptet Gramsci, ist nicht Evolution, sondern totale Negation der These. Die Antithese modifiziert die These nicht einfach, sondern tendiert dazu, sie zu vernichten. Gramsci bezieht in seine Kritik auch den metaphysischen Materialismus ein, d. h. den Versuch Bucharins, zwischen Philosophie und Praxis, zwischen Philosophie als Geschichte der Dialektik (Dialektischer Materialismus) und der Lehre von der Geschichte und der Politik (Historischer Materialismus[97]) zu trennen.

»Im *Lehrbuch* fehlt jegliche Behandlung der Dialektik [...] Dieser Mangel kann zwei Ursachen haben. Zum einen könnte vorausgesetzt sein, dass die Philosophie der Praxis aus zwei getrennten Elementen besteht, einer als Soziologie konzipierten Theorie der Geschichte und der

[97] Es handelt sich um Nikolai Bucharins Theorie des *Historischen Materialismus. Allgemeinverständliches Lehrbuch der marxistischen Soziologie* (d.Ü.).

Politik [...] und einer Philosophie im eigentlichen Sinn. Diese wäre dann der philosophische, metaphysische oder mechanische (vulgäre) Materialismus. Auch nach der umfassenden Diskussion, die gegen den Mechanizismus geführt wurde, scheint der Verfasser des Lehrbuchs seinen philosophischen Ansatz kaum geändert zu haben [...] Er hält weiter an der Zweiteilung der Philosophie der Praxis fest. Einerseits die Lehre von Geschichte und Politik und andererseits die Philosophie, die er jedoch als dialektischen Materialismus bezeichnet, der nicht mehr der alte philosophische Materialismus sei [...] Die Wurzel aller Irrtümer des Lehrbuchs und seines Verfassers liegt gerade in diesem Anspruch, die Philosophie der Praxis in eine ›Soziologie‹ und eine systematische Philosophie aufzuspalten. Wird die Philosophie von der Theorie der Geschichte und Philosophie abgetrennt, kann sie nichts anderes als Metaphysik sein.«

Wie kann nun diese neue, proletarische Weltanschauung Verbreitung finden? Die mit der Arbeiterklasse organisch verbundenen Intellektuellen müssen die traditionellen Intellektuellen für die Sache des Sozialismus gewinnen und gleichzeitig die neue Weltanschauung zum »gesunden Menschenverstand« *(senso comune)* machen. Wenn auf diese Weise »Festungsanlagen« (kulturelle Führung) und »vorgeschobener Schützengraben« (Herrschaft) von der Hand der Bourgeoisie in die des Proletariats übergehen, kann die Hegemonie des Proletariats verwirklicht werden.

Der »kollektive Intellektuelle« der Arbeiterklasse ist die revolutionäre Partei, der »moderne Fürst«:

»Der moderne Fürst, der Mythos des Fürsten, kann nicht (wie der Fürst Machiavellis) eine wirkliche Person, ein konkretes Individuum sein; er kann nur ein Organismus, ein komplexes Element der Gesellschaft sein, in dem sich bereits ein anerkannter Kollektivwillen zu konkretisieren beginnt und teilweise in die Tat umgesetzt ist. Dieser Organismus ist bereits geschichtlich entstanden. Er ist die politische Partei, die Keimzelle eines kollektiven Willens, der dahin tendiert, universal und total zu werden. Der moderne Fürst muss Verkünder und Organisator einer intellektuellen und moralischen Erneuerung sein, die den Weg freimacht für eine Weiterentwicklung des nationalen Gesamtwillens des Volkes, hin zur Errichtung einer höheren und umfassenden Form moderner Zivilisation. Zwei grundlegende Punkte – die Bildung eines national-volkstümlichen Gesamtwillens, dessen Organisator und zugleich aktiv wirksamer Ausdruck der moderne Fürst ist, sowie die intellektuelle und moralische Ernennung – sollen die Arbeit strukturieren.«

Dies sind in groben Zügen die Hauptthemen der *Gefängnishefte*: Untersuchung der konkreten Wirklichkeit Italiens und theoretische Analyse dieser Untersuchung. Nicht alle Probleme sind gelöst, und in vielen Fragen konnte Gramsci bei seinen schlechten Arbeitsbedingungen auch nur zu einem vorläufigen Ergebnis kommen. (In einem Vorwort weist er selbst darauf hin.) Alle Probleme sind aber mit Originalität und Präzision dargestellt und enthalten so vielfältige Hinweise, dass es keine Zweifel über die Richtung geben kann, in die sie weiterzuentwickeln sind.

Die Hefte wurden von Tanja nummeriert, allerdings nicht in chronologischer Reihenfolge. Dennoch können sie zeitlich eingeordnet werden und zwar anhand von drei Kriterien: den Hinweisen, die Gramsci in einigen Briefen aus dem Gefängnis gibt; den in manchen Heften auf dem Umschlag oder in den Notizen enthaltenen Datumsangaben (z. B. »ich schreibe im November 1930«, »Heft angefangen im Jahr 1933« usw.); und den Daten der zitierten Zeitschriften. Die Hefte 16, 20, 9 und 13 stammen aus der ersten Zeit, nachdem er Schreibmaterial erhalten hatte (1920–30). Sie enthalten den Aufsatz über den X. Gesang von Dantes *Inferno*, Essays über die Intellektuellen und über das Bildungssystem, sowie Notizen über den historischen Materialismus, die Philosophie Croces und das *Allgemeinverständliche Lehrbuch* von Bucharin (die er später ausarbeitete). Wahrscheinlich aus derselben Zeit stammen die Hefte 15, 19 und 26, mit Übersetzungen aus dem Deutschen: Märchen der Gebrüder Grimm, der erste Teil des Buchs »Die Sprachstämme des Erdkreises« von Franz Nikolaus Finck, eine der amerikanischen Literatur gewidmete Sondernummer der Zeitschrift *Die literarische Welt*, die Gespräche Eckermanns mit Goethe, sowie Prosa und Gedichte von Goethe.

26

Giulia, die jetzt wieder in Moskau lebte, schrieb nur selten an Gramsci. Ihre eilig mit Bleistift auf ein Stück Papier geschriebenen, teils förmlichen, teils zärtlichen Briefe kamen oft nur in Abständen von Monaten. Gramsci litt sehr unter Giulias Verhalten:

»Nach so langer Zeit hat Giulia immer noch nicht geschrieben. Es kann nicht nur daran liegen, dass sie keine Zeit hat. Seit ungefähr vier Monaten hat sie mir nicht mehr geschrieben, und ich habe ihr inzwischen zwei Briefe geschickt und keine Antwort erhalten [...] Bevor ich nicht eine direkte Nachricht von ihr bekomme, bin ich nicht mehr imstande, ihr zu schreiben. Ich bin bestimmt nicht überempfindlich und kleinlich, aber manchmal denke ich, dass jemand, der mir nicht schreibt, es vielleicht auch deshalb nicht tut, weil er sich über meine Briefe und Nachrichten nicht mehr freut.«

Er konnte Giulias langes Schweigen, das manchmal wieder durch Briefe voller Zärtlichkeit unterbrochen wurde, nicht verstehen. Ihm erschien ein solches Verhalten unlogisch, und er fragte Tanja: »Wie ist Deiner Meinung nach ihr Brief zu deuten, in dem sie schreibt, sie hätte sich mir nach meinem Brief vom 30. Juli näher gefühlt, wo sie mir doch gerade nach diesem Brief vier Monate lang nicht geschrieben hat? Bisher ist es mir nicht gelungen, aus diesem Widerspruch schlau zu werden, und ich weiß nicht, ob mir das jemals gelingen wird.« In dem 1923 von Benedetto Croce herausgegebenen Buch von Silvio Spaventa *Dal 1848 al 1861, Lettere, scritti, documenti* (Von 1848 bis 1861, Briefe, Schriften, Dokumente) war er auf eine Stelle gestoßen, die seinen geistigen Zustand genau widerspiegelte. Es handelte sich um einen Brief, den der Patriot aus den Abruzzen aus der bourbonischen Gefangenschaft an seinen Vater geschrieben hatte:

»Von Euch habe ich seit zwei, von meinen Schwestern seit vier Monaten nichts mehr gehört. Seit einiger Zeit auch nichts mehr von Bertrando [...] Ich glaube nicht, dass ich von meiner Familie jetzt weniger geliebt werde als früher, aber Unglück hat gewöhnlich zwei Folgen: es lässt die Zuneigung zu denen erlöschen, die das Unglück erlitten haben; nicht selten aber tötet es auch in diesen selbst jede Zuneigung zu den anderen. Diese zweite Folge fürchte ich mehr als die erste.«

Er gab es auf, an Giulia zu schreiben. Natürlich äußerte Tanja, die selbst auch keine Nachricht von Giulia hatte, gegenüber Antonio alle möglichen Vermutungen, um ihre Schwester zu rechtfertigen. Aber seine Antworten waren schroff und abweisend:

»Bitte sage mir nicht, ich solle Giulia schreiben, denn sonst würde ich vielleicht nicht einmal mehr Dir schreiben. Glaube nicht, dass ich wütend bin – das war ich vor vier Monaten, und ich habe meine Wut in den Briefen ausgelassen, die ich Dir damals schrieb. Jetzt bin ich gleichgültig geworden. Auch mir erscheint es unglaublich, dass es so weit mit mir gekommen sein soll, und es tut mir leid, aber es ist nun einmal so, und ich selbst bin daran am wenigsten schuld, wenn man in solchen Dingen überhaupt von Schuld sprechen kann. Ich hatte eine Krise, die länger (viel länger) als ein Jahr dauerte und habe eine schlimme Zeit durchgemacht; jetzt bin ich eben unempfindlich geworden und will mich nicht länger herumquälen und wochenlang an Kopfschmerzen leiden. Ich bitte Dich, diese Dinge in Deinen Briefen nicht mehr zu erwähnen. Schicke mir Nachrichten, wenn Du welche bekommst, aber ermahne mich nicht mehr und halte mir keine Predigten.«

Zwischen Juli 1929 und Juli 1930 erhielt er von Giulia nur einen einzigen Brief. Das Gefühl, durch die Gefangenschaft vom Leben abgeschnitten zu sein, wurde in ihm immer stärker.

»Da ist einmal das Gefängnis, das aus den vier Zellenwänden, dem Fenstergitter, dem Luftschacht usw. besteht. Mit dieser Art Gefängnis hatte ich gerechnet – wenn mir auch von 1921 bis 1926 nicht die Gefangenschaft am wahrscheinlichsten erschien, sondern der Tod. Worauf ich nicht gefasst war, das ist die andere Gefangenschaft, die zu der ersten hinzukam; die Tatsache, dass ich nicht nur vom gesellschaftlichen Leben, sondern auch von meiner Familie abgeschnitten bin. Mit den Schlägen meiner Feinde musste ich rechnen, aber auf Schläge von anderen Seiten war ich nicht gefasst.«

Er wusste, dass Tanja dem nicht zustimmen konnte, denn diese tat alles, um ihn diese »andere Gefangenschaft« weniger spüren zu lassen; sie nahm Reisen und Aufenthalte in Turi auf sich, die sie bei ihrem Gesundheitszustand sehr anstrengten, sorgte unermüdlich für ihn und scheute dabei keine Kosten. Sie setzte sich so sehr für ihn ein, dass es manchmal schien, als lebe sie nur für sein körperliches und geistiges Wohl. Die Aufopferung Tanjas war Antonio natürlich nicht entgangen, und er empfand ihr gegenüber große Dankbarkeit. Tanjas Nähe erleichterte ihm die Haft, konnte aber nicht den Schmerz zum Schweigen bringen, den ihm Giulias Schweigen verursachte.

In dem Brief über die zwei Arten des Gefangenseins, der an Tanja gerichtet war, schrieb er dann auch: »Aber Du hast doch mich, wirst Du sagen. Du bist sehr lieb, und ich mag Dich sehr gern. Aber in solchen Dingen kann eine Person die andere nicht ersetzen.« Im August und September 1930 bekam er zwei Briefe von Giulia und antwortete:

»Ich habe mich sehr gefreut über das, was Du geschrieben hast: dass Du beim nochmaligen Lesen meiner Briefe aus den Jahren 1928 und 1929 gemerkt hast, wie wir in unseren Gedanken übereinstimmen. Ich möchte jedoch wissen, bei welcher Gelegenheit und worin Du diese Übereinstimmung speziell festgestellt hast. Unserem Briefwechsel mangelt es doch gerade an einem echten und konkreten Gedankenaustausch. Es ist uns nie gelungen, einen ›Dialog‹ anzuknüpfen. Unsere Briefe sind eine Reihe von ›Monologen‹, die oft nicht einmal in großen Zügen eine Übereinstimmung herstellen können.«

Er erzählte ihr einen skandinavischen Volkswitz, der ihm genau die Situation zwischen ihnen zu treffen schien: »In Skandinavien wohnen drei Riesen so weit voneinander entfernt wie hohe Berge. Nach Jahrtausenden des Schweigens ruft der erste Riese den beiden anderen zu: ›Ich höre das Muhen einer Kuhherde!‹ Nach 300 Jahren antwortet der zweite Riese: ›Ich habe das Muhen auch gehört!‹ Als wieder 300 Jahre vergangen waren, schimpfte der dritte: ›Wenn ihr weiter einen solchen Lärm macht, dann gehe ich!‹«

Auch viele politische Verbindungen waren abgerissen. Gramsci war von praktisch politischer Tätigkeit abgeschnitten, von seinen alten Kampfgenossen getrennt und wurde über die Linie der Internationale und die von ihr und den kommunistischen Parteien – besonders der italienischen – diskutierten Fragen nur spät und unzureichend informiert. Am meisten litt er aber unter der Tatsache, dass die neueste Linie der Komintern nach dem VI. Kongress (7. Juli–1. September 1928) und nach dem X. Plenum des Exekutivkomitees (Juli 1929) mit seinem Standpunkt nicht mehr übereinstimmte. Gramsci war von der Richtigkeit seiner Meinung überzeugt und dachte nicht daran, sie zu ändern. Noch in seiner letzten Rede im Zentralkomitee im August 1926, wenige Monate vor seiner Verhaftung, hatte er gesagt:

»Zwar ist es möglich, dass auf den Faschismus politisch die Diktatur des Proletariats folgt, da keine Partei oder Übergangskoalition imstande ist, die ökonomischen Bedürfnisse der Arbeiterklasse zu befriedigen, die sich mit großem Nachdruck in der politischen Szene bemerkbar machen werden, sobald die derzeitigen Verhältnisse zu Bruch gehen. Es ist jedoch nicht sicher, und nicht einmal wahrscheinlich, dass der Übergang vom Faschismus zur Diktatur des Proletariats unmittelbar erfolgt.«

Als Alternative für die Zeit unmittelbar nach dem Faschismus hielt Gramsci die bürgerlich-demokratische Lösung für wahrscheinlicher. Dementsprechend erschien ihm die Einheitsfront aller proletarischen und demokratischen Kräfte als richtige Taktik zum Sturz des Faschismus. In dieser Einheitsfront sollte die von der Kommunistischen Partei geführte Arbeiterklasse eine hegemoniale Stellung einnehmen. Der VI. Kongress erklärte jedoch die »rechte« Phase für abgeschlossen und begrub die Taktik der »Einheitsfront«. In dieser plötzlichen Wende spiegelten sich die harten Auseinandersetzungen innerhalb der russischen Partei wider. Stalin hatte mit Unterstützung Bucharins den Oppositionsblock (Sinowjew, Kamenew, Trotzki) liquidiert; nun aber musste er sich mit der abweichenden Position Bucharins auseinandersetzen, der sich mit Tomski und Rykow zur »Rechtsopposition« zusammengeschlossen hatte. Bucharin war seit 1926 Nachfolger von Sinowjew als Vorsitzender der Komintern. Auf dem VI. Kongress wurde das Amt des Vorsitzenden abgeschafft. Am 23. April 1929 wurde Bucharin dann vom Zentralkomitee der KPdSU aus dem Politbüro und dem Präsidium der Komintern ausgeschlossen. Aus der Diskussion um die russische Frage (und den damit verbundenen, von Stalin mit äußerster Härte geführten Machtkämpfen) ergab sich die Neuorientierung der Komintern, die sich auf folgende Thesen stützte: der Kapitalismus stehe kurz vor dem Zusammenbruch; der proletarische Protest nehme überall revolutionäre Formen an; nach der Beseitigung der bürgerlichen Macht müsse ohne bürgerlich-demokratische Zwischenphase unmittelbar die Diktatur des Proletariats errichtet werden; die Bourgeoisie bediene sich der Sozialdemokratie, um den revolutionären Kampf aufzuhalten, daher sei die Sozialdemokratie eine Form der bürgerlichen Herrschaft, also keine revolutionäre, sondern eine sozialfaschistische Partei. Die Richtlinien für die KPs lauteten daher: »autonome Aktion« – ohne jedes Bündnissystem – zur Bekämpfung des Kapitalismus; radikaler Kampf gegen die Sozialdemokratie; Kampf dem »Opportunismus«, wie alle Abweichungen von der Komintern-Linie genannt wurden. Diese Gleichsetzung der Sozialdemokratie mit dem Faschismus war sektiererisch und völlig unrealistisch. Sie beruhte nicht auf einer korrekten Analyse der Situation; was Italien betraf, war sie einfach absurd. Dort hatte die Reaktion das kämpferische Proletariat versprengt, durch Verhaftungen dezimiert und seiner politischen Organisationen und Zeitungen beraubt, so dass es den Kampf gegen den faschistischen Staat nicht weiterführen konnte, wenn es sich nicht mit dem ländlichen Halbproletariat und dem kleinen und mittleren Bürgertum verbündete, das dem Faschismus feindlich gegenüberstand. Die Kommunistische Partei Italiens konnte sich nur langsam und nicht problemlos mit der Linie der Komintern anfreunden. Togliatti, der die Notwendigkeit dieser Kursänderung immer wieder betonte, stieß bei vielen Führungskräften und einem beträchtlichen Teil der mittleren Kader auf taube Ohren. Am 3. März 1929 musste die von Togliatti geleitete und in Paris gedruckte Monatszeitschrift der KPI, *Lo Stato operaio*, zugeben: »Die Diskussion in unserem Zentralkomitee über die internationalen Fragen hat gezeigt, dass innerhalb des Zentralkomitees ähnliche Meinungsverschiedenheiten bestehen, wie sie im Hinblick auf die Annahme oder der Interpretation der Entscheidungen des VI. Weltkongresses in fast allen anderen Parteien der Internationale aufgetreten sind [...] Das Proletariat erhebt den Anspruch, nach dem Faschismus den Staat zu führen, denn die historische Alternative, vor der die italienische Gesellschaft steht, ist nicht die zwischen einem fortschrittlichen Kapitalismus (bürgerliche Demokratie) und einem mittelalterlichen Kapitalismus (Faschismus), sondern zwischen der Diktatur des Kapitals und der Diktatur des Proletariats.« Das X. Plenum des Exekutivkomitees der Komintern (Juli 1929) übte auf die italienische Partei noch stärkeren Druck aus. Mit der Amtsenthebung von Bucharin und Humbert-Droz sollte ein Exempel statuiert werden. *Stato operaio* wurde in seiner Juli/August-Ausgabe ziemlich deutlich:

»Der Kampf um die Erringung der Mehrheit ist nicht möglich, wenn wir nicht unsere Reihen konsequent säubern und uns von all denen befreien, die eine andere Ideologie als die unsere vertreten, die Zweifel, Unschlüssigkeit und Verwirrung in die Partei hineintragen wollen. Aus den Beschlüssen des X. Plenums haben die Führungsorgane unserer Partei eine Reihe sehr wichtiger Konsequenzen zu ziehen [...] Der Kampf gegen den Opportunismus muss in unserer Partei genauso hart geführt werden, wie er in den anderen Parteien der Internationale geführt worden ist, das heißt, er muss unnachgiebig bis zum Äußersten gehen.«

Wie wir in *Lo stato operaio* lesen, forderte das X. Plenum die italienische Partei auf, einige »Fehler« zu korrigieren, ihre politische Linie den Richtlinien der Komintern anzupassen und innerhalb der Führungsorgane wie in ihrer gesamten politischen Praxis den Rechtsopportunismus intensiver, entschiedener und wirkungsvoller zu bekämpfen. Im September wurde Angelo Tasca aus der Partei ausgeschlossen. Der Widerstand gegen die Linie der Internationale aber dauerte an, und im März 1930 spaltete sich das Politbüro der KPI. In dem zur Abstimmung vorgeschlagenen Dokument hieß es: »Durch den Druck, den der Faschismus ausübt, entsteht in gewissen Arbeiterkreisen die Meinung, dass es angesichts der Unmöglichkeit für das Proletariat, dem Faschismus ein rasches Ende zu bereiten, die beste Taktik sei, eine Bewegung der Bourgeoisie und des Kleinbürgertums zu unterstützen, deren Ziel die Beseitigung des Faschismus ohne proletarische Revolution ist.«

Diese Auffassung bezeichnete das Dokument als »vollkommen falsch«. »Eine bürgerlich-demokratische Opposition gegen den Faschismus [...] lenkt die Massen der Arbeiter nur vom revolutionären Kampf, von der Vorbereitung der Erhebung und des Bürgerkriegs ab.« Togliatti, Longo und Camilla Ravera stimmten für diese Resolution, der Leiter der illegalen Presse Alfonso Leonetti, der Gewerkschaftsführer Paolo Ravazzoli und der Leiter des Organisationsbüros Pietro Tresso lehnten sie ab. Grieco und Silone waren abwesend; den Ausschlag gab die Stimme von Pietro Secchia, obwohl er als Vertreter der Jugendorganisation nur beratende Funktion hatte. Ein paar Monate später, am 9. Juni 1930, wurden Leonetti, Tresso und Ravazzoli aus dem Politbüro und dem Zentralkomitee ausgeschlossen, gegen sie begann eine heftige Diffamierungskampagne. Alle sollten sich öffentlich von diesen drei Männern distanzieren. Auch auf Ignazio Silone, der selbst die Wende missbilligte, wurde Druck ausgeübt.[98]

---

[98] Silones letztes Buch »Uscita di Sicurezza« (Notausgang) enthält einen Bericht über diese wichtige Zeit wie auch über seine eigene Begegnung mit Togliatti in der Schweiz, bevor er aus der KPI ausgeschlossen wurde (d.Ü.).

War Gramsci über diese Ereignisse auf dem Laufenden? Welche Position vertrat er in dieser Kontroverse? Außer seinem Bruder Gennaro hätte niemand legal nach Italien einreisen, Antonio im Gefängnis besuchen und ihn nach seiner Meinung fragen können. Deshalb suchte Togliatti Kontakt mit Gennaro, der damals in Paris arbeitete, und gab ihm den Auftrag, Antonio über alles zu informieren und dann zu berichten, wie er dazu stand. Am 16. Juni sprach Gennaro im Gefängnis von Turi mit seinem Bruder.

Marcella und Maurizio Ferrara haben in einem Interview mit Togliatti berichtet: »Obwohl Gramsci die Kontroverse nicht in allen Einzelheiten, sondern nur in groben Zügen kennen konnte, gab er vom Gefängnis aus seine Zustimmung auch zu den strengsten innerparteilichen Maßnahmen.«

In Wirklichkeit war das Gespräch jedoch ganz anders verlaufen. Gennaro hatte es aber für besser gehalten, Togliatti eine falsche Version davon zu erzählen.

»Wir konnten ganz frei miteinander sprechen«, berichtete mir Gennaro. Der Unterhaltung wohnte ein sardischer Gefängniswärter aus Paulilàtino (einem Dorf in der Nähe von Ghilarza) bei. In der kurzen Zeit, die ihnen zur Verfügung stand, erzählte er Antonio alles, was ihm aufgetragen worden war. Antonio war darüber zutiefst bestürzt. Er stand auf der gleichen Linie wie Leonetti, Tresso und Ravazzoli und missbilligte deren Ausschluss. Er lehnte die neue Linie der Komintern ab, der Togliatti seiner Meinung nach zu voreilig zugestimmt hatte. Im Juli fand ein zweites Gespräch statt. Nachdem Gennaro seine Familie in Ghilarza besucht hatte, kam er wieder nach Turi. Er wurde von einem Schwarm Polizisten in Zivil überwacht. Sogar in der Trattoria, wo er mit Tanja aß, wurde er beobachtet. Diesmal wohnte dem Gespräch nicht ein einfacher Gefängniswärter bei, sondern ein Beauftragter des Gefängnisdirektors. Deshalb mussten sich Antonio und Gennaro auf rein familiäre Angelegenheiten beschränken. Dann kehrte Gennaro nach Paris zurück.

»Ich suchte Togliatti auf«, erzählt er mir, »und sagte ihm, dass Nino voll und ganz auf seiner Linie stünde.« Diese Haltung war mir unverständlich, und so fragte ich ihn, warum er so gehandelt habe. Gennaro verstand nicht, warum ich mich wunderte. Ihm war diese Antwort an Togliatti als die einzig richtige erschienen. Als Erklärung führte er an, er habe befürchtet, dass angesichts der harten Auseinandersetzungen und der Entschlossenheit der Gruppe um Togliatti, jeden aus der Partei auszuschließen, der von der Linie der Internationale abwich, auch Antonio des Opportunismus beschuldigt worden wäre, wenn man in Paris oder Moskau seinen wirklichen Standpunkt erfahren hätte. Deshalb habe er ihn gedeckt. »Hätte ich Togliatti eine andere Antwort gegeben, wäre auch Nino ausgeschlossen worden.«

Die Nachrichten, die ihm Gennaro überbracht hatte, beunruhigten Gramsci sehr. Am Tag nach dem ersten Besuch seines Bruders schrieb er an Tanja: »Vor kurzem hatte ich eine Unterredung mit meinem Bruder, und seit diesem Gespräch laufen meine Gedanken im Zickzack.« Das war nur natürlich. Auch nach reiflichem Überdenken der Probleme und Ereignisse änderte er seinen Standpunkt nicht. Gegen Ende des Jahres begann er sogar wieder mit der politischen Arbeit unter den Mitgefangenen und hielt während des täglichen Spaziergangs auf dem Hof einen politischen Schulungskurs ab.

Wie wir aus einem Bericht erfahren, den Athos Lisa im März 1933, kurz nach seiner Entlassung aus dem Gefängnis in Turi, für die Parteizentrale schrieb, hatte Gramsci sich vorgenommen, neue Parteikader heranzubilden, die nicht vom Sektierertum infiziert waren. Lisa:

»Er betonte immer wieder, dass die Partei von der Krankheit des Maximalismus befallen sei und dass seine politische Erziehungsarbeit unter den Genossen auch das Ziel habe, eine neue Zelle zu bilden, die den ideologischen Kurs der Partei korrigieren sollte. ›Zu viele in der Partei haben Angst vor Begriffen, die nicht zum alten maximalistischen Jargon passen‹, sagte er. ›Jeder taktische Schritt, der mit dem Subjektivismus dieser Träumer nicht übereinstimmt, wird als Abweichung von der revolutionären Strategie oder Taktik bezeichnet. So sprechen viele von der Revolution, ohne genau zu wissen, mit welchen Mitteln dieses Ziel zu erreichen ist. Sie sind nicht in der Lage, die Mittel auf die jeweilige historische Situation einzustellen. Im Allgemeinen macht man lieber große Worte als zu handeln, oder das eine wird mit dem anderen verwechselt.‹« Ein weiterer Bericht stammt von Giuseppe Ceresa: »Gramsci war über die Oberflächlichkeit einiger Genossen empört, die im Jahre 1930 erklärten, der Faschismus stünde kurz vor dem Zusammenbruch (in zwei oder drei Monaten, spätestens in diesem Winter sei er am Ende, behaupteten diese leichtfertigen Propheten) und die Diktatur des Proletariats werde unmittelbar auf die Diktatur des Faschismus folgen. Gramsci bekämpfte diese mechanistischen, abstrakten, mit dem Marxismus unvereinbaren Positionen, die hauptsächlich auf dem Faktor der ›Verelendung‹ begründet waren, den diese Genossen für entscheidend hielten, um die Massenbewegung zur proletarischen Revolution und zur Diktatur des Proletariats zu führen. Er sagte: ›Elend und Hunger mögen zu Aufruhr und Revolten führen, die das bestehende Gleichgewicht zerstören können, aber um das kapitalistische System zu vernichten, sind viele andere Voraussetzungen nötig!‹«

Togliatti hatte auf dem VI. Weltkongress der Komintern erklärt: »Wir behaupten, dass die Machtergreifung des Faschismus und die damit verbundene vollständige reaktionäre Umgestaltung der bürgerlichen Gesellschaft nicht die Perspektive einer zweiten bürgerlichen Revolution eröffnet, sondern Beweis dafür ist, dass die Zeit für die proletarische

Revolution reif ist, dass wir uns in der Phase der politischen Vorbereitung der proletarischen, und nicht einer bürgerlich-demokratischen Revolution befinden.« Demgegenüber berichtet Ceresa:

»Gramsci hatte seinen Glauben in die Kampfkraft der Massen nicht verloren, aber er täuschte sich auch nicht darüber hinweg, dass der bleierne Druck des Faschismus unvermeidlich zu einer starken Desorientierung geführt und den Kampfgeist geschwächt hatte, und er behauptete, dass die Massen unter diesen Bedingungen eher für ein demokratisches System zu gewinnen seien.«

An einer Reihe von Stellungnahmen aus dieser Zeit lässt sich derselbe grundsätzliche Unterschied zwischen den beiden Positionen nachweisen. So hatte *Lo Stato operaio*, das Sprachrohr der Gruppe um Togliatti, geschrieben:

»Wir schließen die Perspektive einer sogenannten ›Übergangsphase‹, also einer Periode der bürgerlich-demokratischen Revolution vor der proletarischen Revolution aus. Das heißt, dass wir nicht mit der Perspektive arbeiten können und dürfen, als werde den arbeitenden Massen und ihrer Avantgarde, dem Proletariat und der Kommunistischen Partei, eine gewisse Frist zugestanden, in der die Bewegung ganz oder fast legal wieder ihre Kräfte sammeln kann, ohne ständig vom Feind bedroht zu werden. Eine solche Periode, wie sie den Bolschewiki nach dem Sieg der bürgerlichen Revolution 1917 vergönnt war, werden wir nicht haben.«

Laut Ceresa behauptete Gramsci hingegen:

»Der Faschismus hat das Proletariat und das ganze italienische Volk zurückgeworfen; der Klassenkampf in Italien wird also in erster Linie die vom Faschismus zerstörten Freiheiten wieder herstellen [...] Der Druck der Massen könnte so stark sein, dass er auch den Teil der faschistischen Führungskräfte beeinflusst, die noch einen gewissen Kontakt zu den Arbeitern haben. Gleichzeitig wird die bürgerlich-antifaschistische Opposition aktiver werden, und die ›flankierenden Kräfte‹, die Vorteile aus dem Wiederaufleben der Massenbewegung ziehen wollen, werden zur Opposition übergehen, dabei aber auch versuchen, diese Bewegung im Rahmen des bürgerlichen Staates zu halten. Kann man also von einem direkten Übergang von der faschistischen Diktatur zur Diktatur des Proletariats sprechen? Nein, das ist nicht möglich, wenn man nicht in Schematismus verfallen will.«

Stato operaio:

»Immer wieder wird behauptet, dass sich die Bourgeoisie mit der Zuspitzung der wirtschaftlichen und politischen Krise der italienischen Gesellschaft vom Faschismus lossagen und aufgrund der gegebenen Situation ›antifaschistisch‹ werden würde. Dann würde sie einen Großteil der Institutionen, Regierungsmethoden usw. des derzeitigen reaktionären Systems in Italien beseitigen. Auf dieser Perspektive gründet sich das Bündnis der demokratischen Parteien und die Politik aller Demokraten. Zweifellos sind auch in manchen Schichten der italienischen Arbeiterklasse und vereinzelt sogar in unserer Partei solche Auffassungen vorhanden oder wirken zumindest in sie hinein [...] Eines können und müssen wir zugeben: eine Krisensituation entsteht nicht, ohne dass zumindest in einem Teil der herrschenden Klasse Panik oder zumindest ein Mangel an Vertrauen in die eigene Macht entsteht [...] Andererseits begingen wir aber einen schweren Fehler, wenn wir unserer Politik und unserer Arbeit die Perspektive zugrunde legten, dass diese Äußerungen von Unsicherheit und Panik zur Bildung eines bürgerlich-antifaschistischen Lagers führen werden, dass also die herrschende Klasse zum Antifaschismus übergehen wird [...] Der Faschismus ist heute so organisiert, dass er nur durch eine Massenbewegung mit revolutionärem Charakter zu schlagen ist, und es gibt in der Bourgeoisie oder im Kleinbürgertum keine Schicht, die den Willen oder die Fähigkeit hätte, eine solche Bewegung auszulösen.«

Gramsci (nach dem Bericht von Athos Lisa):

»Die Partei kann eine gemeinsame Aktion mit den antifaschistischen Parteien Italiens entwickeln. In Italien gibt es für eine Revolution zwei Möglichkeiten – eine wahrscheinlichere und eine weniger wahrscheinliche. Die wahrscheinlichere ist meiner Meinung nach die der Übergangsphase. Deshalb muss die Taktik der Partei auf diese Zielsetzung abgestimmt sein, ohne dass man befürchtet, wenig revolutionär zu erscheinen.«

Stato operaio:

»Das Bündnis der demokratischen Parteien und die Sozialdemokratie sprechen von ›Plutokratie‹, wenn sie ›Kapitalismus‹ und ›Imperialismus‹ meinen, von ›Paternalistischem Regime‹, wenn sie ›Staatskapitalismus‹, von ›Obskurantismus‹, und ›Dominanz mittelalterlicher Kräfte‹, wenn sie ›Reaktion‹ und ›Diktatur des Kapitals‹ meinen. Mit diesem Sprachgebrauch wollen sie die Arbeiterklasse darüber hinwegtäuschen, dass der Kampf für die proletarische Revolution, der Kampf gegen das kapitalistische System und für den Sozialismus die Aufgabe ist, vor die die Geschichte die Arbeiterklasse heute stellt, und dass dies *der einzig mögliche Inhalt des antifaschistischen Kampfes ist.* Jedes Zugeständnis, das wir auf diesem Gebiet an die politischen und historischen Positionen der Parteien des Bündnisses und an ihre zweideutigen und einschläfernden Phrasen machen, ist opportunistisch und bedeutet eine Abweichung von unserer politischen Linie.«

Gramsci (Bericht von Athos Lisa):

»Die Gewinnung von Bündnispartnern ist für das Proletariat eine äußerst delikate und schwierige Angelegenheit. Andererseits kann das Proletariat keine ernsthafte revolutionäre Bewegung in Gang setzen, wenn es keine Bündnisse eingeht. Berücksichtigt man die besonderen historischen Bedingungen, in deren Rahmen der politische Entwicklungsstand der Bauern und des Kleinbürgertums gesehen werden muss, dann kann man leicht verstehen, dass die Eroberung dieser Gesellschaftsschichten ein spezielles Vorgehen der Partei erfordert, die Schritt für Schritt diese Schichten für sich gewinnen muss. Es ist heute einfach, einem Bauern aus Süditalien oder einer anderen Region klar zu machen, dass der König keinen gesellschaftlichen Nutzen hat, aber es ist nicht so einfach, ihm verständlich zu machen, dass der Arbeiter den König ersetzen kann. Ebenso wenig glaubt er, dass der ›padrone‹ überflüssig ist und dass der Arbeiter an dessen Stelle treten kann. Der Kleinbürger und der wegen der ausgebliebenen Beförderung und den schlechten Lebensbedingungen unzufriedene Leutnant wird eher glauben, dass sich seine Verhältnisse in einem demokratischen System verbessern als in einem Rätesystem. Als Erstes müssen sich diese Schichten zur Frage der Verfassung und der Staatsform äußern. Jeder Arbeiter und sogar der rückständigste Bauer aus der Basilicata oder aus Sardinien hat inzwischen begriffen, wie nutzlos die Krone ist. Auf diesem Terrain kann die Partei gemeinsam mit den anderen Parteien aktiv werden, die in Italien gegen den Faschismus kämpfen.«

Gramscis Hauptargumente waren:

1. Auch unter günstigsten Bedingungen kann die Partei auf höchstens 6.000 Aktivisten zählen; 2. Die beste Taktik ist nicht die sektiererische Isolation der Partei, sondern die Suche nach Klassenbündnissen; 3. Die rückständigen Bauern und das unzufriedene Kleinbürgertum können für ein Bündnis mit der Arbeiterklasse gewonnen werden – jedoch nur für ein Zwischenziel, die Wiedererlangung der vom Faschismus abgeschafften Freiheiten. Deshalb sei es nötig, eine breite antifaschistische Volksbewegung zu initiieren und sich an ihre Spitze zu stellen. Gramscis Schlussfolgerung, wie sie von Ceresa berichtet wird, lautet daher: »Die Partei muss eine Lösung finden, die alle antifaschistischen Kräfte für diese Bewegung mobilisieren kann.« Gramscis Schulungskurs für die Genossen im Gefängnis dauerte einige Wochen. Nicht alle stimmten mit seinen Thesen überein. Athos Lisa z. B. und Angelo Scucchia nahmen einen anderen Standpunkt ein als er. »Nachdem die Meinungsverschiedenheiten zutage getreten waren«, berichtet Lisa, »forderte Gramsci jeden, der an der Diskussion beteiligt war, auf, die Frage zu überdenken und seine Meinung nach zwei Wochen noch einmal zu äußern. Diese Überprüfung der Frage kam nicht zustande, weil Gramsci aufgrund von falschen Informationen glaubte, dass die Diskussionen zwischen den Genossen nur dazu führen würden, die Partei zu zersplittern.« In Wirklichkeit waren es keine »falschen Informationen«.

Giovanni Lay berichtet:

»Die Diskussionen unter den Genossen im Gefängnis waren nicht immer rein politischer Art. Oft – meiner Meinung nach zu oft – waren sie nichts anderes als Klatsch und sogar Verleumdung, mit persönlichen Urteilen über Gramsci, die manchmal bis zur Verunglimpfung gingen. Ich war damals mit Bruno Spadoni und Angelo Scucchia zusammen in einer Zelle. Scucchia behauptete sogar, Gramscis Position sei sozialdemokratisch, er sei kein Kommunist mehr und aus Opportunismus zum Anhänger Croces geworden. Man müsse der Partei seine zersetzende Tätigkeit anzeigen und ihn aus der Gemeinschaft und vom Hofgang ausschließen. Spadoni und ich nahmen das anfänglich hin, in der Hoffnung, diesen Genossen wieder zur Vernunft bringen zu können, sagten ihm allerdings auch klar und deutlich, dass wir seine schändliche Haltung nicht unterstützen würden. Als wir merkten, dass nichts mehr zu machen war, sprachen wir mit Gramsci darüber. Er sagte uns sofort, dass auch in anderen Zellen die Diskussionen häufig in absurde Verleumdungen ausarteten und nur zur Feindschaft unter den Genossen führten.«

Die Stimmung war bis zum Äußersten gespannt. Weil Gramsci versuchte, die Genossen davon abzubringen, die Gefängniswärter zu beschimpfen, die meistens ehemalige Bauern waren und die strengen Gefängnisregeln nicht zu verantworten hatten, warfen ihm manche vor, die Gefängnisordnung zu ernst zu nehmen. Sie behaupteten sogar, er tue dies aus Angst, seine Privilegien, also das Recht auf Schreibmaterial und Bücher, zu verlieren.[99] Er sonderte sich ab. Einmal sagte er zu Lay:

»Mehrmals musste ich die undankbare Aufgabe übernehmen, den Lack abzukratzen, um zu sehen, was darunter steckt. Auch unter uns gibt es Menschen, die nach außen bedeutende Persönlichkeiten zu sein scheinen und in Wirklichkeit nur Schwätzer sind.«

[99] Auch dieser Bericht stammt von Lay. Gramsci schrieb am 28. März 1931 in einem Brief an seinen Bruder Carlo: »Weil ich die Gefängnisordnung absolut korrekt einhalte, habe ich andere Gefangene verärgert und persönliche Beziehungen abgebrochen.«

27

In einem Brief vom 3. September 1933 beklagt sich Gramsci: »Als mich Inspektor Saporiti besuchte, sagte er zu mir (ich weiß nicht, wie er zu dieser Behauptung kommt), dass meine Krankheit außer den physischen Ursachen auch psychische Gründe habe, u.a. das Gefühl, von meiner Familie im Stich gelassen worden zu sein (nicht in materieller Hinsicht, aber was bestimmte Aspekte des Gefühlslebens betreffe, die für einen Intellektuellen sehr wichtig seien).« Die zweieinhalb Jahre von Mitte 1930 bis Ende 1932 waren für Gramsci eine schlimme Zeit, die noch dadurch erschwert wurde, dass er kaum Post bekam. Giulia hatte einen schweren Nervenzusammenbruch erlitten. Antonio erfuhr davon Ende 1930, aber nicht von Giulia selbst, sondern durch Andeutungen, die sich erst nach und nach zu einem genaueren Bild zusammenfügten. Am 13. Januar 1931 schrieb er ihr:

»Erst jetzt weiß ich endlich über Deinen Gesundheitszustand Bescheid. Mir scheint, dass unsere Beziehung durch Dein Verhalten schließlich konventionell und kleinlich wird und jede Spontaneität verliert. Wenn wir uns so voreinander verschließen, wird unser Verhältnis gespannt und gereizt. Wir hatten uns doch versprochen, immer offen und ehrlich über alles zu sprechen, erinnerst Du Dich? Warum haben wir unser Wort nicht gehalten? [...] Natürlich bin ich sehr glücklich, wenn ich einen Brief von Dir bekomme: er füllt meine unnütze Zeit aus und durchbricht meine Abgeschiedenheit vom Leben und von der Welt. Aber wenn Du mir schreibst, musst Du es auch für Dich selbst tun, denn mir scheint, dass auch Du einsam und ein bisschen vom Leben abgeschnitten bist und dass Du diese innere Einsamkeit weniger fühlst, wenn Du mir schreibst.«

Giulias Krankheit war für ihn die Erklärung für ihr langes Schweigen; seine Briefe wurden wieder zärtlicher:

»Ich fühle meine Ohnmacht, Dir in irgendeiner Weise eine echte und wirksame Hilfe zu geben. Du erscheinst mir so schwach, dass ich Dich sofort mit einer Liebkosung trösten möchte. Aber dieses Gefühl einer unendlichen Zärtlichkeit für Dich steht in Widerstreit mit dem Bewusstsein, dass ich mich bemühen muss, Dich aus der Ferne mit kalten und ausdrucklosen Worten davon zu überzeugen, dass Du auch stark bist und die Krise überwinden kannst und musst. Ich denke, unser größtes Unglück war, dass wir zu wenig zusammen sein konnten und immer nur unter anormalen Bedingungen, abseits vom wirklichen und konkreten Alltagsleben. Unter den Bedingungen höherer Gewalt, unter denen wir jetzt leben, müssen wir versuchen, diese Mängel der Vergangenheit zu beheben, so dass die geistige Kraft unserer Verbindung erhalten bleibt und wir das Schöne, das wir trotz allem erfahren haben und das in unseren Kindern weiterlebt, nicht verlieren.«

Mitte Mai 1931 erhielt er einen langen Brief von seiner Frau. Dieser Brief war anders als die früheren und ließ erkennen, dass Giulia sich von der Krankheit erholt hatte. »Ich denke, dass mit diesem Brief eine neue Phase unserer Beziehung beginnt, und ich bin sehr glücklich darüber. Ich muss Dir gestehen, dass ich schon angefangen hatte, mich ›einzukapseln‹, und dabei war, borstiger als ein Stachelschwein zu werden. Jetzt weißt Du, dass Du mir helfen musst, wieder ein bisschen Oberwasser zu bekommen.«

Aber Giulia hüllte sich erneut in Schweigen, unterbrochen nur von eilig hingeschriebenen Mitteilungen, wenigen nichtssagenden Zeilen. Am 30. November des Jahres schrieb er ihr:

»Ich glaube an Deinem letzten Brief zu erkennen, dass auch Du fühlst, dass etwas nicht stimmt mit unserer Korrespondenz, die so unregelmäßig, zusammenhanglos und monatelang ganz unterbrochen ist. Das Schlimme daran ist, dass ich keine Möglichkeit finde, dies zu ändern. In den langen Pausen zwischen Deinen Briefen denke ich über diese Situation nach, die so ganz anders ist, als ich es mir nach meiner Verhaftung vor fünf Jahren vorgestellt hatte. Damals glaubte ich, dass in unserem Leben noch eine gewisse Gemeinsamkeit möglich sei und dass Du mir helfen würdest, nicht ganz den Kontakt mit der Welt und dem Leben zu verlieren, wenigstens mit Deinem Leben und dem der Kinder. Jetzt scheint es mir aber – und das sage ich, auch wenn es Dir weh tut –, dass Du dazu beigetragen hast, meine Isolation noch schlimmer zu machen, weil sie mir durch Dich noch schmerzlicher bewusst wurde. Oft betonst Du in Deinen Briefen, dass wir ›enger verbunden und stärker‹ sind; aber mir scheint, dass gerade das immer weniger wahr ist und dass Du selbst daran zweifelst und gegen Deine Zweifel ankämpfst, indem Du diese Behauptung wiederholst. In Wirklichkeit weiß ich überhaupt nichts von Dir, nicht einmal ob Du wieder angefangen hast zu arbeiten. Deine Briefe sind äußerst vage. Ich kann mir Dein Leben gar nicht vorstellen. So oft habe ich versucht, einen Dialog mit Dir zu beginnen, ich habe Dir Fragen gestellt und Dir angedeutet, was mich am meisten interessiert. Ich habe aber nicht den geringsten Erfolg gehabt, und deshalb bin ich jetzt in diesem Zustand, in dem es mir schmerzlich und schwer ist, Dir zu schreiben. Dieser Brief ist ein weiterer Versuch, zwischen uns wieder eine Verbindung herzustellen, und ich glaube, dass es noch nicht zu spät dafür ist.«

Auf beiden Seiten gab es jedoch, wenn auch in unterschiedlichem Maß, psychologische Schwierigkeiten, die nicht so leicht zu lösen waren. Während Antonio litt, weil er glaubte, Giulia habe ihn vergessen, war sie darüber verbittert, dass sie in einer schwierigen Phase ihres Lebens allein gelassen worden war (wo doch Tanja zu ihr nach Moskau hätte kommen können, um ihr zu helfen). Durch diesen Groll auf beiden Seiten spitzte sich die Krise in ihrer Beziehung zu.

Auch die anderen Angehörigen Antonios waren nicht so beständig, wie er es sich gewünscht hätte. 1928 war die Beziehung mit Mario abgebrochen, und es kamen keine Briefe mehr aus Varese. Gennaro hatte ihm bei seinen Besuchen in Turi im Juni und Juli 1930 versprochen, oft zu schreiben. Bald danach kam ein stark zensierter Brief aus Namur, dann hörte Antonio nichts mehr von ihm. Carlo war selbst in großen Schwierigkeiten. Er hatte sein Schuhgeschäft in Ghilarza schließen müssen; dann hatte er lange Zeit in der Molkerei von Macomer gearbeitet und bei den ersten Rationalisierungsmaßnahmen auch diese Stelle verloren. Er besuchte Nino zwischen Ende September und Anfang Oktober 1930; aber seit er wieder in Ghilarza war, schrieb auch er nicht mehr. »Carlo hat mir seit seinem Besuch in Turi nicht mehr geschrieben (jedenfalls habe ich keinen Brief von ihm erhalten).« – »Liebste Mutter, ich kann mir nicht erklären, was geschehen ist. Carlo hat mir seit drei Monaten nicht mehr geschrieben [...] Ich habe mir gedacht, dass er meinetwegen vielleicht Ärger gehabt hat und dass er beunruhigt oder unschlüssig ist und es mir nicht erklären will oder kann.« Antonio bemühte sich, eine Stelle für Carlo zu finden. Piero Sraffa, der seit einigen Jahren Dozent für Volkswirtschaft in Cambridge war, hatte Antonio schon bei mehreren Gelegenheiten seine treue Freundschaft bewiesen und ihm geholfen. Er hatte Delio Spielsachen nach Rom geschickt und bezahlte die Bücher, die Gramsci seit seiner Verbannung in Ustica bei einer Mailänder Buchhandlung bestellte. Vielleicht konnte er auch eine Stelle für Carlo finden. Antonio wandte sich deshalb an ihn, und am 26. Januar 1931 schrieb er an seinen Bruder:

»Eine Zeitlang war ich überzeugt, Du seist nach Mailand gezogen, und deshalb begriff ich gewisse Andeutungen Tanjas über Deinen Aufenthalt in Rom nicht; rein zufällig, ich glaube, aus einem Brief von Grazietta, habe ich erfahren, dass Du wieder in Ghilarza bist. Eine Zeitlang erschien mir das alles sehr geheimnisvoll, und ich machte mir Sorgen um Dich. Warum? Ich befürchtete, dass die Polizei in Mailand Dir, bloß weil Du Gramsci heißt, ein paar üble Streiche gespielt habe – trotz Deiner Papiere und Deiner Meinungen und der polizeilichen Informationen aus Cagliari. Ich weiß sehr gut, was ich sage, und habe am eigenen Leib gespürt, welche Beharrlichkeit diese Mailänder Polizei mir gegenüber an den Tag gelegt hat.«

Aber Carlo war in Wirklichkeit schon seit dem Winter in Mailand und arbeitete bei der Textilfirma Snia Viscosa. Im März besuchte er Antonio. Am 28. März forderte dieser ihn noch einmal auf, regelmäßig zu schreiben. »Aus den Gründen, die ich Dir schon bei unserem Gespräch mitgeteilt habe, möchte ich, dass Du mir, wenigstens so lange Du in Mailand wohnst, etwas häufiger schreibst, wie es Dir geht und wie Du lebst.« Lange Zeit antwortete Carlo nicht. »Carlo hat mir immer noch nicht geschrieben; wenn Du seine Adresse hast, schreibe ihm, dass mich sein Verhalten sehr getroffen hat. Auch an Mutter schreibt er nicht, obwohl er weiß, wie schlecht es ihr geht.«

Er wartete darauf, dass ihm wenigstens die Schwestern schreiben würden.

»Auch von zu Hause haben sie mir seit mindestens einem Monat nicht mehr geschrieben. Mama kann nicht mehr schreiben, und meine Schwestern haben viel zu tun; außerdem kenne ich ihr Leben, weil ich es lange genug geteilt habe, und ich kann mir gut vorstellen, wie die Dinge laufen. Mama wird sich jeden Tag beschweren, weil mir niemand schreibt – und weil deshalb auch ich nicht schreibe. Dann werden alle versprechen [...] morgen zu schreiben. Jeder aber denkt, der andere wird es schon tun, und so geht es eine Zeitlang weiter. Ein ziemlich komisches Leben – ein bisschen wie bei den Chinesen –, und ich erinnere mich, dass ich es früher auch nicht anders gemacht habe.«

Manchmal beklagte er sich bei der Mutter:

»Warum lasst Ihr mich denn so lange ohne Nachricht? Selbst wenn man Malariafieber hat, kann man ein paar Zeilen schreiben, und ich gebe mich ja mit einer Ansichtskarte zufrieden. Ich werde auch älter, verstehst Du, und damit auch nervöser, reizbarer und ungeduldiger. Ich denke, an einen Gefangenen schreibt man entweder aus Gleichgültigkeit nicht oder aus Mangel an Einfühlungsvermögen. Bei Dir und den anderen kann ich mir nicht vorstellen, dass Ihr gleichgültig seid. Ich glaube vielmehr, dass es Eure mangelnde Vorstellungskraft ist. Ihr könnt Euch kein genaues Bild vom Leben eines Gefangenen machen und versteht nicht, welche Bedeutung der Briefwechsel für ihn hat, dass er seinen Tag ausfüllt und dem Leben noch einen gewissen Reiz verleiht. Ich spreche nie über die negativen Seiten meines Lebens, vor allem, weil ich nicht bedauert werden will. Ich war ein Kämpfer, dem im unmittelbaren Kampf kein Glück beschieden war, und ein Kämpfer soll und darf nicht bedauert werden, wenn er freiwillig und bewusst gekämpft hat und nicht, weil er dazu gezwungen worden ist. Das heißt aber nicht, dass es nicht sehr bedrückende negative Seiten in meinem Gefängnisleben gibt, und wenigstens die Menschen, die mir lieb sind, sollten es mir nicht noch schwerer machen.«

Die Klage galt aber nicht der Mutter, von der er wusste, dass sie nicht in der Lage war, ihm zu schreiben, sondern den Schwestern Grazietta, Teresina und der damals elfjährigen Nichte Mea.

Über einen Brief, den die Mutter Teresina diktiert hatte, war Antonio sehr gerührt. Er schrieb zurück:

»Ich habe den Brief erhalten, den Teresina für Dich geschrieben hat. Du musst mir öfters auf diese Weise schreiben. In dem Brief habe ich Dein Wesen und Deine Art zu denken gespürt; es war wirklich ein Brief von Dir und nicht von Teresina. Ich erinnere mich wieder ganz deutlich an die Zeit, als ich in die erste oder zweite Klasse der Grundschule ging und Du meine Schulaufgaben durchgesehen hast. Ich konnte mir nie merken, dass *uccello* mit zwei *c* geschrieben wird, und Du hast mir diesen Fehler mindestens zehnmal korrigiert. Wenn Du uns geholfen hast, schreiben zu lernen, dann ist es nur gerecht, dass einer von uns Dir seine Hand leiht, wenn Du selbst zu schwach zum Schreiben bist [...] Im Übrigen kannst Du Dir gar nicht vorstellen, wie viele meiner Erinnerungen mit Deiner Güte und Zärtlichkeit für uns verbunden sind. Wenn Du es recht bedenkst, ist die ganze Geschichte von der Seele und der Unsterblichkeit der Seele, oder vom Paradies und der Hölle im Grunde genommen nur ein Ausdruck der einfachen Tatsache, dass jede unserer Handlungen, ob gut oder böse, in einer immerwährenden Bewegung auf die anderen übergeht: vom Vater auf den Sohn, von einer Generation auf die andere. Weil alle unsere Erinnerungen an Dich mit Deiner Güte und Stärke verbunden sind und Du Deine ganze Kraft eingesetzt hast, um uns aufzuziehen, bist Du schon längst in dem einzigen Paradies, das wirklich existiert, und das für eine Mutter, denke ich, im Herzen ihrer Kinder liegt. Was meinst Du dazu?«

Obwohl wenige Briefe aus Ghilarza kamen, erfuhr Gramsci mehr von seinen Angehörigen aus Sardinien, als von seiner Frau und den Kindern in Moskau. »Bestimmt kenne ich die Kinder von Teresina besser. Sie haben mir oft geschrieben, und Teresina hält mich über sie auf dem Laufenden, so dass ich ihnen antworten kann – auch weil ich ihre Lebensweise aus eigener Erfahrung kenne. Dagegen kann ich mir vorstellen, dass ich für Delio eine Art fliegender Holländer sein muss.« Er mochte alle Kinder der Familie sehr gern und bemühte sich nach Kräften, ihre Entwicklung zu verfolgen und Ratschläge zu geben. So schrieb er einmal an Teresina:

»Franco scheint sehr aufgeweckt und intelligent zu sein; ich denke mir, dass er schon fließend sprechen kann. Welche Sprache spricht er? Ich hoffe, dass Ihr ihn sardisch reden lasst und ihm diesbezüglich keinen Ärger macht. Ich habe es für einen Fehler gehalten, dass Ihr Edmea als kleines Kind nicht ungehemmt sardisch habt sprechen lassen. Das hat ihrer geistigen Entwicklung geschadet und ihrer Phantasie eine Zwangsjacke angelegt [...] Ich rate Dir wirklich von Herzen, nicht in diesen Fehler zu verfallen, sondern Deine Kinder so ›sardisch‹ werden zu lassen, wie sie wollen, und ihrer spontanen Entwicklung in der natürlichen Umwelt, in der sie geboren sind, nichts in den Weg zu stellen.«

Oft verbrachte er seine Zeit in der Zelle damit, die Fotografien aller Kinder der Familie zu vergleichen und Ähnlichkeiten und Unterschiede zwischen seinen eigenen Kindern (Delio und Giuliano), den Kindern von Teresina (Franco, Mimma und Diddi) und der Tochter von Gennaro (Mea) herauszufinden.

»Meine Schwester Teresina hat mir geschrieben und mir eine Fotografie von ihrem Sohn Franco geschickt, der einige Monate jünger als Delio ist. Meiner Meinung nach sehen sich die beiden überhaupt nicht ähnlich, während Delio große Ähnlichkeit mit Edmea hat. Franco hat keine Locken und wahrscheinlich dunkelbraunes Haar, außerdem ist Delio bestimmt hübscher.« – »Es hat mich sehr erstaunt, dass Franco – wenigstens nach der Fotografie – niemandem aus unserer Familie gleicht. Er sieht wohl Paolo Paulesu, dem Mann von Teresina und seiner Verwandtschaft aus dem Campidano ähnlich, die vielleicht sogar *maureddina* (maurischer Abstammung) ist. Und wem gleicht Mimi?« – »Tanja hat mir vor ein paar Wochen einige Fotografien von Teresinas Kindern geschickt, die mir sehr gefallen haben. Mimi hat wirklich eine starke Ähnlichkeit mit Emma, als sie klein war. Es ist übrigens erstaunlich, wie deutlich man diesen Kindern ansieht, dass sie zu unserer Familie gehören (auch Delio und Giuliano haben diese Züge in sehr ausgeprägter Form). Man glaubt, Gesichter vor Augen zu haben, die man schon oft gesehen hat und die an längst vergangene Zeiten erinnern. Diddi sieht aus wie Teresina, als wir noch in Sòrgono wohnten und zu den Nonnen in den Kindergarten gingen; nur ist ihr Haar nicht blond und lockig wie das von Teresina. Auf der letzten Fotografie, die ich von Delio bekommen habe, glaubte ich, Mario wiederzusehen, als er acht war, und Giulianos Gesichtszüge erinnern mich an Nannaro und vor allem an Onkel Alfredo.«

Gramsci war krank und litt an Schlaflosigkeit. Im Oktober 1930 berichtete er: »Nur zwei Nächte habe ich fünf Stunden lang geschlafen, neun ganze Nächte überhaupt nicht, und die anderen Nächte weniger als fünf Stunden. Das sind im Durchschnitt kaum mehr als zwei Stunden pro Nacht.« Oft wurde sein Schlaf gestört. Giovanni Lay erinnert sich: »Gramsci hatte die erste Zelle auf dem Gang im ersten Stock, wo sich Tag und Nacht der ganze Verkehr zu den anderen Abteilungen und zur Krankenstation abspielte. Nur wenn gerade ein weniger geschäftiger Wärter Dienst hatte, war es etwas leiser, und Gramsci wurde nicht so stark vom Lärm belästigt.« Oft fühlte er eine große Leere in sich: »Ich schlafe wenig, und eine große Lustlosigkeit hat mich befallen. Nicht einmal das Lesen reizt mich. Wie man in Sardinien sagt, krieche ich in der Zelle herum wie eine Fliege, die einen Platz zum Sterben sucht.«

»Seit einigen Monaten bin ich sehr vergesslich. Seit einiger Zeit habe ich nicht mehr wie früher diese starken Migräneanfälle (die ich ›absolute Migräne‹ nennen würde), aber dafür leide ich relativ noch mehr an einem permanenten Zustand, den man als Verflüchtigung des Gehirns bezeichnen könnte: allgemeine Müdigkeit, Benommenheit, mangelnde Konzentrationsfähigkeit, Gedächtnisschwund usw.«

Sieben Tage nach diesem Brief, am 3. August 1931 um ein Uhr nachts, hatte er einen Blutsturz. Erst viel später schrieb er darüber an Tanja, im kühlen Ton eines Berichterstatters: »Es handelte sich nicht um einen fortgesetzten und unaufhaltsamen Blutsturz, wie andere ihn mir beschrieben haben. Ich hörte beim Atmen ein rasselndes Geräusch, wie bei einer Erkältung, dann musste ich husten, und mein Mund füllte sich mit Blut. Der Husten war nicht stark und heftig, sondern so, wie wenn man einen Fremdkörper im Hals hat; es war kein andauernder, krampfartiger Hustenanfall, sondern der Husten kam in einzelnen Stößen. Das dauerte bis gegen vier Uhr, und in dieser Zeit spuckte ich 250–300 Gramm Blut.«

Er schrieb noch ein paar Einzelheiten und schloss dann, immer noch in diesem distanzierten Ton: »Ich denke, Dir alle nötigen Informationen geliefert zu haben. Ich füge hinzu, dass ich nicht sonderlich geschwächt bin und dass die Sache keine psychischen Auswirkungen gehabt hat [...] Wie Du siehst, besteht kein Grund zur Besorgnis, wenn auch, wie der Arzt sagt, eine weitere ›Beobachtung‹ nötig ist.« Seinen körperlichen Verfall schätzte er, zumindest in dieser Phase, als nicht sehr dramatisch ein.

Viel mehr litt er unter den seelischen Folgen der immer stärkeren Entfremdung von Giulia, der unregelmäßigen Korrespondenz mit der Familie, den ideologischen Zerwürfnissen mit den früheren Kampfgenossen und einigen mitgefangenen Kommunisten und unter den Diffamierungen, zu denen die Meinungsverschiedenheiten nicht selten führten. In dem Brief, den er am 3. August an Tanja schrieb, stand kein Wort über den Blutsturz, den er in der Nacht zuvor gehabt hatte. Ein anderer Gedanke quälte ihn viel mehr:

»Du darfst nicht glauben, dass mich das Gefühl, persönlich isoliert zu sein, in Verzweiflung oder in einen anderen tragischen Gemütszustand versetzt. Um im Leben auch unter den schlechtesten Bedingungen stark zu sein, habe ich eigentlich nie eine moralische Stütze von außen gebraucht. Umso weniger heute, wo ich fühle, dass meine Willenskraft ein höheres Maß an Konkretheit und Festigkeit erlangt hat. Aber während ich früher fast stolz darauf war, ganz allein zu sein, fühle ich jetzt, wie kläglich, leer und beschränkt ein Leben ist, das ausschließlich aus dem Willen besteht.«

Im gleichen Brief schrieb er auch über seine Arbeit. Es fiel ihm immer schwerer, die Themen, die er sich vorgenommen hatte, systematisch und gründlich zu bearbeiten. Am 17. November des Vorjahrs hatte er an Tanja geschrieben:

»Ich habe mich für drei oder vier Hauptthemen entschieden. Eines davon ist die kosmopolitische Funktion, die die italienischen Intellektuellen bis zum 18. Jahrhundert hatten. Das Thema gliedert sich in viele Bereiche: Rinascimento, Machiavelli usw. Wenn ich die Möglichkeit hätte, das nötige Material zu Rate zu ziehen, könnte ich wohl ein wirklich interessantes Buch schreiben, wie es bisher noch nicht vorliegt. Wenn ich Buch sage, meine ich damit eine Einführung zu einer Reihe von Monographien, denn das Problem stellt sich in den verschiedenen Epochen unterschiedlich dar, und meiner Meinung nach müsste man bis zur Zeit des Römischen Reichs zurückgehen. Inzwischen mache ich Notizen, auch weil die Lektüre des relativ spärlichen Materials, das mir zur Verfügung steht, an früher Gelesenes erinnert.«

Im Brief vom 3. August kommt er wieder auf diese Schwierigkeiten zurück:

»Man kann sagen, dass ich kein richtiges Studien- und Arbeitsprogramm mehr habe, und das musste natürlich so kommen. Ich hatte mir vorgenommen, über eine Reihe von Fragen nachzudenken, aber an einem bestimmten Punkt hätten diese Reflexionen in die Phase der Dokumentation übergehen müssen, das heißt in eine Phase der Arbeit und Ausarbeitung, für die man große Bibliotheken benötigt. Das bedeutet nicht, dass ich meine Zeit völlig vergeude, aber ich habe einfach nicht mehr diesen großen Wissensdrang auf bestimmten Gebieten – zumindest für den Augenblick. Man muss aber auch berücksichtigen, dass die Gewohnheit strenger philologischer Disziplin, die ich mir während meiner Studienzeit angeeignet habe, mich (vielleicht) übertrieben gewissenhaft gemacht hat.«

Tanjas Antwort ließ nicht auf sich warten: »Wenn man eine *vollkommene* Geschichte der Intellektuellen schreiben will, muss man natürlich eine große Bibliothek zur Verfügung haben. Aber warum willst Du sie nicht vorläufig unvollkommen schreiben und sie später vervollständigen, wenn Du freien Zugang zu den Bibliotheken hast?« In Wirklichkeit ließ sich Gramsci auch von den objektiven Arbeitsschwierigkeiten im Gefängnis nicht entmutigen. Am 7. September antwortete er Tanja:

»Glaube nicht, dass ich meine Studien aufgeben werde oder den Mut verliere, weil ich meine Untersuchungen über einen bestimmten Punkt nicht hinausführen kann. Ich habe eine gewisse Erfindungsgabe immer noch nicht verloren: Alles Wichtige, das ich lese, regt mich zu Überlegungen an, wie ich einen Artikel über dieses Thema aufbauen könnte. Ich denke mir einen witzigen Vorspann und Schluss aus und eine Reihe von schlagkräftigen Argumenten, und so vergnüge ich mich auf meine Weise. Natürlich schreibe ich solche Teufeleien nicht auf. Ich beschränke mich auf philologische Themen, solche, von denen Heine schrieb: sie waren so langweilig, dass ich einschlief, aber die Langeweile war so groß, dass ich davon wieder aufwachte.«

Wenn er mit seiner Arbeit nicht vorankam, weil ihm die Bücher fehlten, übersetzte er Texte von Gogol, Turgenew, Dostojewski, Tschechow und Tolstoi ins Italienische. Aber die Intellektuellen ließen ihn nicht los. Er wollte unbedingt in den Besitz der nötigen Bücher kommen und entschloss sich deshalb sogar, einen Antrag an den Regierungschef zu stellen. Der Entwurf dazu befindet sich im 14. Heft:

»Der Unterzeichnete hat im Rahmen der Gesetze und der Gefängnisordnung mit Genehmigung von höchster Stelle versucht, die Zeit der

Haft damit auszufüllen, Aufzeichnungen für eine Geschichte der Entstehung und Entwicklung der italienischen Intellektuellengruppen zu machen. In letzter Zeit sind anscheinend Probleme nicht genau zu bestimmender Art aufgetaucht, die aber gerade deshalb umso schwieriger zu lösen sind. Der Unterzeichnete bittet daher Seine Exzellenz, ihm die Genehmigung zur Fortführung seiner Arbeit zu erteilen.«

Er setzte die Arbeit im Rahmen seiner Möglichkeiten fort, sammelte kurze Notizen und Anmerkungen, also das Material für die Essays, die er später in einer bestimmten Ordnung schreiben wollte. Auf den ersten beiden Seiten des 28. Hefts (1932 beendet) schrieb er unter der Überschrift: *Notizen und Anmerkungen zur Geschichte der italienischen Intellektuellen* als Erklärung zu den Themen und der Art seiner Arbeit:

»1. Diese Notizen und Stichpunkte haben provisorischen Charakter; 2. Sie können einzelne Essays, aber keine zusammenhängende Arbeit ergeben; 3. Es ist noch nicht möglich, zwischen dem Hauptteil und dem ergänzenden Teil der Ausführungen, also zwischen dem ›Text‹ und den ›Fußnoten‹ zu unterscheiden; 4. Viele Behauptungen sind nicht nachgeprüft. Man könnte sie als ›erste Annäherung‹ bezeichnen, und es kann sein, dass einige davon im Lauf der weiteren Untersuchung wieder aufgegeben werden müssen und dass sich sogar ihr Gegenteil als richtig erweist; 5. Aus diesen Gründen darf man sich nicht von dem großen Umfang und der unbestimmten Abgrenzung des Themas abschrecken lassen: ich habe nicht die Absicht, ein wirres Sammelsurium, ein enzyklopädisches Werk über die Intellektuellen zu verfassen, das alle möglichen und denkbaren ›Lücken‹ füllen will. – *Hauptaufsätze – Allgemeine Einführung* – Entwicklung der Intellektuellen bis 1870: verschiedene Perioden – Die Volksliteratur der Trivialromane – Folklore und Alltagsverstand – Die Frage der literarischen Sprache und der Dialekte – Die Schüler des Padre Bresciani – Reformation und Renaissance – Machiavelli – Das Bildungswesen in Italien – Die Position B. Croces in der italienischen Kultur bis zum Weltkrieg – Das Risorgimento und die Partito d'Azione – Die Rolle Ugo Foscolos für dic Entwicklung der italienischen Rhetorik – Das italienische Theater – Geschichte der Katholischen Aktion – Katholische Integralisten – Jesuiten, Modemisten – Die mittelalterlichen Stadtstaaten als ökonomisch-korporative Phase des Staates – Kosmopolitische Funktion der italienischen Intellektuellen bis zum 18. Jahrhundert – Reaktion auf das Fehlen einer nationalen Volkskultur in Italien: die Futuristen – Die Einheitsschule und ihre Bedeutung für die italienische Kultur – Der »Lorianismus«[100] als ein

[100] Lorianismus war Gramscis Bezeichnung für eine bestimmte Art intellektueller Absurdität, sie bezog sich auf Achille Loria (1857–1943), einen positivistischen Ökonomen. Typisch für Lorias Wahnideen war die Vorstellung, die kapitalistische Ordnung könnte dereinst infolge der Erfindung des Flugzeugs zusammenbrechen,

Wesenszug der italienischen Intellektuellen – Das fehlende »Jakobinertum« im italienischen Risorgimento – Machiavelli als Techniker der Politik und als Politiker der Tat. *Aufteilung der Themen:* 1. Intellektuelle, Bildungsfragen; 2. Machiavelli; 3. Enzyklopädische Begriffe und kulturelle Themen; 4. Einführung in das Studium der Philosophie und kritische Anmerkungen zu einer volkstümlichen Abhandlung über Soziologie; 5. Geschichte der Katholischen Aktion, Katholische Integralisten, Jesuiten, Modernisten; 6. Verschiedene Forschungsnotizen (Vergangenheit und Gegenwart); 7. Das italienische Risorgimento (im Sinn von Omodeos[101] Epoche des Risorgimento, aber mit besonderem Gewicht auf die im engeren Sinn italienischen Aspekte; 8. Die Schüler des Padre Bresciani, die Volksliteratur (Anmerkungen zur Literatur); 9. »Lorianismus«; 10. Anmerkungen zum Journalismus.«

So arbeitete Gramsci weiter, trotz seines fortschreitenden körperlichen Verfalls und trotz seiner Niedergeschlagenheit über die abgerissenen oder von Missverständnissen getrübten familiären Beziehungen.

Aber er forderte seinem von Krankheiten ausgemergelten Körper wohl zu viel ab. Am 29. August 1932 schreibt er:

»Ich bin an einem Punkt angelangt, wo meine Widerstandskraft völlig zusammenbricht, und ich weiß nicht, welche Folgen das haben wird. In diesen Tagen fühle ich mich so schlecht wie noch nie zuvor. Seit über acht Tagen schlafe ich nur eine dreiviertel Stunde pro Nacht, und manchmal tue ich die ganze Nacht kein Auge zu. Wenn die erzwungene Schlaflosigkeit nicht selbst bestimmte Krankheiten verursacht, so verstärkt sie doch mit Sicherheit die anderen Leiden in einem solchen Maß und hat so unangenehme Nebenwirkungen, dass das Leben rundherum unerträglich wird.«

Er war verbittert. Einige Vorstöße, die Tanja in ihrem »romantischen Fanatismus« unternommen hatte, machten ihn wütend.[102] Er wollte, dass

---

weil dann die Arbeiter mit Hilfe von Flugzeugen oder Freiballons ihrer Knechtschaft entfliehen könnten. Oder die Vorstellung, der Grad von Moralität und Zivilisation hinge von der Meereshöhe ab, so dass man Kriminelle in Gefängnissen umerziehen könnte, die man auf hohen Bergen errichten müsse. Gramsci vertrat die Ansicht, dass solche bizarren Gedanken nicht beliebig seien, sondern auf ihre Art ebenfalls Ausdruck der nationalen Kultur: jedes Land bringe also seine spezifische Art von »Lorianismus« hervor (T.N.).

[101] Adolfo Omodeo (1889–1946) war ein liberaler Historiker und Autor einer 1932 erschienenen wichtigen Studie über die Risorgimento-Bewegung (T.N.).

[102] »Wenn ich jetzt an die Vergangenheit zurückdenke, komme ich zu der Überzeugung, dass es nur teilweise an Giulias Krankheit lag, wenn sie mir nur zwei oder drei Briefe im Jahr schrieb, die immer gleich und stereotyp waren und denen man ihre Verlegenheit und die Überwindung anmerkte, die sie das Schreiben gekostet hatte; es muss auch daran gelegen haben, dass Du ihr Dinge über mich erzählt hast, die beschämend für mich waren und von denen sie glauben musste, sie seien von mir aus-

Tanja nach Moskau zurückkehrte.[103] Zwei Ereignisse steigerten noch seine Unruhe: Grazietta hatte ihm geschrieben, dass die Mutter todkrank sei, und Carlo hatte Andeutungen gemacht, die ihn an eine baldige Freilassung glauben ließen.

Signora Peppina war schon seit Monaten ans Bett gefesselt. Am 7. Oktober 1932 schrieb Grazietta an Antonio, dass es sehr schlecht um die Mutter stehe, dass sie schon ihre letzten Wünsche ausgesprochen habe und dass es keine Hoffnung mehr gebe. Eine Karte von Mea, die Antonio zwei Tage später erhielt, beruhigte ihn zwar wieder etwas, aber er stand immer noch unter dem Eindruck des letzten Briefes. Er schrieb an Grazietta:

»Der Gedanke, dass Mutter im Sterben liegt, während ich nichts Genaues davon erfahre und sie nicht mehr sehen kann, quält und verfolgt mich Tag und Nacht. Ich erinnere mich an sie zu der Zeit, als sie im Vollbesitz ihrer Kraft und Energie war; ich sehe viele Bilder unseres damaligen Familienlebens wieder deutlich vor mir und kann mich nicht an den Gedanken gewöhnen, dass sie in dem von Dir beschriebenen Zustand sein soll und selbst glaubt, uns bald verlassen zu müssen. Ich weiß nicht, ob Du ihr verständlich machen kannst, wie lieb ich sie gehabt habe und dass das Wissen, dass Mutter nie zur Ruhe gekommen ist und nie ein zufriedenes und harmonisches Leben führen konnte, eine der größten Bitterkeiten meines Lebens gewesen ist und mein Wesen stark beeinflusst hat.«

In diesem aufgewühlten Zustand befand sich Antonio Gramsci, als Ende des Monats ein Telegramm von Carlo eintraf: »Habe von Gewährung Amnestie erfahren – bitte telegraphiere, falls meine Anwesenheit nötig – ich denke an dich.« Tatsächlich waren anlässlich des 10. Jahrestags des Marsches auf Rom Freilassungen und Strafreduzierungen auch für politische Gefangene verfügt worden. Der Strafnachlass für Gramsci (Reduzierung der 20 Jahre Haft auf 12 Jahre und 4 Monate) bedeutete freilich nicht die sofortige Freilassung, wie er nach dem Telegramm von Carlo »sieben oder acht Stunden lang« geglaubt hatte. Seine Enttäuschung war umso schlimmer, als er wusste, dass es für ihn keinen anderen Ausweg mehr gab.

Zu Beginn des Jahres war er über eine Initiative zum Austausch von politischen Gefangenen auf höchster Ebene unterrichtet worden. Die

gegangen. Wie sollte ich mir sonst ihre rätselhaften Andeutungen erklären, sie habe erkannt, dass ihre Meinung über mich ungerecht gewesen sei?«

[103] »Giulia glaubt, dass Du in Rom bleibst und nicht zu Deinen Eltern kommst, weil Du Dich nicht entschließen kannst, Deine relativ enge Beziehung zu mir abzubrechen. Ich weiß nicht, ob sie damit recht hat und ob das der einzige oder hauptsächliche Grund ist, der Dich hier festhält. Wenn das der Fall ist, solltest Du endlich zu einem Entschluss kommen und auf jeden Fall abreisen.«

Beteiligten waren der Vatikan und die Sowjetunion (als deren Repräsentanten der Historiker und Diplomat Platon Michailowitsch Kerschenzew und ein weiterer Diplomat namens Makar verhandelten).

Seit Abbruch der Genfer Konferenz (April–Mai 1922), an der auch der sowjetische Außenminister und Vertreter des Vatikans teilgenommen hatten, hatten sich die Beziehungen zwischen der Sowjetunion und dem Vatikan ständig verschlechtert; man hielt sich aber immerhin noch die Möglichkeit einer Einigung in speziellen Fragen offen. So hatte der Papst z. B. die Freilassung des Erzbischofs von Mogilev erwirkt, der 1923 zum Tod verurteilt worden war, und die Verhandlungen über eine Freilassung Gramscis wurden im Rahmen einer Austauschmöglichkeit für inhaftierte Prälaten geführt. Der Außenminister des Vatikans, Monsignore Giuseppe Pizzardo (der spätere Kardinal), hatte das Gefängnis von Turi besucht, ein Zusammentreffen mit Gramsci war jedoch nicht zustande gekommen. Er hatte Gramsci lediglich seine Karte mit einem Gruß hinterlassen.[104]

Dann wurden die Verhandlungen abgebrochen. Wann und auf wessen Initiative hin wurden sie eingestellt? War die von der neuen Linie der Komintern abweichende Haltung Gramscis schon vor dem Bericht von Athos Lisa außerhalb des Gefängnisses bekannt geworden, obwohl Gennaro gegenüber Togliatti nichts darüber gesagt hatte? Oder widersetzte sich Mussolini der Freilassung Gramscis? Im September 1932 machte Carlo Gramsci zehn Tage Ferien in Ghilarza, um die Mutter zu besuchen, deren Zustand sich stetig verschlechterte. Bei seiner Rückkehr auf das Festland fuhr er nach Turi. Er blieb fast eine Woche dort, denn Antonio wollte mit ihm über vertrauliche Dinge sprechen, hatte aber zunächst nicht das Glück, bei Carlos Besuchen von einem Gefängniswärter bewacht zu werden, vor dem er frei sprechen konnte, und so musste er das Thema immer wieder verschieben. Als endlich der mit ihm befreundete Aufseher Wache hatte, erzählte Antonio von der Aktion des Vatikans und dem Besuch des Monsignore. Er war wütend auf Tanja, die ihn nicht über das Geschehen auf dem Laufenden gehalten hatte. Er hätte ihr nützliche Ratschläge geben können, aber sie kam schon seit einiger Zeit nicht mehr nach Turi. Auf der Durchreise traf Carlo mit Tanja in Rom zusammen. Er berichtete ihr über sein Gespräch mit Antonio, und sie sagte ihm, was sie aus den Kreisen der sowjetischen Botschaft erfahren hatte: Litwinow habe über den italienischen Botschafter in Moskau offiziell einen Austausch vorgeschlagen, aber Mussolini selbst habe die Freilassung Gramscis schroff abge-

[104] Die Karte befindet sich jetzt im Istituto Gramsci. Der gedruckte Text lautet: »Mons. Giuseppe Pizzardo, Stellvertretender Staatssekretär des Heiligen Stuhles.« Darunter handschriftlich: »Hochachtungsvoll«.

lehnt. So hatte sich alle Hoffnung auf eine Befreiung auf diesem Weg zerschlagen. Und nun war überhaupt keine Möglichkeit mehr in Sicht.

In der Verzweiflung über seine Krankheit und die zunehmende seelische Erschöpfung suchte Gramsci nach Wegen, wie er das Problem seiner Beziehung zu Giulia ein für alle Mal lösen könne. Giulia war wieder gesund oder hatte zumindest die kritische Phase der Krankheit überstanden. »Deine Vorstellungen und Gedanken sind wieder klar und verständlich, ohne all diese Zweifel, Schuldgefühle und Unentschlossenheit.« – »Man merkt, dass Du von Woche zu Woche Riesenfortschritte machst und bald wieder körperlich und psychisch ganz gesund und ausgeglichen sein wirst.« In einem Brief an Tanja schreibt er am 9. August 1932: »Ich glaube, nun kann man wirklich sagen, dass Giulia ›ans rettende Ufer‹ gelangt ist und dass für sie ein neues Leben anfängt.« Aber es war mehr nötig als das, um die alten Wunden zu heilen. Vielleicht wäre ihre Beziehung wieder so lebendig wie früher geworden, wenn Giulia mit den Kindern nach Italien gekommen wäre. Antonio wünschte sich diese Reise sehr, in einem Brief, den Tanja am 30. November an Grazietta schrieb, deutet sie an, dass eine solche Reise geplant war. »Vor kurzem habe ich Nachricht von Giulia und den Kindern erhalten. Es geht ihnen allen gut. Giuliano hat seinem Papa geschrieben und ihn um eine Fotografie gebeten. Wir wollen hoffen, dass das Kind bald hierherkommen und seinen Vater kennenlernen kann. Das wollen wir wirklich hoffen, nicht wahr?« Aber Giulia kam nicht. Seit einiger Zeit hatte es Antonio aufgegeben, das Verhalten seiner Frau zu verstehen. »Ich bin ein Sarde mit einer unkomplizierten Psyche, und es kostet mich einige Mühe, die Schwierigkeiten der anderen zu verstehen.« Er hatte seine Vergangenheit schonungslos analysiert und war zu der Überzeugung gekommen, dass er Giulia gegenüber »schuldig« sei. Diese Schuld bestehe in seinem »Egoismus«, der aber kein gewöhnlicher Egoismus sei, »der darin besteht, die anderen als Mittel zum eigenen Wohlsein und Glück zu verwenden«, das Problem hinge vielmehr mit seiner politischen Aktivität zusammen.

»Wenn man sein Leben einem Ziel verschrieben hat und auf dieses Ziel hin all seine Energie und seinen ganzen Willen konzentriert, ist es dann nicht unvermeidlich, dass einige oder viele oder vielleicht auch nur eine einzige Seite der eigenen Persönlichkeit nicht entwickelt ist. Daran denkt man nicht immer, und irgendwann muss man dafür bezahlen. Man entdeckt, dass man gerade denen als Egoist erscheint, von denen man es am wenigsten erwartet hat. Und man entdeckt, dass der Ursprung dieses Irrtums darin liegt, dass man nicht den Mut gefunden hat, allein zu leben, niemanden an sich zu binden, keine Zuneigung und kein enges Verhältnis usw. entstehen zu lassen [...]«

Gab es eine Möglichkeit, diese frühere Schwäche wieder gutzumachen? Gramsci sah die Lösung darin, in die Einsamkeit zurückzukehren und Giulia freizugeben. Mit ihren 36 Jahren war sie noch jung genug, um sich ein neues, unbeschwerteres Leben aufzubauen. Am 14. November 1932 berichtete Antonio Tanja zum ersten Mal von seinem Plan:

»Es ist sehr schwierig, aber ich will es trotzdem versuchen. Ich habe vor einiger Zeit gehört, dass viele Frauen, deren Männer zu hohen Gefängnisstrafen verurteilt wurden, sich von jeder moralischen Verpflichtung entbunden fühlten und versucht haben, sich ein neues Leben aufzubauen. Wie ich gehört habe, geschah das auf einseitige Initiative. Man kann darüber verschieden urteilen. Man kann es missbilligen, erklären oder auch rechtfertigen. Ich habe darüber nachgedacht und bin persönlich zu dem Schluss gekommen, dass es verständlich und auch gerechtfertigt ist. Wenn es nun mit beiderseitigem Einverständnis geschähe, wäre es dann nicht noch mehr gerechtfertigt? Ich meine damit natürlich nicht, dass es einfach und schmerzlos ist und ohne tiefgreifende und qualvolle Zwiespältigkeiten vor sich gehen kann. Aber auch unter diesen Bedingungen kann man es tun, wenn man von der Notwendigkeit überzeugt ist [...] Warum sollte ein lebendiges Wesen an einen Menschen gebunden bleiben, der tot oder so gut wie tot ist? [...] Wie ich schon gesagt habe, ist die Sache nicht einfach; es ist ein gewaltsamer Bruch, ein schmerzlicher Riss nötig, und auf die Entscheidung wird eine Zeit voller Gewissensqualen, Schuldgefühle und Unsicherheit folgen. Aber im Grunde genommen weiß man wohl, dass man darüber hinwegkommen wird und sich ein neues Leben schaffen kann. Ich lege Dir dieses Problem mit großer Überzeugung dar, und Du sollst Giulia darüber in Kenntnis setzen oder mir sagen, wenn ich ihr das selbst schreiben soll. Es ist eine sehr, sehr ernste Angelegenheit; ich denke seit langer Zeit, vielleicht seit dem ersten Tag meiner Verhaftung, darüber nach – zuerst nur im Spaß, dann mit immer größerem Ernst und eingehender Prüfung. Mir kam der Gedanke, dass es als romantische Geste erscheinen könnte oder als List, als eine Art moralischer Erpressung (wie um zu sagen: ich biete Dir das an, damit Du Dich, von meiner Großzügigkeit überwältigt, gezwungen siehst, abzulehnen) [...] Sicher ist, dass die Initiative von mir ausgehen muss. Ich denke, dass Giulia in voller Freiheit eine neue Lebensphase beginnen kann, auch wenn sie kein junges Mädchen mehr ist. Auf jeden Fall kann sie ihrem Leben eine neue Richtung geben, auch wenn es gewaltsam geschieht. So würden auch eine ganze Reihe nebensächlicher Probleme gelöst. Ich würde mich wieder in meine »sardische« Schale verkriechen. Ich will nicht behaupten, dass ich nicht leiden würde. Aber ich werde von Tag zu Tag unempfindlicher und anpassungsfähiger. Ich werde es ertragen können und mich daran gewöhnen [...] Du musst jetzt sehr stark sein und Dich völlig unparteiisch verhalten. Überlege Dir ganz nüchtern und in aller Ruhe, was ich Dir geschrieben habe und denke dabei an das Leben und die Zukunft von Giulia.«

Eine Woche später, am 21. November, schreibt er erneut an Tanja:

»Ich warte auf Deinen angekündigten Brief, in dem Du auf meinen letzten Brief antworten wolltest. Mit den Andeutungen, die Du gemacht hast, kann ich überhaupt nichts anfangen. Ich verstehe nicht, was es bedeuten soll, wenn Du sagst, dass ›meine Gefühle den Umständen nicht angemessen‹ seien. Es geht hier nicht um ein ›Gefühl‹ im direkten Sinn, sondern um Erwägungen, bei denen sehr viele Aspekte zu berücksichtigen sind, und dabei ist es schwer, Gefühl und Verstand voneinander zu trennen. Sicher ist es ein Gefühl, hinter dem aber keine emotionalen Impulse und instinktiven Leidenschaften stehen, sondern lange, ruhige und distanzierte Überlegungen.«

Am 5. Dezember schreibt er Tanja noch einmal zu diesem Thema:

»Liebe Tanja, ich bitte Dich von ganzem Herzen, meinen Brief vom 14. November nicht zu diskutieren und zu analysieren. Du sollst nicht versuchen, mich zu widerlegen, sondern mir nur eines sagen: Bist Du bereit, Giulia das, was ich geschrieben habe, zu vermitteln, oder glaubst Du, dass es Dir unmöglich ist? Ich will von Dir nur ein klares Ja oder Nein hören. Jede weitere Diskussion wäre mir überaus unangenehm. Es geht hier um eine chirurgische Operation, in gewissem Sinn um eine Enthauptung, die nur mit einem glatten, entschiedenen Schnitt ausgeführt werden kann – sonst würde sie zu einer chinesischen Tortur. Ich hätte mir eine sofortige Antwort von Dir gewünscht; Du konntest sie mir nicht geben – daran ist nichts zu ändern. Jetzt darfst Du aber nicht mit dem Messer in der Wunde herumwühlen.«

Am 30. Dezember starb Signora Peppina. Die Familie verschwieg es Antonio, weil sie glaubte, es sei ein zu harter Schlag für ihn. Drei Monate danach, am 3. April 1933, legte Antonio Teresina ans Herz: »Bevor ich es vergesse, muss ich Dich beauftragen, Mutter meine besten Wünsche für das Osterfest auszurichten. Dieses Jahr habe ich vergessen, ihr Glückwünsche zum Namenstag zu schicken, und das tut mir sehr leid.«

28

Wieder war für Antonio Gramsci ein Jahr des Leidens zu Ende gegangen. Am 2. Januar 1933 schrieb er an Tanja:

»Das alte Jahr ist für mich nicht gerade voll angenehmer Erinnerungen; es war mein schlimmstes Jahr im Gefängnis. Auch die Aussichten für das neue Jahr sind nicht besser. Wenn das Jahr 1932 schlimm war, so glaube ich, dass 1933 noch schlimmer wird. Ich bin zermürbt, und dabei werden die Lasten immer schwerer; das Verhältnis zwischen meinen Kräften und der Anstrengung, die ich aufbringen muss, wird immer ungünstiger. Ich bin aber nicht entmutigt, vielmehr stärkt sich mein Wille gerade an dem Realismus, mit dem ich mein Leben und meine Widerstandskraft analysiere.«

Die Wahrheit aber war, dass sich Antonio Gramsci schon zu dieser Zeit in einem Prozess des langsamen Sterbens befand. Seine Krankheiten wurden nicht behandelt. Er litt immer noch an Schlaflosigkeit, und manchmal fühlte er sich »wie im Schwebezustand, ohne Gleichgewicht, wie bei einem Schwindelanfall oder bei Trunkenheit«. Seine Zähne waren ausgefallen, und er hatte ein sehr schmerzhaftes Magenleiden. Fortschreitende Lungentuberkulose, Arteriosklerose und Pott'sche Krankheit (eine tuberkulöse Wirbelsäulenentzündung) verursachten unerträgliche Schmerzen. Seine Wirbel lösten sich nach und nach auf, und auf dem ganzen Rücken bildeten sich Abszesse.

Aber zumindest bis in die ersten Monate von 1933 waren sein Geist und sein Wille immer klar und aktiv, fast als ob sie von dem immer schwächer werdenden Körper losgelöst und in keiner Weise von den physischen Leiden beeinflusst wären.

»Ich habe schlimme Zeiten hinter mir; oft fühlte ich mich völlig entkräftet, aber ich habe der körperlichen Schwäche nie nachgegeben, und soweit man so etwas voraussagen kann, glaube ich, dass ich ihr auch in Zukunft nicht nachgeben werde. Aber trotzdem kann ich mir selbst wenig helfen. Je mehr ich merke, dass mir schlimme Zeiten bevorstehen, und sehe, dass die Schwierigkeiten immer größer werden, desto mehr spanne ich meine ganze Willenskraft an.«

Trotz aller Schmerzen klammerte er sich an sein »hassenswertes«, unerträgliches Leben.

»Seit einiger Zeit, etwa seit anderthalb Jahren, befinde ich mich in einem Zustand, den ich ohne Übertreibung katastrophal nennen kann. Ich bin nicht mehr in der Lage, auf meine körperlichen Leiden zu reagieren und spüre, wie meine Kräfte immer mehr schwinden. Andererseits will ich mich nicht treiben lassen, das heißt, ich will nichts versäumen, was mir irgendeine, wenn auch abstrakte Möglichkeit bieten könnte, diesem Leiden ein Ende zu setzen. Ich meine, dass es einem Selbstmord gleichkäme, wenn ich irgendetwas versäumen würde. Ich bin jetzt voll von Widersprüchen, aber nicht in einem solchen Maß, dass ich diese elementaren Dinge nicht mehr verstünde.«

Aber er war ein Mensch aus Fleisch und Blut, und ein Alptraum begann ihn zu quälen: Bisher hatte er dem faschistischen Terror widerstanden und immer die Möglichkeit eines Gnadengesuchs von sich gewiesen. Was aber, wenn er unter dem Einfluss der Schmerzen und der fortschreitenden Krankheiten seine geistige Klarheit verlöre und schwach würde? In einem der *Hefte* schrieb er:

»Er hört, dass ihn jemand fragt: ›Sie haben fünf Jahre lang standgehalten, warum nicht sechs? Sie hätten ein weiteres Jahr standhalten und als Sieger dastehen können.‹ Jedoch kommt guter Rat manchmal zu spät, denn im fünften Jahr wusste er nicht, dass ihn nur noch ein einziges Jahr des Leidens erwartete. Aber abgesehen davon, ist der Mensch im fünften Jahr nicht mehr derselbe wie im vierten, im dritten, im zweiten, im ersten usw. Seine Persönlichkeit hat sich verändert, er ist ein ganz anderer geworden, und die vergangenen Jahre haben die Widerstandskraft zerstört und die moralischen Schranken niedergerissen, die er im ersten Jahr noch hatte. Ein typisches Beispiel dafür ist der Kannibalismus.«

In einem Brief, den er im März 1933 an Tanja schrieb, führt er dieses Beispiel aus:

»Stell Dir einen Schiffbruch vor, bei dem ein paar Leute in einem Rettungsboot sitzen und nicht wissen, wo, wann und nach welchen Abenteuern sie schließlich gerettet werden. Vor dem Schiffbruch hat natürlich keiner der Schiffbrüchigen je gedacht, schiffbrüchig zu werden [...] und erst recht nicht, jemals so zu handeln, wie Schiffbrüchige unter bestimmten Umständen handeln, zum Beispiel [...] Menschenfresser zu werden. Wenn man ihnen die theoretische Frage gestellt hätte, was sie tun würden, wenn sie die Wahl hätten, zu sterben oder Menschenfresser zu werden, hätte jeder im besten Glauben geantwortet, er würde ganz gewiss lieber sterben. Dann passiert der Schiffbruch, die Rettung in dem Boot usw. Wenn nach einigen Tagen die Lebensmittel ausgehen, stellt sich das Problem des Kannibalismus in einem ganz anderen Licht dar, bis an einem bestimmten Punkt einige dieser Leute wirklich zu Menschenfressern werden. Aber sind das wirklich dieselben Menschen? Zwischen den beiden Zeitpunkten – der Zeit, in der die Entscheidung eine rein hypothetische akademische Frage ist, und dem Augenblick, in dem sie sich unter dem Zwang der unmittelbaren Notwendigkeit stellt, hat sich ein Prozess der ›molekularen‹ Transformation vollzogen [...], und nur vom Standpunkt des Gesetzes aus kann man sagen, dass es sich noch um dieselben Menschen handelt.«

Gramsci spürte solche Veränderungen auch bei sich selbst:

»Die Persönlichkeit spaltet sich: ein Teil beobachtet den Vorgang, und der andere erleidet ihn; aber der beobachtende Teil (solange er existiert, besteht eine Selbstkontrolle und die Möglichkeit, sich wieder zu fangen) fühlt, wie prekär seine Position ist, das heißt, er ahnt, dass er an einen Punkt gelangen wird, wo seine Funktion entfällt, wo es also keine Selbstkontrolle mehr geben wird und die ganze Persönlichkeit von einem neuen ›Individuum‹ mit ganz neuen Impulsen, Handlungs- und Denkweisen verschlungen sein wird.«

Diese Worte schrieb Gramsci am 6. März 1933. Einige Tage vorher hatten die Genossen, mit denen Gramsci beim Hofgang zusammen war, gesehen, dass er hin- und herschwankte. Auch Tanja, die sich inzwischen in einer Pension in Turi eingemietet hatte, sah, wie schlecht Antonios Zustand war. Am 1. März schrieb sie an Teresina: »Ich glaube, es ist absolut notwendig, dass man ihn jetzt so oft wie möglich besucht, denn ganz ohne Zweifel macht er eine besorgniserregende Krise der nervlichen und körperlichen Erschöpfung durch.« Sie hatte noch nicht den Mut gehabt, ihm zu sagen, dass seine Mutter gestorben war. »Ich weiß wirklich nicht, wie er es aufnehmen wird, wenn er eines Tages von dem Unglück erfährt, das ihn und seine Geschwister getroffen hat.« Am 7. März, einen Tag nach seinem Brief über die Schiffbrüchigen, stürzte Gramsci zu Boden, als er gerade aus dem Bett aufstehen wollte, und konnte sich nicht mehr aus eigener Kraft erheben.

Er hatte hohes Fieber. Später erfuhr er von dem Bologneser Gustavo Trombetti und einem Arbeiter aus Grosseto, die abwechselnd in seiner Zelle bleiben durften, um ihm zu helfen, dass er in seinen Fieberphantasien über die Unsterblichkeit der Seele gesprochen hatte. »Anscheinend habe ich eine ganze Nacht hindurch über die Unsterblichkeit der Seele in einem realistischen und historischen Sinn gesprochen, also in dem Sinn, dass unsere notwendigen und nützlichen Handlungen weiterleben und dass sie sich außerhalb unseres Willens im universalen historischen Prozess verkörpern usw. Ein Arbeiter aus Grosseto, dem vor Müdigkeit die Augen zufielen, hörte mir zu und glaubte wohl, ich sei verrückt geworden, was auch der diensthabende Wärter meinte.« Der Sturz war eine Folge der Arteriosklerose. Die akute Phase der Krankheit dauerte einige Tage:

»Lange Zeit habe ich in einer Sprache gesprochen, die niemand verstand. Es war bestimmt Sardisch, denn ich habe festgestellt, dass ich noch vor einigen Tagen unbewusst sardische Wörter und Sätze unter mein Italienisch gemischt habe. An den Fenstern und Wänden des Raumes sahen meine Augen Gestalten und vor allem Gesichter, die jedoch nichts Furchterregendes hatten, sondern die verschiedensten Grimassen schnitten, zum Beispiel lächelten. Ab und zu hatte ich den Eindruck, dass sich in der Luft kompakte, aber trotzdem fließende Massen bildeten, die sich übereinandertürmten und dann auf mich herunterstürzten, so dass ich mit einem Plumps ins Bett zurückfiel. So erschienen auf der Netzhaut Bilder, die ich vor langer Zeit gesehen hatte und die die neueren überlagerten. Ich hatte auch akustische Halluzinationen. Wenn ich die Augen schloss, um auszuruhen, hörte ich ganz deutlich Stimmen, die fragten: ›Bist du da?‹, ›Schläfst du?‹ usw. oder zusammenhanglose Wörter sagten.«

Der »beobachtende Teil« in Gramsci war also noch vorhanden und konnte die Entwicklung kritisch verfolgen. Seit diesem Anfall verfolgte ihn der schreckliche Gedanke, die befürchtete Persönlichkeitsveränderung könne schon im Gang sein und er könne – wie jene Schiffbrüchigen – seine moralischen Hemmungen verlieren und kapitulieren, indem er ein Gnadengesuch einreichte. In Wirklichkeit war zwar sein Körper dem Verfall ausgeliefert, sein Charakter aber blieb davon unberührt.

Tanja berichtet über ein Gespräch, das bei einem ihrer Besuche im Gefängnis stattfand:

»Antonio wollte mich überzeugen, dass er in den vergangenen Jahren wirklich sein Möglichstes getan habe, um in einem guten Zustand zu bleiben, dass es aber für seine Gesundheit keine Hoffnung mehr gebe, wenn er weiter im Gefängnis bleiben müsse. Plötzlich wandte sich der Wachposten an mich und sagte, ich solle Antonio sagen, was zu tun sei: Wenn er behaupte, alles Mögliche getan zu haben, um sich zu retten, dann müsse er jetzt eben noch mehr tun. Ich gab dem Mann zu verstehen, dass ich nicht wüsste, was er damit meine. Sie können sich vorstellen, wie mir zumute war, als er fortfuhr: ›Sie müssen Ihrem Schwager das sagen, worüber wir schon im Büro gesprochen haben.‹ Da sagte Antonio ohne Zorn, mit einer Ruhe, die mich wirklich überrascht hat: ›Ah, ich verstehe, das ist nichts Neues, das ist wieder die alte Sache – ich soll ein Gnadengesuch einreichen, nicht wahr? Das ist eine Art des Selbstmords, und wenn man eine Art der anderen vorzieht, ist das eine einfache Sache – aber etwas Neues ist es nicht.‹ Als ich ihm sagte, dass auch die Leute im Dorf mir diese Lösung einreden wollten und dass diese armen Leute es gewiss nicht böse meinten, sondern dass es im Gegenteil ein Zeichen der Sympathie für ihn sei, gab er zu, dass es keine Bosheit von den Leuten sei, sondern ihre Blindheit und Unwissenheit [...] Ich muss Ihnen wirklich sagen, dass ich manchmal nicht verstehe, wie es kommt, dass Nino solche Angst vor einem intellektuellen Zusammenbruch hat [...]«

Tanja selbst hatte im September 1932 ein Gesuch beim Regierungschef eingereicht, in dem sie verlangte, dass Antonio von einem Vertrauensarzt untersucht werden müsse. Am 20. März 1933 durfte Professor Arcangeli den Kranken im Gefängnis besuchen. Er kam zu dem Schluss, dass Gramsci nur noch zu helfen sei, wenn seine Lebensbedingungen radikal geändert würden, und das sei nur durch ein Gnadengesuch möglich. Gramsci lehnte ab, und der Hinweis auf das Gnadengesuch wurde aus dem Attest gestrichen. Der Arzt schrieb folgenden Bericht:

»Antonio Gramsci leidet an der Pott'schen Krankheit; die Tuberkuloseschäden im rechten oberen Lungenflügel haben zwei

Hämoptysen verursacht, eine davon mit erheblichem Blutverlust und tagelangem hohen Fieber. Außerdem leidet er an Arteriosklerose und überhöhtem Blutdruck. Er hatte Ohnmachtsanfälle und Paraphasien, welche mehrere Tage andauerten. Seit Oktober 1932 hat er sieben Kilo abgenommen.«

Professor Arcangeli schloss seinen Bericht mit den Worten: »Unter den jetzigen Bedingungen wird Gramsci nicht mehr lange leben; ich halte es für nötig, ihn in ein ziviles Krankenhaus zu verlegen, wenn es schon nicht möglich ist, ihm bedingte Freiheit zu gewähren.« Gramscis Haftbedingungen wurden jedoch zunächst nicht verändert.

Die ständigen Schmerzen machten ihn ungeduldig und reizbar. Er neigte zu Zornausbrüchen. Tanja und Carlo aber wussten, dass sie diese Ausbrüche mit Nachsicht ertragen mussten und halfen weiterhin geduldig, so gut sie konnten.

Antonios Gefühle gegenüber Giulia waren nach wie vor schwankend. Nachdem er den Plan der gesetzlichen Trennung gefasst hatte, kamen ihm wieder Zweifel. Er liebte Giulia noch immer und konnte zu keinem endgültigen Entschluss kommen. Am 27. März schrieb er ihr: »Ich habe seit langem keinen Brief mehr von Dir und keine Nachricht über die Kinder erhalten. In der Zwischenzeit habe ich Dir oft geschrieben. Ich glaube, auch Tanja hat nichts von Dir gehört. Bitte schreib mir, so dass ich beruhigt sein kann.« Er machte sich Sorgen, weil er auch von seiner Mutter nichts hörte. Auch wenn er die Wahrheit noch nicht ahnte, war er doch beunruhigt. Am 30. April schrieb er an Teresina: »Ich habe zwei Postkarten mit den besten Wünschen von Dir, Grazietta und den Kindern erhalten. Über Mutter habt Ihr mir nichts geschrieben und auch auf den Karten stand kein Gruß von ihr. Bitte schreibe mir, wie es ihr geht, und bitte auch Grazietta, mir zu schreiben.«

Nachdem es ihm ein paar Wochen lang etwas besser gegangen war, verschlechterte sich sein Zustand wieder. Die Pflege, die er in Turi erhielt, war völlig unzureichend. Er hätte eine richtige ärztliche Behandlung gebraucht, aber die Straferleichterungen gemäß Artikel 176 des Strafgesetzbuchs, nach dem Schwerkranke bedingte Freiheit erhalten, wurden ihm nicht gewährt. Er stand kaum noch von seiner Pritsche auf. (»Wenn ich auf dem Bett liege, kann ich die Augen zumachen und sehe nicht, wie sich die Wände um mich herum drehen.«) Am 29. Mai schrieb er in Erinnerung an die Worte von Romain Rolland (»Pessimismus der Erkenntnis und Optimismus des Willens«), die er zu seiner Maxime gemacht hatte:

»Bis vor einiger Zeit war ich sozusagen ein Pessimist der Erkenntnis und ein Optimist des Willens. Obwohl ich ganz klar all die Umstände sah, die einer Verbesserung meiner Situation entgegenstanden (sowohl im Allgemeinen – was meine rechtliche Position – als auch im Besonderen – was meine Gesundheit betraf), dachte ich, dass es mit Vernunft,

Geduld und Umsicht – wenn ich alle günstigen Elemente sorgfältig für mich einsetze und die ungünstigen unschädlich zu machen versuche – möglich sei, irgendein annehmbares Ergebnis zu erzielen, wenigstens physisch weiterzuleben und den schrecklichen Verschleiß der Lebenskraft aufzuhalten. Heute denke ich nicht mehr so. Das bedeutet nicht, dass ich beschlossen habe, mich sozusagen zu ergeben. Ich sehe aber keinen konkreten Ausweg mehr und habe keine Kraftreserven mehr, die ich einsetzen könnte.«

Die Antwort des Ministeriums auf den Antrag, in die Krankenabteilung eines anderen Gefängnisses verlegt zu werden, ließ auf sich warten. Am 15. Juni machte Tanja wieder einen Besuch im Gefängnis. (»Er hatte wegen seiner Zahnfleischentzündung ein ganz geschwollenes Gesicht.«) Am 21. Juni schrieb sie an ihre Freundin Leonilde Perilli: »Nino hat mir geschrieben, dass sein Zustand noch schlechter ist als nach seiner Krise am 7. März. In seinem heutigen Brief kommt er in derselben Weise auf das Thema Giulia zu sprechen wie im November. Ich bin verzweifelt.« Dann erhielt Tanja die Nachricht vom Tod ihres Vaters. Er war am 29. Mai in Moskau gestorben. Am 1. Juli sprach sie wieder mit Antonio. Der Mensch, der ihr gegenüberstand, war nur noch ein Schatten seiner selbst und hatte jegliche Willenskraft verloren. In Antonios Brief vom darauffolgenden Tag las sie:

»Ich bin unendlich müde. Ich fühle mich von allem und jedem abgeschnitten. Bei unserem gestrigen Gespräch fand ich das wieder bestätigt. Ich muss Dir sagen, dass unsere Unterhaltung eine Qual für mich war und dass ich sehnlichst ihr Ende herbeiwünschte. Ich will Dir mit aller Offenheit oder Brutalität – wenn dieses Wort besser passt – die Wahrheit sagen. Ich habe niemandem etwas zu sagen, auch Dir nicht. Ich fühle mich vollkommen leer. Als ich im Januar zum letzten Mal den Wunsch zu leben und eine letzte Lebensregung in mir spürte, hast Du es nicht begriffen. Oder es ist mir angesichts der Bedingungen, unter denen ich hier sprechen und mich bewegen muss, nicht gelungen, mich verständlich zu machen. Jetzt ist es zu spät. Wenn Du jemals wieder eine solche Erfahrung machen solltest wie mit mir, dann denke daran, dass die Zeit das allerwichtigste ist: Zeit ist nur ein anderes Wort für Leben.«

Aber Tanja gab nicht auf. Sie war zwar selbst schwer krank, und das Leben in einem kleinen Dorf wie Turi war bestimmt nicht das Beste für sie. Aber auch nach diesem Brief kehrte sie nicht nach Rom zurück. Am 6. Juli schrieb ihr Antonio wieder:

»Ich habe gefragt, ob ich Dir diesen zusätzlichen Brief schreiben darf. Ich glaube, dass Du meinen Brief vom Sonntag schon erhalten hast und sehr traurig darüber bist. Ich bin halb verrückt und bin nicht sicher, ob ich es nicht bald ganz werde. Bitte glaube mir, dass ich es nicht mehr aushalten kann. Die Schmerzen im Gehirn und am Schädel rauben mir den Verstand. Es fällt mir auch immer schwerer, meine

Hände zu gebrauchen, was nicht allein an der Arteriosklerose liegen kann [...] Heute kam ein Inspektor von der Gefängnisverwaltung zu mir und gab mir die feste Zusicherung, dass ich von jetzt an behandelt würde [...] Der Inspektor hat mir versichert, dass sich das Ministerium mit meinem Fall befassen will, und ich hoffe, dass eine so einfache Sache wie die Einweisung in ein modern eingerichtetes Gefängniskrankenhaus nicht schwer zu erreichen sein wird. So etwas kommt häufig vor. Ich kann nichts Genaueres darüber sagen, weil ich selbst nicht informiert bin. Ich habe von Krankenhäusern in Rom und Civitavecchia gehört, aber der Ort ist unwichtig. Das Einzige, was mich interessiert, ist, aus dieser Hölle herauszukommen, in der ich langsam sterbe.«

Aber er wurde nur in eine andere Zelle verlegt. Sie lag im Keller neben den Isolationszellen und war sehr feucht, hatte aber gegenüber seiner früheren Zelle den Vorteil, dass sie ruhig war. Er hatte nun einen ständigen Zellengenossen, Gustavo Trombetti. Da er nicht mehr unter dem ständigen Lärm zu leiden hatte, fühlte er sich vorübergehend etwas besser. Am 24. Juli schrieb er an Tanja:

»Ich glaube, ich kann Dir sagen, dass es mir etwas besser geht, obwohl ich erfahren habe, wie unzuverlässig solche Feststellungen sind. Der Zellenwechsel und die damit verbundene Veränderung meiner äußeren Lebensbedingungen haben mir insofern geholfen, dass ich jetzt wenigstens schlafen kann. Zumindest sind die Umstände beseitigt, die mich am Schlafen hinderten, auch wenn ich müde war, und die mich aus dem Schlaf rissen und mich in Aufregung versetzten, wenn ich einmal eingeschlafen war. Ich schlafe noch nicht regelmäßig, aber ich könnte schlafen. Auf jeden Fall bin ich nicht besonders unruhig, auch wenn ich nicht schlafe.«

Er arbeitete und schrieb. Aus dem Jahr 1933 stammen die Hefte 1 (Notizen zu verschiedenen Themen), 2 (Grundlagen der Politik), 4 und 22 (Verschiedenes).

Ein einfacher Zellenwechsel war natürlich keine Lösung. Gramscis Gesundheitszustand verschlechterte sich weiter. Er war zu einer Gefängnisstrafe verurteilt worden, nicht zum Tod. Aber unter den Haftbedingungen, die er zu ertragen hatte, war die Freiheitsstrafe schlimmer als ein Todesurteil. Ohne ärztliche Hilfe seinen Krankheiten ausgeliefert, starb er unter schrecklichen Qualen einen langsamen Tod. Es verging noch viel Zeit, bis sich das Ministerium endlich entschloss, ihn in ein Krankenhaus zu überführen. Carlo, der den Verdacht hegte, dass sich der Innenminister der Einweisung in eine Klinik widersetzte, beschloss, sich direkt an Mussolini zu wenden. Am 23. August fuhr er nach Rom und übergab dem Leibarzt Mussolinis eine Bittschrift. Er erhielt keine Antwort. Inzwischen war in Paris ein Komitee gegründet worden, das sich für die Befreiung Gramscis und anderer Opfer des Faschismus einsetzte. Diesem Komitee gehörten namhafte Vertreter des demokratischen Kulturlebens an, u. a. Romain Rolland und Henri Barbusse. Der Bericht von Professor Arcangeli, den Piero Sraffa an die Presse geschickt hatte und der im Mai von *L'Humanité* und im Juni von der *Soccorso rosso* (Rote Hilfe) veröffentlicht worden war, hatte die Weltöffentlichkeit empört. Die faschistische Regierung musste sich dem Druck der internationalen öffentlichen Meinung beugen. Am 1. September 1933 schickte der Innenminister ein Telegramm an die Präfekten von Viterbo, Terni, Rieti, Frosinone und Rom, mit der Bitte um Benennung eines nicht am Meer gelegenen Ortes mit einem Krankenhaus, das »geeignet ist, einen bedeutenden politischen Häftling aufzunehmen, der an Tuberkulose und anderen schweren Krankheiten leidet und fachärztlicher Behandlung bedarf. Das in Frage kommende Krankenhaus müsste sehr gut zu überwachen sein.«

Monate und Jahre, die vielleicht entscheidend gewesen wären, waren seit Gramscis erstem Blutsturz im August 1931 und dem ersten Arteriosklerosenanfall im März 1933 verstrichen. Ende Oktober wurde beschlossen, Gramsci in die Klinik des Doktors Giuseppe Cusumano in Formia zu bringen, unter der Voraussetzung, dass er selbst den Tagessatz von 120 Lire und die Kosten für die Sicherheitsmaßnahmen usw. trage. Gramsci sollte weiter den Status eines Gefangenen haben. Am 13. November 1933 fuhr Carlo nach Formia, um den Vertrag mit der Klinik abzuschließen. Der Befehl zur Abreise erfolgte am 18. November. Gustavo Trombetti erinnert sich an diesen Tag:

»In Begleitung der Wache gingen wir ins Magazin, um Gramscis Koffer zu packen. Während er, wie wir vorher vereinbart hatten, den Wärter in ein Gespräch verwickelte, steckte ich die 18 handgeschriebenen Hefte (in Wirklichkeit waren es 21) zwischen die anderen Sachen im Koffer [...] Als wir wieder in der Zelle waren, wollte Gramsci für den Rest der Nacht nicht mehr schlafen [...] Gegen sechs Uhr morgens, es war noch dunkel, kam die bewaffnete Begleitmannschaft [...] Sie ließen ihn in einen Wagen einsteigen, stellten seinen Koffer neben ihn, und wir umarmten uns zum Abschied [...]«

Die erste Zwischenstation war das Gefängniskrankenhaus in Civitavecchia. Gramsci kam dort am Abend des 19. November an. »Es war ein schrecklicher Eindruck für mich, als ich im Zug saß und sah, dass in sechs Jahren, in denen ich immer nur dieselben Dächer, dieselben Mauern und dieselben finsteren Gesichter gesehen hatte, das Leben weitergegangen war, dass die Wiesen, Wälder, Menschen, die Kinderscharen, Bäume und Gärten immer noch existieren. Aber das war nichts im Vergleich zu dem Schock, den ich bekam, als ich mich nach so langer Zeit wieder im Spiegel sah.«

Im Gefängnis von Civitavecchia gab es viele politische Häftlinge, u.a. Terracini, Scoccimarro, Negarville, Pajetta. Aber Gramsci durfte keinen von ihnen sehen. Celeste Negarville erzählt: »Nur einer der

Genossen, der gerade zum Oberaufseher geführt wurde, hat ihn rein zufällig gesehen, als er zur ärztlichen Untersuchung gebracht wurde. Dieser Genosse hat uns erzählt, Gramsci habe krank ausgesehen und sei, in seinen Häftlingsmantel mit hochgeschlagenem Kragen gehüllt, sehr langsam gegangen.«

29

Am 7. Dezember kam Gramsci in Formia an. Ein Carabiniere bewachte ihn in seinem Zimmer, und ungefähr 20 weitere Polizisten standen in den Gängen und im Garten Wache. Aber zumindest wurde Gramsci jetzt ärztlich behandelt. Die Klinik war zwar klein, hatte keine spezialisierten Ärzte, und Gramscis Krankheiten waren schon in einem sehr weit fortgeschrittenen Stadium. Dennoch schien der Körper zu reagieren. Einmal in der Woche durfte Gramsci im Garten der Klinik spazieren gehen. Doktor Cusumano hatte erklärt, das sei nötig, und am 19. Dezember erteilte das Ministerium die Genehmigung. Weihnachten kamen Tanja und Carlo zu Besuch. Später schrieb Carlo an Teresina:

»Am ersten Weihnachtstag durften wir ihn nicht besuchen, und wir verbrachten unsere Zeit mit einem Ausflug nach Gaeta. Am zweiten Feiertag waren wir am Morgen eine Stunde und am Nachmittag ein paar Stunden lang zusammen [...] Nino hat einen Schaden an der rechten Lungenspitze – aber behalte das bitte für Dich. Er ist klein und mager geworden. Am Dienstag war er gutgelaunt und hat uns sehr herzlich begrüßt. Sein abendliches Fieber ist gesunken, und der Blutdruck ist niedriger geworden. Nach dem Besuch in der Klinik war mein Herz nicht so schwer wie nach den Besuchen im Gefängnis. Ich empfand eine Art Erleichterung, die im Grunde genommen nichts anderes als Hoffnung ist.«

Tanja ließ ihn wissen: »Jetzt gewinnt er allmählich wieder Mut, und man kann auf eine Besserung seines Gesundheitszustands hoffen. Seine Magenbeschwerden haben nachgelassen, er kann etwas mehr essen und hat nicht mehr so starke Schmerzen.«

Gramscis Mutter war nun schon über ein Jahr tot, und immer noch scheute sich jeder, ihm die Wahrheit zu sagen. Teresina hatte ihm das übliche Weihnachtspäckchen geschickt. Am zweiten Feiertag wurde es Gramsci mit Genehmigung des Hauptmanns der Carabinieri ausgehändigt. Carlo erzählt: »Als er für die Kontrolle die Schachtel mit dem Weihnachtsgebäck öffnete, sagte er: ›Das hat sicher *Mamma* gebacken.‹ Ich habe nur genickt.« Am 14. Januar 1934 schreibt Tanja:

»Es ist ganz natürlich, dass Carlo nicht den Mut hatte, etwas anderes zu sagen. Aber die Tatsache, dass wir Antonio mit Rücksicht auf seinen ernsten Zustand das Unglück verbergen mussten, wird für uns zu einem großen Problem, wenn wir gezwungen sein werden, ihm die Wahrheit zu sagen. Wir wollen hoffen, dass das so spät wie möglich der Fall sein wird. Dann müssen wir es ihm mit Hilfe von Lügen in einer Weise zu verstehen geben, dass in seinem sowieso schon so schwachen Gesundheitszustand nicht ein neuer Rückschlag eintritt.«

Am 8. März 1934, vor Signora Peppinas Namenstag, wusste Gramsci immer noch nicht, dass sie gestorben war. Er schrieb einen Brief an sie:

»Liebste Mutter, letztes Jahr konnte ich Dir keine Glückwünsche zu Deinem Namenstag schicken, weil ich gerade zu dieser Zeit schwerkrank war. Ich möchte nicht, dass dieser Tag auch dieses Jahr vergeht, ohne dass ich Dir sage, wie lieb ich Dich habe. Tanja hat Teresina über meine neuen Lebensbedingungen berichtet, die mit denen von vor einem Jahr überhaupt nicht zu vergleichen sind. Ich habe bisher nicht geschrieben, weil ich immer noch nicht ganz in Ordnung bin und auch, weil ich wusste, dass Tanja, die mich jeden Sonntag besucht, Euch auf dem Laufenden hält. Ich bin immer noch nicht Herr über meine körperlichen und geistigen Kräfte. In der letzten Zeit in Turi war meine Gesundheit in fast katastrophaler Weise zugrunde gerichtet, und ich erhole mich nur sehr langsam, mit Schwankungen und Rückfällen [...] Über Deinen Gesundheitszustand weiß ich kaum etwas.«

Seit seiner Ankunft in Formia hatte er an niemanden sonst geschrieben. In einem Brief von Tanja an Teresina lesen wir:

»Nino hat Giulia seit November nicht mehr geschrieben und mir auch nicht. Der einzige Brief, den er geschrieben hat, ist der zum Namenstag seiner armen Mutter. Ich glaube, dass er nicht die Kraft hat zu schreiben, und Sie können sich vorstellen, wie Giulia darunter leidet, die seit über einem Jahr keine direkte Nachricht von Nino erhalten hat.«

Gramscis Gesundheitszustand war zwar nicht mehr so katastrophal wie in Turi, aber immer noch sehr kritisch. Er wollte in die Nervenklinik Poggio Sereno in Fiesole überwiesen werden. Im April reichte er einen entsprechenden Antrag ein. Am 12. Juni 1934 wurde er von Professor Vittorio Puccinelli aus der Klinik Quisisana in Rom untersucht. Wenig später beantragte er zum zweiten Mal die Überweisung. Am 22. Juli schrieb er an Tanja:

»Heute früh habe ich mich entschlossen, Dir zu schreiben, weil ich mich noch schlechter fühle als sonst. Jetzt schreibe ich den Brief vom Bett aus weiter. Ich hatte wieder einen langen Schüttelfrostanfall, und die Temperatur ist auf 39,4 gestiegen. Jetzt ist sie bei 38,4 [...] Bitte tu alles, um mit dem *Commendatore* Leto (einem Ministerialbeamten) zu sprechen, es erscheint mir nötiger denn je. Du solltest ihm erklären, warum wir uns für die Klinik in Fiesole entschieden haben, und wie wir versucht haben, die polizeilichen Erfordernisse zu berücksichtigen. Ich bin Realist und spiele nicht Blindekuh, sondern bin mir der Schwierigkeiten sehr wohl bewusst [...] Wenn sich die Entscheidung noch verzögert, kannst Du fragen, ob ich vorläufig in Formia ein anderes Zimmer bekommen kann. Mein heutiger schlechter Zustand liegt wenigstens teilweise daran, dass ich nicht geschlafen habe. Die Familie Cusumano ist nämlich angekommen, und im Stockwerk über mir ist von fünf Uhr morgens bis Mitternacht ein ständiges Hin und Her. Man hat mich zwar immer wieder beruhigt, aber Tatsache ist, dass mein Zustand sehr schlecht ist und mich das leiseste Geräusch in Aufregung versetzt.«

Der Antrag auf Verlegung in eine andere Klinik wurde nur sehr schleppend bearbeitet. Gegen Ende des Sommers 1934 beantragte Gramsci gemäß Artikel 176 des Strafgesetzbuchs die bedingte Freilassung und die Genehmigung zu einer Untersuchung durch einen Vertrauensarzt, um dann einen Aufenthaltsort wählen zu können, der seinem körperlichen Zustand entsprach. (»Denn ich muss mich unbedingt in einer Spezialklinik oder in der Nähe einer solchen Klinik aufhalten.«) Im Ausland war die Kampagne für Gramscis Freilassung intensiviert worden. In der September-Ausgabe der *Soccorso rosso* stand: »Mussolini versucht, Antonio Gramsci zu ermorden, indem er für ihn sogar die Anwendung der im faschistischen Gesetzbuch enthaltenen Bestimmungen verweigert. Aufgrund der faschistischen Gesetze müsste Gramsci freigelassen werden.« Auch Romain Rolland schrieb über Gramscis Leidensweg.

Im Oktober 1934 wurde dem Antrag auf Gewährung der bedingten Freilassung stattgegeben, aber an den Lebensbedingungen des Kranken änderte sich dadurch wenig. In seinem Zimmer stand jetzt keine Wache mehr, und die Fenstergitter waren entfernt worden, aber im Garten standen immer noch Wachposten. Gramsci bekam die Erlaubnis, sich außerhalb des Klinikgebiets zu bewegen, aber dazu fehlte ihm die Kraft. Nur ein paarmal ging er mit Tanja, Carlo oder seinem Freund Piero Sraffa aus, der ihm all die Jahre die Treue gehalten hatte. Gramscis Situation war paradox. Er war zwar »aus dem Gefängnis entlassen«, aber weil man in Rom den Verdacht hegte, dass er seine Flucht plane, verweigerte man ihm die Erlaubnis, sich in eine Spezialklinik zu begeben. Fluchtpläne hatte man ihm immer wieder einmal unterstellt. Am 12. Februar schickte der Polizeipräsident von Rom folgende Nachricht an die Polizei von Littoria: »Tanja Schucht hat mit Antonio Gramsci dessen Flucht vereinbart, die von New Yorker Antifaschisten finanziert werden soll.« Am nächsten Tag wurden vier motorisierte Polizisten nach Formia geschickt. In diesem Klima hielt es die Regierung für unklug, Gramsci nach Fiesole oder an einen anderen Ort bringen zu lassen, der nicht so gut zu überwachen war. Gramscis Anträge wurden abgelehnt, und er musste in Formia bleiben.

Mit fast übermenschlicher Willenskraft überwand Gramsci die Verzweiflung über seine körperlichen Leiden und setzte mit unverminderter geistiger Kraft seine Studien und seine Arbeit fort. Aus der Zeit in Formia (1934/35) stammen elf Hefte, dazu fünf, die er schon in Turi begonnen hatte. Er überarbeitete und ordnete seine früheren Aufzeichnungen. Nun wurde nicht nur der große Umfang des Materials, sondern auch der ausgewogene Aufbau seines Denkens erkennbar. Dennoch veranlassten ihn seine wissenschaftlichen Skrupel, auf das Deckblatt von Heft 18 (das zum größten Teil umgearbeitete Notizen aus Heft 28 enthält) die folgenden Worte zu schreiben: »Die Aufzeichnungen in diesem und den anderen Heften wurden unredigiert niedergeschrieben und sollen nur als Anhaltspunkte dienen. Sie sind alle genau zu überarbeiten und zu überprüfen, denn sie enthalten sicherlich Ungenauigkeiten, Fehler und Anachronismen. Da sie ohne die Bücher geschrieben sind, auf die sie sich beziehen, kann es sein, dass sich gerade das Gegenteil des Geschriebenen als richtig erweist.«

Heft 18 enthält den Aufsatz über Bucharins *Gemeinverständliches Lehrbuch der marxistischen Soziologie* und Studien über »Logische Instrumente des Denkens«, über die »Übersetzbarkeit der wissenschaftlichen Sprachen«, über verschiedene philosophische Probleme sowie Anmerkungen zu Antonio Labriola, Alessandro Levi, Alessandro Chiapelli, Luciano Herr, Giovanni Gentile, Antonio Rosmini, Antonio Lovecchio, Ettore Ciccotti, Giuseppe Rensi, Corrado Barbagallo, Georges Sorel, Pierre-Joseph Proudhon, Henri De Man und G. A. Borgese. In Heft 29 (von dem nur 24 Seiten beschrieben sind) hat Gramsci einige frühere Aufzeichnungen zur Geschichte der Intellektuellen und über den Aufbau des Erziehungswesens und der Kultur überarbeitet. Heft 30, das von Gramsci *Notizen über die Politik Machiavellis* betitelt wurde, enthält Studien über die Parteien, über Situationsanalysen und Kräfteverhältnisse, über Ökonomie, Caesarismus, politisch-kulturelle Hegemonie, Voluntarismus und über die Gesellschaft. Die gesamten Notizen über die Philosophie Croces hat Gramsci in Heft 3 übertragen (diese Nummerierung stammt von Gramsci selbst). In Heft 31 sind nur zwei Seiten beschrieben. Sie enthalten den Anfang der Übersetzung eines Märchens der Gebrüder Grimm, die er aus einem früheren Heft übertragen hat. Er beschränkte sich jedoch nicht darauf, die alten Notizen neu zu ordnen, sondern befasste sich auch mit neuen Themen. Besonders zu erwähnen sind die Hefte 6 (über Fragen der Literaturkritik) und 10 (Aufzeichnungen zum Risorgimento). Seine Handschrift wird immer zittriger und verrät seine körperliche Schwäche. Im Sommer 1935 brach Gramsci seine Arbeit ab. Ein Teil der Notizen blieb unredigiert und wurde nicht neu geordnet.

Im August 1935, zehn Monate nach Gewährung der bedingten Freilassung, durfte Gramsci endlich in die Klinik Quisisana nach Rom gebracht werden.

30

Am 26. August 1935 wurde er von Professor Frugoni untersucht. Er war in einem hoffnungslosen Zustand: Pott'sche Krankheit, Lungentuberkulose, Blutdruck auf 200, Anfälle von Angina und Gicht. Aber er gab nicht auf. Er dachte an Giulia und begann wieder, ihr zu schreiben (»Seitdem ich Dir wieder schreibe, fühle ich mich ruhiger«). Am 14. Dezember schlug er ihr vor, nach Italien zu kommen:

»Ich glaube, es wäre sehr gut, wenn Du nach Italien kämst. Für Deine Gesundheit, die endgültig wieder hergestellt würde, und für mich, weil ich Dich in meiner Nähe haben und die Bande erneuern möchte, die uns immer vereint haben, auch wenn sie in den vielen Jahren abstrakt und unwirklich geworden sind. Liebste, ich habe immer auf Dich gewartet, und Du warst immer der wichtigste Mensch für mich, auch wenn ich von Dir kaum Nachrichten und nur seltene, nichtssagende Briefe bekam, und auch wenn ich Dir nicht schrieb, weil ich nicht wusste, was ich Dir sagen sollte, und den Eindruck hatte, dass Du mir keine Möglichkeit des Kontakts geben wolltest. Ich glaube, es ist Zeit, dass wir diesen Zustand beenden, und das kann geschehen, wenn Du zu mir kommst, denn ich kann nicht reisen. Natürlich bin ich sehr geschwächt und werde nicht so leicht meine frühere Kraft wiedergewinnen. Aber ich glaube, dass Du viel für mich tun kannst und dass auch ich etwas für Dich tun kann – nicht viel, aber etwas doch [...] Liebste, in das, was ich Dir schreibe, lege ich all meine Zärtlichkeit, auch wenn sie aus den Worten nicht zu erkennen ist. Aber Du erinnerst Dich sicher, dass ich 1923 nicht sehr gesprächig war, und doch weiß ich, dass Du damals gespürt hast, wie tief meine Gefühle für Dich waren. Sie sind immer noch die gleichen, oder sind sogar noch stärker und sicherer geworden, denn jetzt gehören zu uns auch unsere beiden Söhne.«

Am 25. Januar 1936 bat er sie noch einmal, zu kommen: »Nach so langer Zeit und nach so vielen Ereignissen, deren wirkliche Bedeutung mir zum größten Teil entgangen ist, nach so vielen Jahren, in denen mein Leben unglücklich, unterdrückt, von Leid und Elend überschattet war, wäre es für mich eine große Hilfe, mit Dir wie mit einem Freund sprechen zu können [...] Ich bin wirklich überzeugt, dass es uns beiden guttun würde, wenn Du nach Italien kommen würdest.« Aber Giulia kam nicht. Antonio wurde zunehmend schwächer. In einem Brief vom April schreibt Tanja:

»Sein Herz ist sehr schwach, und wenn sich sein körperlicher Zustand scheinbar in mancherlei Hinsicht gebessert hat, so ist die Wirklichkeit ganz anders. Ich fürchte sogar, dass Antonio zum Invaliden geworden ist. Er hat in den letzten Jahren zuviel gelitten, und sein zerstörter Organismus kann sich nicht mehr erholen. Außerdem sind viele lebenswichtige Organe so krank, dass sie kaum noch funktionieren.«

Er schien alle Kontakte aufgegeben zu haben. Es gibt keinerlei Hinweise darauf, dass er versucht hätte, mit Togliatti oder anderen Parteiführern oder Genossen Kontakt aufzunehmen. In der Klinik Quisisana, die nur von außen bewacht wurde, war er relativ frei. Wenn er gewollt hätte, wäre es ihm möglich gewesen, über seine Verwandten, die ihn regelmäßig besuchten, mit der Partei in Verbindung zu treten.

Nur an Giulia und seine Kinder schrieb er noch. Seinen Sohn Giuliano kannte er nur von Fotografien. Delio war jetzt schon zwölf Jahre alt. Zwischen ihm und dem Vater entspann sich über die weite Entfernung hinweg ein einfaches Zwiegespräch, in dem eine große Zärtlichkeit zu spüren ist.

»Lieber Delio, [...] ich danke Dir, dass Du *Mamma* ganz fest für mich umarmt hast. Das solltest Du jeden Tag tun – jeden Morgen. Ich denke immer an Euch, und dann kann ich mir vorstellen: Jetzt, in diesem Augenblick, denken meine Kinder und Giulia an mich. Du bist der Ältere und musst es auch Giuliano sagen. So habt Ihr jeden Tag Eure ›fünf Minuten mit Papa‹. Was meinst Du dazu?«

Nur die Aussicht auf eine baldige Freilassung hielt ihn noch aufrecht. Am 21. April 1937 sollte die Strafzeit abgelaufen sein. Er hatte vor, nach Sardinien zurückzukehren und dort in völliger Zurückgezogenheit zu leben. Als der 77 Jahre alte Vater von dem Plan hörte, bekam er Fieber vor Aufregung. Er war selbst krank und hatte Nino seit 1924 nicht mehr gesehen. Die anderen Söhne waren ebenfalls weit weg. Gennaro war in Bilbao und kämpfte in der republikanischen Armee gegen Franco; Mario war in Afrika als Offizier der italienischen Armee nach dem Abessinienkrieg; und Carlo lebte in Mailand. Mea Gramsci erinnert sich an diese aufregenden Tage in Ghilarza:

»Kurz vor Ablauf seiner Strafe schrieb uns Onkel Nino, wir sollten ihm ein Zimmer in Santulussurgiu suchen. Dort hatte er als Schüler gewohnt, und die Stadt gefiel ihm. Teresina, ich und unsere Freundin Peppina Montaldo fuhren nach Santulussurgiu und fanden ein schönes Zimmer für Antonio. Dann warteten wir jeden Tag auf seine Ankunft. Großvater ging es damals sehr schlecht; der Gedanke an Ninos Rückkehr schien ihn jedoch wieder aufzurichten. Nino sollte am 27. April kommen. Wir warteten Stunde um Stunde, aber zu unserer großen Enttäuschung kam er nicht. Großvater hatte so sehr gehofft, dass sein Sohn an diesem Tag käme. Dann kommt er eben morgen – dachten wir. Aber am nächsten Tag kam eine Frau zu uns und fragte: ›Stimmt es wirklich, dass Nino gestorben ist?‹ Wir waren wie versteinert. ›Sie haben es im Radio gesagt, ich habe es im Radio gehört‹, sagte die Frau. Dann kamen immer mehr Leute, um uns ihr Beileid auszusprechen. Großvater war sehr krank, und niemand brachte es über sich, ihm die Nachricht mitzuteilen. Deshalb musste einer von uns an seiner Zimmertür stehen und aufpassen, dass niemand hineinging und ihm die Wahrheit sagte. Ich blieb fast die ganze Zeit in Großvaters Zimmer, ich war damals noch ein junges Mädchen, 17 Jahre alt. Aber als ich dann einmal für einen Augenblick in die Küche ging, hörte ich plötzlich laute Schreie. Ich rannte zu Großvater und hörte, wie er schrie: ›Mörder! Sie haben ihn umgebracht!‹ Ich erinnere mich ganz genau, wie er sagte: ›Sie haben ihn umgebracht!‹ Er raufte sich die Haare und den Bart und schlug sich an die Brust. Es war ein entsetzlicher Anblick [...]«

Nino war am 27. April nachts um 4.10 Uhr gestorben. Er war 46 Jahre alt. Am nächsten Tag wurde er beerdigt. Ein Gewitter war aufgezogen, und dem Sarg folgte nur ein Wagen, in dem Tanja und Carlo saßen. Kaum zwei Wochen später, am 16. Mai 1937, starb auch Francesco Gramsci. Vor seinem Tod hatte er immer wieder den Brief gelesen, den Nino im Mai 1928 kurz vor seinem Prozess an die Mutter geschrieben hatte:

»Damit ich ganz ruhig sein kann, möchte ich, dass Du nicht erschrickst oder Dich aufregst, wie immer auch das Urteil ausfallen mag. Ich möchte, dass Du verstehst und fühlst, dass ich ein politischer Gefangener bin und dass ich mich dessen nicht schäme und nie schämen werde. Ich möchte Dir sagen, dass ich es im Grunde genommen nicht anders gewollt habe, weil ich nie meine Meinung aufgeben wollte, und ich bin bereit, dafür nicht nur ins Gefängnis zu gehen, sondern sogar mein Leben zu opfern. Deshalb kann ich ruhig und mit mir selbst zufrieden sein. Liebe *Mamma*, ich möchte Dich gern ganz fest umarmen, damit Du spürst, wie lieb ich Dich habe und wie ich Dich für diesen Kummer trösten möchte, den ich Dir bereitet habe – aber ich konnte nicht anders handeln. Das Leben ist sehr hart, und manchmal müssen die Kinder ihren Müttern großes Leid zufügen, wenn sie ihre Ehre und Menschenwürde bewahren wollen.«

Wolfgang Fritz Haug

Epilog

Dass jemand, der es an politischer Popularität mit Che Guevara aufnehmen kann, in den Geistes- und Sozialwissenschaften zum meistzitierten italienischen Autor seit Machiavelli wird, ist mehr als außergewöhnlich. Antonio Gramsci war nicht nur Aktivist der sozialistischen, dann kommunistischen Arbeiterbewegung, sondern zugleich »zweifellos der eigenständigste marxistische Denker« seiner Zeit.[1] Ein Dreivierteljahrhundert nach seinem Tode gehören seine *Gefängnishefte* zur politisch-philosophischen Weltliteratur.

Daher ist es verdienstvoll und dankenswert, dass Christoph Nix die Initiative ergriffen hat, Giuseppe Fioris lange vergriffenes *Leben des Antonio Gramsci* wieder zugänglich zu machen. Das Bild, das Fiori vor einem halben Jahrhundert gezeichnet hat, ist in der Tat »ebenso genau wie sensibel« und enthält »bereits alles Wesentliche, um Gramscis Charakter und die Umstände, in denen dieser sich formte, einzufangen«.[2] Über weite Strecken übt diese Biografie noch immer eine Ausstrahlung aus, wie kein Gramsci-Roman es besser könnte. Sie bringt uns nicht nur die sich in dramatisch wechselnden Lagen wandelnde Person nahe, die in der sich entfaltenden Gewaltgeschichte des 20. Jahrhunderts einst für kurze Zeit an die Spitze der kommunistischen Arbeiterbewegung ihres Landes gelangt ist, sondern gewährt den Nachgeborenen auch immer wieder überraschende und betroffen machende Einblicke in diese Geschichte selbst. Denn der Lebensweg des Antonio Gramsci führt durch Verhältnisse und Ereignisse, die so manchen Schlüssel zum Verständnis der Gegenwart enthalten und von Fiori wie beiläufig dem Vergessen entrissen werden. Dieser Weg hebt an in der halbkolonialen Peripherie Europas, führt durch Armut, Hunger, Unterdrückung und Krieg in die Klassenkämpfe der Zeit nach dem Ersten Weltkrieg, beschwört den heute nicht mehr vorstellbaren Widerhall der Oktoberrevolution und der Gründung der Kommunistischen Internationale herauf, das Aufflammen rätesozialistischer Betriebsbesetzungen im norditalienischen Industriezentrum Turin, schließlich die faschistische Reaktion als Vorspiel zur Faschisierung Europas.

Giuseppe Fioris schönes Buch ist »in gewisser Weise ein Klassiker«, schreibt der italienische Gramsciforscher Guido Liguori.[3] Freilich ist die

[1] Francisco (»Paco«) Fernández Buey: Einleitung zur spanischen Neuausgabe von Gramscis Gefängnisbriefen: Cartas desde la cárcel, Madrid 2010, S. VII.

[2] Ebd., S. XLIV.

[3] Brief an den Verfasser vom 19. Juli 2013. Die Hinweise auf die aktuelle Literaturlage verdanke ich Guido Liguori. Von ihm stammt die beste Gesamtdarstellung

Forschung seither weitergegangen. Nicht zuletzt hatte sich die Quellenlage bereits neun Jahre nach seiner Veröffentlichung von Grund auf verändert. So zunächst in der Zugänglichkeit der Briefe aus dem Gefängnis. Togliattis und Platones Ausgabe von 1947 hatte die der Parteiführung unbequemen Briefe oder auch Passagen weggelassen. Fünf Jahre nach Palmiro Togliattis Tod (1970) erschien eine vervollständigte Neuausgabe.[4] Nicht weniger einschneidend war die Lage hinsichtlich der *Gefängnishefte*. Bislang war ihr Material ohne Rücksicht auf Entstehungszeit und -kontext auf eine Reihe von Themenbänden verteilt worden, auch hier unter Weglassung brisanter Passagen und mit strategischen Eingriffen in die Terminologie (z.B. »Marxismus« für »Philosophie der Praxis«). Nun aber war 1975 die von Valentino Gerratana vorbildlich besorgte kritische Ausgabe erschienen. In mehreren Schüben wurden weitere Materialien zugänglich, erschienen neue Forschungen. Auf dieser Grundlage basiert eine Schrift, in der Fiori 1991 seine Darstellung der beiden Brennpunkte der Biografie des Gefangenen Gramsci – dessen Verhältnis einerseits zur Partei, andererseits zu seiner Frau Giulia und den beiden Kindern – vertieft, im Detail sorgfältig durch die neu aufgetauchten Quellen fundiert und wo nötig korrigiert.[5] In beiden Hinsichten fühlte Gramsci sich »isoliert« auf eben dem Terrain, das die »affektiven Bindungen« hätte am Leben erhalten müssen, wie er in einer unter Togliatti weggelassenen Briefstelle vom 3. August 1931 schreibt. Es sei ein »Irrtum« zu glauben, er sei 1928 nur vom faschistischen Sondergericht verurteilt worden, schreibt er am 17. Februar 1933. »Verurteilt hat mich ein viel umfassenderer Organismus, von dem das Sondergericht nur ein äußeres und materielles Datum darstellt [...]. Ich muss sagen, dass unter diesen ›Verurteilenden‹ auch Giulia gewesen ist, wobei ich glaube bzw. fest davon überzeugt bin, dass sie es unbewusst getan hat, und es gab eine ganze Reihe weniger unbewusster Personen«. Fiori, der den letzten Teilsatz hervorhebt, fügt lapidar an, dass dieser Brief früher unter Verschluss gehalten worden war.

Die besten, im großen Ganzen noch immer stimmigen Passagen von Fioris Biografie sind die über Sardinien. Seine Schwächen liegen im politischen Hauptteil, vor allem ab der Gründung der Kommunistischen Partei Italiens. Auch was die Gefängnisjahre angeht, ist die Distanz zur Forschung teilweise beträchtlich. Liguori führt als Beispiel den Besuch von Gramscis Bruder Gennaro im Gefängnis an: dessen inzwischen publizierter Bericht von diesem Besuch an die Parteiführung

---

der Gramsci-Studien und -Bilder seit 1922 – einschließlich der fragwürdigsten und neuesten mit ihren Spekulationen über ein angeblich unterschlagenes Heft, in dem sich Gramsci vom Kommunismus losgesagt habe: Gramsci conteso. Interpretazioni, dibattiti e polemiche 1922–2012, Rom 2012.

[4] Sergio Caprioglio/Elsa Fubini (Hrsg.): Lettere dal carcere. Turin 1975.

[5] Giuseppe Fiori: Gramsci Togliatti Stalin. Rom-Bari 1991.

schließt aus, dass die Dinge sich so verhalten haben können, wie er selbst es Jahrzehnte später gegenüber Fiori dargestellt hatte. In Wirklichkeit waren die Partei und Togliatti demnach bestens informiert über Gramscis Positionen und seinen (relativen) Dissens.[6]

Dass der zu Tode gebrachte Gramsci theoretisch und politisch-ethisch nicht totzukriegen ist, sondern als Alternative zum stalinisierten Marxismus-Leninismus weiterlebt, hat in Italien immer wieder Versuche auf den Plan gerufen, ihn entweder zum Vertreter eines Totalitarismus oder, im anderen Extrem, zum Liberalen, ja sogar zum Antikommunisten zu stempeln.

Ein wunder Punkt in der Geschichte der Komintern und der KPI, der dabei immer wieder berührt wird, ist die Frage, ob für Gramscis Freilassung das Mögliche getan worden ist. Nach Gramscis Tod hat Giulia Schucht in einem Brief an die Komintern Togliatti beschuldigt, nichts dafür unternommen zu haben (was der Forschung nicht standhält). Dazu Vacca: Togliatti habe die Konstruktion der Ikone – Gramsci als Märtyrer des Antifaschismus – auf den Weg gebracht, »um ihn und die Partei vor der Verbreitung von Nachrichten über seinen Dissens mit der Kominternpolitik zu schützen […], er bedurfte keiner Sabotage von Befreiungsversuchen, die vom einzigen Akteur, der sie unternehmen konnte, nämlich von der sowjetischen Regierung in Wahrheit niemals ernsthaft unternommen wurden. Um es ›schlichter‹ zu sagen: Gramsci im Gefängnis zu halten, daran dachte bereits Mussolini, und seine Befreiung war nie Gegenstand staatlichen Interesses der Sowjetunion gewesen.« Die einigermaßen salopp und umgangssprachlich erteilte Auskunft wurde prompt von links angeklagt, sie lasse Togliatti als »infamen Verräter« erscheinen.[7]

Ein anderer Punkt berührt eine Grundfrage der Textinterpretation. Gramscis Briefe und Aufzeichnungen aus dem Gefängnis unterlagen der faschistischen Zensur. Die Frage nach Art und Ausmaß der Vorsicht und womöglich Verstellung, mit der Gramsci auf diese Bedingung reagiert hat, gab immer wieder Anlass zu Kontroversen. So hat es zum Beispiel lange gedauert, bis weithin akzeptiert wurde, dass Gramscis Begriff der Philosophie der Praxis, in den er den des historischen Materialismus übersetzt, nicht bloßes Tarnwort, sondern Programm ist.[8] Die Annahme, Gramsci habe allegorisch, durch Gleichnisse geredet, also etwas gemeint, was der Wortlaut nicht besagt, stützt sich unter anderem

[6] Vgl. dazu Angelo Rossi/Giuseppe Vacca: Gramsci tra Mussolini e Stalin, Rom 2007. Die jüngste und bis dato genaueste Arbeit über Gramscis Gefängniszeit ist Giuseppe Vaccas »Vita e pensieri di Antonio Gramsci«, Rom 2012.

[7] Raul Mordenti in einer Rezension von Vaccas »Vita e pensieri di Antonio Grams ci«, in: Testo e Senso 13, 2012.

[8] Vgl. dazu meine Einleitung zu Band 6 der Gefängnishefte, Hamburg 1994, insbesondere S. 1199–1210.

auf einen Brief, den Tanja Schucht am 5. Mai 1937, eine Woche nach Gramscis Tod, an ihre Schwester Giulia, Gramscis Frau, gerichtet hat. Es heißt dort, Gramscis Hefte hätten die Kontrollen durch die faschistische Polizei passiert dank ihrer »äsopischen Sprache«. Aber ist Gramscis Sprache äsopisch? Die antiken Fabeln Äsops wie die neuzeitlichen von Lafontaine sind Allegorien für soziale Verhältnisse und Kämpfe, besonders Klassen- und Herrschaftsverhältnisse. Wenn jedoch Gramsci Machiavellis »Fürsten« auf eine Weise behandelt, die als Beitrag zur marxistischen Parteitheorie gelesen werden kann, so ist das deswegen noch keine Fabel. Gramscis Analyse gewinnt Machiavellis politischen Theoremen zum Fürsten allgemeine Einsichten in Bewegungsformen politischer Kämpfe ab, die für die aktuellen Auseinandersetzungen anwendbar sind, doch das macht sie nicht allegorisch. Wenn Gramsci sich dem Zensor entzieht, so einerseits durch »philologische« (sein Wort!) Nähe und Immanenz, andererseits durch theoretische Allgemeinheit. Diese beiden Ebenen, die er für seine Reflexionen und Materialanalysen wählt, sind nicht die unmittelbar politischen Ebenen, auf denen der Zensor zu intervenieren pflegt.

In einem vordergründigen Sinn hat Vacca Recht, wenn er von Gramscis Arbeitsprogramm von 1927 sagt, es sei »unpolitisch« gehalten, während die Politik in Wirklichkeit Gramsci unablässig beschäftigte. Bei Lichte besehen ist dieses Programm indes in allen Punkten gleichsam grundlagenpolitisch, und seine Einlösung will so gelesen werden. Vacca sucht den Geheimcode und damit das unmittelbar Politische im Textversteck der Hefte und Briefe. Für die italienische Linke oder für Stalinismushistoriker ist das wichtig. Die weitere, zunehmend weltweite Rezeption hingegen sucht gerade das mittelbar Politische, die Philosophie der Praxis und die Analyse zu den kulturellen Grundlagen der Politik und den Grundformen politischen Handelns. So mancher Geschichtsrevisionismus, käme er durch, würde dieses Interesse an Gramscis *Gefängnisheften* nicht beeinträchtigen. Denn die von Gramsci aufgeworfenen Fragen an den Schnittstellen von Produktions- und Lebensweise, von Politik und Kultur, von Hegemonie und Diktatur sind unverändert aktuell, ja nach dem Untergang des sowjetisch geprägten Staatssozialismus eher noch aktueller geworden. Gramscis Orientierung auf den Vorrang der Konsensgewinnung vor jeder auf Gewalt und Bürokratie basierten Machtausübung zeigt Fiori als Grund für die Isolierung Gramscis von der Partei unter der als »Linksruck« firmierenden Wende zum Absolutismus Stalins in Partei und Staat und zur Instrumentalisierung der internationalen kommunistischen Bewegung für die Zwecke der stalinistischen Diktatur. Sein *Leben des Antonio Gramsci* hat das Zeug zu einer Einführung in Genesis und Auswirkung dieser Diktatur, der sich Fingerzeige für alternative Wege in eine bessere Zukunft entnehmen lassen.

Juli 2013

* * *

Vielleicht war es mein vorstehender Text (damals als »Einleitung« zur Rotbuch-Ausgabe 2013 von Fioris Gramsci-Biografie erschienen), was mir zwei-drei Jahre später die Einladung von Sabine Nuss aus der Rosa-Luxemburg-Stiftung eintrug, zur Neuauflage von Antonio Labriolas drei Essays zur materialistischen Geschichtsauffassung[9] ein Geleitwort beizusteuern. 1974 erstmals auf Deutsch bei Suhrkamp erschienen, sollte deren Erstausgabe nunmehr im Karl Dietz-Verlag Berlin nachgedruckt werden. Ich überlegte nicht lange. Labriolas 1974 von mir begeistert exzerpierter Satz: »Unsere Lehre hat den Blickwinkel jeder Ideologie ein für alle Mal überwunden«, hatte Ende der 1970er-Jahre das Projekt Ideologie-Theorie orientiert.

Nun aber, gut 40 Jahre später, ergriff mich die Aufgabe je mehr ich sie in Angriff nahm: Zunächst ins Wiederlesen vertieft, stieß ich bald auf Ungereimheiten und begann, Anneheide Ascheri-Osterlows Übersetzung des zweiten und dritten Essays mit dem italienischen Original zu vergleichen,[10] und merkte, dass sie deren Sinn nicht selten sachlich oder gedanklich verfehlte.[11] Vor allem wurde mir die historische Bedeutung von Labriolas Denken deutlich: Vera Sassulitsch, die mit Marx korrespondiert hatte, erhielt von der französischen Ausgabe seiner Essays eine methodische Grundlegung des materialistischen Geschichtsauffassung; so auch Lenin, der von Labriola die Einsicht empfing, die er in die berühmte Formel von der »konkreten Analyse der konkreten Situation« als der »lebendigen Seele des Marxismus«[12] goss. Auf wieder andere Weise galt Ähnliches für Trotzki, der nicht müde wurde, Labriolas Satz »die Ideen fallen nicht vom Himmel« zu wiederholen[13] – eine Aufforderung zur Historisierung bzw. zur genetischen Rekonstruktion der Dinge.

Und nun gar Gramsci: Seine philosophischen Gefängnishefte 10 und 11 münden in die Proklamation der »Notwendigkeit, Antonio Labriola wieder in Umlauf zu setzen und seine philosophische Problemstel-

---

[9] Antonio Labriola, Antonio: Drei Versuche zur materialistischen Geschichtsauffassung, herausgegeben von Wolfgang Fritz Haug, Berlin 2018.

[10] Den ersten Essay meinte ich, kaum antasten zu müssen, da kein Geringerer als Franz Mehring ihn übersetzt hatte. Das stellte sich inzwischen als Irrtum heraus, der bei der Neuausgabe des inzwischen vergriffenen Buches behoben werden soll.

[11] Vgl. meinen Editionsbericht zur Dietz-Ausgabe von 2018, S. XXXVIIff; ferner die seither immer weiter sich verlängernde Liste der Errata (im Netz zugänglich unter www.wolfgangfritzhaug.inkrit.de/, geführt bis 2.8.2022; seither aufgrund der gestörten Bearbeitungsmöglichkeit privatim weitergeführt.

[12] Lenin-Werke, Band 31, Berlin (DDR) 1956ff., S. 154.

[13] Vgl. dazu Jaime Massardo: »Antonio Labriolas Geschichtsauffassung«, in: Das Argument 326, 60. Jg., 2018: Philosophie der Praxis (II), 182–195.

lung zur vorherrschenden zu machen. So kann man den Kampf für eine autonome höhere Kultur anlegen; den positiven Teil des Kampfes, der sich in negativer und polemischer Form in den privativen *A*- und *Anti*-manifestiert (Antiklerikalismus, Atheismus, usw.). Dem traditionellen laizistischen Humanismus, der die ethische Basis des neuen Staatstyps sein soll, wird eine moderne und aktuelle Form gegeben.«[14]

Wenn Gramsci postum zu einem der wichtigsten Lehrer geschichtsmaterialistischen Denkens in der postkommunistischen Situation geworden ist, so ist Labriola der Lehrer dieses Lehrers. Nichts davon scheint allerdings in Fioris Gramsci-Biografie auf. Das kann man ihm angesichts der Literaturlage in den 1960er-Jahren nicht vorwerfen. In der italienischen Ausgabe von Gramscis *Jugendschriften* von 1958 (Opere, Bd. 8) findet sich eine einzige Erwähnung Labriolas: Gramsci bietet ihn auf gegen die von Achille Loria personifizierte vulgär-positivistische »Karikatur des historischen Materialismus«, dessen Vertreter »die intellektuelle Produktion des italienischen Sozialismus versumpfen« ließen. Gramsci rühmt hier an Labriola den »glänzenden und vielversprechenden Anfang«, den er mit seinen Schriften gemacht habe.[15]

Auch Fioris Gramsci-Biografie könnte man als glänzenden Anfang rühmen, zumal sie nicht sein letztes Wort in dieser Sache war. Ein Vierteljahrhundert später, 1991, hat er das Schicksal Gramscis im Lichte der inzwischen völlig veränderten Forschungs- und Literaturlage neu ausgeleuchtet. Dabei treten u.a. die wechselnden Konjunkturen der sowjetischen Politik hervor, in denen Gramscis »Charakterbild« und die Weitergabe seines Werkes in der Geschichte schwankten. So vollführt Gramscis Nachfolger an der Spitze der Italienischen Kommunistischen Partei, Palmiro Togliatti, im historischen Moment des VII. Weltkongresses der Komintern von 1935, als die Abwendung von der auf die Sozialdemokratie gemünzten Sozialfaschismus-These und die Hinwendung zur antifaschistischen Volksfrontpolitik beschlossen worden war, eine Wende des parteioffiziellen Gramscibildes: Jetzt gilt dieser als Vertreter des Kampfes um »die demokratischen Freiheiten« und des Vorrangs dieses Kampfes vor dem Klassenkampf. Fiori verzeichnet 1991 überdies, dass Gramsci im Zuge jener Wende als »Ausgangspunkt des Italo-Marxismus« gewertet – in Klammern setzt er hinzu: »nicht mehr Labriola« –, ja zum »ersten wirklichen Marxisten in der italienischen Geschichte der Kultur und des Denkens« und etwas später vollends zum »ersten Bolschewik[en] der italienischen Arbeiterbewegung«[16] befördert wor-

[14] Antonio Gramsci: Gefängnishefte, Band 6, Heft 11, § 70, Hamburg 1999, S. 1493.

[15] Antonio Gramsci: »Achille Loria e il socialismo«, ungezeichnet in Avanti!, piemontesische Ausgabe, 29. Januar 1918, zitiert nach Opere di Antonio Gramsci, Bd. 8, 3. Auflage, Turin 1972, S. 162f.

[16] Möglicherweise in der Absicht, Gramsci aus dem Schussfeld zu nehmen (siehe dazu Giuseppe Vacca in Anmerkung 6).

den ist.[17] – Bereits drei Jahre später, fährt Fiori 1991 fort, wurde über den noch 1937, nach seinem Tod, »mit Hosianna überschütteten Gramsci das Schweigen« verhängt und wurden die Pläne, seine Schriften zu veröffentlichen, im Archiv versenkt.[18]

Mir selbst aber werfe ich vor, dass mein vorstehender Text von 2013 hinter die Einsichten meines *Philosophieren mit Brecht und Gramsci*[19] von 1996 zurückgefallen ist: Dass ich »Gramscis Begriff der Philosophie der Praxis« zuschreibe, »den [Begriff] des historischen Materialismus übersetzt« zu haben, wird der Sache nicht gerecht, und dies gleich zweifach: Gramsci spricht in den Gefängnisheften nicht von *seiner, Gramscis*, Philosophie der Praxis, sondern schärft ein: »In Wirklichkeit ist Labriola mit seiner Aussage, dass die Philosophie der Praxis unabhängig von jeder anderen philosophischen Strömung ist, sich selbst genügt, der einzige, der versucht hat, die Philosophie der Praxis wissenschaftlich zu konstruieren.«[20] Und wie gegen Ende des 19. Jahrhunderts für den 1904 verstorbenen Labriola war es auch für den Gefangenen Gramsci »Anfang 1933«[21] *die Denkweise von Karl Marx*, was er als »Philosophie der Praxis« bezeichnete. Und der eine Generation zuvor eben dies herausgearbeitet hatte und Engels zu vermitteln bestrebt war, bis dessen Tod dem 1895 ein Ende bereitete, war wiederum kein anderer als Antonio Labriola.

Labriolas *Essays* oder, gut brechtianisch gesagt, seine *Versuche*, haben die Reflexionen des ihnen anfangs etwas widerstrebenden Gefangenen Gramsci entscheidend geschärft. Mit Alberto Burgio können wir sagen, »dass das tragende Element von Labriolas Deutung des historischen Materialismus in Gramscis Denken einfließt und in sein philosophisches Herz dringt, welches eben in der Übersetzung der ›Philosophie von Marx‹ in eine ›Philosophie der Praxis‹ besteht«.[22]

Und heute? Gramscis Feststellung von der Mitte der 30er-Jahre des 20. Jahrhunderts, Labriolas philosophische Position sei »außerhalb eines engen Kreises kaum bekannt«,[23] gilt mehr oder weniger noch immer, nur bedeutet es heute, dass der Schüler Gramsci weithin seinen Lehrer verdeckt. Gewiss gingen Gramscis Einsichten aufgrund der katastrophischen Erfahrungen, die für seinen postumen Lehrer noch erst

17 Zitiert nach Giuseppe Fiori: Gramsci Togliatti Stalin, a.a.O., S. 86.

18 Ebd., S. 96.

19 Wolfgang Fritz Haug: Philosophieren mit Brecht und Gramsci (1996), 2., um zwei Kapitel zur Ästhetik erweiterte Ausgabe, Hamburg 2006.

20 Gramsci: Gefängnishefte, Band 6, Heft 11, § 70, a.a.O., S. 1492.

21 Vgl. Gramsci: Gefängnishefte, Band 6, a.a.O., Kritischer Apparat zu Heft 11, S. A 605.

22 Alberto Burgio: »Über die Beziehung von Gramsci zu Labriola«, in: Das Argument 326, 60. Jg., 2018: Philosophie der Praxis (II), 196-213, hier: 206..

23 Gramsci: Gefängnishefte, Band 6, Heft 11, § 70, a.a.O., S. 1492.

Befürchtungen waren, also aufgrund der völlig andersartigen Weltlage, über dessen Erkundungen hinaus, aber aus demselben Grund vermochte er es nicht, alle Impulse seines anders tragischen Impulsgebers Labriola aufzunehmen.[24]

Esslingen, 1. Mai 2024

[24] Ein heute aktuelles Beispiel ist Labriolas proto-ökologischer Ansatz, die Mensch-Natur-Verhältnisse zu fassen. Vgl. dazu Wolfgang Fritz Haug, »Eine kopernikanische Wende der Ökologie? Jason Moores weltökologischer Ansatz und die Philosophie der Praxis«, in: Das Argument 334, 62. Jg., 2020, H. 1, S. 93–123.

Bibliografie

Die gesammelten Briefe Gramscis aus der Zeit seiner Inhaftierung – die *Gefängnisbriefe (Lettere dal carcere)*, die den Schriftwechsel mit Giulia und Tanja Schucht umfassen –, liegen im Argument-Verlag Hamburg vor.

Das übrige Werk Gramscis kann in zwei große Komplexe unterteilt werden: die Artikel und Aufsätze, die von 1914 und 1926 in Zeitungen und Zeitschriften erschienen sind, sowie die *Gefängnishefte* (*Quaderni del carcere*). Die 32 Gefängnishefte sind das große Erbe, das Gramsci den nachfolgenden Generationen überlassen hat. Sie liegen ebenfalls in deutscher Übersetzung in einer zehnbändigen Ausgabe im Argument Verlag Hamburg vor. Als Vorlage für die Übersetzungen diente die kritische Ausgabe von Valentino Gerratana.

Die Auswahlbibliografie erhebt keinen Anspruch auf Vollständigkeit, sondern soll lediglich einen ersten Überblick über die Gramsci-Literatur der letzten Jahrzehnte bieten.

Texte von Gramsci

Gefängnishefte. Kritische Gesamtausgabe in 10 Bänden. Herausgegeben von Klaus Bochmann und Wolfgang Fritz Haug. Hamburg 2012.

Gefängnisbriefe I. Briefwechsel mit Giulia Schucht. Hamburg 1995.

Gefängnisbriefe II. Briefwechsel mit Tanja Schucht 1926–1930. Hamburg 2008.

Gefängnisbriefe III. Briefwechsel mit Tanja Schucht 1931–1935. Hamburg 2013.

Briefe 1908–1926. Eine Auswahl. Herausgegeben und eingeleitet von Antonio A. Santucci. Aus dem Italienischen von Klaus Bochmann. Wien, Zürich 1992.

Marxismus und Kultur. Ideologie, Alltag, Literatur. Herausgegeben von Sabine Kebir. 3. Aufl. Hamburg 1991 (Erstauflage 1983).

Südfrage und Subalterne. Gramsci-Reader. Herausgegeben von Ingo Pon-Lauggas und Alexandra Assinger im Auftrag des Instituts für kritische Theorie. Hamburg 2023.

Literatur und Kultur. Gramsci-Reader. Herausgegeben von Ingo Lauggas im Auftrag des Instituts für kritische Theorie. Hamburg 2012.

Europa und Amerika. Gramsci-Reader. Herausgegeben von Thomas Barfuss im Auftrag des Instituts für kritische Theorie. Hamburg 2007.

Antonio Gramsci – ein vergessener Humanist? Eine Anthologie 1917–1936. Herausgegeben von Harald Neubert. Berlin 1991.

Gedanken zur Kultur. Leipzig 1987.

Zu Politik, Geschichte und Kultur. Ausgewählte Schriften. 2. korrigierte Auflage. Leipzig 1986.
Notizen zur Sprache und Kultur. [Auswahl aus der italienischen Originalausgabe.] Leipzig, Weimar 1984.
Briefe aus dem Kerker. Frankfurt a. M. 1972.
Die süditalienische Frage. Beiträge zur Geschichte der Einigung Italiens. Amsterdam 1971.
Philosophie der Praxis. Eine Auswahl. Herausgegeben von Christian RiechersFrankfurt a. M. 1967.

Buchveröffentlichungen zu Gramsci in deutscher Sprache

Anderson, Perry (1979): Antonio Gramsci. Eine kritische Würdigung. Berlin.
Baratta, Giorgio (2003): Das dialogische Denken Antonio Gramscis. Frankfurt a. M./Berlin u. a.
Barfuss, Thomas/Jehle, Peter (2023): Gramsci zur Einführung. 3. unveränderte Auflage. Hamburg.
Bernhard, Arnim (2005): Antonio Gramscis Politische Pädagogik. Grundrisse eines praxisphilosophischen Erziehungs- und Bildungsmodells. Hamburg.
Bischoff, Joachim (1981): Einführung Gramsci. Hamburg.
Borek, Johanna/Krondorfer, Birger/Mende, Julius (1993): Kulturen des Widerstands. Texte zu Antonio Gramsci. Wien.
Buckel, Sonja (Hrsg.) (2007): Hegemonie gepanzert mit Zwang. Zivilgesellschaft und Politik im Staatsverständnis Antonio Gramscis. Baden-Baden.
Candeias, Mario/Becker, Florian/Niggemann, Janek/Steckner, Anne (Hrsg.) (2013): Gramsci lesen! Einstieg in die Gefängnishefte. Hamburg.
Castro Varela, María do Mar/Khakpour, Natascha/Niggemann, Jan (Hrsg.) (2023): Hegemonie bilden. Pädagogische Anschlüsse an Antonio Gramsci. Weinheim, Basel.
Cerroni, Umberto (1979): Gramsci-Lexikon. Zum Kennen- und Lesen-Lernen. Hamburg.
De Giovanni, Biagio/Gerratana, Valentino/Leonardo (1978): Gramsci-Debatte 1. Hegemonie, Staat und Partei. Hamburg.
Deppe, Frank (2016): Antonio Gramsci: Das Scheitern der bolschewistischen Revolution im Westen, in: Politisches Denken im 20. Jahrhundert. Band 2: Zwischen den Weltkriegen. Hamburg. S. 207–276.
Die Linie Luxemburg – Gramsci. Zur Aktualität und Historizität marxistischen Denkens. Beiträge zum internationalen Kongress »Antonio Gramsci – Rosa Luxemburg«, Hamburg, 1. bis 8. September 1985. Mit Beiträgen von Gérard Bensussan, Alex Demirović, Frank Deppe,

Wieland Elfferding, Vittantonio Gioia, Wolfgang Fritz Haug, Orietta Caponi de Hernandez, Sabine Kebir, Michael Löwy, Anne Showstack Sassoon. Hamburg 1989.
Emtmann, Anette (1998): Die Zivilgesellschaft zwischen Revolution und Demokratie. Die »samtene Revolution« im Licht von Gramscis Konzept der »società civile«. Hamburg.
Gruppi, Luciano (1977): Gramsci – Philosophie der Praxis und die Hegemonie des Proletariats. Hamburg/Westberlin.
Haug, Wolfgang Fritz (2021): VorSchule zur Philosophie der Praxis. Hamburg.
Haug, Wolfgang Fritz (2006): Philosophieren mit Brecht und Gramsci. 2. erweiterte Aufl. Hamburg.
Hirschfeld, Uwe (2024): Anmerkungen zur Auseinandersetzung mit Geschichte und Kritik. Hamburg.
Hirschfeld, Uwe (Hrsg.) (1998): Gramsci-Perspektiven. Beiträge zur Gründungskonfrenz des »Berliner Instituts für kritische Theorie e.V.« vom 18. bis 20. April 1997. Berlin-Hamburg.
Hirschfeld, Uwe/Rügemer, Werner (Hrsg.) (1990): Utopie und Zivilgesellschaft. Rekonstruktionen, Thesen und Informationen zu Antonio Gramsci. Berlin.
Kaminski, Franz/Karuscheit, Heiner/Winter, Klaus (1982): Antonio Gramsci, Philosophie und Praxis. Grundlagen und Wirkungen der Gramsci-Debatte. Frankfurt a. M.
Kebir, Sabine (1991): Antonio Gramscis Zivilgesellschaft. Alltag, Ökonomie, Kultur, Politik. Hamburg.
Lange, Petra (2003): Wege des Politischen. Die politische Philosophie Antonio Gramscis und Hannah Arendts. Osnabrück.
Losurdo, Domenico (2021): Der Marxismus Antonio Gramscis. Von der Utopie zum »kritischen Kommunismus«. Hamburg.
Mayo, Peter (2006): Politische Bildung bei Antonio Gramsci und Paulo Freire. Perspektiven einer verändernden Praxis. Hamburg.
Merkens, Andreas/Rego Diaz, Victor (Hrsg.) (2007): Mit Gramsci arbeiten. Texte zur politischpraktischen Aneignung Antonio Gramscis. Hamburg.
Natoli, Aldo (1993): Tanja Schucht und Antonio Gramsci. Eine moderne Antigone. Übersetzt und eingeleitet von Peter Kammerer. Frankfurt a. M.
Neubert, Harald (2009): Linie Gramsci–Togliatti–Longo–Berlinguer. Erneuerung oder Revisionismus in der kommunistischen Bewegung? Hamburg.
Neubert, Harald (2022): Einführung Gramsci. Hegemonie – Zivilgesellschaft – Partei. Hamburg (Erstauflage 2001).
Opratko, Benjamin (2012): Hegemonie. Politische Theorie nach Antonio Gramsci. Münster.

Opratko, Benjamin/Prausmüller, Oliver (2011): Gramsci global. Neogramscianische Perspektiven in der internationalen politischen Ökonomie. Hamburg.
Ranke, Joachim (1989): Marxismus und Historismus bei Antonio Gramsci. Frankfurt a. M.
Riechers, Christian (1970): Antonio Gramsci. Marxismus in Italien. Frankfurt a. M.
Spiegel, Hermes (1997): Gramsci und Althusser. Eine Kritik der Althusserschen Rezeption von Gramscis Philosophie. Hamburg.

Texte zu Gramsci in anderen Sprachen

Ayers, Alison J. (Hrsg.) (2008): Gramsci, political economy, and international relations theory. Modern princes and naked emperors. New York u.a.
Bieler, Andreas (Hrsg.) (2006): Images of Gramsci. Connections and contentions in political theory and international relations. London.
Crehan, Kate A.F. (2002): Gramsci, culture, and anthropology. Berkeley.
D'Orsi, Angelo (2008): Egemonie. Neapel.
Entwistle, Harold (2010): Antonio Gramsci. Conservative schooling for radical politics. Abingdon, Oxon.
Fiori, Giuseppe (1991): Gramsci Togliatti Stalin. Rom-Bari.
Francese, Joseph (Hrsg.) (2009): Perspectives on Gramsci. Politics, culture and social theory. London.
Fresu, Gianni (2005): Il diavolo nell'ampolla. Antonio Gramsci, gli intellettuali e il partito. Neapel.
Frosini, Fabio 2003): Gramsci e la filosofia. Saggio sui quaderni del carcere. Rom.
Giasi, Francesco (2008): Gramsci nel suo tempo. Rom.
Green, Marcus E. (Hrsg.) (2011): Rethinking Gramsci. London.
Jones, Steve (2008): Antonio Gramsci. London.
Lepre, Aurelio (2000): Il prigioniero. Vita di Antonio Gramsci. Rom.
Liguori, Guido (2024): Nuovi sentieri gramsciani. Rom.
Liguori, Guido (2012): Gramsci conteso. Interpretazioni, dibattiti e polemiche 1922–2012, Rom.
Liguori, Guido (2009): Dizionario gramsciano 1926–1937. Rom.
Martin, James (Hrsg.) (2002): Antonio Gramsci. 4 Bde. London, New York.
McNally, Mark/Schwarzmantel, John (2009): Gramsci and global politics: hegemony and resistance. London.
Meta, Chiara (2010): Antonio Gramsci e il pragmatismo. Confronti e intersezioni. Florenz.
Morton, Adam David (2007): Unravelling Gramsci. Hegemony and passive revolution in the global political economy. London.

Nieddu, Luigi (2004): Antonio Gramsci. Storia e mito. Venedig.
Pastore, Gerardo (2011): Antonio Gramsci. Questione sociale e questione sociologica. Livorno.
Petronio, Giuseppe (Hrsg.) (2001): Marx e Gramsci. Memoria e attualità. Rom.
Rashmi Srivastava, Neelam Francesca (2012): The postcolonial Gramsci. New York u. a.
Saccarelli, Emanuele (2008): Gramsci and Trotsky in the shadow of Stalinism. The political theory and practice of opposition. New York.
Sassoon, Anne Showstack (2000): Gramsci and contemporary politics. Beyond pessimism of the intellect. London.
Sraffa, Piero (1991): Lettere a Tania per Gramsci. Eingeleitet und herausgegeben von Valentino Gerratana. Rom.
Srivastava, Neelam/Bhattacharya, Baidik (Hrsg.) (2012): The Postcolonial Gramsci. New York.
Thomas, Peter D. (2009): The Gramscian moment. Philosophy, hegemony, and Marxism. Leiden.
Tosel, André (2016): Étudier Gramsci. Pour une critique continue de la révolution passive capitaliste. Paris.
Tosel, André (Hrsg.) (1992): Modernité de Gramsci? Actes du colloque franco-italien de Besançon, 23–25 nov. 1989. Paris.
Vacca, Giuseppe (2012): Vita e pensieri di Antonio Gramsci 1926–1937, Turin.

Hinweise und Informationen über Artikel und Aufsätze zu Gramsci stellt die Internetseite der International Gramsci Society zur Verfügung: www.internationalgramscisociety.org.

Personenregister